少年读史

小二十四史

第一册

《史记》《汉书》《后汉书》

主编
北大著名教授 谢冕
著名文艺评论家 解玺璋
文小通 编著

文化发展出版社
Cultural Development Press
·北京·

Books Bear
布克熊童书

会 讲 故 事 的 童 书

前　言

如果中国史学是一棵大树的话，那么“二十四史”就是这棵大树的主干。在浩如烟海的史籍中，“二十四史”被称为“正史”。

“二十四史”史料丰富，记载翔实，是研究中国历史的首选书。从司马迁编著的《史记》到张廷玉等人编著的《明史》，共24部，3213卷，大约4700万字，是世界图书史上独一无二的巨著。

“二十四史”记录了从上古时代到明朝灭亡数千年的历史，本书又附了民国初期北洋政府设馆编著的《清史稿》部分内容，以便中小学生能够更全面地了解我们国家的历史。

那么，中小学生为什么要读史呢？

鲁迅先生曾说：“历史上写着中国的灵魂，指示着民族的未来。”通过阅读史书，小读者可以知道在自己出生之前中国都发生了什么事情，那些事情为什么和自己相关，从而体会到人生的方向和意义，使自己能够增智慧、明是非、知未来，指引自己成为更优秀的人。

为了让小读者轻松愉悦地阅读“二十四史”和《清史稿》，我们从“二十四史”和《清史稿》中精选了一些具有代表性的人物和事件，浓缩了原著精华，制作出这套《少年读史：小二十四史》，把满满的“干货”奉献给孩子们。

艰深晦涩的史书不适合孩子们畅快阅读，因此，本套书使用了适合孩子们的语言，融入了文学渲染，使史实记载焕发出活泼的生命力，可以提高小读者们的阅读兴趣。

书中还加入了科技发明、文物宝藏、成语典故等方面的知识链接，并配以400多张插图，为小读者们营造出一个绚丽多彩的历史空间。

目录

上古 神话时代

夏 神秘王朝

商 青铜盛世

周 礼乐与争雄

秦

硬核王朝

汉

世界帝国

王朝开场

对于“上古”，你可能觉得很遥远、很陌生，那么，上古到底是指哪个时间段呢？

在文字正式诞生之前，有一些历史是口口相传的，有一些是后人想象和推测的，这段时期就被称为上古时期，也就是史前时代。

这是一个人神闪耀的时代，人们聚成一个个部落，推举能力强的人当部落首领，制造出各种离奇古怪的图

上古

神话时代

腾。在争夺地盘的持久战和游击战中，一个最强大的部落脱颖而出，那就是黄帝部落。黄帝通过不断蚕食和鲸吞打败了蚩尤，征服了炎帝，晋级为部落联盟的“大掌门”。黄帝、炎帝两个部落逐渐融合，这就是我们被称为“炎黄子孙”的由来。

英雄时代就这样开场了，黄帝之后，颛顼（zhuān xū）、帝喾（kù）、尧、舜等领袖相继带领史前人类一步步向文明跋涉……

上古一日游

如果回到上古

如果你对上古史感兴趣，想回到那个时代一游，那么，你要做好野外探险的准备。因为当时人少兽多，到处都是原始丛林，你随时可能遇到危险。

除了个别地方，当时还没有像样的道路，你得随时开辟道路。当然啦，你会有一个收获——对"披荆斩棘"这个成语将有更深刻的理解。

据说黄帝发明了车，但只是传说，你最好还是放下坐车的美梦。不过，筏子和独木舟早就发明了，你可以走水路哦！

当你一路上感受着没有汽车尾气、没有工业噪声的美好环境时，你可能会看到原始人的"豪宅"。

那是一种由几十间圆形或方形房屋构成的建筑群，虽然只是用泥土、石头和树木建成的，屋顶也只铺以茅草，有的房子还是半地下室，但已经能很好地遮风挡雨了。有的房子外面还有围栏，里面养着肥肥的猪。当然啦，穴居和巢居也还存在。

你最关心的还是吃什么，不用担心，你不会茹毛饮血，祖先们已经懂得了用火，能让你吃到熟食。

河边有结网捕鱼的，林中有埋伏打猎的，地里有教人种庄稼的，菜园里有侍弄大白菜、葵菜的。陶制的餐具、泥土的灶台也都为你准备好了。你可以请祖先们用甑（zèng）帮你蒸米饭吃，也可以把树叶和谷物一起煮着吃，还可以用石板将谷浆烤熟后吃……

你一边狼吞虎咽，一边打量祖先们的着装。祖先们已经发明了骨针和织机，虽然还有人裹着兽皮，但也有人穿上了贯口衫，就是把一块布对折，中间挖个洞，套头钻过去，拦腰系根草绳子，这可是上古时期最时尚的装饰了。

发型也不算单调，有披肩发、辫子，还可以用骨笄（jī）束发，还有人戴着用野猪獠牙磨制的简易发卡，真的很酷呢。

让你觉得最拉风的还是首领头上插着的羽毛，看起来很神秘。于是你也佩戴了一头野鸡毛——只能说，你这一天的高光时刻到来了。

上古直播间

追踪重要历史事件

史记·五帝本纪

黄帝是怎么崛起的？

在那诸神闪耀、人杰辉映的上古时代，黄帝是一位非常特殊的人物。据说他一出生就充满神奇气息，在襁褓（qiǎng bǎo）中就会说话了，长大后更加聪明，简直就是史前人类中的“超人”。黄帝是少典氏的儿子，姓公孙，名轩辕，所以也叫轩辕黄帝。他带领部落东征西伐，很快就征服了周边的一些小部落，收获了一大批追随者，成了大佬级的人物。

不过，此时最大的大佬并不是黄帝，而是神农氏炎帝。炎帝常常派

兵侵扰其他部落，引起人们很大的不满。不仅如此，他还想对诸侯们下手。诸侯们便都投靠了黄帝。炎帝的势力因此衰落得很厉害。

黄帝整顿军旅，安抚百姓，驯服了很多猛兽，然后率领熊、罴（pí）、狼、豹、貙（chū）、虎六部军队，在阪泉与炎帝展开了大战。

知识宝盒

图腾

据考证，传说中的熊、罴、狼、豹、貙、虎六部军队其实是各个部落图腾的名称，装饰在旗子上。图腾就是把某种动物、植物或其他东西当成神灵或祖先，以保护自己。燕子、青蛙、麦穗，以及虚构的龙等，也都曾是被崇拜的图腾。图为新石器时代的玉龙。

炎、黄两大阵营在阪泉之野大战了三次，最终，黄帝取胜，活捉了炎帝。炎帝输得心服口服，愿意和黄帝部落正式结为联盟，于是，黄帝成了部落联盟这个大集团的首领。阪泉之战后，黄帝的势力更加强大。南方九黎部落的大首领蚩（chī）尤坐不住了，想要挑战黄帝的位置。他率领一支堪称特种部队的强悍军队，浩浩荡荡地向中原出发了。

黄帝调集了各个部落的力量，组成了一支王牌军迎战蚩尤。他们在涿（zhuō）鹿展开了一场大对决。这在当时可是规模最大的一次战争了。

相传，双方正打得激烈的时候，突然一团大雾从天而降，将黄帝的军队团团围住了。蚩尤的特种部队趁机猛烈进攻。三天三夜的大雾迷困，眼看黄帝大军就要招架不住了，在这危急关头，黄帝军中的风后发明出了指南车。这种车非常神奇，车上立着一个小人，小人的手能够永

黄帝
蚩尤

远指向南方。只要跟着车走，就能冲出迷雾。同时一种奇特的战鼓也被紧急制造出来，它能发出打雷般惊天动地的声音，几百米以外的人都能听到。

有了这两件宝贝，黄帝带领士兵们一鼓作气，反败为胜，把蚩尤打得落花流水。

这一场激烈的涿鹿之战，黄帝大获全胜，威望大增，所有部落的首领都愿意归顺他。于是，中原大地形成了一个超级大部落，黄帝被推举为最高领袖，也就是"共主"。黄帝设立了都城，还设立了左右大监，去督察管理各个诸侯国，天下被治理得井井有条。

历史人物

仓颉（jié）

传说仓颉是黄帝的史官，长着四只眼睛。他根据对星辰和鸟兽足迹的观察，搜集、整理、创造了文字。比如，"日"字是根据太阳的形状和发光的样子创造的，"月"字是根据月牙的形状创造的。文字造成之日，天上像下雨一样"哗哗"地下起了谷子，鬼怪也都"啾啾"地哭了起来。

颛顼：兼职的天文学家

黄帝死后，他的孙子颛顼继承了帝位。

颛顼的风格和他那出尽了风头的祖父完全不同，他低调、稳重，又很有头脑。在他的耐心劝导下，百姓学会了利用地力驯养牲畜、种植庄稼。

他还是一位不错的天文学家，没事就去观测天象。要知道，当时并没有望远镜，对星球运动轨迹的观察完全依靠肉眼。然而，就在这种艰难的情况下，颛顼还是有了很多天文发现，并以此将一年划分为春、夏、秋、冬四个季节，让人们的生活有了秩序。

颛顼看起来有些内向，但打起仗来毫不手软。他平定了四方部落，各部落几乎没有不服气的。

当时他的领土大到什么地步呢？传言中说，只要是太阳和月亮能够照耀到的地方，都是他的地盘。

传说，颛顼还有一个很大的贡献——他第一次明确划分了当时的领土。

帝喾：天生的榜样

颛顼之后，帝喾成了老大。帝喾是黄帝的曾孙，颛顼的侄子，据说一生下来就能叫出自己的名字，自带神的光环。

他的神奇与灵性并没有浪费，都用在恩泽百姓上了，他毫无私心地把各种有益的事情都教给了百姓。

由于他耳聪目明，所以可以随时了解远处发生了什么，发现最细微的道理。当他发现一些变化后，会以顺应自然的方式处理。

帝喾虽然自带神灵之气，但非常有分寸，无论说什么、做什么，都合乎时宜，对待百姓就像雨水浇灌土地一样不偏不倚。

帝喾和他叔叔颛顼一样，也是一位天文爱好者，喜爱观察日月星辰的运行，并总结出规律。他让人们按照季节耕种，促进了农业生产。

人们崇拜地看着他，觉得他既威严又仁德，既守信又温和，真的就是天生的榜样人物呢。

国宝档案

鹳（guàn）鱼石斧图彩陶缸

新石器时代的葬具，距今有六千多年的历史，画面生动、色彩和谐，极富意境，被一些学者认为是中国画的雏形。鹳鱼石斧图彩陶缸上面的鹳鸟、鱼被一些学者认为是两个部落的图腾，石斧被认为是黄帝部落联盟的共有标志。

知识宝盒

九州

古代中国的代称，有学者认为是大禹划分的。“州”字的甲骨文，是三条曲线，当中一条的中间有个眼儿，本意为江河中的岛。也就是说，每一个州都是高于水面、可以住人的陆地板块。这样的陆地板块当时共有九个，所以叫九州。至于九州的具体所指，现在还没有定论。

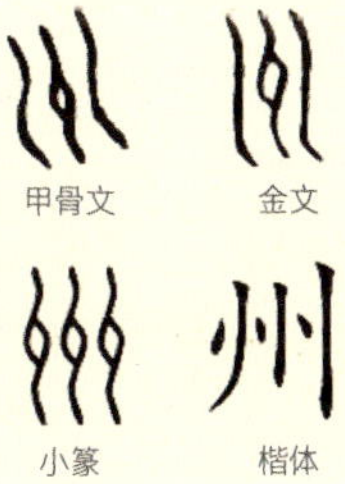

最大方的尧

帝喾死后，他的儿子尧成了帝王。尧虽然身份高贵，却从不骄傲；虽然富有天下，却从不放纵。

他命人把一年分为三百六十六天，还用闰月来平衡春、夏、秋、冬，又教给百姓春耕、夏耘、秋收、冬藏的步骤，让人们真正能安排好自己的生活。

知识宝盒

二十四节气

尧的天文官根据星辰运转的现象，得出了季节变化的规律，并根据节气来耕种，使收成好了很多。到商朝时，已经有了四个节气；周朝时，有了八个；汉朝时，二十四个节气开始齐备。

成语补给站

日出而作，日入而息

据称，尧的时代天下安乐，一位老人在玩击壤游戏时还唱出了一首《击壤歌》，有一句歌词是“日出而作，日入而息”，后世便用这个成语描述有规律的勤劳俭朴生活。

各种事情都办起来后，尧也一天天老了，是时候选一个人来接班了。

有人推荐了尧的儿子丹朱当帝王，尧一口回绝了。

他说：“丹朱不行，他说话荒唐，又爱争强好胜。”

大家听了，都很吃惊，尧竟然不选自己的儿子当帝王！

这时有人说：“有一个叫舜的人，是一个盲人的儿子，他应该可以。他的父亲非常愚昧，母亲又很顽固，弟弟傲慢霸道，舜却能和他们和睦相处，把家治理得很好。”

尧没有立刻同意，而是决定好好考察他一下。

尧把自己的两个女儿娥皇、女英嫁给舜，让她们观察他的德行；又

让舜统领百官，接待前来朝见的诸侯。

没想到，百官都听从了舜的管理，远方而来的诸侯们也都对舜恭恭敬敬。

舜还把天下划分为十二个州，并减轻了刑法，用流放代替刺字、割鼻、断足、阉割、杀头五种刑罚。他还规定，如果在官府里，就用鞭子施刑；如果在学府里，就用戒尺惩罚。

以前，有人推荐共工去管理水利工程等事务，还有人推荐鲧（gǔn）去治水，尧认为他们不行，试过了之后发现果真如他所料。舜进行了实地考察后，回来向尧汇报，请求把共工流放到幽陵，去教导落后的狄人；把鲧流放到羽山，去教导那里的东夷之人。

舜说："这样一来，狄人和夷人会从野蛮变得进步，也惩罚了共工和鲧工作不力。"

尧认为可行，照办了，天下都很悦服。

尧注意到，舜住在哪里，他的品德就会影响哪里的人，农民不再为了争抢田地而打架，渔民不再为了争夺捕鱼的地盘而撕扯，卖陶的人也不再以次充好……

人们都喜欢舜，都愿意搬过去和他一起住。结果，过了一年，舜居住的地方竟然形成了一个小村落；两年后，变成了一个中等镇子；到了第三年，竟然变成一个繁华热闹的大城市了。

尧非常满意，认为舜的确是个可靠的接班人，于是二话不说，便把帝位让给了他。把首领之位传给有才能的人，这就叫禅（shàn）让，体现了人类追求公平、民主的意识。

尧让出帝位之后，又活了二十八年。等到他逝世的时候，百姓万分哀痛。

百姓都明白，把天下让给舜，天下人都能得到好处；把天下传给丹朱，天下人都会遭殃，只有丹朱一人得到好处。尧为了不让天下人受害，牺牲掉自己孩子的利益，天下有几个这样无私的人呢？

百姓分外感动。尧死后三年，都没人奏乐，都在悼念尧。

舜：圣贤的人设

舜是一个勤奋的人。以前，他在历山耕过田，在雷泽打过鱼，在黄河边做过陶器，在寿丘做过日常器物，在负夏做过生意，几乎什么苦都吃过。

舜的父亲是位瞽叟（gǔ sǒu），也就是双目失明的老人。舜的生母死后，瞽叟续娶了一位妻子，生下了儿子象。瞽叟很喜欢象，对舜不满，多次与妻子及象设计想要杀死舜，但都被舜巧妙躲过了。尧把女儿嫁给舜后，还赐给了舜衣服、牛羊、琴，这让他们又妒忌又眼馋，于是更想害死舜。

瞽叟让舜爬上谷仓修补破洞，然后悄悄地从下面放火。舜用斗笠护着身体，跳下来，逃开了。瞽叟又让舜去挖井，等舜挖到深处时，再往下倒土，想要活埋舜。结果，舜从侧面挖了一条暗道，从那里逃走了。而他们以为舜已经死了，都很高兴。

象说：“是我出的主意，舜的两位妻子，还有尧赐给他的琴，都得归我。”

瞽叟和妻子则得到了牛羊和谷仓。象正在舜的屋里弹琴，不料舜回来了。一家人都很惊愕，象只好灰溜溜地搬出了舜的屋子。

即使这样，舜仍旧像以前那样尽心尽力侍奉父母，爱护弟弟。对于国家大事，舜更加勤奋严谨，还根据每个人的特长安排他们的工作。

他对禹说：“你去治水吧，一定要努力办好啊。”

他对契说：“百官不友好，你去教育他们吧，一定要宽厚啊。”

他对皋陶（gāo yáo）说：“你去当司法官吧，要公正严明，才能使人信服。”

他对夔（kuí）说：“你去当典乐吧，教贵族子弟音乐，既要温和，也要严厉，不然唱出来的诗不会好听。”

舜一共任命了二十二位官员，分别担任不同的职务，这些人干起活儿来非常卖力，其中，禹的功劳最大。舜管理国家的办法也流传了下来，现在，世界各国也都设有主管教育、法律等不同的部门。

舜遍访人才，明察秋毫，以前尧没有重用的人才，他都给提拔了起来；尧没有惩治的坏家伙，他也都一一处罚了。四海之内，都称颂舜的功德。

舜在当了三十九年的共主后，去南方巡视时，病逝在南方苍梧的郊野。之前，他已经把帝位传给了禹。

原味典故

湘妃竹

据说，湖南九嶷（yí）山上有九条恶龙作恶，于是舜前往南方，为百姓除恶。娥皇和女英等了很久不见舜回来，便去寻找。寻到洞庭湖边时，听说舜已经病死，不禁悲伤地痛哭起来，眼泪洒到竹子上，留下了斑斑泪痕。人们就把这种有斑点的竹子叫“湘妃竹”。

说说你的想法

舜为什么不报复？

舜的父亲、继母和弟弟总想杀害他，可他当上帝王之后，不但不报复，反而和从前一样恭敬地孝顺父母，爱护弟弟。如果你是舜，你会怎么做？舜还封弟弟象为诸侯，你认为舜做得对吗？

王朝开场

夏朝是所有王朝中最神秘的一个。

早在史前时代就出现了文字的雏形，商朝出现了成熟的甲骨文，而夏朝位于史前时代和商朝之间，照理也应该有文字。可是，直到今天，就在你读着这一行文字的时候，夏朝文字仍未被发现。关于夏朝的记载更是少之又少，除了神话“大禹治水”之外，只能找到一些

夏

神秘王朝

零星的记载，大致是：夏朝还没开始狂奔，就半路上丢失了国家。至于是怎么把国家弄丢的，也没有特别详细的追踪报道，只知道后来一个叫少康的“王二代”把国家给抢回来了，但倒霉的夏桀很快又把国家鼓捣没了。因此，有些学者认为，夏朝并不存在。

不过，一些考古学家通过对商朝文物和其他史籍的研究，还是发现了一些有关夏朝的影子，认为夏朝是真实存在的。

夏朝一日游

如果回到夏朝

河南偃师二里头遗址文化遗存丰富，其年代距今四千多年了，时间相当于夏朝。很多考古学家认为，它可能就是曾经的夏朝都城——斟鄩（zhēn xún）。如果你来到夏朝，一定要去都城溜达溜达。

当你走在宫殿的外围时，你可能会走着走着就不知该怎么走了，因为你会看到四条大路，最宽的地方竟有二十米，还有清晰的车辙，这说明夏朝已经有了用车的传统。

你可不要以为一提到宫殿就是金碧辉煌的，夏朝刚刚告别蛮荒时代，宫殿还很“土气”，主要用泥巴、水、草建成。也就是说，你将看到的是茅草宫殿群。

周围还有贵族聚居区、专门的祭祀区、平民居住区。平民的房屋更简陋，有的还是深入地下一米多的穴居。

最热闹的是作坊区，就像一个五花八门的跳蚤市场，让你眼花缭乱。你一会儿看人家磨制绿松石，一会儿看人家摆弄青铜器，还有制玉的、制陶的、制象牙的、制漆器的、制蚌器的……

斟鄩的建筑模样虽差点儿，但布局完善，开辟了中国古代都城规划的先河，被称为“中华第一王都”。

那么，第一王都的人都穿什么呢？

你翘首张望起来——咦，怎么大家都穿得很朴素？基本是黑色、素色。

这并不奇怪，因为夏朝人认为黑色是最尊贵的颜色。虽然夏朝人懂得养蚕、缫（sāo）丝、制衣，懂得提取植物纤维——麻来纺织，也懂得用矿物、植物染色，但夏朝生产力还很低，织不出太多的布，也染不了太多的颜色，据说就连天子的衣服也不够绚丽。

夏朝有了上衣下裳的形制，天子最好的工作服就是玄衣黄裳，上衣是黑色，代表天（天没亮时是黑色的），下裳是黄色，代表土地，玄衣黄裳代表对天地的尊崇。

逛了这么久，你饿了吗？想尝一尝夏朝的美食吗？夏朝刚从原始社会挣扎出来，饮食还很简单，有谷物、鱼等食物，你还是能填饱肚子的，只是没有你想象中那么丰富罢了。

夏朝直播间

追踪重要历史事件

史记·夏本纪

大禹治水

尧统治时期，中原大地上洪水滔滔，百姓生存艰难。为了救民于苦难，尧焦急地寻找可以治理洪水的人。有人推荐了鲧，尧认为鲧不行，但其他大臣还不如鲧，只好让鲧去试试了。

鲧起早贪黑，治了整整九年，但没治好。等到舜当了首领后，就放逐了鲧，让禹接过他老爸鲧的接力棒，继续治水。

禹聪敏机智，吃苦耐劳，崇尚道德，为人庄重可亲，说话从来没有不算数的，是百官的典范。他当时刚刚娶了涂山氏的女儿，但一接到治水的命令后，就立刻告别了新婚四天的妻子，离开家去勘察洪水了。

禹没有心急火燎地去堵水，而是带领大家翻山越岭，勘察各地地形，探查水道流向。一路上，他左手拿着准和绳，右手拿着规和矩，还装载着测四时、定方向的仪器，一边测量，一边立下木桩为标志。

禹想起父亲鲧因为治水无功而受罚，心里非常难过，更加发奋努力，不顾劳累地奔波，连腿上的毛都磨光了。

经过仔细研究，禹得出一个结论：不能再沿用老爸堵截治水的办法。

他把大伙召集起来，说："我们要疏水、导水。"

大伙议论纷纷，说："不行！不行！以前都是哪里有洪水，就在哪里筑坝拦堵！"

禹

禹说："洪水是堵不住的，必须开凿水道，把它引入大海。"

禹好不容易才说服了大伙，开始了疏通水道的庞大工程。

在陆上就乘车，在水中就乘船，在泥沼中就乘木橇，在山路上就穿带铁齿的鞋。就这样，十三年过去了，禹好几次从家门前路过，都没有进去看一眼，儿子启出生了，他也没有养育过。平时，他节衣缩食，居室简陋，把省下来的财物都用到治理河川上。

终于，禹开发了九州土地，疏导了九条河道，修整了九个大湖，测量了九座大山，把所有的山川河流都治理好了。四境之内都可以安居了，天子的声威教化也被带到了荒远的边陲。

舜心中大悦，赐给禹一块代表水的黑色圭玉，宣告治水成功。百姓也无比欢喜，赞颂他为"大禹"，意思是"伟大的禹"。

知识宝盒

九鼎

相传，大禹把天下划分为九州，让各州贡献青铜，然后造了九只大鼎。后来，九鼎成为国家和天子的象征。商朝曾严格规定：祭祀时，要根据身份等级用鼎，天子九鼎，诸侯七鼎，大夫五鼎，士三鼎或一鼎。

天下是我家的

舜认为禹是为人民服务的好榜样，便把自己的共主位置让给了他。

舜的位置是尧让给他的，舜又把位置让给了禹，这可不是让出一个烧鸡那么简单，而是让出天下，让出帝王的宝座，所以，尧和舜都算得上是古今中外最大方的人，是真正的圣贤。这时候的天下，被称为“公天下”。

禹和各个部落约定，不可以互相攻击，如果有谁违约，大家就联合起来攻伐他。于是，各部落联合成了一个有纪律的大团队。这个团队被称为诸夏。

中国第一个有组织的国家——夏，拉开了序幕。

国宝档案

方格纹铜鼎

方格纹铜鼎出土于二里头遗址，一些学者认为其属于夏朝文物。方格纹铜鼎用青铜所制，可以用来烹煮食物，也可以作为祭祀的礼器。

科技发明

夏历

夏历也叫农历，是中国最早的历法。据说夏朝人通过对日月星辰的观察，发现了北斗七星的运行规律，由此发明了夏历，确定了十二个月的顺序、物象等，用来指导农事和生活。

禹老了，也该考虑继承人的问题了。他的位置是舜让给他的，他也搞了一个“新闻发布会”，宣布要让位给有本事的人。

据说他要让位给皋陶，可是，皋陶已经老了。

据说他又要让给伯益，但百姓不投伯益的票，伯益尴尬地归隐山林去了。

这里面的内幕很微妙、很复杂，他到底要让给谁、怎么让的，让的过程中发生了什么，至今都是未解之谜。只有一件事是确定的，那就是真正继位的人是他的儿子——启。

在这戏剧性的内幕之后，启成了天子。而这种父亲传位给儿子或弟弟的制度，就是世袭制。从此，天下成了君王私有的家，被称为“家天下”。

把领袖的位子让给有能力的人，这种公平的事情就这样被取消了。很多部落听说后都不服气，其中，气性最大的是有扈（hù）氏部落。

有扈氏非常强大，禹活着的时候就曾与有扈氏发生战争。禹还写了一篇战斗动员令，说攻打有扈氏不是想抢劫，而是替天行道。现在，启为了坐稳宝座，也要去攻打有扈氏，于是也写了一篇动员令，说有扈氏上不敬天、下不敬人臣，天怒人怨，欠揍！

于是，甘之战开始了。

两强相遇，战斗分外激烈，启这一仗打得百般艰难，但最终还是胜

利了。

其他部落一看，强大的有扈氏都打不过启，自己也别咋呼了。于是，天下再也没有人反对启了。

太康把国家弄丢了

启死后，他的儿子太康当了君王。太康喜好游乐，每天不是去这里打猎，就是去那里看风景。至于百姓的困苦生活，他早就抛到脑后了。

夏朝东边有一个东夷族，其中有穷氏部落很强大，这个部落的首领叫羿，是个神箭手。他趁着太康外出狩猎时，带着族人一路杀进斟鄩，抢占了都城，自己当上了君王。

据说等太康游荡回来时，连家都回不去了，登时傻了眼。这就是“太康失国”。

羿当上君王后，有点儿忘乎所以，也整天跑出去打猎，不理国家大事。他看人的眼光也不怎么样，他把朝政托付给了一个叫寒浞（zhuó）

的大臣，结果寒浞的野心特别大，他的梦想也是当一把手，于是，干脆设计杀死了羿。

寒浞心狠手辣，虽然夏王朝的子孙都已经逃走了，他还是担心他们回来抢夺王位。尤其是地位较高的相，让他寝食难安。于是，他派人去追杀相。

寒浞如愿杀死了相，却不知道相的妻子已经有了身孕，她从墙洞逃出后，生下了遗腹子少康。

夏朝的励志王子

少康从小聪明伶俐，稍微长大一点儿，母亲就对他讲述了祖上失国的事情，这让他更加发愤图强，立志要夺回天下。

少康和母亲住在外祖父的部落里，他长大后担任牧正，主管畜牧之事。寒浞的儿子浇听说少康还活着，便派来一个杀手搜捕少康。少康连夜逃走，到了有虞氏的部落。

有虞氏首领收留了少康，给了少康一个掌管饮食的官——庖（páo）正，还把女儿嫁给他，并给他一座十里之城。

得到了夏朝忠心耿耿的老臣的帮助，少康终于有了自己的根据地，势力慢慢壮大起来。他招兵买马，训练士卒，还总是慰问百姓，大搞宣传，以争取百姓的支持。可是，寒浞的势力更加强大，少康根本就不是他的对手。怎么办呢？

少康选拔了一个密探，名叫女艾，派她去斟鄩收集信息、打探情报。女艾不辱使命，打入了敌人内部，还除掉了寒浞的儿子浇。少康攻入了斟鄩时，据说寒浞自杀未遂，少康命人将他处死了。就这样，少康结束了夏朝四十年的“无王”时期，夏由此复国。这就是“少康中兴”。

历史人物

女艾

据说女艾是夏朝的女性将领，是中国历史上第一位女间谍，也是世界上第一位有记载的女间谍。为了帮助少康夺回王位，她乔装打扮来到寒浞之子——浇的封地，从事卧底工作，为少康提供了大量有价值的情报。

桀都干了什么

少康之后的各届天子，几乎没有太像样的，尤其是一位名叫孔甲的帝王格外堕落。他要么装神弄鬼，要么纵情声色，导致夏朝天子的威德一落千丈，诸侯们一个个都背叛了他。

等到孔甲的重孙桀当了天子时，夏朝的光景就更加惨淡了。

相传，桀长相英俊，非常神勇，但不把精力用在治国安邦上，反而贪图享乐，花费大量钱财建造豪华宫殿。里面还有一个很大的酒池子，可以在酒水上行船，喝醉的人经常落水淹死。桀在那里日夜饮酒作乐。

原味典故

孔甲好龙

孔甲是夏朝一位天子，传说他喜欢龙，让一个叫刘累的人为他饲养一雄一雌两条龙。没多久，雌龙死了。刘累把龙做成肉酱给孔甲吃，孔甲觉得美味还想吃，刘累已经逃走了。有学者认为，所谓的龙可能是大鱼。

大臣们见桀沉迷享乐，纷纷去劝他，结果不是被他驱逐，就是被他杀掉。

有人把伊尹推荐给桀，伊尹用尧、舜给桀做榜样。桀却觉得自己一点儿不比尧、舜差，不屑一顾地说：“我就像天上的太阳，太阳会消亡吗？太阳不会消亡！”

桀还特别喜欢打仗，他今天去打这个，明天去打那个，周边部落都恨透了他。

东边有一个叫商的部落，出了一位杰出的首领，名叫汤。当伊尹屡次劝告桀，而桀不听后，伊尹便去投奔了汤。汤非常尊重伊尹，在伊尹的帮助下，很快壮大了自己的实力，最终联合其他的部落一起去攻打夏朝。

桀始料不及，匆忙迎战，结果被打得落荒而逃。汤乘胜追击，最终，双方在鸣条展开了决战。桀彻底失败，被赶到了南巢，不久就病死了。

延续了四百多年的夏朝就这样灭亡了，汤就此创立了商朝。

成语补给站

时日曷（hé）丧

夏桀以太阳自居，认为自己惠泽天下。百姓却不满他的暴政，诅咒道："时日曷丧，予及汝偕亡！"意思是，太阳什么时候灭亡，我们宁愿与你同归于尽！后世便用"时日曷丧"来表达仇恨心理，形容痛恨到了极点。

说说你的想法

你能替夏桀想一个比喻吗？

夏桀把自己比作太阳，把百姓比作月亮，你觉得合适吗？你认为用什么比喻夏桀更恰当呢？

王朝开场

“天命玄鸟，降而生商。”《诗经》中的这句话你听说过吗？它的意思是，天帝的妃子吞下一枚燕子卵，生下了商的始祖。当然啦，历史学家是冷静的，他们认为，商族其实是崛起于黄河中下游的一个部落。

汤灭夏后，建立了商朝。但都城经常搬来搬去，直到盘庚继位后搬到了殷，才算消停下来。所以，我们现在也称商朝为“殷”或“殷商”。

武丁当天子时，商朝一飞冲天。可惜好景不长，

商

青铜盛世

到纣王时，商朝已然成了“破落户”，纣王自导自演了一场大火烧身，悲情地埋葬了商朝。

商朝有五百多岁高龄，从一开始就充满神秘的神鬼气息。青铜器上多是狰狞峻厉的兽面纹，见证了青铜时代最为神异奇美、波澜壮阔的时刻。商朝人还特别喜欢占卜，无论是串个门还是约个饭，都爱征求鬼神的意见，还将占卜结果刻在兽骨或甲骨上。兽骨或甲骨上的文字便被称为甲骨文，是现今所发现的最早的文字。

商朝一日游

如果回到商朝

如果你去了商朝，恰好又有机会参加一位贵族的宴会，你可要好好打扮一下哦。

商朝流行的服式是“两件套”：上着衣，下穿裳（就是裙子）。我们现在所说的“衣裳”就是这么来的。

虽然不论男女都能穿这种两件套，但等级制度还是有的。贵族的礼服颜色鲜艳，甚至经过多次染色，还有镶边，普通人的衣服就很单调了。

你可以来个配饰，但要注意，配饰也有等级，玉是贵族用的，普通人只能用石头或骨头。

出了门，路上有一些畜力车。商朝人很喜欢远足，有些人还进行长途贸易、跨国贸易，因此，商朝的交通网很发达。马车也很漂亮，上有车厢，还有可爱的铜铃、蚌环等装饰，但没有避震系统，也没有轴承，最好跪坐着。

或许你想体验一下跪坐的滋味，但很遗憾无法满足你，因为这是贵族的特权。

一路向贵族家步行而去，你会看到城内有大的宫殿、小的地穴，有单间，有套间，有回廊，有重檐。王宫还有高台，这可是商朝的首创，能避免潮气腐朽木柱。

黄土、木头、茅草是这些建筑的灵魂，“茅茨土阶”这个成语就是这么来的。今天，我们把建造建筑称为“土木工程”也是这么来的。

贵族家是一种类似现在四合院的房子，甑里已经蒸好了米饭，羊肉、牛肉、猪肉、野兔、鹌鹑、鸡、鱼等肉食，都在鼎和釜中煮着。眼看都烂熟了，你可以把釜下的柴火抽走——这是成语“釜底抽薪”的原意。

鼎是商朝主要的炊具，多为青铜所制，也是祭祀的礼器。器上多是兽面纹，极度夸张、变形，有一种狞厉之美，象征着奴隶主阶层的威严和神秘。商朝是青铜器的核心时期，你可要好好地欣赏哦。

商朝直播间

追踪重要历史事件

史记·殷本纪

商朝是怎么开国的？

传说，有娀（sōng）氏的女儿名叫简狄，是帝喾的次妃。有一天，简狄去河里洗澡，看到燕子落下一枚卵，简狄捡起来吃了下去，竟然有了身孕，生下了一个男孩，名叫契（xiè）。契就是商的始祖。

契长大后，帮助禹治水，立下很大的功劳。舜帝很高兴，便让契担任司徒，赐给他一块封地——商，让他教化商地的百姓。商族就这样兴起了。

夏朝的时候，商族首领为百姓做了很多好事。到了契的后代——汤当首领时，商已经成为一个很大的诸侯国。

原味典故

网开三面

汤狩猎时，见有人四面张网并向天祷告："鸟儿啊，不论你从哪里飞来，都飞到我的网里来吧。"汤让他不要赶尽杀绝，把网撤走三面，只留一面，重新祷告："鸟儿啊，你不想活了再飞到我的网里来吧。"后世便用"网开三面"或"网开一面"比喻采取宽大态度，给人一条出路。

伊尹是一个有才能的人，听说汤仁厚有道，就想去为汤效力。他没有背景，没有门路，便想了一个办法，去给汤的未婚妻有莘氏做仆人，当汤迎娶有莘氏时，他就作为“陪嫁品”来到了商。之后，他便借着谈论烹调的机会展现了自己的为政思想，打动了汤。汤便提拔伊尹为相。伊尹终于有了施展抱负的机会，他兴修水利，发展畜牧业，训练军队，很快使商强盛了起来。

当时，有一个诸侯国叫葛，葛国不按照规定祭祀鬼神。在伊尹的策划下，汤出兵吞并了葛国。之后，伊尹经过一番谋划，又使商消灭了另外几个诸侯国。等到扫平前往夏朝都城的障碍后，商便发起了灭夏行动。行动之前，汤举行了隆重的誓师活动。他振臂高呼道：“来吧，诸位，听我说几句。我理解你们的犹豫和不安，但夏氏罪行深重，上天命我去惩罚他，我不敢不去啊！如果你们能替天行道，勇敢作战，必有重赏！我说话算话，决不食言……”

这就是著名的《汤誓》，成功地动员了士兵们。于是，商汤率领大军，浩浩荡荡地攻向了夏朝都城。

两支军队刚一接触，夏军就被士气高昂的商军击溃，很快败退了。之后，经过鸣条决战，夏军再无抵抗之力，夏朝就此退出了历史的舞台。

汤成了天子。他修改了历法，改变了器物、服饰的颜色，以白色为尊贵的颜色，并在白天举行朝会。商朝模式就此开启了。

商朝的怪事儿

汤死后，伊尹继续辅政。他很长寿，一连辅佐了好几代天子。等到太甲即位时，他还很硬朗。只是太甲不争气，暴虐无常，破坏了仁德的主旋律。

伊尹专门写了三篇文章劝谏教训天子，但天子压根儿不听。没想到，身为臣子的伊尹脾气更大，干脆把天子流放了，让天子去汤的墓地桐宫反思。

此后的三年，伊尹成了代理天子，有条不紊地主持国事。

太甲在桐宫苦守了三年，看到祖父汤的墓地又矮又小，非常简陋，他深受触动，惭愧不已，心里不断地后悔、自责，开始改过自新。

伊尹知道后，又把太甲接回王宫，让他继续当天子。

此后，太甲严于律己，兢兢业业地工作。伊尹非常高兴，又写了三篇文章，把太甲从头到脚赞美一遍。

伊尹死后，商朝渐渐衰微了，一些诸侯甚至不来朝见天子了。

太戊为天子时，有一年突然发现朝堂上出现了一个怪现象——一棵桑树和一棵楮（chǔ）树合生在了一起，而且一夜之间就长得非常粗。天子很害怕，赶忙向大臣询问。

一位大臣说："会不会是您的施政有什么失误呢？如果是的话，一定要改正。就算是妖异，也不能战胜有德行的人。"

太戊立刻听从了，之后怪树就枯死了。国势再度兴盛，诸侯们又都来朝见天子了。

国都为什么搬来搬去？

商朝建立后，在几百年间，首都一直搬来搬去，换了好几个地方，后来定都在亳（bó）。

普通人平时搬家都很麻烦，更别说搬一个首都了。难道商朝的统治者是想体验在不同地方生活的乐趣吗？

当然不是了。商朝之所以频繁地迁都，大致有两个原因：内忧和外患。

刚开始，商朝的天子们大都是"兄终弟及"，也就是王位由哥哥传给弟弟。可是，很多兄弟之间往往年龄差不多，等到天子年老退位或死去时，他的兄弟多半也老得掉牙了，当不了几年大领导。这样一来，众兄弟对王位皆虎视眈眈，王室斗争十分激烈。新一届的天子为了巩固自己的统治，不得不选择迁移都城。

另外，黄河常常泛滥，洪水肆虐，有一次甚至把都城淹了。因此，这种天灾也迫使天子不得不迁移到其他地方生存。

到了盘庚即位的时候，这些问题依然存在。盘庚心想，再这样下去，就离灭亡不远了。

盘庚经过认真评估，决定再度迁都！

知识宝盒

商人的来历

当商朝还是一个部落的时候，首领王亥便用牛车拉着货物，长途跋涉去别的部落进行贸易，这也是最早的“跨国贸易”。王亥开创了商业贸易的先河，后世便把做生意的商部落的人称为“商人”，把用于交换的物品叫“商品”，把商人从事的职业叫“商业”。

这是商朝历史上第五次迁都，贵族们纷纷反对，百姓早就折腾得身心疲惫，也很不情愿，闹腾得很厉害。

商朝人极度信奉鬼神，凡事都要占卜。盘庚见大家都不愿意搬迁，就借助鬼神的名义，连恐吓带命令地说了一番话："你们不肯离开这里，先王就会在地下告诉你们的先辈，让他们的灵魂惩治你们，到时候后悔也晚了！现在我主意已定，谁若不从，必将严惩！"

于是，臣民服从了。盘庚带着他们搬到了殷这个地方。殷位于河南省北部，具有很重要的战略地位，水土也很丰美，地势又较高，可以避免水患，有助于农业发展，缓解了王室内部的矛盾。

三年不说话的武丁

盘庚迁都殷使商朝国势大振，为接下来的武丁盛世打下了基础。

武丁是一位非常接地气的天子，也很能干。可是，刚即位不久，有一天，他突然不说话了，每天一言不发，朝政全由大臣处理。

据说，武丁一直沉默了三年，三年后的一天，武丁突然开了口。他召集大臣，说："昨天晚上，我梦到上天赐给我一位贤臣，他能帮助我治理国家。"

说完，武丁命人画出他梦中见到的人，然后命人照着画像去寻找。

大臣们半信半疑，最终在一个叫傅岩的地方找到了一个筑城的奴隶，名叫傅说（yuè），和画像之人很像。于是，此人被带去见了武丁。

武丁和他交谈了一番后，认定他就是梦中的那位贤臣，便任命他为相。

傅说果然是个人才，他辅助武丁把国家治理得井井有条，使商朝繁盛起来。

后世一些学者认为，武丁三年不说话大概是一种夸张的渲染。他并不是什么都不管，而是在默默地观察国家的各种现象，并暗中访查到傅说是一个人才，只因奴隶身份无法当官，他才想出了做梦画像的办法，从而任用了贤臣。

历史人物

妇好

商王武丁的王后妇好，是中国历史上第一位女将军，也是杰出的女性政治家，曾带兵与多个部落或方国作战，并进行了中国最早的伏击战。妇好还经常主持祭祀大典。"国之大事，在祀与戎"，商朝的国家大事，一是祭祀，二是战争。妇好在这两方面都是灵魂人物，地位极高。她死后随葬了很多物品，图为妇好墓出土的青铜鸮（xiāo）尊。

妇好
武丁

武丁还有一个创举，那就是敢于启用女性将领，女性将领还是他的王后，王后妇好指挥了一系列重要的战争。百姓们过上安定的生活，到处是繁荣兴旺的景象，这就是“武丁中兴”。

科技发明

后母戊鼎

后母戊鼎出土于殷墟，是世界上最大最重的青铜器，重一千六百多斤，用“模范法”制成，大致步骤是：先做一个模，再用泥土给模贴一件“紧身衣”，进行翻印，这就是范。之后，把青铜液灌到范里，冷却后，去掉范。这个方法今天仍在使用。

勇敢的悲情天子

武丁之后，商朝又出现了几位不遵祖训的天子，其中一位是武乙。

武乙是商朝众天子中的一个另类。商朝人信奉鬼神，国家大事之一就是祭祀鬼神，但武乙偏偏不信。他认为，人比鬼神更重要，王权比神权更实在，更能挽救国家的颓势。

他别出心裁地制作了一个木偶人，称它为天神，然后，跟天神下棋。

木偶怎么会下棋呢？别着急，武乙自有办法，他把木偶放在对面，然后叫来一个人，作为天神的替身，和他对弈。但是，任何一个人也不敢赢天子啊。所以，天神的替身总是输。武乙非常开心，一见天神输了，马上大肆侮辱天神。这在当时相当于弥天大罪了，引起了巨大的社会动荡，百姓惶惶不安。

武乙还嫌不够，又命人制作了一个皮革的囊袋，里面盛满血，高高地挂起来，然后用箭射它，说这是“射天”。

大概他真把“天”给得罪了，有一次，武乙去黄河和渭河之间打猎，天空突然雷声大作，一下子把武乙给劈死了。

事实上，武乙堪称一位勇敢的天子，因为他的目的是把神权过渡为王权。只是人们信仰鬼神的力量太强大了，他的努力失败了。

戏剧性的牧野之战

武乙死后，王朝更加衰落。他的曾孙纣即位时，商朝已经危机四伏。纣是一个勇士，也是一个演讲家，还能徒手和猛兽格斗。他的军事才能也很了不起，他四处征战，开拓疆土，多次取得胜利，但也大大地消耗了国力。他还爱炫耀，很喜欢享受。他对鬼神傲慢不敬。

据说，他建造鹿台等宫殿，四处搜刮财宝，把酒倒满池子，把肉挂满树枝，让男男女女在里面厮混、追逐，玩累了就吃肉喝酒。自己也和王后妲己在里面享乐，这里被称为“酒池肉林”。

纣的所作所为让人们心生怨恨，一些诸侯也对他不满。纣便鼓捣出一种叫炮烙（páo luò）的酷刑，谁得罪了他，谁就可能受到这种惩罚。

成语补给站

暴殄（tiǎn）天物

暴殄天物出自《尚书》，形容商王无道，暴虐百姓，天下万物、鸟兽草木都被残害，后世则用来指任意糟蹋东西，不知爱惜。

朝中地位最高的三公——西伯侯、九侯、鄂侯都不能保护自己。

九侯的女儿是纣的妃子，她性格端庄，不愿意男女厮混在一起。纣非常生气，干脆把她杀了，还迁怒她的父亲九侯，把九侯处醢（hǎi）刑，剁成了肉酱。

鄂侯知道后，极力劝说纣，结果遭到了脯（fǔ）刑，被制成了肉干。

西伯侯不敢再劝，偷偷地叹息，不想也被检举了，被囚禁在了羑（yǒu）里。西伯侯名叫姬昌，是周族人的首领。周族人急忙贿赂纣，才把他救了出来。

西伯侯姬昌回到自己的地盘后，暗中积蓄力量，推行善政，任用贤人，使周悄悄地壮大起来。纣渐渐丧失了权势，诸侯也逐渐远离他而归附了周，很多大臣逃出都城，到周地去生活。

姬昌死后，他的儿子姬发即位，成了周族的首领。等到周的势力足以抗衡商的时候，姬发联络好盟军，率战车三百，虎贲甲士五万，冒着大雨，渡过黄河，开始了征伐纣的大战。

纣始料不及，临时拼凑了一支军队，在牧野与周军展开了战斗。

就在这时，戏剧性的一幕出现了。纣的大军虽然号称七十万，兵力远远超过了周军，但大多是临时被赶上战场的奴隶、俘虏和囚犯。这些人平时受尽虐待，本来就不愿意为纣卖命，便纷纷临阵倒戈，掉过头来，和周军站在同一阵线上，向纣杀了过去。

几乎一瞬间，商军就土崩瓦解了。纣不肯投降，去了鹿台，穿戴整齐，一把火烧死了自己。就这样，商朝灭亡了。

姬发以“周”为国号，开创了周朝，他就是周武王，他死去的父亲姬昌是周文王。影视剧中经常出现的“武王伐纣”讲的就是这段历史。

国宝档案

利簋（guǐ）

簋是古代盛装食物的器具，也是礼器。利簋是指簋的主人叫利。利簋的铭文记载了武王伐纣这段重大历史，因此也被称为“武王征商簋”，是牧野之战的见证。利簋上圆下方，表现了古代天圆地方的宇宙观。

说说你的想法

纣王真那么不好吗？

纣王能文能武，是个货真价实的高才生，宁死也不肯投降，你认为他是一个英雄吗？有人说，是因为周朝把纣王宣传成了坏人，后人听信了周朝人的话，才认为纣王是坏人的，你认为有道理吗？

王朝开场

周朝历时近八百年，是中国历史上最长寿的王朝。三千多年前，在陕西岐山的周原上，周的首领古公亶（dǎn）父带着大家挖洞造屋、开垦农田，使部落逐渐壮大。后来又经过周文王、周武王等先锋人物的努力，周朝终于开国了。

周朝就像一套分为上下册的连环画，上册是西周，下册是东周。西周的主要剧情是发明了礼乐制度；东周的桥段则太多了，东周又分成了两部分，前一部分是春

周

礼乐与争雄

秋，后一部分是战国。

东周是中国历史上第一次大分裂时期，春秋五霸和战国七雄轮番登场，光是打仗就打了五百多年，青壮年不是在战场上，就是在去战场的路上。

这也是一个百家争鸣、群星闪耀的时代，诸子百家游说各国，各种自荐、推荐层出不穷。诸侯大佬各有所长，能人异士一抓一把，至于周天子——诸侯早就不把他当权威人物了……

直到秦国统一了天下，这部浓墨重彩的连环画才正式落幕。

周朝一日游

如果回到周朝

欢迎来到周朝！你首先要入乡随俗，换一套衣服，因为周朝完善了冠服制度，以交领、右衽（rèn）为主流，否则会被视为不开化的“蛮夷”。

你可以换上“连衣裙”——这是春秋战国时期很流行的深衣，上衣和下裳连在一块儿。

贵族也穿上衣下裳款式的衣服，但有一条很宽的腰带，肚子前面有一条“蔽膝”，用来遮蔽膝盖。

你的发型可不要太奔放，周朝全国都是统一的发型——束发，就是梳成辫子后，盘到头顶，不再像商朝时那样可以随意披头散发了。

男孩二十岁时，还要戴冠，举行冠礼，也就是成人礼。

西周仍有穴居、半穴居、巢居。东周时，渐渐移到了地面上，出现了瓦和木结构，中轴线的院落布局初步形成了。贵族的房子一般在高台上。

周朝的规矩特别多，老大是天子，老二是诸侯，然后是卿、大夫，接着是士，再下面是百姓，奴隶垫底。你来到周朝后，要按照身份说话、做事，不能坏了礼法。比方说，普通人只能吃野菜羹等普通饭菜，牛肉羹、羊肉羹、鸡肉羹等都是给贵族吃的。小小的羹里也蕴含着严格的等级制度。

如果你是一位音乐爱好者，那你的耳朵就有福了。周朝人酷爱音乐，吃饭时，贵族会根据自己的地位击钟列鼎。钟是打击乐器，鼎主要是盛肉的器具。这就是“钟鸣鼎食”的出处。

如果你想去邻近国家转一转，一日之内是无法实现的，因为只有贵族才能乘坐马车。而且每个诸侯国的车轨距离都不一样，就算你到了另一个国家，也得换乘那个国家的马车，非常麻烦。不过，平坦、畅通的周道很有名，据说它像线一样笔直，还有行道树，你可以好好欣赏一番哦。

周朝直播间

追踪重要历史事件▶

史记·周本纪

上天的孩子

相传，周的始祖名叫弃，是尧舜时代的人。关于他的出生，有一段神奇的故事。

有一天，有邰（tái）氏女子姜嫄（yuán）外出游玩，看到一只巨大的脚印。她踩了上去，想看看这只脚印到底有多大。结果，神奇的事情发生了，她觉得身体一震，没过多久，竟然有了身孕，但过了一年她才生下一个男孩。

姜嫄觉得生下的这个孩子不祥，便把他扔在了路上。出乎意料的

是，来往的车辆竟然都避开了他；她又把男孩扔到山林里，却被伐木人救下了；最后，她把男孩扔在冰河上，鸟儿们却从四面八方飞过来，用羽毛给他保暖。

姜嫄意识到，这是上天在保佑这个孩子，于是，她决心抚养孩子长大，并给他取名叫弃。

弃从小就喜欢植物，最愿意跑到田里摆弄秧苗，用麻、豆之类的植物做游戏。等他长大后，他栽培出了各种农作物，长得都很茂盛，大家都来向他学习。尧帝听说后，让他担任农师，教百姓种地，百姓不用再饿肚子了。

舜帝的时候，弃有了封地——邰，并被尊称为“后稷（jì）”，“后”是对首领的称呼，“稷”指的是粮食。

周人的史诗

公刘是后稷的孙子，当他接替了首领之位后，就在戎狄地区开垦土地，像祖先后稷那样教人种地，使人出门有旅费，在家有积蓄。很多人都从各地赶来归附他，诗人创作了诗歌来咏唱他。后来，这些诗被收入了《诗经》。

公刘的后代中，有一位古公亶父，非常仁义道德。一次，一伙戎狄跑来偷袭，想要抢东西。古公亶父拿出财物，送给了他们。

不料没多久，戎狄又来了，不仅想抢地、抢人，还想抢古公亶父的位置。众人都很生气，觉得他们贪得无厌，想要教训他们。古公亶父连忙劝住了。

他说：“你们跟着我或跟着他们，有什么区别呢？你们为了我去打仗，我不忍心。他们被打死了，我也不忍心。”

大家都不肯跟着戎狄，坚守在古公亶父身边。古公亶父便带着大家离开了那里，跋山涉水，来到了岐山脚下。古公亶父教大家挖洞建屋，定居下来。

这就是周族人的创业过程，壮丽而艰难，也被诗人写成了诗，收录到了《诗经》中。

古公亶父的儿子们个个都像父亲一样是道德楷模，为了推让首领之位，有两个儿子吴太伯和虞仲竟然离开家园，逃到了南方。就这样，古

知识宝盒

“周”字

甲骨文里的“周”字，像一块四四方方的田地，里面种着茂盛的庄稼。周的本意应该是农田。周以农业起家，因此以周为族名。周还有周围、环绕等意，都是从农田疆界的意义引申而来的。

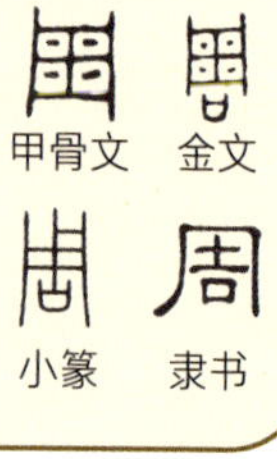

公亶父的小儿子季历继承了首领之位，之后，季历的儿子姬昌又成了接班人。

姬昌就是那位大名鼎鼎的西伯侯、周文王，他以后稷、公刘、古公亶父为榜样，一心一意地施行仁义，对贤士谦逊有礼。有时候，为了接待贤士，他甚至顾不上吃饭。他还向商纣王请求废除炮烙的刑罚。姬发是周文王的儿子，他灭了商朝，开创了周朝。

周公旦为什么伟大？

周朝建立了。可是，如何管理这个新王朝呢？

周武王姬发想了个办法。他把国家这块大蛋糕分成许多块小蛋糕，把王室子弟和有功的大臣封为诸侯，每个诸侯都能分到一块小蛋糕。这就是分封制。周武王这么做，是为了让诸侯们管理好各个地方，一起来保护周天子。

知识宝盒

井田制

周朝时，土地归天子所有，所以《诗经》中说“溥（pǔ）天之下，莫非王土”。天子不亲自种地，土地被分为许多方块，由百姓耕种，远远望去，就像一个个“井”字。

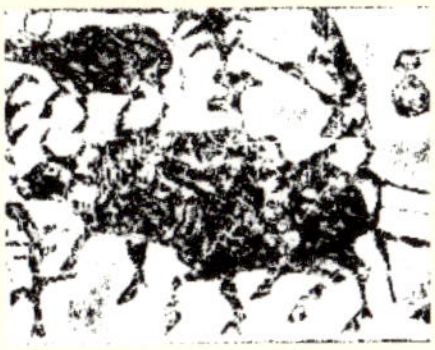

第一个受封的，是灭商的大功臣姜子牙，封地在今天的山东营丘，国号为齐。周武王的弟弟周公旦也立下了巨大功勋，封地在山东的曲阜，国号为鲁。

一切就绪后，国家积极地运转起来。可是，周武王却夜夜不能安睡。周公旦非常奇怪，问周武王为什么不睡觉。

周武王说：“城外怪兽成群，害虫遍野，城里百废待兴，我哪里顾得上睡觉呢？我要日夜勤勉努力才行。”

不料，周武王还没安排妥当就生病去世了，他的儿子周成王继位。此时周成王还是一个少年，小小年纪处理不了国家大事，便由叔叔周公旦辅佐。

周公旦的两个兄弟管叔和蔡叔不服，心里十分嫉妒，开始到处说周公旦的坏话，还联合纣王的儿子武庚起兵谋反。

周公旦无可奈何，只得亲自带领军队，花了整整三年时间才平息了叛乱。

为了更好地管理国家，周公旦下令在洛阳修建了一座新的都城，取名成周，把九鼎安放在那里，然后把叛乱分子也都迁到成周，集中看管。

为了维护周朝统治，周公旦制定了礼乐制度，用礼制规范人们的生活，用美妙的乐曲教化百姓。无论是政治军事，还是衣食住行，都有规矩可循。周成王的地位巩固了，诸侯们像众星拱月那样拱卫着周天子。

以周公旦的能力，他完全可以胜任天子之位，但他没有这么做，而是等周成王长大后，把朝政大权交给了周成王。

有了周公旦打下的基础，周成王和接下来的周康王一起开创了太平盛世，史称“成康之治”。

国宝档案

何尊

何尊是一个叫何的西周贵族所制的礼器，尊内铸有铭文，记载了营建都城成周的过程。里面的“宅兹中国”是“中国”一词的最早记载。但它不是指国家，而是指国之中央的意思。

原味典故

求贤心切

周公旦治理国家尽心尽力。据说，他吃饭时，有人来拜访，他会立刻吐出嘴里的饭去接见人家；他洗头时，有事情需要处理，他会抓着湿漉漉的头发，把事情处理完再接着洗头。后世用“周公吐哺”来形容礼贤下士。

周昭王的死亡之谜

周朝的盛世景象没能长久持续下去，到了第四任天子周昭王时，便出现了一些不遵礼制的现象，有些诸侯不拿天子当回事儿了。

这时候，楚国渐渐成长起来。据说，楚国好几年没有给天子进贡祭祀用的苞茅，这等于挑战天子的权威。因此，周昭王决定去讨伐楚国。也有人说，周昭王只是为了扩大版图才伐楚的。

第一次出征非常顺利，周昭王很得意，很快又组织了第二次出征。

军队刚到达汉水边上，天地突然变色，阵阵阴冷的寒风吹过来。士兵们心里害怕极了，哪还有心思去打仗呢？结果损失惨重。

第三次出征时，军队声势浩大，但周昭王却奇怪地掉进水里淹死了。

他究竟是怎么死的？周朝人的记录非常模糊，后世也一直在猜测。

有人说，当时发生了地震，桥断了，周昭王落水后淹死了；也有人说，当时惊扰到了鳄鱼，周昭王被鳄鱼吃了；还有人说，居住在汉水附近的百姓早就烦透了周朝军队，悄悄地破坏了船只，等到军队到达水中央时，船体散架，周昭王就被淹死了。

天子旅行家

周穆王是周昭王的儿子，据说他热爱旅行，总是去远方游历。在他的天子生涯中，有好几次都是去遥远的地方打仗。

起初，他想通过收拾西戎立下威风。大臣劝阻他，说周朝的先王都是用德行来服人的，而不是靠打仗。他不听，还是去西征了。结果，没打败戎人，只打了四只白狼、四只白鹿回来。不过，也有人说，他得胜而归，但得罪了戎人，从此以后，边陲地区就拒绝朝见天子了。

打了戎人之后，周穆王还嫌不过瘾，继续西征，一直挺进到昆仑之丘。有史料记载，他还在昆仑一带遇见了西王母，来了一次浪漫的相会。

这个故事当然是不真实的，不过，它也反映出中原与西域已经进行交流了。

周穆王还曾东征，因为东边的徐国不服他，让他咽不下这口气。于是，他把徐国吞并了。然而，由于他光顾着西征东征、四处远游，朝堂上常年不见天子，朝政变得十分松散。

流亡的天子

周穆王之后，周王室由盛转衰，不过几代间，天子已经号令不了诸侯了。诗人们还写诗讽刺这件事。

周厉王执政后，格外爱财，没完没了地搜刮百姓。

一位大臣劝道："天地间的万物谁都应该得到一份，哪能让一个人独占呢？独占会触怒众人的。王室已经衰微到了这个地步，更要注意啊。"

周厉王不听，还是一意孤行。他把一些山林、湖泊占为己有，不准

西王母
周穆王

百姓在这些地方打猎、捕鱼、砍伐树木，并不时地发动战争，百姓苦不堪言。

大臣劝告周厉王："百姓怨声载道，这样下去，迟早要出大事的。"

周厉王满不在乎地说："等着瞧吧，我有办法让他们通通闭嘴！"

于是，他找来一些巫师，让他们监视百姓，一旦有人议论他的行为，就会被杀死。

百姓吃不饱、穿不暖，连话也不敢说，每天提心吊胆。

周厉王非常高兴地说："人们对我的议论消除了，他们再也不敢说话了。"大臣说："堵住嘴巴有什么用呢，心里的话是堵不住的。时间长了，堵在心里的话就像堵住的水流一样，越积越多，一旦决口，就更厉害了。"

周厉王不以为意。就这样，国人都不敢说话，硬生生地憋了三年。

成语补给站

道路以目

周厉王统治暴虐，人们在路上遇见，不敢打招呼，只能互相使眼色。后世便以此来形容对残酷统治的憎恨和恐惧。

三年后，憋屈至极的百姓忍无可忍，决定造反。

在一个黑漆漆的晚上，他们愤怒地举着棍棒、农具，从四面八方拥入了王宫。这就是"国人暴动"。不料，周厉王提前得到了消息，逃出了王宫。周厉王虽然保住了性命，但只能做一个流亡的天子，再也不敢回到王宫了。

一个玩笑亡了一个国家

周厉王只顾自己逃跑，把儿子静扔下了。大臣召公把静藏在家里，百姓知道后，包围了召公的家。

召公想，以前自己多次劝说周厉王，周厉王都不听，如果现在周厉王的儿子被杀了，周厉王一定会认为自己记仇了，在报复天子。

于是，他用自己的儿子冒充静，他的儿子便被百姓杀死了。静活了下来。就这样，静在召公家长大了。等周厉王一死，静就被扶立为王，史称周宣王。

起先，周宣王还是一个励志青年，在召公等人的辅佐下，努力治理国家。后来，他就懈怠了。本来每年春天，天子都要下田亲自带头耕种，但周宣王嫌弃干农活儿，谁劝他都不听，说什么也不去。

晚年的时候，周宣王还接连对外用兵。有一次，王军被戎人打得丢盔弃甲、全军覆没。

他的儿子周幽王接手这个烂摊子时，不仅不励精图治，反而只顾自己享乐。当时，国都附近发生了地震，周幽王毫不在意，继续在宫中与妃子褒姒（bāo sì）寻欢作乐。

褒姒长得很漂亮，但从来没笑过。据说，周幽王为了逗褒姒一笑，派人点燃了烽火台。诸侯们看到滚滚浓烟，以为犬戎打过来了，慌忙带着军队来保护周天子。可是当他们赶到后，却发现什么事都没有发生。

周幽王派人告诉众位诸侯，这只不过是他和诸侯们开的一个玩笑。诸侯们虽气愤，但也不敢说什么，只能带着军队离开了。

褒姒看到各位诸侯王急匆匆地赶过来，乱成一团，又灰头土脸地走了，忍不住笑了起来。

周幽王心花怒放，此后又命人点了好几次烽火台。褒姒的笑容变多了，诸侯们却不开心了，被戏耍了几次后，他们再也不相信周幽王了。

知识宝盒

烽火台

烽火台是一种有警报功能的高台。当危险出现时，烽火台会“白天燃烟，夜间点火”，以传递信息。烽火台座座相连，信息一路传递下去，远在千里之外的人也能很快收到消息。

原味典故

龙涎（xián）遗祸

传说夏朝时，两条龙降落到王宫，说：“我们是褒国的先王。”二龙消失后，留下了唾液，唾液被收藏在匣中，一代代传到商朝、周朝。周厉王时，匣子被打开，唾液流出变成黑色蜥蜴，蜥蜴碰到一个宫女，宫女因此生下一个女婴。宫女极为害怕，便扔掉女婴。女婴被人救走后，带去了褒国，长大后又被褒国献给了周幽王。她就是褒姒。所以有人说，周朝的结局早在夏朝时就注定了。

褒姒
周幽王

除了烽火戏诸侯，周幽王还重用奸臣，甚至要杀死太子，改立褒姒的儿子为继承人。结果激起了太子外祖家的愤怒，引来犬戎，攻向了首都镐（hào）京。

这一次，犬戎真来了，烽火台上燃起了浓烟，周幽王急切地盼望着诸侯们赶来救驾。可是他一个也没等到。

就这样镐京沦陷，周幽王也被杀死，西周灭亡了。

周幽王的儿子周平王为了躲避犬戎，把都城从镐京迁到了东边的洛邑，建立了东周，春秋战国时代开始了。

春秋五霸都有谁？

春秋时期，天下大乱。诸侯们都把周天子当成空气，各诸侯国打来打去，都想当霸主。

周朝开国时，两个最大的功臣是姜子牙和周公旦。姜子牙是齐国的始祖，周公旦是鲁国的始祖。而这时，鲁国已经没落了。齐国、郑国、晋国等诸侯国开始强大。

周平王为躲避犬戎东迁时，是由晋国和郑国一路护送的。不过，这两个诸侯国也因此很傲慢。周平王的孙子周桓王当天子时，心里带着怨气，在接待郑国国君时，就没有按照应有的礼节对待。郑国国君因此深深地怨恨他。

周桓王左思右想，决定去征伐郑国。按理说，郑国国君身为臣下，认个错也没什么。但郑国国君很硬气，瞧不上窝囊的周天子，一见王军过来了，照打不误。不仅如此，郑军还追着周天子猛揍，把天子的肩膀都射伤了。

周桓王无可奈何，黯然撤回了。

天子不再是一号人物，诸侯们则个个争当第一，最终，有五个人领衔了霸主排行榜，分别是齐桓公、宋襄公、晋文公、秦穆公和楚庄王，这就是“春秋五霸”。

任人唯贤——齐桓公

齐桓公是第一个中原霸主。早先，他也有过亡命天涯的逃难经历，得到了鲍叔牙等人的保护。在回国夺取君位时，他差点儿被竞争方的管仲一箭射死。但当他如愿成为国君后，在鲍叔牙的劝说下，不计前嫌，

原味典故

管鲍之交

管仲和鲍叔牙合伙做生意，管仲总是多分钱。鲍叔牙说，不是他贪财，而是家里有困难；管仲三次做官都被免职，鲍叔牙说，不是他没有才能，而是没有遇到赏识他的人；管仲打仗时躲在后面，鲍叔牙说，不是他贪生怕死，而是老母需要侍奉。管仲非常感动，二人结成生死之交。后世便用“管鲍之交”来比喻友谊深厚。

聘请管仲为相，大行改革，使齐国蒸蒸日上。

管仲是一位天才。他认为，趁着周天子权威减弱，不如打出“尊王攘（rǎng）夷”的旗号，谁敢侵犯周王室的权威，就揍谁；夷人、戎人不服从的，也要揍。这样一来，既能获得周天子的好感，又能平息叛乱，自己也成了诸侯长，扩张了实力。

就这样，齐桓公联合诸侯。北击山戎，把自己树立成老大哥的形象。

礼义至上——宋襄公

齐桓公死后，他的几个儿子为争夺国君之位互相争斗。最终宋国国君宋襄公帮助太子顺利登位。宋襄公因此收获无数好评。趁这个机会，宋襄公打算效仿齐桓公称霸。齐、楚两国都不乐意，楚成王甚至派人捉了宋襄公，把他囚禁起来。还是鲁国国君从中调停，才把他放了出来。就此埋下仇恨，宋楚免不了要打一仗。

那时候，打仗之前要下战书，约定好作战时间和人数，双方做好准

备才开打，如果偷袭别人，会被天下人耻笑。因此，当楚军渡河时，有人建议宋襄公赶紧出击，宋襄公却拒绝了，觉得这样做不合礼法。结果，等到楚军过了河，立刻就把宋军打败了，宋襄公也受了重伤，第二年就死了。

大器晚成——晋文公

在北方的诸侯国中，晋国是第一实力派。可是，到了晋献公时，王室内斗，公子重耳被迫流亡在外。重耳流浪了十多年，在楚国落脚时，楚成王说："如果我帮了你，你怎么报答我呢？"重耳说："如果将来晋国和楚国打起仗来，晋军一定会退避三舍，避让楚军。如果楚军执意向前，晋军再迎战。"

楚成王对这个回答很满意，便竭力护送重耳去了秦国。在秦穆公的帮助下，重耳又回到晋国，成为晋文公。他重用贤明、鼓励农耕，使晋国国力大增。

后来，城濮之战爆发，晋文公为了报答楚王当年之恩，当真退避三舍，并最终大胜，成为一代励志霸主。

成语补给站

退避三舍

意思是主动向后撤退三舍，当时的一舍大约为三十里，三舍就是九十里。后世用它比喻退让和回避，避免发生冲突。

这一年，晋文公还让周襄王离开王宫，去和他相会。臣子召见天子，这可是莫大的耻辱，可周襄王不敢不去，因为之前被翟国追杀时，是晋国救了他，把他送回王宫。这时候的周天子只要能活下来就行了，哪儿还顾得上脸面。

西戎克星——秦穆公

晋文公死后，秦穆公蠢蠢欲动，想要越过晋国去攻打郑国。没想

到，不仅没打赢，还在回国途中遭遇了晋军的伏击。攻打东边不成，秦穆公又把目光投向了西边。这一次，秦军非常争气，一鼓作气拿下西戎几十个部落，秦国领土一下子扩张了千里。诸侯们再也不敢小看秦国了，秦穆公也正式升级为霸主。

孔子曾给出一个答案：秦国虽小，秦穆公的志向却很大，敢于任用奴隶百里奚，这样的人别说称霸，就是治理天下都没有问题。

问鼎中原——楚庄王

楚国原本只是弹丸之地，楚国祖先经过一番筚（bì）路蓝缕的艰苦创业，总算立住了脚，雄踞于南方。不过，楚庄王刚继位的时候，每天沉迷于喝酒、打猎、歌舞，不问国家大事。其实，楚庄王是在以静制动，因为当时楚国矛盾重重，他只有暗地里掌握了各种情况后，才能有针对性地治理。三年后，楚庄王重用忠直之臣，整顿经济，增长国力，攻灭了庸国，打败了宋国，还把戎人打得稀里哗啦。

楚国声威大震，楚庄王还把军队驻扎在周朝的都城外。周定王十分害怕，赶忙派大臣王孙满前去试探。楚庄王毫不客气，直截了当地问王

成语补给站

一鸣惊人

楚庄王三年不问政事，大夫伍举劝谏说：“楚国有只大鸟，三年不鸣，也不飞，大王猜猜为什么？”楚庄王笑道：“这只鸟，三年不飞，一飞冲天；三年不鸣，一鸣惊人。”伍举明白了楚庄王的意思，高兴地退了出来。后人便用“一鸣惊人”比喻平时没有突出的表现，一下子做出惊人的成绩。

孙满："听说中原有九鼎，九鼎有多重？"九鼎是传国重器，象征着天子、国家，楚庄王问鼎的轻重，其实是在挑战周天子的权威，有取代天子之意。幸亏王孙满不是普通之辈，从容地说："治理国家不在鼎，而在德行。现在，王朝的国力不如从前，但天命未变，鼎的轻重不是你能过问的。"

楚庄王哑口无言，不久就带领军队返回楚国。

楚庄王没有停下扩张的脚步，最终成了名副其实的霸主。

战国七雄都有谁？

春秋末期，晋国被瓜分成韩、赵、魏三国，历史由此进入了战国时代。

当时，最强大的诸侯国共有七个，分别是齐、楚、燕、韩、赵、魏、秦，合称为"战国七雄"。

整个春秋时期，各诸侯国都在争当霸主，到了战国时期，就开始争夺天下了。魏国的前两位国君都是改革派，把国家搞得红红火火。李悝（kuī）、吴起、乐羊、西门豹、子夏（孔子弟子）等名人都是魏国的骨干。魏国成了战国初期的领头羊。

国宝档案

曾侯乙铜鉴缶（fǒu）

曾侯乙铜鉴缶属大型酒具，出土于战国曾侯乙墓，被誉为中国最早的“冰箱”，也是最早的“烤箱”。它由两件器物构成，外为鉴，内为缶，鉴和缶之间有空隙，夏天可放冰块，冬天可放热水，缶内盛酒，就能喝到冬暖夏凉的酒了。2008 年北京奥运会开幕式上“缶”的造型就来源于此。

齐国也有很多名人，如田忌、孙膑等。齐国一强大起来，马上去攻打魏国。魏国大败，再也没有早先的风头了。

对于秦国人来讲，商鞅变法给他们带来了新生。秦国因此国富民强，还吞并了巴蜀。

历史人物

商鞅

商鞅是卫国国君的后代，辅佐秦孝公变法，使秦国成为富裕强大的国家。秦孝公死后，商鞅被诬陷谋反。商鞅逃跑不顺利，被迫返回，奋起而战，但失败而死，尸身被车裂，全家都被杀死。

楚国本来不想改革，但总是遭到袭击，便也开始变法。可惜变法时间不长，成果没能巩固住。

赵国一直不温不火，但到了赵武灵王时，进行了“胡服骑射”的改革，使赵国人放弃了中原人的宽大衣服，穿上了短衣紧袖的胡服，脚穿皮靴，还放弃了中原的战车战术，采用了胡人的骑兵战术。这开创了汉人向胡人学习的先河，使赵国一下成了争霸赛中的强者。

韩国有先进的兵工厂，制造出了能射八百米之外的独家兵器——弩，诸侯国都很害怕，不敢轻易挑战。但韩国的位置很憋屈，北边是魏国、赵国，东边是齐国，南边是楚国，西边是秦国，四面受敌，国土最小，又没有向外发展的空间。

至于燕国，在燕昭王时，有名将乐毅、秦开，扩疆拓土，盛极一时。但燕昭王一死，燕国就迅速衰落了。

此时的周天子，除了偶尔被诸侯们利用一下之外，几乎没有任何存在感了。有一年，周赧（nǎn）王以天子的名义号召六国去攻打秦国，六国压根儿不配合，结果灰头土脸地失败了。

秦王嬴政即位后，经过多年征战，统一了六国，战国就此终结了。

说说你的想法

你怎么看待春秋五霸？

齐桓公、晋文公应该是全票通过的霸主，楚庄王和秦穆公也算能干，你对他们的认可率分别是多少呢？至于宋襄公，你认为他入选春秋五霸的榜单合适吗？

王朝开场

中国历史上第一个大一统的王朝是秦朝。那么，你知道秦朝是怎么来的吗？

秦朝是从战国时的秦国发展而来的。

起先，秦人给周王室养马，被天子封在一个叫秦的地方。后来，秦人首领因为保卫了周王室，被封为诸侯，“秦”一下“升级”为国号。秦穆公时，任用贤能，开地千里，增长了秦国国力。秦孝公时，起用商鞅变法，使秦成为强国。秦王嬴政则一举灭掉六国，

秦

硬核王朝

一统天下，成为历史上第一个皇帝，秦国由此“进化”成秦朝。

秦始皇成为秦朝“大掌柜”后，在中央设立三公九卿，建立中央集权制，奠定了中国两千多年的政治格局，“严重”地影响了中国历史。

秦朝还拥有当时世界上最强大的军队，秦军北击匈奴，南征百越，威风凛凛，气势磅礴！

秦朝一日游

如果回到秦朝

如果你是一位好奇心强的小读者，碰巧穿越到了秦朝，那么，你在强秦的一天可能是这样度过的：

一大早，你出现在驰道上，这可是中国最早的“国道”，颜值很高，最宽处近七十米，每隔七米左右各栽有一棵树，十分养眼。不过，你可别随便走，路中间只有皇帝才能通过。

你也没有旅游大巴可坐，马车在当时属于“豪车”，只有皇帝和贵族才能乘坐，作为普通百姓，所能依靠的只有自己的一双脚。

当你的脚支撑你走到咸阳城外时，你会看到一大片宫殿群。西周时，都城都是对称的格局，秦朝则独创了一种自由的布局，“模拟”太空星辰，在咸阳宫周围建造了许多离宫，好似众星拱月，把咸阳宫衬托得格外雄伟。

如果你被允许参观咸阳宫，你将会看到秦朝大量使用了青砖。

逛了一上午，你有些饿了。然而，秦朝的餐制一般是一天两顿饭，压根儿没有午餐这回事儿，你只好继续溜达了。

这时，街上白花花的。原来，秦朝人大多穿着白袍。这是因为秦始皇崇尚黑色，只有身份尊贵的人才能穿黑色，三品以上的大官可以穿绿袍，至于普通人，只能穿粗布白衣了。

下午，总算熬到饭点儿，你决定来碗酱牛肉补充体力。遗憾的是，牛是耕田的标兵，地位很高，不能随便宰杀。既然这样，你想，干脆来一盘炒菜垫垫底吧。然而，还是很遗憾，秦朝还没普及铁锅和植物油。

虽然你不想吃煮菜或蒸菜，但也不要泄气，因为秦朝有烧烤呀！你可以吃烤肉串，这叫炙（zhì）；也可以把肉直接放在火上烤，这叫燔（fán）；还可以把肉裹上泥，放在火上烤，这叫炰（páo）——是不是有点儿叫花鸡的意思？虽然秦朝还没有孜然和辣椒，但盐和花椒还是管够的。

夕阳西下，天晚了，秦朝没有夜生活，你该洗洗睡了。

秦朝直播间

追踪重要历史事件

史记·秦始皇本纪

一国灭六国

战国末年，在激烈的争霸赛和淘汰赛之后，只剩下了战国七雄，其中秦国的实力占据榜首。

韩国为了自保，策划了一个“疲秦计划”，也就是派水利工程家郑国前往秦国，游说秦王嬴政修建水渠，灌溉田地，以此来耗费秦国的财力、人力，使秦国无力进攻韩国。

水渠还没建完，秦王就发现了其中的诡计。他非常生气，下令驱逐所有来自别国的宾客，其中就包括李斯。

李斯认为这个逐客令大错特错，因为驱赶人才就相当于把武器借给

知识宝盒

郑国渠

郑国渠位于陕西泾阳，长一百五十多千米，公元前 246 年由韩国水利工程家郑国在秦国主持开凿，约十年完工。此渠的开凿本是为了削弱秦国国力，不想却改变了秦国落后的农业面貌，使秦国更加富强。郑国渠技术先进，为世界水利史上的奇迹工程。

敌人，把粮食送给盗贼。好在他是个大才子，快速地写成了一篇《谏逐客书》，想要劝阻秦王嬴政。

这篇小文雄辩滔滔，又很恳切，一下就打动了秦王。秦王废除了逐客令，并重用了从魏国来的尉缭。

尉缭是一位谙熟兵法的军事家，秦王以平等的礼节对待他，让他和自己吃一样的饭、穿一样的衣服。不过，尉缭一点儿都没感动。

尉缭说："秦王有高鼻梁、细眼睛，胸膛像鸷鸟一样，声音像豺狼一样，性情刻薄，心如虎狼，用人时会态度谦下，得意时也会暴虐别人。我是一个平民百姓，他却总是屈尊于我。一旦他得了天下，天下人恐怕都得被他压制。这样的人，不能和他长期相处。"

于是，尉缭逃跑了。

不知道是不是被说中了心事，秦王火冒三丈，想要杀死他。担任廷尉的李斯赶忙苦苦劝说，平息了秦王的怒火。李斯又心急火燎地把尉缭追回来，推举他当了国尉。

有了李斯和尉缭的辅佐，秦王嬴政如虎添翼。公元前230年，秦国向韩国发起了进攻。韩国的"疲秦计划"失败，韩国第一个走向了灭亡。

之后，秦国把目光投向了赵国。

本来，赵国经过"胡服骑射"的改革后，国力还是很强的。不过，赵国和秦国发生的长平之战，使大约四十万赵军被坑杀。此后，秦王嬴政又多次进攻赵国，使赵国难以振作。公元前228年，秦王再次出兵，向赵国发起总攻，赵王当了俘虏，赵国灭亡了。

秦国的下一个目标是魏国。魏国将寡兵弱，秦军一路长驱直入，并挖开大沟，引来河水，淹灌魏国都城大梁。公元前225年，魏王叫天天不应，叫地地不灵，无奈只好投降了。

接下来就是灭楚之战了。此前，秦国曾多次攻打楚国，楚国虽然日渐衰落，但还“储备”着勇兵猛将。因此，这一次，秦王嬴政发了狠，几乎派出了倾国之兵，大约六十万人奔赴战场。楚军不肯投降，奋力抵挡，与秦军相持了大约一年的时间，最终还是溃败了。公元前223年，楚国灭亡。

秦国灭赵国后，燕国草木皆兵，已经到了极度不安的程度。当秦军兵临易水，进驻燕国边界时，燕国的太子丹再也睡不着觉了。他很快物色了一位勇士，名叫荆轲，让他去暗杀秦王嬴政。

荆轲说：“听说秦王很想得到燕国最富饶的地方督亢，要是带上督亢地图，再加上秦王正在通缉的樊於（wū）期的头颅，秦王才会见我。”

为了万无一失，太子丹还给荆轲安排了一名助手秦舞阳和一把匕首。匕首用毒药反复煮炼过，藏在地图中。

公元前227年，太子丹等人在易水河畔送别荆轲和秦舞阳，大家都知道，他们这一去就再也不会回来了。荆轲高唱“风萧萧兮易水寒，壮士一去兮不复还”，在场的人听后都哭了。

疾驰的马车载着荆轲和秦舞阳到达了咸阳。秦王嬴政果然接见了他们。没想到，秦舞阳一时害怕，让秦王起了戒心，只让荆轲一个人上前。

荆轲打开地图，一把拿起匕首，向秦王刺去。秦王吓了一跳，慌忙起身逃跑。荆轲追了过来，秦王一边绕着柱子跑，一边拔出宝剑，砍伤了荆轲。

刺杀行动失败了。不久，秦军就席卷而来。公元前222年，燕国被荡平了。

成语补给站

图穷匕见

荆轲是卫国人，他以献图为名，准备行刺秦王嬴政。当他打开地图，匕首露了出来，显现了他的真实目的。后世便以此来比喻事情最终显露真相或本意。

在战国七雄中，齐国虽然居于秦国之下，但实力要比其他各国强大，所以秦王嬴政没有贸然对齐动兵，而是假意去安抚它，把它作为最后一个攻击目标。当秦军占领了燕国之后，秦王才集中力量展开灭齐之战。公元前221年，秦军直接从燕地杀向齐国，活捉了齐王，齐国就这样消失在历史深处。在短短的十年中，秦王嬴政吞并了六国，建立了中国历史上第一个统一王朝——秦朝。

“皇帝”是怎么来的？

兼并了六国可不是小事，秦王嬴政觉得自己实在太伟大了，连三皇五帝都不如他，以至于“王”或“君主”这类名号他都瞧不上，觉得配不上他的功绩。于是，他让大臣们给他起一个响亮的称号。

大臣们绞尽脑汁，想出了很多辉煌的字词，最终秦王嬴政从里面选了一个“皇”字，一个“帝”字，组合成了“皇帝”这个名号。由于是历史上第一个皇帝，他自称“始皇帝”，后世则称他秦始皇。

秦始皇还垄断了“朕”这个词。在先秦时期，“朕”是“我”的意思，普通百姓都可以叫“朕”。但现在秦始皇下令，天下只有一个“朕”，那就是他本人，平民百姓再敢叫“朕”，一律杀头。

知识宝盒

泰山封禅

泰山封禅指皇帝在泰山祭祀上天，表示自己君权神授，能沟通协调天、地、神、人之间的关系，这实际上是彰显、巩固皇权的一种手段。

秦始皇从各个方面强化自己至高无上的权威，多次立碑刻写颂扬自己的功德，还不辞辛苦地跋涉到泰山，举行了封禅典礼。

为什么要统一文字

春秋战国时，每个诸侯国都有自己的制度。现在，秦朝统一了各国，立刻面对一个大问题——不同的货币使经济活动无法顺利进行，买个简单的小东西都不方便；不同的度量衡，使各人有各人的计量标准，纷争不断；不同的文字，使人和人之间难以交流——想想看，只是一个“羊”字就有二十多种写法，的确没法交流啊。

秦始皇命令他新任的“万能丞相”李斯想办法。李斯不愧百科专家似的人物，他提出了统一货币和度量衡的建议。李斯还发明了漂亮的小篆，作为全国通用的文字。这样一来，经济交流顺畅了，文化也能普及了。这件事对中国人影响很深远，直到现在，即使我们的方言不一样，但使用的文字是一样的。

为什么要暗杀秦始皇

秦始皇还下令收集、销毁了天下兵器。当然，国家军队依旧是存在的，还保持着秦人先祖的强悍之风，拥有前所未有的震慑力量。

科技发明

秦剑

秦军使用的兵器中有一种青铜长剑，为柳叶形，又细又长又尖，既有弹性，又不沉重，还适合攻击。铸青铜剑需要加锡，锡少，剑就软，没有攻击性；锡多，剑就硬，但容易折断。但秦人已经掌握铜锡配比法，铸出的剑既坚韧又锋利，一次能划透十八层纸。

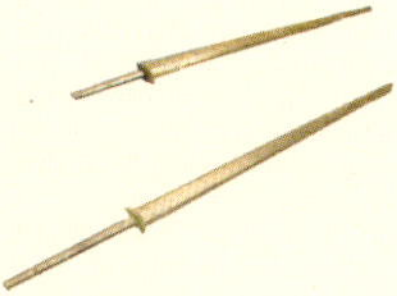

不得不说，秦朝是一个硬核王朝，从军队到施政，从内到外，从上到下，几乎都是秦始皇这个强硬派的意志体现，国风冷峻、强硬。

秦始皇为政暴戾、苛刻，几乎到了没有一点儿人情味的地步。百姓感觉不到仁爱、恩德、道义，每天都活在严刑峻法的阴影下。

结果，一些暗杀秦始皇的行动便开始了。

自从当上皇帝后，秦始皇便爱上了出巡。暗杀者则盯上了这个机会。公元前218年，秦始皇第三次巡游，来到了河南的博浪沙一带，结果就遭遇了一起突袭事件。但暗杀没能成功。他下令全国大搜查，一连查了十天，也没什么结果。

两年后，秦始皇便服出宫，去兰池夜游，身边带着四个侍卫。结果他再次遭遇了暗杀，四个侍卫拼死护卫，杀死了刺客，才救下了他。这一次，他下令搜查了二十天，还是一无所获。

为什么要修建长城

无论创造了多大的功绩，人都难免一死，这个问题让秦始皇分外烦

闷。他的心中极度渴望长生不死，永远坐拥自己创下的一切。

徐福等方士为骗取钱财、权势，谎称海中有三座神山，分别叫蓬莱、方丈、瀛洲，山上居住着仙人，可以带着纯洁的童男童女前去访求仙药。秦始皇信以为真，派方士挑选了几千个孩子，乘船入海求取仙药去了。

越来越多的方士加入了寻找长生不老之药的队伍。其中有一个人叫卢生，他出海归来后，向秦始皇汇报了一些鬼神之事，还带回一本书，上面写着“亡秦者，胡也”。

秦始皇以为“胡”就是指“胡人”匈奴。匈奴本来就经常骚扰秦朝的边境，威胁着秦朝，这下秦始皇赶紧派出三十万大军去攻打匈奴。

此外，为了抵御匈奴骑兵，秦始皇还命令将领蒙恬修筑长城，把原来燕国、赵国和秦国北边的长城连起来，又修建了不少新的城墙，万里长城的称呼就是这么来的。

修建万里长城是一件举世罕见的大工程，几十万百姓花费了近十年时间才修好。百姓死伤无数，尸横遍野。

知识宝盒

阿房宫

阿房宫始建于公元前212年，仅前殿就庞大无比，可容纳一万人，被誉为“天下第一宫”，后被项羽焚毁。唐朝杜牧在《阿房宫赋》中写它五步一楼，十步一阁，不知有几千万座，远看就像密集的蜂房、旋转的水涡，一日之中，一座宫殿中竟然有不一样的气候。图为阿房宫遗址局部。

历史人物

优旃（zhān）

优旃，秦朝滑稽艺人，个子矮小，擅长讲论。秦始皇曾想扩建射猎苑囿，优旃说："好呀，多养些禽兽，等敌人来犯时，就可以让麋鹿用角去抵挡了。"于是秦始皇终止了该计划。

秦始皇还强迫百姓建造阿房宫，在骊山给自己建皇陵，谁敢反抗，就会受到严惩。百姓负担沉重，苦不堪言。

焚书坑儒的真相

成为秦帝国的大当家之后，秦始皇想：之前的天下为什么那么乱呢？他自己给出了答案：都是因为分封制。

西周时，周天子把土地分给亲戚或功臣，每块地就是一个诸侯国，这些人就是诸侯，也就是王。诸侯们为了扩张地盘，成天挑事、打仗，闹到最后，天子也管不了他们了，他们的权力甚至大过了天子。时间久了，天子被架空，天下大乱，春秋战国就是这么形成的。

所以秦始皇想，要想天下安定，必须废除分封制，把权力集中在皇帝一个人手里，所有的事都得听皇帝的。

于是，秦始皇开始推行郡县制，将全国划分为三十六个郡，郡下分一千多个县——是不是和我们今天的行政划分很像呢？郡县的长官都由中央任命，这样一来，一切就都由皇帝掌控了。

可是，一些文臣纷纷反对，建议还是向古代学习，恢复分封制。

秦始皇与丞相李斯商议。李斯说："皇上开创的万世不朽功勋是呆傻的读书人理解不了的。这些读书人到处造谣、诽谤，惑乱百姓、沽名钓誉，引得大街小巷都不安生，必须加以禁止。家里有《诗》《书》等诸子百家著作的，都要烧掉；说话提到《诗》《书》中的内容也不行，也要杀头；谁敢用古代非议今天，全族都要杀光。只留着医药、占卜、农林方面的书就够了。"

于是，焚书就这样开始了，很多珍贵的书籍化成了灰烬。如果有人还敢谈论书里的知识，就可能被在脸上刺字，然后送去修长城……

更可怕的事情还在后头。方士卢生对秦始皇很不满，私底下悄悄地对侯生说："秦始皇自以为是，为所欲为，制定的法律严酷，没有人不怕他。这样的人，不能给他寻找仙药。"于是，卢生和侯生就逃走了。

秦始皇非常愤怒，说："我一直给他们厚赏，他们却诽谤我！"

秦始皇迁怒到其他儒生身上，命御史挨个儿审问，看谁私下里议论。这一下，很多儒生都受到了牵连，罪名轻的被流放到荒凉的边塞，罪名重的就被活埋，一共活埋坑杀了四百六十多人。这就是"坑儒"。

知识宝盒

倒霉的商人

秦朝限制商业发展，鄙视商人。商人摆摊卖货要被收高昂的租金，经过主要道路也要被收取高昂的关税。如果商人不幸破产了，还要被收编为国家做苦役。于是，商人慢慢消失了。

鲍鱼掩盖的秘密

公元前210年，秦始皇第五次出宫东巡。秦始皇的小儿子胡亥很羡慕，也要跟着去，秦始皇同意了。

这支浩浩荡荡的队伍先到了湖北，又乘船过了安徽，到了浙江。返回时，从江苏渡长江，之后到山东。一路上，照例立碑颂德，秦始皇还让人用连弩射杀了一条大鱼。

这本来是一次自在的旅游度假活动，不想走到平原津时，秦始皇忽然生了病。眼看病情不见好转，秦始皇就写了一封诏书，让人给大儿子扶苏送去，让扶苏回京继承皇位。信还没送走，秦始皇就死在了河北的沙丘宫。只有皇子胡亥、丞相李斯、宦官赵高和其他五六个亲信知道。

由于皇帝死在外面，李斯怕有人趁机造反，便封锁了消息，把棺材装在车中，由太监守护。每日照旧送上饭食，汇报国事，宦官就从车中批准所奏之事。

赵高过去曾教胡亥学文字、法律，二人关系很亲近。赵高便说服李斯，发动沙丘政变，毁掉了召皇长子扶苏回来的诏书，然后假传圣旨，立胡亥为太子。之后，赵高伪造诏书，派人急送扶苏、蒙恬，令他们自杀。

队伍继续赶路，由于是大夏天，气候炎热，遗体腐烂，车中散发出了臭味。于是李斯、赵高购买了大量鲍鱼，装在队伍中的每辆车上，以掩盖尸体散发的臭味。

回到都城咸阳后，秦始皇病死的消息终于被公布了，胡亥顺利即位，成为二世皇帝。胡亥把秦始皇埋葬在骊山。秦始皇刚当皇帝时，就开始修造皇陵，地宫中，以水银制成江河大海，以明珠制成星辰，以鱼脂制成蜡烛，一派金碧辉煌。对于秦始皇的姬妾，只要是没有生下儿子的，胡亥都令她们殉葬。

国宝档案

秦兵马俑

一种被制成战车、战马、士兵形状的殉葬品，出土于秦始皇陵。古代有用活人陪葬的人殉制度，战国时，秦国正式废止了这个残忍的制度，开始用陶俑、木俑等代替人殉。秦兵马俑就是以俑代人殉葬的巅峰，也是雕塑艺术的巅峰之作，千人千面，就连脸型、发式、胡须、眉毛及面部表情都不一样，且气质昂扬，静中寓动，被誉为“世界第八大奇迹”。

知识宝盒

宦官

宦官是古代专为皇帝及其家族服务的人。先秦和西汉时，宦官并不都是阉（yān）人；东汉后全由阉人担任；明朝时，“太监”成为宦官的代名词。图为汉宦官俑。

等到葬礼结束，随葬品都已封好，墓道也关闭了，就剩下最外面一道墓道大门了。胡亥又觉得，劳工们熟悉墓中机关，恐怕会泄露出去，于是，封死了大门，把劳工们都活埋在了墓中。

胡来的天子

秦二世胡亥即位后，大臣们怏怏不乐，兄弟们也都不服气。秦二世心里不安，害怕皇位被夺走，私下里和赵高商议对策。

赵高说："现在这个时代，武力决定一切。"

秦二世一听，正中其下怀，于是捏造了很多罪名，开始屠杀大臣，对自己的兄弟们也毫不手软，弄得皇室内外大为震动、惊恐，百姓也惶惶不可终日。

这样一来，秦二世觉得再也没人能威胁到自己的皇位了，于是开始继续修建阿房宫，并调来五万勇武的士兵驻守咸阳。

这些人要吃饭，他们用来练习骑射的狗马禽兽也要吃饭，因此，粮食不够吃了。秦二世不顾百姓死活，命令下面的郡县运粮到咸阳，运粮的人不光要自己解决吃饭问题，还得按时送到，否则就是死路一条。

除了常年的劳役之外，各种赋税、苛政也层出不穷，百姓怨声载道。

公元前209年，陈胜、吴广等九百多人被押送至渔阳守卫边境。渔阳就是今天的北京密云一带。倒霉的是，这些人走到大泽乡时，也就是今天的安徽境内，遭遇了大暴雨，道路被阻塞了。如果不能按期赶到渔阳，他们就要被严惩，情急之下，陈胜、吴广揭竿而起，发动了起义。

消息传来，百姓纷纷响应。很快，全国各地出现了多支起义军，其中一支队伍的首领是刘邦，另一支队伍的首领是项梁、项羽叔侄。

起先，秦二世被蒙在鼓里。赵高对他说："皇上刚刚即位，又很年轻，怎么能和大臣在朝廷议事呢？万一出了差错，暴露了自己的短处，那就成了天下的笑柄了。天子是受命于天的人，大臣本来就不应该听到天子的声音。”因此，秦二世终日窝在深宫享乐，当他偶然听到一些关于起义的风声时，还以为是一群盗贼在作乱，且他们已经被抓获。

直到很久之后他才知道了真相，震惊得不得了，赶紧大赦天下并派兵出击，杀死了陈胜。

这一年，丞相仍是李斯，赵高为了取而代之，在秦二世面前中伤李斯。秦二世也对李斯不满，觉得李斯没有处理好国事。

秦二世说：“尧、舜住茅草屋，吃饭用土碗，喝水用瓦盆，禹为了治水，两条腿整天泡在泥水里，小腿上的毛都掉光了。尊贵的人本来应该随心所欲，尧舜禹拥有天下，却过着穷苦的生活，还有什么法治可言？我尊为万乘之君，连一千乘车驾都没有，也没有豪华的宫殿，反倒要对付盗贼！当臣子的不能加以禁绝，凭什么处在现在的职位上？”

于是李斯被抓了起来，关进牢狱，受到严刑折磨。

秦二世把朝政交给了赵高。赵高如愿当上了丞相，为永绝后患，干脆罗织罪名，把李斯腰斩了。秦二世则大兴土木，恣意享受。

原味典故

指鹿为马

赵高想篡（cuàn）夺皇位，怕群臣不肯服从，便做了个试验，他把一只鹿献给秦二世，说：“这是一匹马。”秦二世笑道：“这分明是鹿。”大臣们有的沉默，有的说是马，有的说是鹿。说鹿的人都遭到了迫害。此后，人人惧怕赵高。后世便用这个典故比喻颠倒黑白、混淆是非。

秦砖图案
秦二世

子婴的终结

此前，赵高多次声称盗贼不会有什么作为，然而起义军的行动不仅如火如荼，一些朝廷兵将也纷纷投降了起义军。

项羽攻势迅猛，屡次击败秦军，向都城咸阳推进。刘邦也率领几万人，突破了武关要塞。

在私下里，刘邦还暗通赵高，与赵高密谋日后一起瓜分天下。赵高生怕这件事泄露，当秦二世召见他时，他不敢去见，推说身体有病。于是秦二世便派使者去斥责赵高，批评赵高平叛不力。

赵高内心恐慌，急忙召来女婿阎乐和弟弟赵成，说："皇上不听劝告，现在事情危急了，想嫁祸给我们家族。我打算废掉他！"

于是，赵高策划了望夷宫之变。

望夷宫是秦二世的寝宫，赵高以郎中令赵成为内应，让阎乐带着一千多人冲到望夷宫，直接闯入内殿。

阎乐等人一边冲，一边射箭，宫中的人大为惊慌，有的逃窜，有的上前搏斗。搏斗的人都被杀死了，一共死了几十个人。

秦二世正在帐下坐着，阎乐和赵成弯弓搭箭，射向帷帐。

秦二世大怒，呼叫侍从护驾，侍从们异常恐惧，不敢上前。

知识宝盒

秦朝人的教育

秦朝推崇法家，认为国民不需要宗教信仰、娱乐等，只要知道跟自己有关的法律就行了。如果有人传播朝廷禁读的书，或进行演讲、歌舞、杂耍等活动，就会被处以极刑。

秦二世身边有一个宦官，一直陪着他没敢逃走。秦二世逃入内室后，对这位宦官说：“你怎么不早告诉我？现在竟然到了这种地步！”

宦官说：“我不敢说，所以才能保住性命；如果之前我跟你说了，早就被杀死了。”秦二世无言以对。

阎乐追上来，列举了秦二世的罪状，说：“你骄横纵恣，屠杀吏民，无道至极，天下百姓一起背叛了你，你自己做打算吧。”

秦二世说：“我可以见见丞相吗？”

阎乐说：“不可以。”

秦二世说：“给我一个郡就行，我去做一郡之王。”

阎乐不同意。

秦二世说：“我可以做万户侯。”

阎乐还是不同意。

秦二世说：“我愿意和家眷一起成为平民百姓。”

阎乐说："我受命于丞相，替天下百姓处死你，虽然你说了这么多，但我不敢向丞相报告。"

于是，阎乐指挥士卒上前。秦二世无奈，拔剑自刎了。赵高就把大臣和皇子们都召集起来，立公子子婴为秦王，并让子婴先去斋戒。子婴深知赵高的嘴脸，对两个儿子说："赵高杀死了皇上，怕大臣们讨伐他，因此假装仁义，立我为王。我听说，赵高还勾结叛军，要消灭我们大秦宗室。现在赵高让我去宗庙斋戒，其实是想趁我在宗庙时杀掉我。不如我推病不去，等他来找我，趁机把他杀死。"赵高见子婴没去宗庙，便派人去请，请了几次，子婴都不去，赵高果然亲自来请了。

赵高对子婴说："国家大事，你怎么能不去呢？"

说话间，一个宦官冲过来，刺死了赵高。

之后，子婴又将赵高车裂，并诛杀赵高三族。

子婴当上秦王第四十六天时，刘邦已经从武关冲到了灞上。刘邦派人去见子婴，子婴没有抗议，在脖子上系上丝带，白马素车，捧着天子印玺和兵符，悲凉地投降了。

刘邦进入都城咸阳，封闭了宫室府库。之后，又回军灞上，没有进行掠夺和屠杀。

不久，项羽的起义军也到了。项羽进了城，杀死了子婴。之后，项羽大肆屠杀，焚烧宫室，把搜刮的财物和俘掠的女子与起义的诸侯们一起瓜分了。

秦朝国祚（zuò）十五年，就这样短命而亡了。

说说你的想法

拥有强悍军队的秦朝为什么会灭亡？

秦朝统一四海，占据险隘（ài）要塞，拥有长戟（jǐ）强弩，而陈胜只有几百散乱兵卒，以砍断的树木作为兵器，甚至连存粮都没有，攻城略地却比越过篱笆还容易，还使豪杰俊士并起，消灭了强秦。一些史学家认为，这是秦始皇狂妄自大、秦二世残暴苛虐、子婴孤立无援造成的。你也这样认为吗？

史记·吴太伯世家

吴太伯是古公亶父的大儿子，古公亶父想把首领之位传给儿子，吴太伯为了推让便主动离开，躲到了偏远的南蛮之地。当地土著觉得他有节义，都来附顺，于是形成了吴国。

许多年过去了，吴太伯的第十九代传人寿梦继位，吴国开始强大，寿梦自立为王。

寿梦的第四个儿子季札（zhá）品学兼优，寿梦想让季札当继承人，哥哥们也都愿意，他却坚持不肯，甚至想逃走。

有一次，季札出使晋国，途中拜访了徐国国君。徐国国君喜欢他佩带的宝剑，但又不好意思直接索要。季札心想：等出使晋国回来，一定把宝剑送给他。当时，剑是身份的象征，也是外交家的必备之物。

然而当季札返回时，徐国国君已经病死。季札把剑挂在徐国国君墓旁的树上。随从劝他，人都死了，不必再送了。季札说："我心里早就决定赠剑给他，怎么能因为人去世了就违背诺言呢？"

季札之后，吴太伯家又出了几位大名人，一位是僚，被著名刺客专诸暗杀，死得很糊涂；一位是阖（hé）闾，被越军伤到了脚趾，死得很有戏剧性；一位是夫差，被勾践的苦情戏所蒙蔽，最终自杀，死得很悲壮。

史记·越王勾践世家

勾践的祖先是禹的后代，他们身上刺着花纹，剪短头发，在会稽的荒野上修筑了城邑。二十多代后，王位传给了允常。允常为越王时，与吴王阖闾互相怨恨，经常打仗。

允常死后，儿子勾践刚刚即位，阖闾就前来攻打。

勾践挑选了一些勇士组成敢死队，他们排成三行冲入吴军阵地，大声叫喊着自杀。吴兵茫然无措，越军趁机出击，射伤了阖闾。

阖闾临死前，告诉儿子夫差："不能忘记复仇。"

不等夫差出兵，勾践先出兵了，结果被夫差包围在了会稽。勾践向夫差求和，甘愿做夫差的奴仆。夫差心软，撤回了军队。

勾践回国后，把苦胆挂起来，不时仰头尝尝，并质问自己："你忘记会稽的耻辱了吗？"为了复仇，他亲自耕作，吃简陋饭菜，穿粗布衣服，积攒了民望和财富。

七八年后，趁着吴王夫差去黄池会合诸侯，吴国国都空虚，勾践赶忙出击，打败了吴国。

又过了四年，越国去攻打吴国，把夫差围困在姑苏山上。夫差求和，勾践不同意，但表示会保全夫差的性命。夫差推辞了，自杀殉国。勾践成了霸主。

勾践死后，过了六七代，越国被楚国打败，但后代东越、闽还在延续。

史记·孔子世家

孔防叔是宋国人，他有一个孙子，叫叔梁纥（hé）。叔梁纥住在鲁国，娶了颜氏，生下一个男孩，取名孔丘，字仲尼。他就是孔子。

孔子出生之后不久，父亲就死了，十五岁时，母亲又去世了。孔子从小家境贫寒，地位低下，什么粗活儿都干过，受尽了苦楚和屈辱。但他始终没有放弃学习，很小就懂得礼仪了，常做的游戏就是用鼎、簋学着大人的样子祭祀。他成年后，还创办了私立学校。

孔子有一个梦想，就是用礼乐仁道治国。然而，他虽然担任过中都长官、司空、大司寇，做出了很大的成绩，但时间都很短。他不甘心，便去其他诸侯国寻找机会，流浪了整整十四年，不是受排斥，就是被驱逐，甚至还遭到围困和追杀。等他回到鲁国时，已经白发苍苍。

晚年的孔子终于放弃了做官的念头，开始整理古籍。他收了很多弟子，据说足有三千人。他还整理编著了《尚书》《诗经》等典籍。他的思想言行被弟子们整理记录下来，形成了《论语》一书。

孔子的儿子伯鱼死在了孔子之前，孙子子思写了《中庸》一书。由于孔子的光芒实在太强了，后代们就显得不那么璀璨了。

史记·廉颇蔺相如列传

廉颇是赵国的大将，曾大败齐军，被封为上卿，其英勇传遍诸国。蔺相如是赵国的一位门客，凭借过人的聪明才智做了两件大事：一是没让秦国抢走赵国的宝物和氏璧；二是在秦王、赵王会面的渑（miǎn）池之会上，保全了赵王的颜面。因此他也被封为上卿，地位比廉颇还高。

廉颇很不高兴地说："我有攻城野战的大功，蔺相如却靠着一张嘴爬到了我的头上！要是让我遇到他，一定要让他吃吃苦头。"

蔺相如听说后，一遇到廉颇，就掉转车头给他让路，甚至还假装生病，不和他同朝。廉颇得意极了，觉得蔺相如是个胆小鬼。

蔺相如说："我连强大的秦国都不怕，怎么会怕廉将军？秦国为什么不敢攻打赵国？就是因为我和廉将军一文一武守护着赵国。如果我们闹了矛盾，秦国趁机打来，赵国就危险了。"

廉颇知道后，心里特别羞愧，就袒露上身，背着荆条，去向蔺相如请罪。蔺相如原谅了他。两人成了生死与共的朋友。

后来，廉颇遭到排挤，逃奔到了魏国。楚国听说后，把他接走出任楚国大将。但廉颇没做出任何战功，他说："我想指挥的是赵国的士兵啊。"廉颇最终抑郁而终。

史记·蒙恬列传

蒙恬的祖父蒙骜（ào）是齐国人，来到秦国任职，担任将领。蒙恬的父亲也是秦国大将。蒙恬起先做狱讼的记录工作，后来因为出身将门，也做了大将。

秦始皇统一天下后，命蒙恬率三十万大军北攻匈奴。蒙恬把匈奴打得服服帖帖，收复了黄河以南的土地，还受命修筑万里长城，阻挡匈奴骑兵。

烈日酷暑，寒雪冰霜，蒙恬在艰苦的塞外驻守了十多年，以使匈奴不敢南望。蒙恬的弟弟蒙毅在朝中走动，勤勉谨慎。秦始皇常和他同乘一车，商议国事。

蒙氏兄弟恩宠无加、显赫无比。可是等胡亥当了皇帝后，一切都结束了。胡亥的宠臣赵高昔日曾犯罪，蒙毅因没有为他求情而得罪了他。如今赵高便编造了罪名，让胡亥下令杀害了蒙毅，又派使者去赐死蒙恬。

蒙恬说："我带兵三十多万，足以叛乱，但我宁可死也要坚守节义。只是，我不明白我犯了什么罪，为什么没有过错就被处死？"

使者说："我只是传达命令，不敢把将军的话报给皇上。"

蒙恬沉重地叹息着，最终吞下毒药而亡。

司马迁认为，秦始皇强迫百姓修筑长城，而蒙恬身为名将不去劝阻，反而迎合，被杀也是必然的。

史记·陈涉世家

秦朝时，有一个贫苦的人叫陈胜，字涉。年轻时，他给人家干农活儿，曾感慨说："以后不管谁富贵了，都不要忘记彼此。"伙伴嘲笑他："你是被雇来耕地的，哪儿能富贵！"陈胜叹道："燕雀安知鸿鹄之志！"意思是，小鸟哪里知道天鹅的高远志向呢！

过了几年，陈胜和吴广等九百人被征调前往渔阳（今北京市密云区）守边。走到大泽乡（今安徽省境内）时，遇到大暴雨阻塞了道路，耽误了行程，按照秦朝法律，他们都要被杀头。

陈胜、吴广商量了一下，决定假冒公子扶苏和楚将项燕的名义起义。他们往鱼肚子里塞了个"陈胜当王"的字条。吴广又半夜躲在树林里学狐狸叫："大楚要复兴，陈胜要当王！"大家认为这是神迹，便都听从陈胜的号召了。

他们砍下树枝当武器，举起竹竿当军旗，一起反抗秦朝的暴政。攻到陈县时，陈胜自立为王，国号为"张楚"。

然而没过多久，在荥（xíng）阳之战时，吴广被杀，陈胜因为人际关系没处理好，也被车夫杀害。

大泽乡起义仅六个月就失败了，但各地起义纷纷响应，最终推翻了秦朝。

王朝开场

一提到汉朝，很多人会想到两个字——强盛。

汉朝享国四百多年，分为西汉和东汉。最初，汉朝刚经历过秦末战争，也是一副“穷酸相”，但经过“文景之治”后，汉朝有了点儿“好气色”。到汉武帝时，国力已经很强盛。到汉宣帝时，则达到了极盛，还设立了西域都护府。这可是中国历史上第一次正式将西域纳入版图之内。遗憾的是，由于外戚篡位，西汉悲怆地走向了灭亡。好在东汉创立后，有几任皇帝励精图治，使

汉

世界帝国

汉朝再现辉煌，并将“丝绸之路”延伸到了欧洲。连强大的罗马帝国都派人前来拜访，要知道，这可是东西方第一次直接交往。

汉朝是当时世界上与罗马并肩的强大帝国，影响超出了你的想象——华夏族从此被称为汉族，我们今天所说的汉语、写的汉字，都与它有关。

大汉一日游

如果回到汉朝

长安（今陕西省西安市）是西汉的都城，一个出了名的网红城市。当你穿越到汉朝时，怎能不去打卡呢？

瞧，矗立在城门前的是什么？那是阙。它通常是左边一个、右边一个，中间形成一个“缺口”，所以叫“阙”。阙的作用主要是表现威仪。

阙诞生在汉代，是建筑史上一个另类的形制，非常独特。当你瞻仰过阙，进了城之后，还会有新发现，那就是和秦朝相比，高台少了，一层层的木质楼阁多了，庭院式的布局已经基本定型。不过这些都是豪宅，普通人家可住不起。

城中的道路上，行驶着很多车子。和先秦相比，单辕车少了，双辕车多了，还有专门的官员负责维持交通秩序，相当于现在的交通警察。

不同颜色和材料的车是供不同级别的人乘坐的，不能随意乘坐哦。

当你眼花缭乱地逛来逛去时，看到了很多美食，你的肚子开始不争气地咕咕乱叫。于是，你决定吃点儿豌豆解解馋。汉朝已经有了黄瓜、葡萄、石榴、核桃……结果你一发不可收地吃开了，心里还在感谢伟大的徒步大师张骞，是他打通了“丝绸之路”，才使这些好东西从西域来到了中原。

在路边的小店里，汉朝人用火镰打火，或用阳燧（铜制的凹面镜）聚光点燃柴火，煮汤食，做面饼，香味四溢。汉朝人发明了豆腐，也发明了炒菜。韭菜炒鸡蛋算是一道硬菜，但炒菜在那时还非常罕见，你不一定能吃到。填饱了肚皮，抹抹小嘴，你又被时尚的汉服吸引住了。

先秦时流行一种曲裾（qū jū）深衣，西汉人仍在穿，同时又发展出直裾深衣，宽袖紧身，非常华丽。不过，平民人家大多穿短衣长裤，穷苦人家则穿短褐（hè），就是粗布做的短衣。

街上的女孩有穿留仙裙的，类似现在的百褶裙。你看了半天，心想，汉朝人可真是前卫呀。

大汉直播间

追踪重要历史事件▶

汉书·高帝纪

秦汉大片：楚汉之争

秦朝灭亡了，战争仍在继续，参战双方分别是项羽和刘邦。

刘邦是一个有传奇经历的人，他是沛郡丰邑（今江苏省丰县）人，在沛县当亭长。秦朝时，每十里设一亭，亭长这个职位类似今天的派出所所长。有一年，刘邦奉命押送一批犯人去骊山给秦始皇修陵墓。路上有很多犯人逃走了，按照当时的法律，刘邦要被判死罪。刘邦本来也不满秦朝的严律苛政，干脆把犯人都放走了，自己也打算逃命去。没想到，众人见他仗义，都愿意跟随他闯荡天涯。

巧的是，不久陈胜、吴广起义，刘邦逮住机会赶紧响应。当时还有一支强大的义军队伍，首领是项梁。陈胜、吴广起义失败后，刘邦势单力薄，就带着一帮弟兄归附了项梁。

项梁连胜秦军，过于骄傲，结果一轻敌就战死了。项梁的侄子项羽成了首领。

之后，刘邦和项羽兵分两路，分别西进和北上。

刘邦一路向西，走武关道，杀入关中，攻入咸阳。秦王子婴向刘邦投降，秦朝灭亡了。

项羽一路向北，也是连连激战，还消灭了秦军主力。当项羽听说刘邦先他一步攻破了咸阳时，顿时气得半死，因为按照原先的约定——谁先攻入咸阳，谁就是关中王。现在刘邦先进咸阳了，岂不是要凌驾于他之上！

项羽干脆驻扎在鸿门（今陕西省临潼区附近）设下宴席，准备借着饭局杀掉刘邦。

知识宝盒

《鸿门宴》

《鸿门宴》是司马迁在《史记·项羽本纪》中写的一章，叙述了项羽和刘邦在秦朝都城咸阳郊外的鸿门举行的一次宴会。全文以刘邦赴项营请罪为核心，逐层展开故事，情节起伏跌宕，形象生动鲜明，语言生动优美，是一篇难得的作文典范。

双方的实力相差太大了！项羽是名将之后，年仅二十五岁，已将楚军壮大成四十万。刘邦四十九岁，一介平民出身，当过的最大的官就是一个小亭长，起初只有三千人，出生入死折腾了好久，也不过十万人。项羽请刘邦吃饭，明摆着是杀机四伏，可刘邦也不敢不去。

公元前206年，古代最著名的饭局之一——鸿门宴拉开了序幕。

只能说，刘邦的运气真的太好了。项羽有个叔叔叫项伯，与刘邦的部下张良是好朋友。他在大宴的前夜跑到项羽跟前，替刘邦说了一大堆好话，把项羽的杀心熄灭了一大半。

第二天一大早，刘邦带着一百多人来到鸿门赴约。

考验刘邦演技的时候到了，只见刘邦满脸诚恳，非常谦卑地对项羽说："我和将军一起反抗秦军，只不过我运气好，凑巧先进了函谷关。论功劳，还是您最大，您才是当之无愧的关中王。"

项羽听了很受用，顿时热情起来，邀请刘邦喝酒。

项羽的谋士范增急得要命，不停地使眼色，想让项羽下令杀死刘邦。可项羽这条汉子心肠很软，觉得这个刘邦实在太弱了，暗杀一个比自己弱的人，不是一个英雄所为。于是他就假装没看见。范增铁了心要杀刘邦，他找到项羽的堂弟项庄，叫他趁着舞剑的机会去杀掉刘邦。

项庄便说："光喝酒太无聊了，我来表演舞剑为大家助兴！"说完他就拔出宝剑，舞了起来，突然，剑对准了刘邦……"不好！"就在这千钧一发的时刻，项伯拔出剑来挡住，跟着舞了起来，借机用自己的身体挡住了刘邦，就跟大鸟护着雏鸟一样。

成语补给站

项庄舞剑，意在沛公

刘邦曾在沛县当亭长，因此也被称为沛公。项庄在宴会上舞剑助兴，真实目的却是刺杀沛公刘邦。后世便以此比喻说话和行动的真实意图别有所指。

气氛越来越紧张。刘邦的部下樊哙（kuài）拿着剑和盾牌不管不顾地闯了进来，怒气冲冲地盯着项羽。

按理说，擅闯军营是要被严惩的。项羽却没有生气，他很欣赏樊哙的勇猛豪直，还赐给他一杯酒和一个猪前腿。樊哙大口喝酒，大口吃肉，很自在。

刘邦
项羽
项伯
项庄

项羽问："壮士，还能喝酒吗？"

樊哙大声说："连死都不怕，何况一杯酒？"

他接过酒一饮而尽，说道："沛公忠心耿耿，从没想过要称王。将军却一直想杀他，您这样做，和残暴的秦王有什么区别？"

项羽本来就犹豫不决，这下更下不去手了。

过了一会儿，刘邦借口去厕所离开了酒席。樊哙对刘邦说："在这里，我们就像砧板上的鱼肉一样任人宰割，还是溜吧。"

于是，刘邦在樊哙等人的保护下偷偷溜走了。

鸿门宴后，项羽率军进入咸阳，开始分封诸侯，刘邦被他封为汉王，而不是关中王。至于他自己，因为是楚国之后，便封自己为西楚霸王。刘邦的军队被称为汉军，项羽的军队被称为楚军。项羽和刘邦的争霸因此被称为楚汉相争。

刘邦憋了一肚子窝囊气，但奈何实力不够，只能暂时忍耐。

韩信

为了麻痹项羽，刘邦率军退入汉中后，故意烧毁了从汉中通往关中的栈道，以此向项羽表示，自己断绝了入关的打算，不会与项羽争霸。暗地里，刘邦却招兵买马，扩充实力，等到时机成熟，便准备出兵攻打项羽了。

大将军韩信出谋划策，汉军故意大张旗鼓地重修栈道。楚军发现后，以为汉军要从栈道出关，而修好栈道需要很长的时间，便都不以为意，没有提高警惕。谁知，汉军却通过另一条山路出击，迅速攻克了陈仓。

成语补给站

明修栈道，暗度陈仓

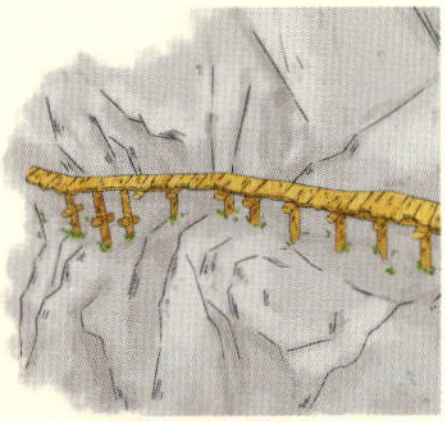

陈仓是古代一个县名，位于今陕西省宝鸡市东。韩信故意明修栈道，让项羽方面信以为真，暗中却绕道奔袭陈仓，取得了胜利。后世便以此来比喻用假象迷惑对方以达到某种目的。

知识宝盒

关于项羽

汉朝的皇帝们对项羽都是贬低的态度，司马迁却在《史记》中浓墨重彩地刻画了项羽的形象。后来的宋朝词人李清照则用“生当作人杰，死亦为鬼雄。至今思项羽，不肯过江东”赞颂了项羽的悲壮之举。

接下来，汉军兵分两路，只用三个月便占领了咸阳，夺下了关中。

此时的项羽已将大军开拔到东部，哪里顾得上掉转马头？他气得怒发冲冠，却又无可奈何。等到平定东部叛乱杀回来后，才开始与刘邦大战。

双方打了两年多，各自累得筋疲力尽，也没能分出胜负。

公元前203年，楚汉达成约定：以荥阳的鸿沟为界，鸿沟以东属于楚，鸿沟以西属于汉。

野心勃勃的刘邦岂能善罢甘休？公元前202年，两军又展开了交锋。

最后，汉军使出了十面埋伏的妙计，将楚军团团包围在垓（gāi）下。之后，汉军还策划了一个四面楚歌的“夜场演唱会”，合唱楚地民歌。听着那熟悉的家乡歌谣，早就想家的楚军将士们再也无心恋战，脸上流下了滚滚热泪，纷纷投降了。

项羽率领少数骑兵拼死杀出一条血路，一路逃到了乌江边。

望着滔滔的江水，这位骄傲的西楚霸王自觉无颜再见江东父老，拒绝乘船渡河逃走，拔剑自刎了，一代枭雄就此陨灭。

持续了四年之久的楚汉之争就此结束，刘邦开创了新的朝代，国号为“汉”。

尴尬的白登之围

汉朝一开国，就面临一个强敌——匈奴。

秦朝时，匈奴被大将蒙恬赶出了河西走廊，但秦末的战争使中原无暇顾及匈奴，匈奴又强大起来，控制了西域。

此时汉朝刚刚立国，根基还不稳。匈奴首领冒顿单于（mò dú chán yú）就带着彪悍的骑兵三番五次地侵犯边境，抢粮食、抢牲畜，烧杀劫掠，给本来就千疮百孔的汉朝带来了极大的威胁。

汉高祖刘邦咽不下这口气，决定亲自收拾匈奴。

公元前200年，刘邦率领三十多万大军，一路北进，连打了好几场

知识宝盒

白马之盟

楚汉相争之后，刘邦不得不将有功的人封为诸侯王，但又怕他们谋反，夺走自己的江山，于是他一当上皇帝，就杀死了一些功臣和诸侯，其中包括韩信、英布等。为了让江山永远姓刘，刘邦把刘家子侄封为诸侯王，还和大臣们杀了一匹白马立下盟誓：不姓刘的不能为王。

胜仗。

汉军连战连捷，让刘邦不禁骄傲起来，开始轻视匈奴。他不顾前哨的拦阻，率领几千骑兵一直向前追击，把步兵主力甩下了好大一截。

这正中冒顿的计谋，冒顿指挥匈奴骑兵一边打一边退，把刘邦引诱进了白登山（今山西省大同市马铺山）。就在这时，刘邦才发现，自己被密不透风地团团包围了。

那可是四十万匈奴兵，汉军主力杀不进来，先锋部队也冲不出去，刘邦急得无计可施。

一直被围了七天七夜，正值寒冬，大雪纷飞，狂风凛冽，许多汉军将士都被冻坏了。

最后，大臣陈平出了个点子："听说冒顿新得了一位阏氏（yān zhī）（汉朝时匈奴单于之妻的称号），十分宠爱她，不如派人送她重金礼物，请她给说些好话。"

刘邦赶紧准备了一大堆金银财宝，派人偷偷送去。

阏氏收下后眉开眼笑，劝说冒顿："就算杀了刘邦也打不垮汉朝，何况他还有几十万主力大军，不如先放了他吧。"

冒顿觉得有理便同意了，命人打开了包围圈的一角，让汉军撤出。

当天，白登山上大雾弥漫，汉军拉满弓安好箭，保护着刘邦从那豁口慢慢走出，脱离险境。

白登之围让朝廷意识到，匈奴没那么好惹。为了休养生息、恢复国力，刘邦把一位公主嫁给冒顿，约定以长城为界，互不干扰。此后，与匈奴和亲几乎成了惯例。

汉书·高后纪

吕雉为后

汉高祖刘邦死后，太子刘盈继位，是为汉惠帝，继续执行刘邦休养生息的国策。

汉惠帝性情柔善，但他的母亲吕太后是一位非常强势的女性。吕后名叫吕雉，是刘邦贫贱时候的妻子，跟他吃了很多苦。刘邦成为汉王后，娶了戚夫人，日夜带在身边，而把吕雉扔在家里，让吕雉受了很多委屈，面临过很多危险。刘邦称帝后，立吕雉为皇后。吕雉昔日的经历养成了她刚强坚毅的性格。

刘邦开创汉朝有吕后的功劳，吕后还帮着刘邦诛杀了韩信等大将。但由于戚夫人非常受宠，吕后仍旧非常孤独。刘邦还好几次想废掉太子刘盈，让戚夫人的儿子如意继太子之位。吕后内心苦楚，四处活动，获得了大臣们的支持，总算保住了儿子的太子之位，让儿子最终继承了皇位。

戚夫人的儿子刘如意被封为赵王，住在赵国。刘邦一死，吕后的复仇行动就开始了。她命人把戚夫人囚禁起来，关在凄凉的永巷，又派人召赵王刘如意进京。赵国丞相周昌是一个正直的人，以前吕后被排挤很憋屈时，他曾帮助过吕后，现在觉察到吕后要对刘如意下手，便对使者说："赵王生病了，不能进京。"吕后很生气，先把周昌召进了京，然后再派人去召赵王。汉惠帝心性善良，怕母亲杀了赵王，亲自跑到灞上去接，亲自保护，跟他同吃同睡。

吕后一直没有机会下手。直到一日清晨，汉惠帝出去射箭。赵王年幼，不能早起，吕后便派人拿毒酒让他喝下。汉惠帝回到宫中时，赵王

刘如意已经死了。

吕后随即派人砍断戚夫人的手脚，挖去眼睛，熏聋耳朵，灌了哑药，扔到猪圈里，叫她“人彘（zhì）”，也就是“人猪”。吕后还让汉惠帝去看，汉惠帝受了惊吓，说：“这不是人能为之事。我是太后的儿子，再也不能治理天下了。”汉惠帝从此就病倒了，不问朝政，二十三岁就去世了。

到了发丧的时候，吕后发出了哭声，却没有眼泪。大臣们安排吕家的人都进了宫，掌握了重权，吕后这才落下了眼泪。

汉惠帝的儿子继承皇位，但年纪幼小，由吕后行使皇帝职权。

小皇帝偶然听说自己的亲生母亲是被吕后杀死的，便说自己长大后要复仇。吕后二话不说，直接废掉他又暗中杀掉，另立了一个更小的皇帝，并打破了刘邦不立异姓王的规矩，立自己的吕姓族人为王。

一日，发生了日食，白天变得跟黑夜一样。吕后闷闷不乐地说：“这都是因为我啊。”过了一段时间，吕后出宫踏青祈福，回来时看到一个东西，好像一条黑狗，撞到了她的腋下，忽然又不见了。从此，她便腋下疼痛，不久就死了。

汉书·文帝纪　景帝纪

文景之治有多好?

刘邦生前娶了很多妃子，其中一位是薄夫人。薄夫人性情谦和、低调，吕后对她一直善待有加。按照当时的规定，皇子被封为诸侯王后，要离开京城去封国生活，而母亲仍要留在宫中，不得跟随。可是当薄夫人的儿子刘恒被封为代王时，吕后却破了例，恩准薄夫人也去了代国，不让他们母子分离。吕后还想改封刘恒为赵王，提高他的地位。但刘恒谦逊地辞谢了，说自己愿意守卫偏远的代国。

吕后死后，大臣们迅速消灭了吕氏集团，然后挑选合适的人继承皇位。他们一致认为，代王刘恒仁孝宽厚，太后薄夫人谨慎善良，便拥立刘恒为帝，史称汉文帝。

事实证明，大臣们的眼光不错。汉文帝看着儒雅文静，但治理国家颇有手腕。他一晋升为皇帝，就采取了很多合理的措施。先是分封了拥立自己的功臣，既表示自己的谦逊，又能稳住政权。同时，为避免发生战争，他多次减免百姓的徭役赋税，废除了一些残酷的刑罚。

汉文帝说："法令是用来制止暴行的，现在犯罪的人已经受罚，却还要牵连他们的亲人，甚至把他们的亲人收为奴仆，这不公平。"

大臣们说："这也是为了引导他们向善。"

汉文帝说："引导百姓向善是官吏的任务。官吏没能完成任务，还不公正地处罚他们，这不是加害百姓吗？"

大臣们听了，便不再反对。此后，连坐的法令也都被废除了。汉文帝很有仁君的风范，他在位二十多年，没有给自己增添几件车骑服御之物，平时就穿用粗糙的黑丝绸做的衣服，用的帷帐就是简单的布帘，不绣任何花纹。

有一年，汉文帝想建一个露台，但一听报价是百两黄金，立刻就打消了念头——一个露台竟然需要花费十户中等人家的资产，这怎么行呢？汉文帝以身作则、励精图治，国家的开支大大减少，贵族和官员也不敢过度奢侈，百姓的负担大大减轻了，国家也逐渐强盛起来。当汉文帝逝世的时候，依然不改爱民和节俭的本色。他留下遗诏说：“天下万物萌芽生长，最终没有不死的。死是常理，有什么值得过分悲哀呢。我生前没有给百姓什么帮助，现在我死了，不要折磨天下人为我哭吊，服丧的麻带宽度不要超过三寸……”

原味典故

缇萦（tí yíng）救父

官员淳于意犯了罪，被判肉刑，也就是脸上刺字，割去鼻子，砍去左脚或右脚。淳于意的小女儿缇萦为了救父亲，给皇帝写信，说自己愿意舍身为仆，为父亲赎罪，让父亲有改过自新的机会。汉文帝看了很受感动，也很悲伤，就废除了肉刑。缇萦救了父亲，也替天下人做了好事。

国宝档案

长信宫灯

长信宫灯出土于河北满城汉墓，是汉朝中山靖王刘胜王妃窦绾（wǎn）的随葬品，因为曾用于刘胜的祖母窦太后的长信宫，所以得名。此灯为青铜所制，造型优美典雅——一位宫女执灯而坐，右边袖子好像在挡风，其实是一个虹管，用来吸烟，既能防止污染，又有审美价值，构造巧妙，被誉为“中华第一灯”。

汉文帝死后，他的儿子刘启继位，史称汉景帝。汉景帝继续减轻赋税，优先考虑百姓的利益。经过文、景两代的努力经营，汉朝已经不像开国时那样贫穷了。全国的粮仓都堆满了，粮食多得吃不完，很多都腐烂了；国库里的钱多到数不清，穿钱的绳子都烂掉了。这些用现在的话说就是富得流油。粮食和钱都不愁了，汉朝人的生活幸福指数不断攀升。这一时期被后世称为“文景之治”。

汉书·武帝纪

儒学为什么受重视？

汉景帝去世之后，他的儿子刘彻成了新的皇帝，就是汉武帝。汉武帝有雄才大略，干了好几件了不起的大事。

汉武帝继位后，大量选拔人才。这些人才大都是学儒学出身。在此之前，汉朝推崇“无为而治”，这是一种宽松、自由的政策。可是到了汉武帝的时候，之前休养生息的国策已经起到作用，国家已经非常强盛，汉武帝更渴望大刀阔斧地积极治国，干一番大事业，“无为而治”已经不适用了。

历史人物

董仲舒

董仲舒从小酷爱学习，读起书来常常忘记吃饭、睡觉。家里大人为了让他放松一下，特意修筑了一个花园。然而，花园修成后，他依旧埋头苦学，竟三年没有进去过一次，所谓“三年目不窥园”。董仲舒长大后，才华横溢，满腹经纶，成为一位著名的思想家、政治家。他提出“罢黜百家，独尊儒术”的主张，使儒学成为中国社会正统思想，影响长达两千多年。

于是，汉武帝让各地官员推荐贤良之士，让他们写下治国的策略。其中董仲舒的儒家思想脱颖而出，正中汉武帝下怀。儒学是孔子创立的，打着万世师表孔子的旗号，更有利于统治。汉武帝开始大力倡导天下人都来学习儒学，用儒学来指导自己的生活。儒家思想得到了前所未有的重视。

匈奴为什么唱着悲伤的歌？

匈奴在白登之围后，西汉王朝为了维持边境和平，采用了和亲的策略，但匈奴还不时地跑来入侵，这让汉武帝十分恼火。他咽不下这口气，如今国家已十分强盛，便决定趁此时机主动出击。匈奴拥有强大的骑兵，往往抢了就跑，不容易对付。要想征服匈奴，必须得下一番功夫。于是，汉武帝一方面命卫青、霍去病、李广等将领奔赴战场，与匈奴正面交战；另一方面则派张骞出使西域，打算联合与匈奴有仇的大月氏（zhī）一起夹击匈奴。

此后，汉朝与匈奴之间的持久战便开始了，其中有三次战役最为著名。

第一次是漠南之战，也叫河南之战。当时匈奴入侵渔阳等地，汉武帝果断出击，命令卫青攻打匈奴防守薄弱的河南地（今内蒙古自治区的河套地区）。汉军大获全胜，收复了河南地。

第二次是河西之战。河西地区（今甘肃省祁连山以北）水草肥美，是匈奴人的天然牧场；河西走廊又是汉朝通往西域的要道。霍去病率领大汉骑兵长驱直入，追击匈奴主力部队，夺取了河西走廊。

历史人物

李广

西汉名将，英勇善战，使匈奴畏服，数年不敢来犯，被称为“飞将军”。后参加漠北之战，因没有向导而迷路，贻误了军机，于家中自杀。司马迁高度评价他：“桃李不言，下自成蹊。”意思是即使他不为自己辩白，世人也看得到他的高尚忠诚。

第三次是漠北之战。卫青和霍去病兵分两路，卫青击溃了匈奴单于，霍去病则追杀匈奴左贤王。在击败匈奴后，霍去病还在狼居胥山积土为坛，举行祭天仪式。此后，“封狼居胥”便成为建功立业的象征。两军一共消灭了近十万匈奴人，致使匈奴元气大伤，再也无力入侵。

这是大汉第一次深入大漠对匈奴展开正面攻击，基本解决了匈奴对中原的威胁，为后来西域并入大汉版图奠定了基础。

神秘的巫蛊事件

汉武帝晚年住在建章宫，一日，他忽然看见一个男子带剑入宫，忙命人抓捕，但侍卫们紧追慢赶也没有找到。不久后，汉武帝梦见有好几千个木头人拿着棍棒来袭击他，他从此便感觉身体不舒服，终日精神恍惚。大臣江充找来一位胡人为汉武帝看病，这人说皇帝是中了蛊气，是宫中有人用巫术作祟造成的。汉武帝便派江充组成专案组，进行侦查。江充带着胡人在宫中四处搜查，一直搜查到了卫皇后和太子刘据的寝宫。不知怎么回事，竟然在太子的寝宫搜出了木头人。

太子非常害怕，便让人抓住江充，把江充给杀了。当时，汉武帝不

成语补给站

夜郎自大

汉朝的西南有一个叫夜郎的小国。汉武帝派使者到夜郎国，想让他们归顺汉朝。夜郎国的国王没有听说过汉朝，问使者：“夜郎和汉朝，哪个更大？”国王自以为夜郎能和汉朝相比。后世便以此比喻妄自尊大和无知。

在长安，而在甘泉宫养病，江充的同伴逃到了甘泉宫，禀告汉武帝说太子造反了。

汉武帝大怒，下令丞相去镇压叛乱。丞相的军队和太子的军队激烈地战斗了五天，死了好几万人。太子终究势孤力弱，只好逃离了长安。

太子刘据一路逃到湖县（今河南省境内），隐藏在泉鸠。一位贫寒的百姓靠卖草鞋偷偷奉养他。谁知，消息很快被泄露出去，太子的藏身之处被包围起来。太子眼见无法逃脱，回到屋中上吊而亡了。卫皇后被视为太子的同伙，被没收了皇后玉玺。卫皇后没想到汉武帝会这样绝情，悲愤自杀，以死明志。

关于这件事的真相，一直众说纷纭。有人说，是江充一向和太子、卫皇后有矛盾，所以预先藏下了木头人。还有人说，是汉武帝想要立宠妃钩弋（yì）夫人的儿子刘弗陵为皇帝，所以设计杀死了太子。不管真相如何，据说经过调查，太子是被冤枉的。汉武帝非常后悔，特意修建了一座“思子宫”。

四年后，汉武帝忽然严厉斥责钩弋夫人，钩弋夫人十分惧怕忧愁，很快就死了。有人说，这也是汉武帝导演的，因为子幼母壮，他担心钩弋夫人重演吕后称制的局面，所以找借口杀了她。不久，汉武帝病逝，八岁的刘弗陵继承皇位。

知识宝盒

丝绸之路

张骞出使西域后，打通了汉朝通往西域的南北道路，这就是“丝绸之路”。此后中国人通过这条路向外输出了丝绸、茶叶等物，又从欧洲、西亚和中亚引进了葡萄、香料等物。中西方文化开始了大交流。

汉书·平帝纪

假面皇帝王莽

汉朝的疆域比以往任何一个朝代都要大，堪称超级大帝国。就算放到现在，一说起汉朝，也会令人想到那是一个强盛的朝代。但事实上，汉武盛世之后，西汉已经在走向式微了。

西汉的最后几任皇帝，不但治国能力差，寿命还很短，一代不如一代。倒是汉元帝的皇后王政君，身体很健康，先后辅佐了好几位皇帝，还把自己的兄弟们都封了侯。朝政大权逐渐落到外戚手里。

王政君有一个侄子，名叫王莽。王莽少年时，父亲和哥哥就死了，他跟随叔叔们生活。当时王氏家族权倾朝野，是整个西汉最显赫的家族，族人生活极度奢靡。王莽却犹如一股清流，生活俭朴，为人谦恭，稍有闲暇就读书学习。他满腹学问，还勤劳肯干。他每日服侍母亲和寡嫂，抚育哥哥留下的孩子，没有一点儿怨言，对待外人也真诚恳切，不分高低贵贱，简直就是一个道德楷模。

科技发明

测湿仪

测湿仪可以用来测量空气中所含水分的多少。汉朝时，人们把土和炭分别挂在天平的两端，如果天气干燥，炭就轻；如果天气潮湿，炭就重。这是世界上最早的测湿仪，比欧洲制造的类似的测湿仪要早一千六百多年。

借助外戚的力量和自己的努力，王莽二十四岁就入朝为官。他工作认真、待人恭敬，很多名士都为他说好话。王莽三十岁左右被封为新都侯，成为皇帝的侍卫近臣。他虽然身居高位，仍然礼贤下士、清廉俭朴，常把自己的俸禄分给部下和贫苦的人。为了救济穷人，他甚至卖掉了自己的马车。

王莽快四十岁时，当上了大司马，生活反而更加俭朴。有一次，大臣们去探望王莽的老母亲，看到老夫人穿戴十分俭朴，还以为是一个奴仆。

不久，发生了一件事，王莽的二儿子把家奴杀死了。王莽知道后，十分生气，严厉地责罚了儿子，还逼儿子自杀了。此事传出之后，世人都非常感慨，觉得王莽简直就是古代传说的圣贤。

王莽的声望越来越高了，但他好像变了一个人，开始排斥异己，杀了很多触犯他的人。公元前1年，汉哀帝病死，王莽为了专权，拥立了九岁的刘衎（kàn）即位，是为汉平帝。不久，又把女儿嫁给汉平帝当了皇后。汉平帝十四岁时神秘死去，王莽为了掌控大权，拥立了只有两岁的刘婴为皇太子，自己代理朝政。

王莽的势力如日中天，几乎等同于皇帝了。有些文武官员为了迎合他，请他即位做皇帝。一直以推让出名的王莽这时也不推让了，毫不客气地向太皇太后王政君讨要皇帝的玉玺。王政君怎么也没想到王莽会做出这么大逆不道的事，愤怒地大骂："为人如此，猪狗不如！"

王政君痛哭着，把玉玺取出，砸到了地上。玉玺碎了一角，但王莽还是非常高兴。他正式即位，改国号为"新"。西汉王朝就此终结。

至于刘婴，当了三年皇太子后，四岁时被囚禁，任何人都不准和他说话。刘婴长大后，话也说不清楚，好像痴傻的人一样。

科技发明

青铜卡尺

王莽在位时，出现了一种青铜制的卡尺，用左手握住尺上的鱼形柄，右手牵动拉手，就能测量了，堪称现代游标卡尺的鼻祖。此前，游标卡尺被认为是法国数学家发明的，这件卡尺的出土，证明中国使用卡尺比欧洲早了一千多年。

王莽称帝后，决定让天下人都过上好日子，于是开始改革，史称“王莽改制”。王莽下令，把土地改成国有制，废除奴隶制，谁也不得买卖人口。圣旨下达后，改革触犯了贵族豪强的利益，引起了激烈的反对。由于改革在执行过程中，手段和方法不妥当，百姓不仅没得到实惠，反而更加困苦。王莽无计可施，想教老百姓煮木头吃。如此凄惨的生活，让百姓忍无可忍，终于揭竿而起了。义军很快攻入了长安，王莽死在了乱军之中。

说说你的想法

你能比较一下王莽和王安石吗？

王莽是一位有争议的人物，有人认为他是篡位的“巨奸”，有人认为他是有远见卓识的改革家，你的看法呢？王莽把土地改为国有制，废除了奴隶制，你认为他无私吗？王安石是宋代的改革家，你认为王安石的魄力和王莽相比怎么样？

汉书·韩信传

韩信是淮阴人，小时候家里贫穷，常去南昌亭亭长家吃闲饭。一日，当他再去时，发现亭长家提前将饭菜端到内室的床上吃了。他愤然离去。

在河边，一位漂洗的大娘把自己的饭分给他吃，他一连吃了几十天。韩信说："我一定会报答您的。"大娘生气地说："我是看你可怜，难道是希望你报答吗？"

一个屠夫侮辱韩信，说："你如果不怕死，就拿剑刺我；如果怕死，就从我胯下爬过去。"韩信爬过去了。大家都耻笑他，认为他胆小。

后来，韩信追随项羽起义。项羽不重用他，他又去追随刘邦，刘邦也不重视他。他便逃跑了。

萧何和韩信接触过，知道他才能卓绝，听说他逃跑后便赶紧连夜追赶。"萧何月下追韩信"的典故就是这么来的。

在萧何的大力举荐下，刘邦任韩信为大将军。从此，韩信纵横沙场，为后世留下了大量经典战术，如暗度陈仓、背水一战、半渡而击、四面楚歌、十面埋伏等。

刘邦称帝后，封韩信为楚王。韩信赐给漂母千斤黄金、南昌亭亭长百钱，还提拔那位让自己受胯下之辱的屠夫做了中尉。

然而，韩信功高震主，又好夸耀，口无遮拦，刘邦如鲠在喉，把他降为淮阴侯。不久，吕后把韩信骗入宫中，在钟室内把他杀死了。

汉书·萧何曹参传

萧何是汉高祖刘邦的老乡，在沛县做小吏。他性格随和，曾多次利用职权袒护刘邦。萧何跟随刘邦起义后，大军入咸阳，众人乘乱抢掠，只有他跑去保护国家户籍、地形、法令等书籍档案。

萧何多次献计给刘邦，辅助他夺取了天下。刘邦称帝后，任他为丞相。他制定了政策法规，就像定海神针一样，保证了汉初的稳定发展。

萧何死后，曹参接班，曹参只是继续沿用萧何制定的法规，自己则每天都喝酒聊天。汉惠帝对曹参的儿子曹窋（zhú）说："你父亲身为丞相，却整天喝酒闲聊，怎么能治理好国家呢？"曹窋回家后，把汉惠帝的话说了一遍。曹参训斥道："这是你该说的话吗？还不快回宫去侍候皇上！"说完还把儿子打了一顿。

事后，汉惠帝责备曹参："你为什么要责打曹窋？是我让他去规劝你的。"

曹参赶紧谢罪，接着反问汉惠帝："陛下，您跟先帝相比，谁更贤明呢？"

汉惠帝回答："朕哪敢和先帝相提并论。"

曹参又问："臣跟萧何相比，谁更能干呢？"

汉惠帝笑道："你好像不如萧丞相。"

曹参说："陛下说的是。您不如先帝，我不如萧丞相。我们只要遵照旧制执行就可以了。"

汉惠帝恍然大悟。这就是"萧规曹随"的故事。

汉书·苏武传

汉武帝时，苏武是个郎官。当时，匈奴被汉朝强大的军队打怕了，派使者来求和。于是，汉武帝就派苏武出使匈奴。

苏武带着一百多人出发了，倒霉的是，刚到匈奴，就陷入了匈奴内乱。苏武的副使暗通叛乱者，使苏武受到了牵连。

单于要审问苏武，苏武不肯受辱，拔刀自刎，最终被救了回来。

单于钦佩苏武的节操，等苏武的伤势好转之后，派人去劝降苏武，许诺给他爵位和财富。苏武不为所动。

单于扣押了苏武，把苏武关在地窖里，不给饮食。苏武还是拒不投降，饿了就把毡毛和雪水和在一起吃，勉强维持生命。

单于恼羞成怒，把苏武流放到北海（今俄罗斯贝加尔湖）去放羊，还告诉他："什么时候公羊生了小羊，你才能回汉朝！"

北海一片荒凉，苏武只能挖掘野鼠储藏的果实吃。但无论多么艰辛，他始终不忘故国，手持汉节，以至于符节上的毛都脱落了。

后来他听说汉武帝驾崩了，不禁吐血、大哭，但仍然不降匈奴。

日子一天天过去，苏武在北海度过了十九年。直到单于死后，新一任匈奴王上任，才放他归汉。当年出使匈奴时，苏武年富力强；等到返回汉朝时，他已经须发斑白了。

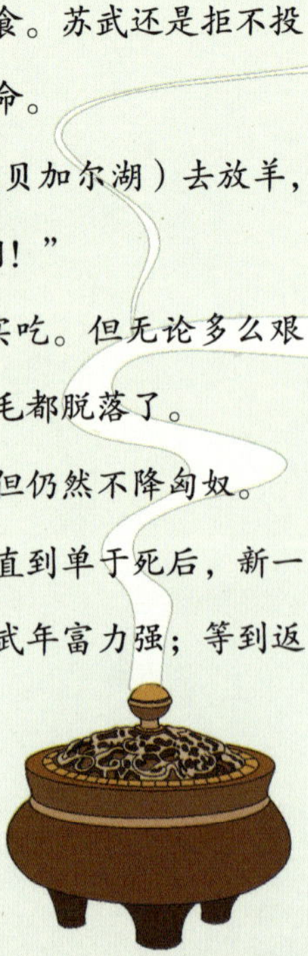

苏武

汉书·卫青霍去病传

卫青出身低微，小时候给人做牧童，受尽欺凌苦楚。后来他的姐姐成为汉武帝的妃子，他也被带入宫中，因为擅长骑射，受到汉武帝的重视。

当匈奴入侵汉朝时，时任车骑将军的卫青被派去迎敌。卫青认真分析敌情，直接袭击匈奴的祭天圣地，大胜而归，被封为关内侯。

此后，卫青多次出击匈奴，立下了卓越的军功。他还非常体恤士兵，如果士兵没有水喝，他也绝不喝水。他的勇敢和仁慈，让他赢得了天下人的称赞。

霍去病是卫青的外甥，十七岁时就跟随卫青出征，头脑冷静，作战灵活，不死守兵法。

十九岁时，霍去病被封为骠骑将军，孤军深入匈奴腹地，控制了河西一带，使匈奴开始失去对西域的控制。

霍去病二十一岁时，在大漠中挺进了两千多里，寻歼匈奴主力，兵锋一直逼至今天的俄罗斯贝加尔湖一带。

汉武帝想为霍去病修建一座豪华府邸，霍去病拒绝了，说："匈奴未灭，何以家为？"

汉武帝大为感动。然而，不久霍去病却病逝了，年仅二十四岁。汉武帝非常悲伤，把他的坟墓修成祁连山的形状，还凿刻了"马踏匈奴"石雕，以纪念他的不朽战功。

汉书·司马相如传

司马相如是蜀郡人，小时候口吃，但他酷爱读书，很会写文章。他的本名叫犬子，但他崇拜蔺相如，就自己改名为相如。

汉景帝时，司马相如入朝当官。汉景帝不喜欢辞赋，司马相如感觉工作无趣，就借病辞职，投奔了热爱文学的梁孝王，写下了《子虚赋》。

梁孝王死后，司马相如返回成都，过起了贫寒的生活。临邛（qióng）县令邀请他，他便去了临邛。

临邛富人卓王孙请司马相如赴宴。司马相如得知卓家女儿卓文君守寡不久，很有才学，便在席间弹了一支曲子，表达爱慕之情。卓文君听出曲中之意，从门缝偷看，见司马相如风姿不凡，也很倾心。

夜里，卓文君逃出家门，与司马相如私奔了。

为了生活，司马相如卖掉车马，买下酒店，穿着短裤，干起了杂工，卓文君则当垆卖酒。卓王孙实在看不下去，只好分给卓文君一些财物。

汉武帝继位后，偶然读到《子虚赋》，觉得写得很好，便任司马相如为郎官。

之后，司马相如出使西南夷。到了蜀郡时，蜀郡太守前来迎接，县令背着弓箭在前开路，卓王孙等人也来献牛献酒，不久，司马相如就平定了西南夷。

司马相如性情淡泊，不喜欢官场，经常借病请假，最后死于家中。

汉书·张骞传

张骞在朝中担任郎官，他性格坚韧，气度开阔，待人讲信义。汉武帝招募使者前往西域联合大月氏以夹攻匈奴时，张骞被选中了。

公元前139年，张骞带人从长安出发。然而，他刚穿过河西走廊，就碰到匈奴骑兵，被抓了起来。单于为了拉拢张骞，对他进行各种威逼利诱，都没能动摇他的意志。

张骞被扣留了十年。一夜，趁着监视松弛，他逃了出去。然而西域形势已经发生变化，大月氏迁徙到了妫（guī）水一带。

张骞没有返回，而是牢记使命，继续向西寻找。戈壁滩上，飞沙走石；大沙漠里，热浪滚滚；翻越葱岭时，又是冰雪皑皑，寒风刺骨。不少随从饥渴而死，或是被埋入流沙中，或是掉进了冰窟里。好不容易到了大宛（今乌兹别克斯坦一带），张骞等人得到了大宛王的帮助，终于找到了大月氏。不料，大月氏人生活富裕，早已安于现状，已经不愿意再攻打匈奴了。张骞只好返回了。

谁知归途中，张骞等人再次被匈奴抓住，又软禁了一年多，才逃了出来。

此时，十三年过去了，出发时是一百多人，回来时只剩下张骞和向导两个人。这九死一生的西行，虽然未能完成任务，却连通了中原与西域，对历史产生了巨大的影响。

张骞

汉书·司马迁传

司马迁出身于书香门第，父亲司马谈是历史学家。司马迁十岁时，就已经读了很多典籍。二十岁时，他开始游历四方。

读万卷书，行万里路。司马迁不仅积累了丰富的知识，还开阔了心胸和眼界。

司马迁当上太史令后，继承父亲的遗志，编写史书。不料意外发生了。

当时，汉武帝派大将李广利攻打匈奴，结果吃了败仗，李广利落荒而逃。李广利的部下李陵，是“飞将军”李广的孙子，勇猛善战。尽管将军逃跑了，但李陵还是带着幸存的步兵奋战。匈奴骑兵有数万人，李陵最终弹尽粮绝，救援不继，不得不投降。

消息传到长安，汉武帝暴跳如雷，把李陵的家人抓了起来。大臣们也纷纷责怪李陵不该投降。只有司马迁挺身而出，为李陵辩护。汉武帝正在气头上，就把司马迁抓进大牢，施以腐刑。

司马迁深觉委屈、羞辱，想要自杀。但一想到史书还没写完，便鼓励自己，古人都是历经磨难才有所成就的，比如屈原被放逐后写出了《离骚》，左丘明双目失明后才写出了《国语》……

于是，他把痛苦抛在一边，振作起来，最终用十几年的时间写出了中国第一部纪传体历史巨著——《史记》。

汉书·东方朔传

东方朔父母早亡，由哥嫂抚养长大。他二十二岁时，汉武帝招募人才。他一下子写了三千片竹简的自荐，竹简多到要两个人才能扛起来，皇帝花了两个月时间才读完。

他是这样介绍自己的："十三岁开始读书，十五岁学习击剑，十六岁学《诗》《书》，十九岁学兵法……身高九尺三寸，双目炯炯有神，像明亮的珠子；牙齿洁白整齐，像编排的贝壳；勇敢像孟贲，敏捷像庆忌，廉俭像鲍叔，信义像尾生。我这样的人，不做天子的大臣做什么呢？"

汉武帝读后，觉得东方朔不同寻常，便让他到公车署，等候召见。

公车令地位不高，俸禄又低，东方朔又始终没有得到汉武帝的召见，便吓唬几个给皇帝养马的侏儒。汉武帝知道后，召见他责问。这下总算能见到皇帝了。他说："我是被迫的。侏儒身高三尺，我身高九尺，但我和侏儒的俸禄一样多，总不能撑死他们饿死我吧。"

汉武帝大笑，不久，提拔他为常侍郎。

一日，汉武帝想修上林苑供自己玩乐。东方朔再三劝阻，还列举了商纣王、秦始皇大兴土木闹的乱子。事后，汉武帝提拔他为太中大夫。

东方朔才华横溢，曾上书"农战强国"之策，但汉武帝只把他当滑稽人士看待，没有采用。东方朔就这样度过了一生。

后汉书·光武帝纪

东汉是怎么来的

王莽篡夺西汉政权后，国家乱成一团，出现了绿林军等起义队伍。

有一个南阳郡（今湖北省境内）人，名叫刘秀，是汉高祖刘邦的后代。他虽然有皇室背景，但早已没落，穷困潦倒，连匹马都弄不到，骑着耕牛就上战场去了。

经过一番激战，刘秀总算弄到了一匹战马。后来他和绿林军主力合作，壮大了力量，还杀死了王莽的几员大将。

绿林军的主力元老拥立了西汉皇室的另一位后裔刘玄当了皇帝，是为更始帝。刘秀很不满意，但绿林军人多势众，而且大敌当前，只得忍耐。

这时，王莽已经发动四十二万大军，号称百万，朝着绿林军的大本营宛城杀来了。昆阳城在前，宛城在后。王莽大军想要一一攻破，昆阳城的义军将领十分害怕，想弃城逃走。

刘秀说："如果昆阳城被攻破，宛城就会陷入两面夹击的险境，所以必须守住昆阳城。"

可是，怎么守城呢？昆阳城的守军不足一万，根本不是王莽大军的对手。刘秀思虑再三，让其他将领死守昆阳城，自己只带了十三人，趁着夜色奔出城去……

几天之后，刘秀带着一万多援军赶回来，他与昆阳城的守军内外夹击，把王莽大军打得落花流水。上天似乎也偏爱刘秀，突然降下暴雨，淹死了成千上万的王莽军。

刘秀以少胜多，取得了昆阳大捷。按理说，他是个大功臣，可是，更始帝刘玄听信谗言，不但杀了他的哥哥，还对他心生猜忌。刘秀忍气吞声，不得不向刘玄请罪，才保住了性命。

后来，绿林军攻入长安城，王莽被杀死了。

刘玄派刘秀去收复河北。远离了皇帝的监视，刘秀在河北积聚力量，逐渐壮大实力。刘玄渐渐感到不安，派使者把刘秀召回长安。刘秀

知识宝盒

西汉和东汉

王莽之前的汉朝，首都长安在西边，历史学家就把它称为前汉或西汉；王莽之后的汉朝，首都洛阳在东边，历史学家就把它称为后汉或东汉。

明白，自己声名远播、功高震主，如果回去，离死就不远了。于是他杀死了使者，公开与皇帝决裂了。

公元25年，刘秀在河北称帝，史称光武帝，国号仍为“汉”，定都洛阳，东汉王朝就这样诞生了。

之后，刘秀又用了几年时间镇压了绿林、赤眉等起义军，还消灭了其他小股割据势力，国家终于又统一了。

光武中兴有多厉害？

打了很多年的仗，国家疮痍满目，越来越穷。怎样才能使国家强大起来，让百姓过上好日子呢？光武帝刘秀为此寝食难安。

他励精图治，颁布了一系列休养生息的政策，减轻百姓的负担。

从前因为社会动乱，很多贫民被迫沦为奴仆、刑徒，他们聚集在一起，容易引发事端。刘秀注意到这个情况后，下令把奴仆、刑徒全都释放，让他们回家种田，过自由的生活。

然而国家还是很穷，因为国家的主要财政收入是税收，需要依靠人

知识宝盒

《说文解字》

《说文解字》是世界上第一部字典，由东汉文字学家许慎编写，共收录部首540个，字（包括异体字）10516个，开启了汉字字典按部首编排的方法。今天我们使用的汉语字典、词典，仍然沿用部首检字法。

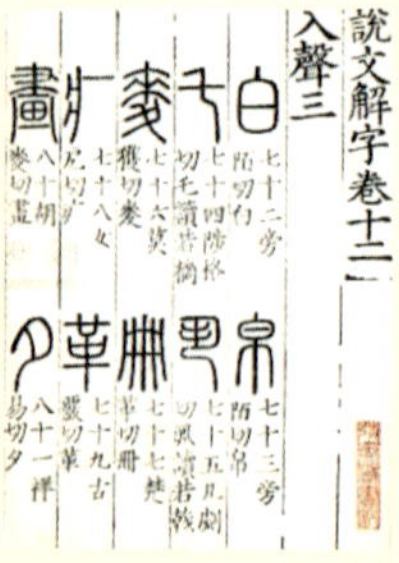

口和田地数量来征收。不过经过多年的战争，这些数据早就过时了。刘秀决定，重新丈量全国的土地，清查户口。这下可惹怒了那些贵族豪强，因为他们占有很多田地，不愿意交税。他们不听从刘秀的旨意，有的还组织造反。

刘秀可不是一个软弱的皇帝，他当机立断，处死了一些飞扬跋扈的豪强，又把一些大地主迁到其他地方，一一瓦解了他们的势力。

就这样，没过几年，国家慢慢地繁荣起来了。

有了钱，刘秀又想让百姓学习文化，改变社会风气。他鼓励人们多读书，还让官方兴建了太学，广泛招收学生。他又请来很多名士，让他们当博士，教导人们“仁义礼智信”等儒家道德。他还四处收集图书典籍，结果不得不建了好几座图书馆来藏书，著名的有“兰台”“东观”“石室”等。

渐渐地，民风变得淳厚了，民俗变得丰富了，人们不再喊打喊杀，而是埋头耕读，整个国家呈现一片欣欣向荣的景象。

刘秀一面安抚百姓，一面毫不手软地使用武力镇压那些不友好的民族，比如北方的匈奴、西边的羌族等。就这样，刘秀在短短的人生中，尽心尽力地解决了内忧外患。后人就把这段时期称为“光武中兴”。

知识宝盒

五铢钱

因钱上有“五铢”两个篆字，所以得名五铢钱。吕后曾亲自参与设计，汉武帝时大力推行。王莽篡汉后，废除五铢钱。刘秀称帝后，重新使用，对经济复苏起到了积极的作用。五铢钱是中国古代最长寿的货币，有七百多岁高龄，直到唐朝时才退休。

后汉书·孝明帝纪　孝章帝纪

明章之治是怎么回事？

光武帝刘秀为东汉王朝的发展开了一个好头，他的继任者汉明帝、汉章帝也是两位出色的皇帝。

汉明帝十分关心百姓，不仅减轻徭役赋税，还让农官教百姓怎么种田、除虫，提升粮食产量。当时水患严重，他还兴建了一些水利工程，把黄河治理得很好。

王莽篡汉就是外戚专权的恶果，汉明帝深刻地吸取了教训，严禁外戚干政，也不允许外戚或别的贵族随意欺压百姓。

有一次，汉明帝的妹妹馆陶公主为儿子求一个官做，他立刻拒绝了，宁可赏赐给外甥万钱，也不让外甥做官。

还有一次，汉明帝把东汉开国的二十八位功臣的画像挂在云台阁，里面却没有立下汗马功劳的马援，只因为马援是他的岳父。

不仅如此，他在位期间，还不让马援的儿子们当大官，生怕马氏作为外戚集团权势太大，威胁到国家。

科技发明

造纸术

西汉时，我国就发明了纸，但当时的纸很粗糙，数量少、成本高。东汉时，宦官蔡伦改进了造纸术，用树皮、麻头、破渔网等原料造出了性价比更高的纸。造纸术极大地改变了世界，被列为中国古代“四大发明”之一。

汉明帝对百姓宽和，对官员们却格外严格。有一次，一个小官员记错了账，他就把小官员的上司找来，拿着木杖亲自责打他，直到上司的上司跑过来再三求情，他才平息了怒火。

贵族豪强们看到汉明帝的这些做法，也不敢再胡作非为了，天下一片清明。

汉朝的皇帝大多崇尚儒学，认为孝道特别重要，多数皇帝的谥号中都带有一个“孝”字，比如，孝明帝、孝章帝、孝灵帝等。孝明帝就是指汉明帝，他还规定人人都要背诵《孝经》。

汉明帝还把佛教引入中国，促进了文化的交流与发展。

到了汉章帝的时候，社会更加安定和谐。百姓的自主权利很大，可以选择当官，也可以当隐士，生活自由自在。

有一年，一些地区发生了大旱灾，饿死了不少人。汉章帝心急如焚，一边征集粮食去救灾，一边召集大臣商讨解决的办法。按照当时人的看法，之所以会出现天灾，是因为皇帝犯了错，上天才降下惩罚。

一个大臣便说："是因为连坐制这种刑罚太残酷了，所以上天才降下灾难，皇上应该废除连坐制。"

另一个大臣也说："刑罚太重容易使百姓不满，皇上应该宽和治国。"

汉章帝虚心地听取了意见，很快就废除了五十多条严酷的刑罚，释放了很多刑徒。

后来，又有地区发生了地震，汉章帝连忙下了一道罪己诏，检讨自

原味典故

白马驮经

据说汉明帝梦见一个高大的金人，头顶闪着白光，往西边飞去。大臣们经过一番“梦的解析”后，告诉汉明帝，金人是西方的佛。于是，汉明帝派人前往西方求取佛经。经过艰苦跋涉，两位天竺高僧用白马驮着经书来到了洛阳。为了纪念这匹白马，汉明帝下令建造了中国第一座佛教寺院——白马寺。

己的过失。人们都认为，汉章帝是个好皇帝。

汉章帝将国家治理得很好，但他还有一个心头大患，那就是匈奴。

王莽时期，因为瞧不起匈奴，认为匈奴人粗鄙，引起匈奴不满，再发战火。后来匈奴发生内乱，分裂成了南匈奴和北匈奴。汉明帝时，重新在西域设立了都护府，管理西域诸国。但是汉章帝时，北匈奴经常入侵作乱。如果打仗的话，人力、财力会消耗很大。于是，汉章帝决定放弃西域。

然而，驻扎在西域的汉朝官员不愿放弃成果，汉章帝思虑再三，最终收回了命令。这样就有效地抵制了北匈奴的扩张。

在汉明帝、汉章帝的治理下，东汉出现了盛世景象，史称“明章之治”。

知识宝盒

都护府

汉宣帝（汉武帝曾孙）时，第一次在西域设立都护府，正式将西域纳入大汉版图。唐朝时，西域有六大都护府，分别是安西、安北、安东、安南、单于、北庭。唐代王维的诗歌《送元二使安西》意思就是：送好朋友元二出使安西都护府。

后汉书·孝桓帝纪

一边是外戚，一边是太监

东汉后期，皇帝活得都不长，新即位的皇帝大都是孩子，不具备治国的能力，只能依靠旁人的帮助。这些人分为两类：一类是外戚，就是皇后或太后的亲戚；一类是宦官，就是服侍皇帝及其家族的人。

无论是外戚，还是宦官，都想把权力集中到自己手中，所以总会互相争斗。最可怜的就要数小皇帝了，因为无论哪一方都会牵制他，把他当成傀儡（kuǐ lěi）操纵。

历史人物

张衡

东汉天文学家、文学家，从小刻苦向学，青年时就写出了著名的《二京赋》，五十多岁时发明了世界上最早的地动仪，上有八条龙，龙口含珠，哪一方向发生地震，珠子就会掉落。他还发明了浑天仪。为纪念他的科学贡献，联合国天文组织将月球背面一座环形山命名为“张衡环形山”，把太阳系1802号小行星命名为“张衡星”。右图为地动仪模型图。

汉桓帝是东汉倒数第三位皇帝，即位的时候十五岁，由梁太后临朝听政，实际大权则掌握在外戚梁冀的手中。

梁冀家满门高官，其中有九人被封侯，三人为皇后，六人是贵人，两人是大将军，几乎人人都是大官。梁冀自己身为大将军，还食邑三万户，堪称超级王侯。

梁冀残暴不仁，肆意妄为，有一次令人把毒药加入汉质帝食用的煮饼中，使九岁的汉质帝气闷肚痛而死。汉桓帝非常害怕他，为求自保，给了他很多特权，比如可以佩剑上朝，拜见皇帝时可以不自称姓名等。

即使这样，梁冀还不满足，越发蛮横。有一次，皇帝身边的一个大臣指出了他的几个不当之处，他不由分说就把大臣给杀死了。汉桓帝非常愤怒，终于决定诛杀梁冀。

汉桓帝拉拢了身边的几个太监，与他们商定了杀掉梁冀的计划。之后他让人守住宫廷，然后派御林军、虎贲军等一千多人，围住了梁冀的豪宅，没收了梁冀的大将军印绶。

梁冀自知没有生路，当天便自杀了。

由于行动是隐秘进行的，使者来回飞驰，大臣们不知所措，百姓迷茫惊慌。过了好几天之后他们才知道真相，无人不拍手称快。

梁冀的家产一共有三十多亿，都充入了国库，因此，百姓的租税被减免了一半。梁冀的园林也开放了，让贫民住了进去。

太监们在诛杀梁冀的过程中立了大功，被封了侯，开始掌控朝政大权了。

慢慢地，在争权夺势的过程中，太监们也变成无恶不作的人，开始抢夺百姓的农田、房子，甚至插手官员的选拔……

这引起了一些读书人的不满，他们愤然批评、指责太监。这可捅了马蜂窝，太监们开始编织罪名，说读书人诽谤朝廷。

汉桓帝一听，非常生气，下令抓了众多读书人，一共牵连了两百多人。历史上把这件事称为“党锢之祸”。

等到下一任皇帝汉灵帝即位时，又发生了“读书人的灾难”，足足有几百人遭到了迫害。这时候的太监权力更大了，更加肆无忌惮了，东汉王朝摇摇欲坠。

后汉书·孝灵帝纪

黄巾起义大热潮

汉桓帝死后，汉灵帝即位，这是一个极不靠谱的皇帝，不仅什么事都听太监和太后的，还一门心思想着享乐。

国家已经很穷了，但为了自己纵欲，汉灵帝竟然干起卖官的买卖，但凡谁有钱，都能买个官做。买了官的人，因为花了很多钱，都想要加倍赚回来，就借助手中的权力一味地欺压剥削百姓。

朝廷中一片乌烟瘴气，外戚和太监的争斗也在继续。边境也动荡不安，战争时常爆发。再加上又出现了大旱灾，百姓生活在水深火热之中，出现了很多流离失所的人。

这时候，有个叫张角的人，创立了太平道，吸收徒众。他告诉人

国宝档案

东汉铜奔马

东汉铜奔马出土于甘肃武威雷台汉墓，又叫马踏飞燕，青铜所制。奔马三足腾空，一足超掠飞鸟，飞鸟受惊回首，突出了奔马急速向前的动势。马全身的着力点集中在一足上，足下以鸟形底座固定，符合力学原理，解决了平衡问题。

们，要多做好事，因为天上有鬼神，随时监视着人们的一举一动；鬼神会根据人们的善恶行为增减人们的寿命。所以，人与人之间要平等、互爱，不要剥削、敛财。

张角的宣传打动了很多人。张角还时常帮助人们治病。慢慢地，人们开始亲近他、相信他、追随他了。

十几年后，全国各地追随张角的人已经有几十万。据说，为了投奔张角，很多人不惜变卖家产，千里迢迢、争先恐后地赶来。道路被挤得水泄不通，半途被踩死的人就有一万多。

张角认为时机已经成熟，便打出“苍天已死，黄天当立”的旗号，率领众人起义，打算推翻东汉王朝。

早就不满朝廷黑暗腐败的起义军行动起来，攻入县衙，杀死贪官，把钱财分给了贫苦的百姓。这种做法赢得了百姓的好感，他们纷纷响应，有的给起义军送衣送粮，有的干脆加入了起义军。

当时，起义者的头上都系着一条黄色的布，于是就被称为“黄巾军”，这次起义也被称为“黄巾起义”。

黄巾军的声势越来越壮大，许多贪官污吏闻风而逃。汉灵帝赶紧下令，让各地州郡招兵买马，镇压黄巾军。然而各地的贵族豪强接到命令后，都借着镇压黄巾军的名义，偷偷地壮大自己的势力，慢慢地发展成了军阀。

就在这时，黄巾军的首领张角病死了。主心骨一倒，各地的起义也都陆续被镇压了。

轰轰烈烈的黄巾起义虽然失败了，却给了东汉王朝沉重的一击，同时也揭开了群雄割据的序幕。

后汉书·孝献帝纪

曹丕是怎么篡汉的

刘协是汉灵帝的儿子，从小落落大方、谦和有礼，很受汉灵帝的喜欢。汉灵帝想把刘协立为太子，但他不是嫡（dí）长子，按照皇家传统，不能继承皇位。

汉灵帝死后，刘协的哥哥刘辩当了皇帝，史称汉少帝（因在位不超一年，故不列入汉朝皇帝中）。这时候，太监与外戚已经开始新一轮的争斗。外戚实力很强，占了上风。太监们被打压得无力还手，于是挟持了汉少帝和陈留王刘协，逃出皇宫，妄图东山再起。

不过，太监们的运气不太好，刚到宫外，就被一个叫董卓的大军阀

拦住了，救下了汉少帝和陈留王。

董卓并不是一个品德良好的人，他打算把皇帝掌控在手中，由自己做主。

谁知董卓很快发现，汉少帝刘辩胆小窝囊，而汉少帝的弟弟陈留王刘协却大方得体。另外，刘协年纪更小，或许会更听话。

这样一想，董卓便废掉了汉少帝，让刘协当了皇帝，这就是汉献帝。

董卓成了朝廷的实际掌控者，借着皇帝的名义号令天下。其他军阀不服气，就组成关东联军，浩浩荡荡地讨伐董卓。

董卓招架不住，带着汉献帝退守长安。临走前，他把洛阳城里的财物搜刮一空，还放了一把大火烧毁了洛阳城。

没过多久，董卓被部下杀死，但董卓的其他部下仍然挟持着汉献帝。汉献帝好不容易摆脱了控制，向洛阳逃去。

这时，联军中有个叫曹操的人，时任兖州刺史。他野心很大，也很有头脑，趁着其他军阀还没反应过来的时候，抢先跑去迎接汉献帝，一路护送至洛阳。

为了把汉献帝更牢固地控制在自己手中，曹操又带着皇帝去了自己的大本营——许昌。从此，他开始借着皇帝的名义发号施令，这就是“挟天子以令诸侯”。曹操的地位水涨船高，很快当上了丞相，还被封为魏王。曹操未尝没有称帝之心，但他始终没有那么做。

曹操死后，他的儿子曹丕继任丞相、魏王。曹丕非常强硬，整日威逼汉献帝，鼓动大臣劝说汉献帝禅让。汉献帝不愿意把皇位白白送给外人，却没有足够的实力抗争，只好写下了退位诏书。曹丕假意拒绝，说：“我宁愿跳东海自杀，也万万不敢接受当皇帝的命令。”

科技发明

麻沸散

东汉医学家华佗研发了世界上最早的麻醉剂——麻沸散，传说是由曼陀罗花、生草乌等制成。病人服下后，会失去知觉，华佗便趁此剖开病人腹腔，割除病变部位，再用桑皮线缝合，涂上药膏。华佗是第一个用全身麻醉法施行外科手术的人，被尊为“外科鼻祖”，后被曹操杀害。

汉献帝无奈，接连下了三次退位诏书。曹丕拒绝了三次之后，才装作很为难的样子登上帝位，改国号为魏，定都洛阳。

曾经辉煌一时的东汉王朝，就这样退出了历史的舞台。

说说你的想法

曹操委屈吗？

如果你是曹操，你会挟天子以令诸侯吗？曹操统一了北方，为后来的国家统一打下了基础。以他的本事，他足以称帝，但他始终没有迈出这一步，你觉得他委屈吗，伟大吗？至于天子（汉献帝），你想对他说点儿什么呢？

后汉书·马援列传

马援的祖先是赵国的大将军赵奢，被赐号为“马服君”。不过，到了东汉时，马援的家族已经没落了，他只是一个平民。

马援不喜欢读书，经常跑到边境一带去放牧。他为人很仗义，很快便有人来投靠他，他还积累下几千头牛羊，这是很大的一笔财产。但他并不爱财，而是有着非常远大的志向。他说：“大丈夫应该有志气，贫穷时更加坚定，年老时更加豪壮。”

光武帝刘秀创立东汉后，马援归顺了光武帝。当时，汉军准备攻打凉州的武装势力，马援便用米粒堆成山谷、沟壑等地形地物，标示了道路，并分析了形势，使汉军大胜而归。“堆米为山”也成了战争史上的创举。

此后，马援南征北战，身先士卒，立下汗马功劳，被封为“伏波将军”。

马援五十八岁时，平定交趾叛乱后返回洛阳，很多人都劝他在家休养。他豪迈地说：“匈奴和乌桓还在扰乱边境，我怎么能回家休养呢？男儿应该战死沙场，用马皮裹着尸体回家乡，这才是最大的荣耀。”

几年后，武陵地区叛乱，马援再次出征，不幸感染瘟疫，死在行军途中，最终实现了自己“马革裹尸”的誓言。

后汉书·班超列传

班超一家都是名人，他的父亲班彪是史学家，哥哥班固是《汉书》的编著者，妹妹班昭也是史学家，参与编写了《汉书》，还曾是宫中后妃们的老师。班超也是读书人，但职位低下，每天就是在官府里抄写文书。

当汉明帝派人攻打匈奴时，班超立刻随军出征了。由于立下了战功，上司就指派他出使西域。

班超先到鄯（shàn）善国，国王起初非常热情，但没过几天，国王突然对他们冷淡了起来。班超猜想，一定是匈奴使者也来到了鄯善国。经过他一番侦察，果然如此。于是，班超带着三十六个手下，趁着夜色杀死了匈奴使者。之后鄯善国便归附了汉朝。

接着班超又降服了于阗（tián）、疏勒、龟兹（qiū cí）等国家，再次打通了汉朝通往西域的通道。

汉明帝死后，汉章帝即位。为了节省财力、人力，汉章帝想放弃西域，召回西域的官员。班超当时正在疏勒国，当他骑马打算离开时，当地人抱着马腿失声痛哭，恳请他留下。于是班超上书皇帝，请求留在西域。

班超苦心经营西域三十多年，使西域五十多个国家归附了汉朝，被封为定远侯。班超七十多岁时，分外思念家乡，再三请归，皇帝同意了。回家之后不久，班超就去世了。

后汉书·杨震列传

杨震是弘农华阴（今陕西省华阴市）人，父亲是一位隐士。年轻的时候，杨震也不愿意做官，而是开办学校教书育人。他教学三十年，学生远远超过三千人，比孔子还多，于是，人们称他为“关西孔子”。

有一天，杨震正在上课，一只鹳雀飞进来，嘴里衔着三条鳣（zhān）鱼。人们说，这预示着他要做大官。不久，大将军邓骘（zhì）举荐了他。后来，经过几次升迁，杨震果然做了大官。

杨震被任命为东莱太守时，上任的途中经过昌邑。昌邑令王密是在他的举荐下当的官，因此十分感激他。晚上，王密带着十斤黄金去拜访杨震。

杨震坚决不接受黄金，叹息道：“我了解你，你却不了解我啊！”

王密以为杨震是怕别人知道，坏了名声，赶忙说：“先生不必担忧，现在夜深人静，不会有人知道的。”

杨震非常生气地说：“天知、神知、我知、你知，怎么说没人知道呢？”

王密万分惭愧，赶紧离开了。

“杨震暮夜却金”的事传出去后，人们都叫他“四知先生”。

杨震不仅廉洁，还很正义，看不惯奸臣误导皇帝，多次上书劝导，却因此得罪了奸臣，遭到陷害。杨震痛心自己不能匡扶正义，最终服毒自杀了。

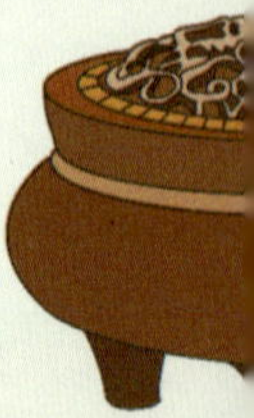

后汉书·蔡邕列传

蔡邕（yōng）从小学习文学、天文、音乐等，长大后几乎是一位全才。他操守清白，又非常孝顺，母亲生病后，他三年不解衣带，七十天没睡过觉。

王莽篡位后，蔡邕内心悲愤，带着家人逃入深山，坚决不为王莽王朝服务。

王莽死后，东汉建立，蔡邕出山为官。他和将作大匠阳球不和，被阳球陷害，流放边陲。阳球还让刺客暗杀蔡邕，但刺客被他的品行感动，放弃了暗杀。阳球又贿赂官员下毒，但受贿的人不仅不下毒，反而还提醒他注意。

蔡邕被放逐了九个月后，得到了赦免。然而，一位权贵又向汉灵帝诬陷他，他只好流浪江湖去了。

十二年过去了，大军阀董卓掌控了朝政。董卓征召蔡邕为官，蔡邕推病不去。董卓威胁要杀他三族，他只好去了。

大臣王允设计杀死了董卓，又牵连蔡邕，把蔡邕关进大牢。众人劝说王允，说蔡邕是旷世奇才。王允非常后悔，但蔡邕已经死了。

蔡邕的女儿蔡文姬也博学多才，当董卓作乱中原时，蔡文姬被匈奴左贤王掳走，被困匈奴十二年，生下两个孩子。蔡邕生前与曹操交好，曹操后来便用金璧等赎回了蔡文姬。“文姬归汉”也成为后世文学艺术的永恒主题之一。

少年读史

主编 北大著名教授 谢冕

著名文艺评论家 解玺璋

文小通 编著

小二十四史

第二册

《三国志》《晋书》《宋书》《南齐书》

《梁书》《陈书》《南史》《魏书》

《北齐书》《周书》《隋书》《北史》

文化发展出版社
Cultural Development Press
·北京·

会 讲 故 事 的 童 书

前　言

如果中国史学是一棵大树的话，那么“二十四史”就是这棵大树的主干。在浩如烟海的史籍中，“二十四史”被称为“正史”。

“二十四史”史料丰富，记载翔实，是研究中国历史的首选书。从司马迁编著的《史记》到张廷玉等人编著的《明史》，共24部，3213卷，大约4700万字，是世界图书史上独一无二的巨著。

“二十四史”记录了从上古时代到明朝灭亡数千年的历史，本书又附了民国初期北洋政府设馆编著的《清史稿》部分内容，以便中小学生能够更全面地了解我们国家的历史。

那么，中小学生为什么要读史呢？

鲁迅先生曾说：“历史上写着中国的灵魂，指示着民族的未来。”通过阅读史书，小读者可以知道在自己出生之前中国都发生了什么事情，那些事情为什么和自己相关，从而体会到人生的方向和意义，使自己能够增智慧、明是非、知未来，指引自己成为更优秀的人。

为了让小读者轻松愉悦地阅读“二十四史”和《清史稿》，我们从“二十四史”和《清史稿》中精选了一些具有代表性的人物和事件，浓缩了原著精华，制作出这套《少年读史：小二十四史》，把满满的“干货”奉献给孩子们。

艰深晦涩的史书不适合孩子们畅快阅读，因此，本套书使用了适合孩子们的语言，融入了文学渲染，使史实记载焕发出活泼的生命力，可以提高小读者们的阅读兴趣。

书中还加入了科技发明、文物宝藏、成语典故等方面的知识链接，并配以400多张插图，为小读者们营造出一个绚丽多彩的历史空间。

目录

三国 群雄鼎立

晋 中衰时代

南北朝
大分裂时代

隋
短命王朝

注：《南史》与《北史》为姊妹篇，为便于阅读，本书将《南史》与《北史》分开排列。

王朝开场

东汉末年，天下就像一个巨大的拼图，分成了很多块。经过几十年的混战，曹操、刘备、孙权三大武装集团形成了三足鼎立的局面。曹操的儿子曹丕野心勃勃，逼迫东汉皇帝让位，自己挤到皇帝的宝座上，在中原建立新的王朝，国号为“魏”，史称曹魏；刘备不甘落后，急三火四地在四川称帝，为表示自己是延续汉朝血脉，国号仍为“汉”，史称蜀汉；孙权比较沉得住气，观望了八九年之后，才在江东款款称帝，

三国

群雄鼎立

国号为“吴”，史称东吴。

三国只存在了短短几十年，却是中国历史上非常精彩的时期。烽火连天的乱世，不仅“盛产”著名战役，如官渡之战、赤壁之战、夷陵之战……还“盛产”英雄豪杰，如诸葛亮、周瑜、黄盖、张辽、司马懿……长长的名单令人激情燃烧、热血沸腾，以至于明朝小说家罗贯中按捺不住自己的激情，写出了《三国演义》这部经典名著。

三国一日游

如果回到三国

三国时，天灾时常“访问”人间，战乱又像一日三餐那样平常，百姓的日子很不好过。如果你一定要去三国旅游，那你首先要考虑的是怎么才能填饱肚子。

秦朝以前都是一日两餐，早上是“大食”，下午是“小食”，权贵大多是三餐制。三国时，三餐制开始普及，饭、粥、饼也都有，光是饼就有好几种，比如带芝麻的胡饼，长得像面条的水引饼，还有蒸饼，也就是馒头。据说，馒头是诸葛亮发明的，里面有肉馅儿，和现在的包子差不多。只不过，由于大家总是在逃难，这些东西也许你压根儿吃不到。

路边会有一些茶铺，那时的茶是煮着喝的，里面可以加葱、姜、橘皮什么的。如果赶上当地没有战乱，你可以坐下尝一尝。

一边喝茶一边看风景，你会发现，人们的穿戴和汉朝时差不多。多数人穿麻、葛等纤维做成的衣服，也有穿丝绸的，其中有一种来自四川

的蜀锦，光耀夺目，诸葛亮常用它来赚军费。

你可能注意到了，帽子不是随便戴的——官员大都戴冠，普通人大多戴巾。有一种青色丝带做成的头巾，叫纶巾，诸葛亮很喜欢戴，司马懿还夸他戴着好看，是真名士，你可以感受一下。

三国时期的房屋大多是平房，贫民连庭院都没有，有些寒士只能结草为庐。但权贵们的豪宅不乏高楼。如果你想俯瞰一下城乡风貌，还可以去曹操修建的铜雀台。史书记载：铜雀台最盛时，台上有五层楼，离地二十七丈，相当于今天的六十三米。

不过，你只能走着去。虽然三国时已经有了四轮的马车、牛车，还有独轮的鹿车，以及人力车——辇、舆轿等，还有各种船，有的楼船甚至高达五层，可乘坐三千人，但很多马或船都被征用到战场上去了，剩下的交通工具大多是大人物才能乘坐的。所以，你略略感受一下三国的风貌，就赶紧回来吧。

三国直播间

追踪重要历史事件

三国志·武帝纪

谁是天下公敌？

黄巾起义时，朝廷号召地方豪强招兵买马，镇压起义。豪强们趁机扩大了自己的实力。将起义镇压下去后，他们各自占据了一块地盘，开始你争我斗，都想兼并对方，把朝廷撇到了一边。

在这些人里面，实力最强的是董卓。

董卓年轻时就参军了，后来他率兵镇压了黄巾起义，又打败了西北的羌胡，一度成为东汉末年最耀眼的明星。然而随着地位越来越高，他渐渐地骄纵起来，开始不把朝廷放在眼里了。

董卓性格残忍凶狠，动不动就用酷刑威胁众人，使人服从。别人与他稍微发生点儿摩擦，他都不放过，睚眦（yá zì）之隙必报，弄得人人惧怕。

成语补给站

睚眦之隙

“睚”指眼角，“眦”指上下眼睑的接合处，靠近鼻子的叫内眦，靠近两鬓的叫外眦；“隙”指嫌隙、矛盾，引申为怨恨等。“睚眦之隙”形容生气瞪眼这样的小嫌隙，比喻极小的怨恨。

一天，董卓收到一封信，是大将军何进写给他的。原来，何进打算诛杀十常侍，请董卓进京帮他一把。十常侍是指张让、赵忠等十二个宦官，他们的职位都是中常侍，所以被称为“十常侍”。他们玩弄皇帝于股掌间，操纵朝政，肆意横行，无人敢管。董卓看完信后，哈哈大笑起来，心想：“如果我带兵入京，一定要趁机夺取朝政大权，怎么会有这么千载难逢的好机会啊！”

他连忙整顿好他那以彪悍著名的凉州军，急匆匆地赶往都城洛阳。

然而，不久之后何进又反悔了，他也怕招来董卓等于引狼入室，便派使者去拦截董卓。董卓马上就要进京了，坚决不肯返回，只是撤到了洛阳城二十里外的夕阳亭。

何进想自己诛杀十常侍，但机事不密，十常侍提前行动，反倒把他给杀了。袁绍是何进的同谋，便趁机率兵冲进皇宫，捕杀太监。

一时间，又是砍杀，又是放火，火光熊熊中杀声四起。

宦官头领张让决定鱼死网破，带着几十个人绑架了天子，作为人质，一路逃到黄河边上。

追兵紧追不舍，张让等人无可奈何，哭着向汉少帝刘辩告别：“我等灭绝，天下将会大乱，希望皇上爱惜自己。”说完，都投河自尽了。

董卓对宫变一无所知，当他望见洛阳上空浓烟滚滚时，才知道发生了大事，急忙下令连夜急行军。

天还没亮的时候，董卓赶到了起火的地方，打听到宦官们劫持小皇

科技发明

翻车

翻车也叫龙骨车，是一种水车，据说是十常侍中的宦官毕岚发明的，后由三国发明家马钧改进。翻车的工作原理是以人或牲畜驱动，带动车上的木链翻转，把河水带上来，既可以灌溉农田，也可以浇洒路面。

帝和陈留王去了北邙山，便又冲向北邙山。

十几岁的汉少帝惊魂未定，一见飞驰而来的董卓铁骑，顿时吓得号啕大哭。

董卓向汉少帝表示，自己是来保护皇帝、接驾回宫的。但汉少帝刘辩已经吓得浑身哆嗦，双腿打战，口不能言，还是他的弟弟陈留王刘协回答了董卓的问话。

董卓觉得汉少帝是个窝囊废，陈留王倒还伶俐，而且年纪更小，也许更好控制。于是他心里悄悄打起了主意：把汉少帝废了，立陈留王为帝，国家大事由自己说了算。

没过几天，刘协就从陈留王变成了皇帝，史称汉献帝。董卓自己当上了太尉，把汉献帝当成傀儡。

大权在握，董卓更加肆无忌惮了，他纵容自己和手下的将士搜刮钱财、肆意抢夺，百姓没有一个不害怕他的。为了树立威严，让大家知道自己不好惹，他还抓了不少百姓，男的通通杀光，女的分给士兵做了奴婢。

各地的军阀再也坐不住了，他们决定联合起来，一起讨伐天下公敌——董卓。

同盟不同心

全国的十三路人马聚集到了酸枣县，结成同盟，袁绍被推举为盟主。

消息传到董卓耳中，董卓虽然心高气傲，但也不敢大意。他把大臣们都召集来，命令他们迁都到长安，自己留下来对付同盟军。大臣们心里怨恨董卓，都不想迁走。董卓一不做，二不休，干脆把宫殿、民宅一把火都烧了。众人无法，只能迁往长安。一路上，病死的、饿死的、被打死的不计其数。

历史人物

刘洪

刘洪是东汉王室之后，年轻时被朝廷征召，尚未入京，赶上董卓作乱，改任山阳太守，此后一边处理公务一边钻研天文。他发现月球运动的不均匀性，测出近点月的长度为27.55476日，和现在的测值27.55455日相差无几，他还发明了“珠算”，被尊为“算圣”。

董卓派出几路凉州军精锐，很快就打了两场胜仗。同盟军接连吃了败仗，不敢继续打下去了。

这个时候，曹操隆重出场了。

此前，曹操经常去相国府，打算借着献刀的机会刺杀董卓，但未能成功，只好逃回老家陈留。之后，他拿出全部家产，在陈留募集了五六千人，加入了讨伐董卓的大联盟。本想着可以干一番大事业，没想到十三路盟军各怀心思，谁都不想先出头。曹操便带着自己的军队独自西进，因为兵力太少，很快就被董卓军打败，自己也被飞箭所伤。

退回后，曹操建议诸军分兵西入，围困董卓。诸将听后都不同意。

不久后，粮食吃完了，诸军一个接一个地溜走了，轰轰烈烈的大联盟就这样解散了。

这下子，董卓更嚣张了，不仅吃穿和皇帝差不多，还把兄弟、侄子都提拔成大官。大臣们见了董卓都心惊胆战，害怕一时不慎就死于非命。

最终，司徒王允挺身而出，使用离间计，拉拢了董卓的干儿子吕布，让吕布诛杀董卓。一个四月的清晨，董卓乘车前往皇宫，吕布随从护卫。

车队来到北掖门外时，几个人冲过来，用长戟（jǐ）刺向董卓，伤到了董卓的手臂。董卓滚下车来，扯着嗓门狂叫："吕布何在？"吕布不慌不忙地溜达过来，慢悠悠地掏出诏书，大声道："有诏讨贼臣！"这时，董卓才发现吕布背叛了自己，顿时骂不绝口。吕布则率领众人冲上去，当场杀死了董卓。

董卓的死讯传出后，人人欢呼，街上的很多人都情不自禁地手舞足蹈。

苦命的汉献帝

董卓死后，汉献帝跟着一帮大臣返回洛阳。之前，洛阳城方圆二百里都被董卓烧成了废墟，荒无人烟。于是大臣们搭了草棚，让汉献帝遮风避雨。没有吃的东西，大臣们又去挖野菜，供给皇帝，境况分外寒苦凄凉。

这个时候，曹操的势力已经壮大了，手下有三十多万人。在得知汉献帝的处境后，曹操的谋士荀彧（yù）说："天子沦落到这个地步，没

历史人物

吕布

吕布是东汉末年群雄之一，容貌英俊，擅长骑射，号称“飞将”。他的实战武器是戟，坐骑是名马赤兔，时人称赞“人中吕布，马中赤兔”。吕布诛杀董卓后，又被董卓旧部击败，之后便开始了流亡生涯，先后投靠袁绍、刘备等人，后被部下出卖，死在了曹操手里。

住没吃，如果你在这时站出来帮他一把，他一定会感激的，天下人也会对你刮目相看，都来依附你。”曹操听了，立刻带着军队赶来，把汉献帝流浪的小朝廷迎进了洛阳。彼时汉献帝才十六岁，一看到曹操来救驾，立刻把他当成了救命稻草。

过了一段时间，曹操奏请汉献帝，迁都到许昌。许昌是曹操的大本营，大臣们都有些不乐意，可是听说许昌吃穿不愁，宫殿也在加紧建设，也就都同意了。到了许昌，汉献帝封曹操为大将军。曹操开始网罗人才，为自己出谋划策，带兵打仗。这时，曹操不仅有了地盘，有了将士，还有了可以挟制的天子，有了决策朝政的大权，可以号令天下诸侯了。汉献帝本以为曹操是一个可以依靠的忠臣，没想到又是一个狼子野心操纵自己的人，心里的苦楚不言而喻。

官渡大对决

此时的天下，曹操统一了河南（黄河以南）地区，袁绍占领了河北

汉献帝

地区，双方明争暗斗、互有胜负。公元200年，袁绍亲率十万人马挥师南下，攻打曹操。双方军队在官渡展开了一场生死大战。袁绍仗着自己人多势众，粮草充足，心里盘算着把曹操给灭了。他派出大将颜良渡过黄河，攻击白马。可惜的是，曹操派出了大将关羽，颜良出师不利，转眼之间就被关羽斩杀了。

眼看着爱将被杀，袁绍暴跳如雷，又命大将文丑出战。

成语补给站

背若芒刺

曹操架空汉献帝后，自己执掌大权，还杀害亲近汉献帝的大臣，以致汉献帝一见曹操就背若芒刺，意思是好像有芒和刺扎在背上，形容紧张不安的心理。

这一次，曹操设下计谋，只带了几百名骑兵就把文丑打败了，文丑也被杀死了。

接连损失了两员大将，袁绍又气又恼，军队一下子乱了阵脚。

原味典故

身在曹营心在汉

在《三国演义》中，刘备占领徐州后，被曹操打败，刘备逃走，关羽被活捉。曹操赏识关羽是“万人敌”的猛将，给他封侯赐爵。但关羽身在曹营，心里却记挂着刘备，在得知刘备的去处后，毅然回到刘备身边。后世便用“身在曹营心在汉”比喻虽身处对立的一方，心里却想着自己原来所在的一方。

袁绍决定暂停进攻，让军队在黄河边上驻扎。营寨从西向东足足有几十里长，看起来威风凛凛，非常有气势。

再看黄河另一边，曹操的军队加起来也不过三四万人，还没有袁绍军队的一半多。双方就这样在黄河两边僵持了一个多月，曹军的粮食越来越少，将士们开始出现不满的情绪，吵吵闹闹地想要回许都，就连曹操也开始动摇了。

曹操写了封信，派人送到许都，交给谋士荀彧，问他是不是应该退兵。

荀彧连忙回信，说：“袁绍现在想跟你决一死战，你一旦退兵，袁绍就会追杀过来，到那时可就危险了。现在虽然粮草不多，但还没到火烧眉毛的地步。再坚持一下，战机一定会有的。”

曹操选择了坚守。他给将士们打气，说我们一定能打败袁绍，占领北方地区。士气渐渐有所回升了。

到了冬天，袁绍派军队运送粮食，把军粮囤积在乌巢，派一万多人看守。

袁绍的谋士许攸说："曹操带着几万大军在这里，许都是空城，皇上留守在那里。如果派一支军队攻打许都，保准可以大获全胜。"

袁绍听不进去，摇头道："曹操马上就要被我打败了，我何必跑到许都去多此一举呢！"

就在这时，有人送来一封信，信上说许攸收受贿赂，他的子侄也贪污公款。

袁绍顿时火冒三丈，破口大骂许攸："你这样的人还有脸出谋划策，有多远给我滚多远！"

许攸又惊又气，当夜就逃了出去，投奔了曹操。

曹操一听说许攸来了，连鞋都顾不上穿，匆忙跑出来迎接。

许攸问曹操："军中的粮食还能支撑多久？"

曹操回答："还够吃一年。"

许攸冷笑一声，说道："不可能吧。"

曹操笑了笑，又改口说："半年。"

许攸有点儿不高兴了，说："我来投奔你，你却不肯对我说实话，这让我怎么帮你呢？"

曹操连忙拉住许攸，悄悄地对他说："不瞒你说，只够吃一个多月了，我正为这事儿着急呢，先生有什么好的对策吗？"

许攸点点头，说："我正是来献计的。袁绍把粮草全都囤在了乌巢，只有一万多人把守，你只需要派几千人去烧掉粮草，就能打败袁绍了。"

曹操听了忍不住叫好。到了半夜，他亲自带着五千士兵，扮成袁军的样子，偷偷潜入了乌巢。

曹军点起火来，顿时袁军的粮草燃起了熊熊大火。守军还来不及反应，火势已经蔓延开来，红光映天。

袁绍听说粮草被烧了，赶紧派人去支援乌巢，又派人攻打曹操的军营。最后不但粮草没能保住，攻打曹营的袁军也中了埋伏。十万大军转眼间就溃散了。至于袁绍，他早就带着八百名骑兵渡过黄河逃跑了。这就是官渡之战，曹操创造了以少胜多的军事奇迹。此后，袁绍再也没有

历史人物

沮授

沮授为袁绍的监军，帮助袁绍统一了河北，还提出迎接汉献帝，挟天子以令诸侯，又提出三年疲曹战略，但袁绍都未听从；官渡之战时，沮授提出缓进战术，袁绍仍不听；乌巢被烧前，沮授提出护粮，袁绍又不听。曹操叹道："如果我早得到沮授，天下早就大定了。"袁绍败后，沮授被曹操抓到，不肯投降，被杀。

能力和曹操抗衡了，不久就病死了。曹操接着又马不停蹄地收服了乌桓（huán）和辽东。

刘备和孙权为什么合作？

曹操的胃口更大了，梦想着统一南方，还专门开凿了玄武池，用来训练水军。他还恢复了丞相制度，自任丞相。

曹操给自己定的第一个“小目标”是：拿下荆州。

曹操刚发兵不久，荆州牧刘表就病死了。刘表的儿子刘琮（cóng）小小年纪，根本不是曹操的对手，干脆打开城门，向曹操投降了。刘备大骂刘琮没出息，但他自己也打不过曹操，慌慌张张地带着人马逃走了。

曹操听说刘备跑了，派了五千骑兵，日夜不停地追赶。刘备拖家带口，跑得不快，在长坂坡被追上了。追兵像一股旋风一样，把刘备打得妻离子散。刘备和张飞费了好大的劲儿才杀出重围，一口气往南跑了很远。

诸葛亮提议，由他前往江东说服孙权，一起对抗曹操。

刘备此时巴不得多个帮手，便同意了。

知识宝盒

《毛诗草木鸟兽虫鱼疏》

此书由三国时东吴学者陆玑撰写，是专门对《诗经》中提到的动植物进行注解的书，被称为“中国第一部有关动植物的专著”。所写动植物的分布地域远到今天的朝鲜和越南，很多描述都是陆玑亲身经历和仔细观察后总结出来的，还影响了大批研究《诗经》的日本学者。

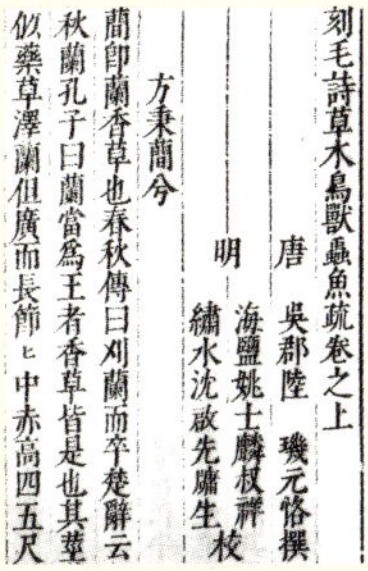
刻毛詩草木鳥獸蟲魚疏卷之上
唐　吳郡陸　璣元恪撰
明　海鹽姚士粦叔祥
　　繡水沈畇先庸生　校
方秉蕑兮
蕑即蘭香草也春秋傳曰刈蘭而卒楚辭云
秋蘭孔子曰蘭當爲王者香草皆是也其莖
似藥草澤蘭但廣而長節ㄣ中赤高四五尺

诸葛亮见了孙权，没有直接说联盟的事情，而是用激将法，故意说：“曹操占据了北方，又攻下了荆州，天下英雄都不是他的对手，你还是早点儿准备投降吧。”

孙权说：“照你这么说，刘豫州（刘备曾为豫州牧）怎么不投降呢？”

诸葛亮说：“刘豫州是皇室宗亲，是要帮汉献帝光复汉室的，怎么能投降呢？”

此时的孙权年仅二十六岁，但非常有头脑。他说：“刘豫州不肯投降，难道我就会把江东拱手让给曹操吗？先生不要激我，眼下只有孙刘联盟，才能对抗曹操。”

诸葛亮看出孙权的确有心抗曹，便说：“刘豫州手下还有几万兵马，都骁勇善战，你要是再派出几万精兵，一定能打败曹操。曹操退回北方之后，刘豫州在荆州，你在江东，可以形成三分天下的局面。”

孙权被说动了，但诸葛亮毕竟是外人，他还是有些犹豫。周瑜说：“曹操占据了北方，但北方并不安定，凉州的马超、韩遂都是曹操的后患。再加上曹军长途跋涉而来，水土不服，容易生病。现在正是冬天，战马也缺少草料。曹军大部分是北方人，骑兵很厉害，水军却不行。他们有这么多弱点，你只要给我三万兵马，我就能大破曹操。”

孙权终于下定了决心，挥剑将桌子劈为两半，大声说：“我跟曹操势不两立，谁要是劝我投降，下场就跟这张桌子一样！”孙刘就这样正式结成了联盟。孙权派周瑜率领三万水军连夜出发，去跟刘备会合了。

国宝档案

青瓷狮形水注

水注也叫水滴、砚滴，是古人磨墨时用来装水、滴水的文具。此器出土于东吴故地南京，釉为淡绿色，釉汁匀净润亮，器身为狮子状。汉朝以前，中国人还不知道狮子长什么样，直到西汉时，从伊朗来的使臣献给皇帝一只狮子，中国人才第一次见到了狮子。

国宝档案

“赤乌十四年”款青釉虎子

此器出土于南京，通体浑圆，虎头仰起，张嘴露舌，眼看下方，十分生动有趣。虎子起源于战国时期，因外形似虎而得名，一般认为它是溺器，也就是尿壶。但这件虎子上的铭文表明，这是盛水的器皿。上面还有东吴孙权的年号。

火烧赤壁

曹操的二十万大军顺江而下，东吴的一万五千名精兵则和刘备军一起逆江而上，双方在赤壁相遇。赤壁之战就这样开始了。

两军分布在长江两岸，遥遥相对。曹操的士兵因为水土不服，军中流行起瘟疫，一个接一个地病倒了。很多人还晕船，不时呕吐，无法吃饭，整个队伍都提不起精神来。

曹操万分焦急，这时，有人给他出主意，说可以用铁索把船只都连在一起，上面再钉上木板，合起来就是一艘稳稳当当的巨船，大家走在上面就像踩在平地上一样。

曹操觉得这个办法不错，连忙让人照做，士兵们果然都不再晕船了。

消息传到对岸，老将黄盖找到周瑜，悄悄地说："曹操人马众多，是我们的好几倍，这么耗下去对我们不利。我看曹操把船锁在了一起，一只挨一只，首尾相连，如果放一把火，曹军一定跑不了！"

周瑜十分高兴，拉着黄盖的手说："老将军和我想到一块儿去了。"

他们又商量了半天，定下了一个"苦肉计"，想要先骗取曹操的信任，然后再用火攻。

几天之后，周瑜和黄盖假装因为意见不同，当着全军大吵了起来，黄盖劝周瑜投降，惹恼了周瑜，周瑜下令用刑，把黄盖打得皮开肉绽。

黄盖一气之下，给曹操写了封信，说："周瑜不知天高地厚，拿这么点儿兵马想对抗几十万曹军。我好心劝他投降，以免白白牺牲将士们的性命，却被他当众羞辱。我想投靠丞相，等两军交锋的时候，我愿意冲在最前面，为丞相打头阵。"

曹操收到信后，将信将疑，连忙派人去打听，这才知道黄盖被周瑜打了，正躺着养伤呢。

曹
曹操

原味典故

周瑜打黄盖——一个愿打，一个愿挨

在小说《三国演义》中，东吴大将黄盖向曹操诈降，为了让曹操相信，周瑜故意借故痛打了黄盖一顿，让黄盖假装气愤而投敌。“周瑜打黄盖”后来演变成了歇后语，比喻双方达成一致、你情我愿的事情。

于是，曹操相信了黄盖的话，约定好了投降的日期。

黄盖投降的日子到了，江面上忽然刮起了大风，黄盖率领十艘大船，开往对岸。船上装满了芦苇和干草，上面裹着膏油。每艘大船后面还拉着几艘小船，士兵们就躲在里面。

风朝着江对岸越刮越大，一眨眼的工夫，船快到曹营了。

曹操站在大船上，朝江面上望去。突然，十艘大船同时着起火来，借着风势，越烧越大，直冲云霄。

曹操还没明白是怎么回事，大船已经冲了过来。霎时间，曹军的锁链船被点燃了，火势连成了一片，只能听到“噼里啪啦”的火声和士兵们的惨叫声。

曹操这才后悔起来：真不该把船拴在一起，更不该上了黄盖的当呀！但现在逃命要紧，也顾不得许多了，曹操赶忙拼命向北方逃去。

孙刘联军水陆并进，紧追不舍，曹军从华容道撤退，道路泥泞不堪，曹操让老弱残兵背着野草铺路，骑兵这才勉强通过。

曹军中除了被烧死的，大部分都是饿死的、病死的。就这样，孙刘联军取得了赤壁之战的胜利。曹操从此失去了短时间内统一天下的机会。

曹操退回北方后，稍稍整顿，又攻打马超、韩遂的西凉军，统一了整个北方。三足鼎立的局面开始形成。

原味典故

草船借箭

在赤壁大战前，周瑜要诸葛亮在十天内造出十万支箭，诸葛亮说只要三天。诸葛亮把二十只船用青布遮住，船上有一千多个草把子，然后驶向曹军。曹操以为孙刘联军前来进攻，便派弓箭手放箭。结果，草把子上插满了箭，超过十万支。后世便用“草船借箭”比喻借助他人的力量达到自己的目的。不过，这是《三国演义》里的故事，史实记载，草船借箭的主角不是诸葛亮，而是孙权。

三国志·文帝纪

夷陵大战

赤壁之战结束后，孙刘联军解散，刘备和孙权开始争夺荆州。刘备下手快，抢占了很大的地盘，又进入益州，入川发展去了。

刘备入川前，把荆州的地盘交给关羽把守。谁知，关羽骄傲、大意，轻视东吴，遭到东吴奇兵偷袭，不仅丢了荆州，自己也被杀死了。

公元220年，曹操病逝，他的儿子曹丕当了丞相。

曹丕是一个非常有野心的人，不到年底，就逼迫汉献帝把皇位禅让

国宝档案

朱然漆木屐

此物出土于安徽省马鞍山，墓主人是东吴大将朱然。它由一块木板刻凿而成，嵌有细小的彩色石粒，鞋上彩绳已腐朽不见。这件看似不起眼的鞋子一出土，就震惊了中国，也轰动了日本。此前，木屐被认为是日本人发明的，但此物的出土，证明木屐是从中国传到日本的。

给自己。就这样，曹丕自己当了皇帝，把国号改为“魏”。

消息传到益州，第二年，刘备在成都称帝，国号仍为“汉”。

刘备当了皇帝后，心里一直记挂着一件事：孙权夺了荆州，杀了关羽，他决定御驾亲征，报仇雪恨。

大臣们再三劝说：“现在最大的敌人是曹丕，不是孙权。”

可是，刘备压根儿听不进去，执意要发兵攻打孙权。

另一个对孙权恨得牙痒痒的人就是张飞。自从关羽死后，张飞的脾气更加暴躁，每天不是骂这个，就是打那个，士兵们见了他都心惊胆战。就在出发攻打孙权的前一天，张飞喝得酩酊大醉，又大肆打人。结果两个士兵气不过，趁着张飞熟睡时，把他杀了，之后连夜投奔孙权去了。

刘备听说张飞被杀的消息，差点儿晕过去。想当年，他和关羽、张飞桃园三结义，一起打天下，现在只剩下了他自己。

刘备把这一切都迁怒到孙权头上，命令将士们尽快出发。

蜀军浩浩荡荡地开来了，孙权心里害怕，派人前来求和，刘备根本不理会，发誓要灭了东吴。孙权无奈，只好派出大将陆逊去抵抗蜀军。

陆逊见刘备兵势强大，居高守险，锐气正盛，便禁止士兵出击，想要暂时避开蜀军的锋芒。

原味典故

桃园三结义

在《三国演义》中，刘备、关羽、张飞初相识，为了共同干一番大事业，在桃园结拜成异姓兄弟。时值桃花盛开，他们焚香礼拜，不求同年同月同日生，只愿同年同月同日死。后世一直传颂着这个故事，也用“桃园结义”象征彼此间有共同的志向。

吴军退出了高山峻岭地带，把几百里长、兵力难以展开的山地留给了蜀军。

蜀军进入夷陵后，陆逊还是扼守要地，坚守不出。

刘备无可奈何，派人前去骂阵。陆逊好像听不见，任凭蜀军如何辱骂，就是不出战。

蜀军的斗志渐渐松懈了，锐气也消失了。

到了六月，江南正是酷暑时节，热浪滚滚，人人汗流浃背。刘备只好让水军下船，转移到陆地上，把军营设于深山密林之中，准备秋后再发动进攻。

此时的蜀军，已经深入吴境二三百公里，而且都在崎岖的山道上，军营和军营逶迤（wēi yí）相连，离后方很远，战线又拉得很长，即使

前方发生了战斗，后方也来不及救援。

天气越来越热，蜀军将士们为了遮挡毒日头，还搭起了凉棚，用木板围成了栅栏，把营寨包围了起来。

陆逊得知这个情报后，大喜过望，立刻想到了一个破敌之法——火烧连营。

一个晚上，大风呼呼地吹着，陆逊让吴军士兵每个人拿着一把茅草，在夜色的掩护下突袭蜀军。

吴军将火把点燃，扔向了蜀军军营，不一会儿，大火就绵延了几百里，半边天都被照得通红。刘备的百里连营就这样乱成了一团。

陆逊带人趁机杀了过来，并派人袭击蜀军后部，切断蜀军的退路，还命水军截断了蜀军长江两岸的联系。

蜀军全线溃败，刘备带着残兵败将逃向白帝城，一路上，不停地扔下粮草、衣服、书籍等物资，以阻挡追兵。

回到白帝城不久，刘备就病死了。刘禅即位为帝。

公元 229 年，孙权称帝，国号为“吴”。三国鼎立的局面正式形成。

知识宝盒

蜀锦

蜀锦是汉朝到三国时蜀郡所产的特色锦，色彩鲜艳，对比性强，与南京的云锦、苏州的宋锦、广西的壮锦并称为中国四大名锦。四川古称“蜀”“蜀国”“蚕丛之国”，是中国桑蚕丝绸文化的发祥地之一。三国时，诸葛亮鼓励桑蚕事业，蜀锦是重要的军费来源之一。

三国志·三少帝纪

三个国家的结局

三国鼎立之势一共维持了四十多年，南北之间不时发生战事，但总体上，力量相对持平，直到司马家族崛起，才出现了较大的变化。

曹丕死后，曹叡（ruì）为帝，但没几年也死了，皇位传给了曹芳。曹芳只有七岁，无法执政，国家大事都交给大将军曹爽和太尉司马懿处理。司马懿被曹爽排挤，便装病不出，然后趁曹爽松懈的时候，杀死了曹爽，让自己的儿子司马师做了大将军。

司马家族就这样掌握了朝政大权。司马师死后，他的弟弟司马昭做了大将军。司马昭野心勃勃，先是杀害了皇帝，另立曹操的孙子曹奂为帝，又杀害了抨击朝廷的嵇康，弄得人人战战兢兢。

历史人物

竹林七贤

三国时，朝廷混乱，政治腐败，一些读书人不愿同流合污，有的装疯卖傻，有的寄情山水。其中，嵇康、阮籍、向秀、刘伶、阮咸、山涛、王戎七人常在山阳县的竹林里饮酒、作文、纵歌，被称为“竹林七贤”。他们才华横溢，不同流俗，受到人们的敬重和传颂。

公元 263 年，司马昭居丞相位，兵分三路去灭蜀国。蜀汉后主刘禅投降，蜀汉灭亡。两年之后，司马昭病死了，他的儿子司马炎逼迫皇帝让位，自己称帝，国号为“晋”。晋朝的历史就这样开始了。司马炎登基后，就着手准备灭吴。此时的东吴皇帝是孙皓，听说大军压境，赶紧投降了，东吴就此灭亡。三国归晋，天下再度统一。

说说你的想法

刘备冒失自大吗？

曹操、刘备、孙权三位人物，你更喜欢谁？为什么？刘备为了给义弟关羽报仇，亲自攻打东吴，自己也丢了性命，你认为刘备讲义气吗？他是不是有些冒失自大呢？

三国志·陈思王曹植传

曹植字子建，是曹操的第三子，十多岁就能写出骨气奇高的文章。他还天性随和，不爱耍威风、摆架子，服饰和车马也都不追求华丽。

曹操几次想把曹植立为太子，但曹植我行我素，言行不够谨慎。而他的哥哥曹丕却很克制、律己，连宫女都为他说好话。于是曹操便把曹丕立为太子。

曹植时常饮酒，有一次喝醉，竟然坐车在皇帝的专用御街上行驶。曹操非常恼怒，曹植更加失宠了。

曹操死后，曹丕称帝，他忌惮曹植有名望，据说曾故意刁难曹植，命曹植在七步之内作诗一首，否则就要杀了他。曹植刚走几步就吟出一首诗来：“煮豆燃豆萁，豆在釜中泣。本是同根生，相煎何太急？”曹丕听了，无言以对。

曹植有志难伸，内心苦闷，有一年，他从京城返回封地，路过洛水，写下了著名的《洛神赋》，通过与洛神相恋失败的描写，表达理想的破灭。

此后，曹植被一贬再贬，直到曹丕死后，新皇帝上任，他仍然被限制、打压，以至于四十一岁就抑郁而终。因为他生前为陈王，谥号为“思”，人们便称他为陈思王。

洛神
曹植

三国志·邓艾传

魏国大将邓艾从小失去父亲，给人放牛，十二岁时，他读到两句碑文“文为世范，行为士则”，意思是做的文章成为世人推崇的典范，做人的准则为士大夫所效法。他深受感动，把它当成座右铭。

邓艾当上都尉学士后，因为口吃，又被改为稻田守丛草吏，后被司马懿看重，升为尚书郎。邓艾主张开垦田地、兴修水利。后来，东南发生战事，曹魏大军可乘船而下，都是他的功劳。

蜀国大将姜维攻打边境，邓艾被任命为镇西将军，与钟会一起去攻打蜀国。

姜维守在剑阁，曹魏大军没有攻下。邓艾提议，从阴平沿小路绕行，直捣蜀国心脏。

百余里的路上都是无人区，邓艾带人凿山开路，架设栈道，十分艰险，粮食也几乎断绝。他们攀木缘崖，一个挨一个地扒着崖壁前进，又用毛毡裹住身体翻滚而下，终于抵达成都。

蜀后主刘禅投降，邓艾安抚了他和投降的大臣。邓艾说：“诸位幸亏遇上我，才有今日。姜维不过是昙花一现的英雄，与我相遇，穷途末路。”如此居功自傲，有见识的人听了，都嘲笑邓艾。

邓艾占据大功，让钟会非常嫉妒，于是诬陷邓艾谋反。邓艾就这样走到了人生尽头。

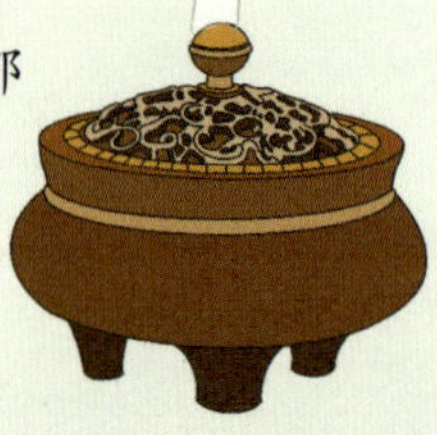

邓艾

三国志·诸葛亮传

诸葛亮字孔明，是琅琊郡（今山东省）人，小时候父亲就死了，跟着叔叔生活。叔叔死后，他隐居隆中。

诸葛亮常把自己比成管仲、乐毅，只有徐庶相信他，把他推荐给刘备。

刘备三顾茅庐，诸葛亮才见他，向他阐述了天下三分的大势：曹操挟制天子，坐拥百万大军，占据北方；孙权拥有江东，经过三代经营，不可撼动；荆州、益州等巴蜀之地，可以夺取。

刘备豁然开朗，与诸葛亮的感情越来越好。他对义弟关羽、张飞说：“我有了孔明，就像鱼有了水。”

在诸葛亮的谋划下，刘备联合东吴，在赤壁打败曹军，又夺荆州、益州，形成三国鼎立之势。公元221年，刘备在成都称帝，诸葛亮为丞相。

刘备病逝前，对诸葛亮说：“你的才能一定能统一天下，如果刘禅可以辅佐，就请费心辅佐；如果不成才，你就取而代之。”

诸葛亮并未取而代之，而是竭尽全力地辅佐刘禅。为了完成刘备统一天下的心愿，他还多次北伐中原，最终病逝在出征途中，真正做到了“鞠躬尽瘁，死而后已”。他的儿子诸葛瞻也在拦截邓艾时战死。

刘备
诸葛亮
张飞
关羽

三国志·马超传

马超字孟起，是汉朝伏波将军马援的后人，父亲是割据西凉的马腾。曹操当丞相时，多次召他为官，他都没去。后来他的父亲和弟弟入朝为官，他留守凉州，统领西凉军。

曹操想攻打汉中的张鲁，要在马超等军队的领地驻扎，西凉军都认为，曹操的真实目的是吞并凉州。于是，马超正式反曹。

曹操亲自西征，想要渡河。马超说："可以在渭河北岸据守，不到二十天，曹军粮尽，就撤了。"其他军阀不听。曹操知道后叹息："马超小儿不死，我恐怕连葬身之地都没了。"

曹操抓捕马腾的家属亲眷二百多人，全都杀害了。马超愤恨吐血，以冀城为根据地。但城中有人叛变，马超出城后，城被关闭，他失去了根据地，只得投奔张鲁。后遭到嫉妒，他又投奔刘备。

刘备想攻占成都，马超屯兵城北，当地人害怕马超威名，不到十天就崩溃投降。

马超半世枭雄，归顺刘备后，寄人篱下，心中常感危惧，有人劝他反叛，他默默无语，最终没有反叛。

刘备称帝后，封马超为骠骑将军，领凉州牧，封斄（tái）乡侯。马超四十七岁就病逝了。

三国志·赵云传

赵云字子龙，常山（今河北省）人，年轻时认识了刘备，得以深交。

刘备与曹操在博望坡开战，赵云大战曹军。之后，发生长坂坡之战，刘备丢下妻儿逃跑。混乱中不见了赵云，有人说赵云往曹操那里去了，刘备直接用戟打过去："子龙绝不会弃我而去。"不久，赵云怀抱刘禅，保护刘备的妻子杀回来了。

赵云指挥过入川之战、汉水之战、箕谷之战，被称"常胜将军"。刘备占领成都后，有人想把土地分给诸将，赵云却坚持要分给百姓，刘备同意了。

曹军争夺汉中时，赵云带着几十个人出营，正遇曹军。赵云一次次突击曹军阵列，且战且退，回到营寨后，大开营门。曹军见此，怀疑内有伏兵，向后撤退。赵云又令鸣鼓，以弩箭射杀，曹军惊骇，自相践踏，很多人落入汉水淹死了。第二天，刘备前来查看，赞叹道："子龙一身是胆！"

刘备称帝后，想进攻东吴，赵云苦苦相劝，刘备不听，结果大败，病逝白帝城。没过多久，赵云也去世了，谥顺平侯。后世称赞他是有胸襟的儒将，甚至认为他是三国时期的完美人物。

三国志·周瑜传

周瑜字公瑾，相貌英俊，智勇双全。东汉末年，董卓被天下人讨伐，吴郡人孙坚揭竿而起。孙坚死后，儿子孙策继续起义。周瑜是孙策的密友，从此便跟随孙策纵横沙场。

周瑜有勇有谋，二十四岁就成了建威中郎将，被吴郡人呼为“周郎”。

周瑜跟随孙策攻克皖城时，得到乔公的两个女儿。孙策娶了大乔，周瑜娶了小乔。

孙策二十六岁时，被刺客杀死，由弟弟孙权接任首领，周瑜为大都督。

当曹操占领荆州时，东吴将领都很害怕，建议投降。周瑜坚决反对，并联合刘备共战曹操，取得了赤壁之战的胜利。

之后，周瑜提出趁着曹操受挫，无暇他顾，可马上攻取蜀地，之后再战曹操，就有望得到中原了。

孙权同意了。但意外的是，周瑜在行军路上病死了，年仅三十六岁。

在《三国演义》中，周瑜被描写成气量狭小，被诸葛亮气到吐血的人物，实际上，周瑜大度温和，很少有人不喜欢他。

宋朝大文豪苏轼在词作《念奴娇·赤壁怀古》中写道，“遥想公瑾当年，小乔初嫁了，雄姿英发”，再现了周瑜的非凡风姿。

三国志·鲁肃传

鲁肃字子敬，出生不久父亲就死了，和奶奶一起生活。时值天下大乱，鲁肃散发家中钱财，救济穷人。周瑜前来请求资助粮食，鲁家有两仓米，鲁肃直接手指一仓让周瑜取去。周瑜觉得鲁肃非同一般，便把他推荐给孙权。

鲁肃为孙权提出鼎足江东的规划，众人都不相信，嘲笑他、诽谤他。

荆州之主刘表死了，鲁肃对孙权说："如果刘表的两个儿子协力同心，我们就与他们结盟；如果他们之间内斗，我们就伺机夺取荆州。"

孙权派鲁肃前往探问，还没赶到，就听说刘表的儿子投降了曹操。鲁肃当机立断，立刻去见刘备，提出孙刘联合，共拒曹操。

孙刘联合后，在赤壁打败了曹操。

刘备想借荆州落脚，鲁肃劝孙权借给他，以便共抗曹操。曹操当时正在写信，听说这件事后，震惊得把笔都掉在了地上。

周瑜病危时，留下遗言，让鲁肃接替他的位置。

刘备入蜀后，东吴要求归还荆州。刘备不还。鲁肃驻兵益阳，向关羽责问，最终以湘水划界，平分了荆州。

鲁肃病死后，孙权为他举办丧事，诸葛亮也为他举行了悼念仪式。

王朝开场

晋朝是一个很尴尬的朝代，本来晋朝的奠基人司马懿运用自己的雄才大略加上奇谋诡计一通鼓捣，为司马家族踹开了统一天下的大门，他的孙子司马炎又一顿整顿，建立了晋朝，结束了三国鼎立的分裂局面……可是没过多久，晋朝也分裂了，前半截是西晋，后半截是东晋。

晋朝是怎么分裂的呢？这怪不得别人，只怪司马家族的皇帝们大都不及格，不是懒得起不来炕，就是

晋

中衰时代

被妻子挟制，做的很多事都为常人所无法理解，最终导致了“八王之乱”，引发了“百年动乱”，硬是把晋朝给折腾闭幕了……西晋灭亡后，残余的西晋皇室逃往江南，在南京再建晋朝，这就是东晋。这一场举国大逃难，还创造了“衣冠南渡”的现象。

此后，东晋多次上演北伐大戏，以收复失地，恢复中原，找回脸面。闻鸡起舞的主角祖逖（tì）一度领衔主演，但很快下线；淝水之战创造了以少胜多的奇迹，但终究难挽颓势，晋朝就这样黯然收场了。

晋朝一日游

如果回到晋朝

晋朝人的一天是怎么过的呢？如果你生活在晋朝，可以好好体会一下哦。

晋朝时，美食还处于开发拓展期，但已经很丰富。当时已经发明了擀面杖，你能吃上面条了，也就是当时的汤饼。

晋朝人把水煮、笼蒸、火烤、油炸的面食都叫饼，诗人束皙还专门写了一篇《饼赋》。没准儿你吃了也会像文中描述的那样“舔唇”或“干咽”。

至于配菜，建议你品尝一下菰（gū）菜、莼羹、鲈鱼脍（kuài），晋朝大名士张翰就是因为想念老家的这几道菜而辞职的。成语“莼鲈之思”就是这么来的。

“五胡乱华”是中国历史上的黑暗时期，但胡人入主中原后，饮食文化得到了交流，你可以吃到很多的乳制品。等到吃饱了饭，你就可以逛街了。

魏晋以来，朝廷腐败，一些人为了逃避现实，开始寄情山水，或放浪形骸、不拘礼法地生活，被称为魏晋风度。这种风气促使了宽袍大袖式“时装”的诞生。

走在街上，你会发现，不管是王公贵族，还是平民百姓，穿的衣服大都宽松，其中有一种笼冠大袖衫，衣袖和下摆都很大，穿在身上，甚是飘逸脱俗。

尽管如此，晋朝的服饰制度还是很严格的，如果你看到有人穿一只白鞋、一只黑鞋，一定不要惊奇，很多商人都这么穿戴。

这一时期的建筑风格也多了起来。砖石结构有了很大的进步，你能看到几十米高的塔了；造桥技术突飞猛进，你可以在洛阳的七星桥上自拍，那可是石拱桥中的大佬哦。

东晋王朝落户江南后，江南牛多，使牛车流行起来。很多牛人都乘牛车。

还有一种车，是王侯的私家车，用云母装饰，叫“云母车”，虽然你可能没有机会乘坐，但可以欣赏一下它熠熠生辉的魅力哟！

晋朝直播间

追踪重要历史事件

晋书·宣帝纪

司马家族是怎么崛起的？

司马懿字仲达，是河内郡（今河南省）人。东汉末年，当曹操挟天子以令诸侯时，他深为天子悲伤，不肯接受曹操授予的官职。

不过，曹操强行安排官职给他，他只好接受了，慢慢地，他成了曹操信任的人。

司马懿能文能武、有勇有谋，曹操死后，他辅佐曹操的儿子曹丕，帮助曹丕赶走汉献帝，登上了皇位，建立了魏。曹丕死后，他又辅佐曹操的孙子曹叡。曹叡死后，他又辅佐曹操的曾孙曹芳。他一共辅佐了曹魏三代皇帝，是举足轻重的一代权臣。可是历史发生了大转折。

国宝档案

吴青釉褐彩羽人纹双系壶

这是三国时东吴所制青瓷，“肚子”上有两排羽人，上排十一人，下排十人，高低交错，其间绘有仙草、云气、莲瓣纹带等。这些异兽、羽人、飞鸟等都与《山海经》《抱朴子》中的记述有关。此器采用了先进的釉下彩工艺，是禁止出国（境）展览的文物。

魏少帝曹芳继位时，只有八岁，除了司马懿帮他处理国事外，还有一位辅政大臣，那就是曹爽。曹爽是魏少帝的叔父，一开始风头就很大，跟司马懿暗中较劲儿。经过一连串的手段，曹爽成功地把司马懿明升暗降，夺走了实权。

司马懿的内心极为愤恨、不满，但也无可奈何，他干脆称病请假，不再参与朝政大事。他这样做，是为了让曹爽放松警惕，同时给自己留出养精蓄锐的时间，准备待时机成熟时干一番大事。

起先曹爽还很警惕，特意派手下李胜去司马懿家里打探虚实，看司马懿是不是真的病了。司马懿听说李胜来访，马上躺到床上装病，不仅没有办法自己穿衣服，就连稀粥也很难下咽。

李胜告诉司马懿，自己要去荆州任职了。

司马懿假装糊涂，故意上气不接下气地说：“你要调任并州，这地方离胡人近，可要好好戒备啊！”

李胜只好再一次告诉司马懿，自己要去荆州，不是并州。

司马懿继续装聋作哑，说：“你现在还是荆州刺史，是建功立业的时候。”

李胜听了，认为司马懿真的病得不轻，就把情况报告给了曹爽。曹爽一听，大为放心，从此不再防备司马懿了。

公元249年，魏少帝去高平陵祭祖，顺便春游、狩猎。曹爽不顾“智囊”桓范的拦阻，带着兄弟和亲信也跟着去了。真是天赐良机！他们前脚刚走，司马懿后脚就起身，立刻起兵控制了京都洛阳。

桓范苦口婆心地劝曹爽，趁此机会，赶紧挟持魏少帝，以天子号令

天下，召集四方军队讨伐司马懿。可是曹爽不想那么做。

曹爽觉得，他应该向司马懿投降，尽管自己会被司马懿夺去大权，可是回到封地做官仍然大富大贵，也是很不错的。

然而，这只是他的痴心妄想，正如桓范所预料的那样，曹爽投降后，司马懿不仅没有保留他的封地，还杀了他。从此，司马懿与他的儿子司马师、司马昭独专朝政，曹魏名存实亡，只剩下一个空壳。

历史人物

马钧

三国时期的机械发明家，幼时贫寒，有口吃，却善于思考，长大后在曹魏担任给事中。他还原了传说中的指南车，改进了织绫机，还改进了从低处向高地引水的翻车，还制作了能自动表演的木偶，为社会做出很大贡献，被称为“天下之名巧”。

晋书·景帝纪　文帝纪

三国是怎么归晋的

司马懿死后，他的大儿子司马师掌控大权，废掉了魏少帝曹芳，改立曹髦（máo）为皇帝。司马师病死后，权力落到了他的弟弟司马昭手里。

司马昭专揽国政，无视天子的存在。皇帝曹髦迫于他的权势，封他为晋国公，他没有接受。

曹髦眼见国事自己不能做主，心中不安，极为忧虑，害怕被废受辱，于是召集大臣，想要讨伐司马昭。没想到有几个大臣是司马昭的心腹，跑去告诉了司马昭。

成语补给站

司马昭之心，路人皆知

司马昭权倾朝野，魏帝曹髦时刻担心被司马昭夺走皇位，便愤慨地对大臣们说：“司马昭之心，路人所知也。”后人便用这个成语形容一个人的野心非常明显，就连过路的人都看得出来。

司马昭命贾充等人迎战。这时，曹髦已经知道事情泄露了，干脆一不做，二不休，亲自率领侍卫进攻司马昭的府邸。

曹髦毕竟是皇帝，司马昭的兵将都不敢迎战。贾充呵斥他们：“司马公平时养活你们，正是为了今天啊！”于是，有人举着长戈冲出来，直接刺向了曹髦。

戈从曹髦背上穿出，曹髦死在了车中，年仅十九岁。

司马昭得到消息后大惊，一下子匍匐在地上，说：“天下人该怎么议论我啊！”事后，司马昭找了个替罪羊杀了，然后立曹操的孙子曹奂为皇帝，史称魏元帝。

公元 263 年，司马昭出兵蜀国，蜀国灭亡。这可不是一件小事，可是他还没有来得及好好品尝辉煌的战果，就病死了。

司马昭死后，他的儿子司马炎继承了丞相之位。此时的司马氏已经

如日中天，司马炎便逼迫魏元帝让位，魏元帝曹奂被迫举行祭天仪式，将皇位禅让给了司马炎。司马炎继位后把国号定为“晋”，史称晋武帝。

晋武帝登基后，开始训练水军，大造战船，没多久就灭掉了东吴。就此魏、蜀、吴三家归晋，三国时代结束了。

原味典故

乐不思蜀

蜀后主刘禅投降司马昭后，被安置在洛阳。一日，司马昭设宴，命人演奏蜀地乐舞，蜀汉旧臣因为亡国之痛都低着头流下了眼泪，刘禅却怡然自若。司马昭问刘禅是否思蜀，刘禅说：“此间乐，不思蜀。”后世便用“乐不思蜀”比喻乐而忘返或乐而忘本。

晋书·武帝纪

昙花一现的盛世

晋武帝司马炎在位期间，很有作为。他任用了很多有才能的人，还要求各级官员各尽其责，地方官要负责举荐人才。

更难能可贵的是，晋武帝鼓励进谏，能听取不同的意见，哪怕是刺耳的意见，他都能听得进去。这对于一个皇帝来说，是不容易做到的事情。

有一次，晋武帝与右将军皇甫陶商议国事，皇甫陶说着说着就和晋武帝争吵了起来。散骑常侍郑徽为了讨好皇帝，马上指责皇甫陶违背为臣之礼，应该治罪。

晋武帝说：“我最怕的就是身边的人阿谀奉承，这点儿争论算得了什么呢？”

结果，皇甫陶没有受到惩罚，郑徽反而被罢了官。

历史人物

裴秀

裴秀是西晋大臣、地图学家，著有《禹贡地域图》，提出了具有划时代意义的“制图六体”，开创了中国古代地图绘制学。英国科学家李约瑟称他为“中国科学制图学之父”，与古希腊科学家托勒密齐名。为纪念裴秀的贡献，中国设有“裴秀奖”，为中国地图学界最高奖。

对于北方的少数民族，也就是“胡人”，晋武帝采取了宽厚包容的政策，允许他们内迁到中原生活，使边境慢慢恢复了和平。

然而胡人大多崇尚武力，性情野蛮，好争夺，这为后来的“百年动乱”埋下了伏笔。

晋武帝十分节俭。有一次，太医献上了一件用野鸡头上的毛织成的裘衣，光泽流转，璀璨夺目。晋武帝一见，觉得太奢侈了，立刻命人烧掉了，还对全国下令，不许再进贡华贵的奇装异服。这样一来，社会风气也慢慢好了起来。

骇人听闻的比富

晚年的晋武帝司马炎却像变了一个人，勤俭的好习惯完全被抛到了脑后，生活开始极度奢侈。

很快，国库里的钱就要被用光了，晋武帝为了赚钱享受，开始公开卖官。皇帝都带头腐败，底下的大臣就更加肆无忌惮了。

一些官员有了一个嗜好——比富，其中斗得最厉害的要数石崇和王恺。

王恺是晋武帝的舅舅，是名副其实的士族名门；石崇曾经做过荆州刺史，家里的财产足有千万金。为了比谁的宝贝多，谁更富有，王恺甚至用糖浆刷锅洗碗，石崇则把当时很珍贵的白蜡当柴火；王恺还用珍贵的丝绸做了一道四十里长的屏风，石崇不服气，用更加珍贵的锦缎做了一道五十里长的屏风……

晋武帝知道后，不仅不制止，反而因为自己的舅舅总被比下去，竟然很着急，特地给王恺送了一株价值连城、高大无比的珊瑚树。

王恺得意扬扬，把珊瑚树搬到了石崇家里，心想："这下你该输了吧。"

没想到，石崇满不在意，顺手拿起一个棒槌，把珊瑚树给砸碎了。

王恺勃然大怒，以为石崇是嫉妒自己。岂料，石崇令人搬来了很多株珊瑚树，每一株都比王恺的那株更高、更大，还让王恺随便挑。

从皇帝到权贵，整天忙着攀比，晋朝渐渐走上了下坡路。

晋书·惠帝纪　怀帝纪　愍帝纪

皇后是个狠角色

晋武帝司马炎死后，太子司马衷即位，史称晋惠帝。

司马衷从小就十分蠢笨，据说，司马衷被立为太子后，晋武帝曾经很犹豫，担心这个太子没办法接手祖宗家业，有一次还特意出了几道题考他，限他三日内交卷。司马衷愁眉苦脸，不知该如何作答。但他的太子妃贾南风聪敏过人，请来了几位博学之士替司马衷解答了难题。晋武帝看了答卷后，以为太子的思维还是很清楚的，多少放了些心。司马衷从太子成为晋惠帝后，把贾南风立为皇后。司马衷做了皇帝后，并没有变聪明一点儿。一次他去华林园游玩，听到青蛙鸣叫，就问侍从：“它们如此鸣叫，是为公事，还是为私事呢？”

侍从哭笑不得。这时，有一个人灵机一动，回答说：“在公众场合就是为公事，在私下场合就是为私事。”

原味典故

何不食肉糜

晋惠帝时，国家闹饥荒，大臣上报给晋惠帝司马衷，说很多百姓都饿死了。晋惠帝说：“何不食肉糜？”意思是，既然没有粮食，怎么不吃肉粥呢？后人就用“何不食肉糜”比喻对事物没有全面认知，也指没有亲身经历的人对别人的处境或行为妄加评议。

晋惠帝司马衷的智商显然极为低下，但皇后贾南风却极为精明。贾南风是晋武帝时车骑将军贾充的女儿，传言她又黑又胖，容貌奇丑无比，性格凶悍，且善妒，但她反应机敏、诡计多端，还有政治野心。晋惠帝的昏庸愚笨，恰好给了贾皇后专权的机会。

“八王之乱”是怎么回事

晋武帝活着的时候，曾分析周朝为什么寿命长，得出的结论是：周朝实行了分封制，皇室在全国各地都有“自己人”撑腰。

因此，他也效仿周朝，将二十七个司马家族的“自己人”分封到各地，去当诸侯王，让他们掌握军队。不过他万万没想到的是，最后反倒是“自己人”把司马王朝给灭掉了。

杨骏是太后的父亲，晋惠帝的外祖父，时任太尉，总揽天下兵权，权倾朝野。

皇后贾南风为了夺权，秘密下诏，暗中联络汝南王司马亮、楚王司马玮，怂恿他们带兵入京，讨伐杨骏。

国宝档案

西晋青釉神兽尊

这件酒器出土于江苏周处家族墓，造型像一只大鱼篓，浮雕神兽一只，双眼仰视，鼻孔朝天，口内含珠，吐舌露齿，还“长”着长胡子，神态狰狞、惊人，像要将一切凶险和邪气驱离主人。它最大的奇处是，“尊”与“兽”浑然一体，显示了高超的技艺和想象力。

杨骏一向担心司马玮造反，早想把他召回朝中，以便监视他、控制他，于是就没有阻拦司马玮回京。

结果司马玮一回来，就宣称杨骏谋反，趁着月黑风高烧了杨骏府邸，又让弓弩手在阁楼上向府中射箭。杨骏在箭雨中逃不出来，躲进马棚里，被士兵发现后用戟杀死了。

贾南风又将太后囚禁起来，逼迫她绝食而死。

然而贾南风还是没能独掌大权，因为朝政由汝南王司马亮和另一位元老大臣共同执掌。贾南风立刻又下密诏给楚王司马玮，让他杀了汝南王司马亮和那位大臣。

没想到，司马玮刚刚杀了司马亮，第二天就被贾南风派人活捉了，然后以杀害司马亮的罪名，将他处死了。

短短的一段时间内，司马家族的两位诸侯王就被贾南风玩弄于股掌间而死于非命了。

至此，贾南风总算满意了。

至于晋惠帝，几乎对她言听计从，晋朝从此进入了贾南风独揽大权的时代，她的亲戚党羽都成了朝中重臣。

贾南风心狠手辣，为了权力不择手段，但她没有儿子，为了将来能当上太后，她决定杀死太子司马遹（yù）。

她让人把太子灌醉，让太子照抄一篇对晋惠帝不利的文章，然后拿给晋惠帝看。晋惠帝很生气，把太子囚禁了起来。

赵王司马伦是太子太傅，掌握禁军。他本应该和太子处于一个战壕，可是他也想夺取大权，便竭力劝说贾南风杀掉太子。不久太子就被杀死了。

司马伦等人得到消息后，立刻翻了脸，以杀害太子的罪名，派齐王

司马冏（jiǒng）去抓捕贾南风。

贾南风一见司马冏，立刻知道大事不好，冷静地问：“你来此何事？”

司马冏说：“奉诏收捕南风。”

贾南风说：“诏书当从我手中发出，你奉的什么诏？”

司马冏不理贾南风，把她押出后殿。贾南风隐约看到晋惠帝司马衷的影子，远远地大声呼喊，但司马衷好像没有听到。贾南风被幽禁起来，司马伦又让她喝下金屑酒，贾南风就这样死了。

大事已毕，司马伦自封丞相，不久干脆废掉了晋惠帝，自己当起了皇帝，晋惠帝被软禁了起来。

其他的诸侯王听说司马伦做了皇帝后，都不服气，纷纷起兵讨伐。结果司马伦也被强迫喝下金屑酒一命呜呼了。

此后诸王继续争战，有的被杀死，有的被活活烤死，十分残酷、血腥。晋惠帝被诸王轮番绑架，失去了自由。

公元 307 年，晋惠帝司马衷突然驾崩，据说是被东海王司马越毒死的。等到司马越也死了之后，这一场司马皇族的大断杀，才算结束了。

成语补给站

狗尾续貂

晋惠帝时，赵王司马伦篡位，之后，滥封官爵，连手下的奴仆杂役都封了官爵。由于封的官太多，导致貂尾不够用，便用狗尾巴来充数。人们便讥诮说："貂不足，狗尾续。"后世便用"狗尾续貂"比喻用不好的东西接到好的东西后面，显得前后不相称。

其实，参加这场大混战的王远远不止八个，但八王是其中最大的主角，因此，这段历史被称为"八王之乱"。八王之乱长达十六年之久，引发了长达百年的更大的动乱。

少数民族内迁

早在东汉的时候，光武帝就允许边境一带的人们内迁了，许多游牧民族因此来到了中原。

比起塞外的天寒地冻，中原的居住环境可就舒服多了，下雨时有砖瓦房躲避，天冷时有木料取暖。因此到了晋朝时，已经有越来越多的游牧者迁到了中原。

这些人来自边塞草野，性格彪悍，迁到中原后，仍然想掠夺争斗，但晋朝初期的实力还很强大，他们只得作罢。直到发生了八王之乱，晋朝的钱被折腾光了，粮食也没了，士兵也寥寥无几……蠢蠢欲动的外族人一看，中原已经乱套了，此时不行动，更待何时？

于是游牧民族纷纷出兵，各自抢占地盘，并分别建立了前赵、后赵、前燕、前秦、后秦等政权。

这些胡人中，匈奴、鲜卑、羯（jié）、羌、氐（dī）五大部落势力最大。

晋惠帝死后，他的弟弟继位，是为晋怀帝。匈奴人把晋怀帝抓了起来，让皇帝做仆人，给众人斟酒，之后又用毒酒毒死了他。

晋怀帝遇害后，晋怀帝的侄子晋愍（mǐn）帝即位，在五胡的狂追猛打下，晋朝粮食绝尽，晋愍帝选择了投降。晋朝就这样灭亡了。

晋愍帝投降后，饱受屈辱，还要给匈奴首领洗杯子，伺候匈奴首领上厕所，最终也被杀死。匈奴几乎控制了整个中原。

晋书·元帝纪

什么叫“王与马，共天下”

琅琊王司马睿是司马懿的曾孙，没什么声望。但他有一个朋友，名叫王导，出身于世家大族，名气很大。

王导非常有胆识、有远见，能准确判断天下大势。司马睿很信任他，请他做司马，军政大事都向他请教。

早在八王之乱刚结束的时候，王导就劝司马睿到南方去。司马睿听从了，出镇南京。王导也跟着他一起南渡。

晋愍帝投降后，派人给司马睿下了一道诏书：“我被困长安，若有不测，你可继承帝位。”

晋愍帝被杀之后，司马睿在王导的支持和安排下登基即位，史称晋元帝，国号仍为“晋”，是延续晋朝的意思。此前的晋朝，被称为西晋；此后的晋朝，被称为东晋。

由于西晋灭亡，少数民族占据中原，北方一片乱象，大批中原人士前往江南避难，王导赶紧劝晋元帝司马睿，趁这个时候收揽人才。

原味典故

衣冠南渡

西晋末年，中原战乱频仍，晋元帝渡过长江，逃到南方，在南京建立东晋。数不清的士族、百姓随之南下，中原文明迁到南方，史称“衣冠南渡”。这种人口、经济、文化的大转移，在后来的宋朝也发生了。北宋末年，宋高宗渡江逃到杭州建立南宋，也被称为“衣冠南渡”。

东晋朝廷刚刚草创，非常弱小，没有民望，摇摇欲坠。王导便联络自己的从兄，也就是扬州刺史王敦，一起帮助晋元帝树立威望。

王导想了一个计谋，趁着节日期间人们都去江边祭祀，他和王敦陪着晋元帝也去江边。王导让晋元帝坐在轿子里，他和王敦则率领一群官员，神情恭敬地跟在轿子左右。

当地的世家大族一看，王导、王敦这么声名显赫的名流竟然对晋元帝如此毕恭毕敬，晋元帝肯定不简单。于是当地人也都愿意拥戴晋元帝了。

王导被任命为宰相，晋元帝在议政时，招呼王导共坐龙床，虽然王导再三婉拒，但“王与马，共天下”这句话却流传下来了。

北伐中原的壮举

中原沦陷，王朝偏居南方，这让一些热血男儿挺身而出，立志要北伐中原、恢复国土。在这些忠义之士中，有一个人就是祖逖。

然而，晋元帝司马睿刚刚建立晋朝，正在开拓江南，根本无意北伐。

祖逖不肯放弃，说：“藩王争权，给了胡人以可乘之机，现在北方的百姓苦不堪言，都有奋起反击之志。只要朝廷允许北伐，北方豪杰一定会望风响应，一雪国耻。”

晋元帝虽然不愿意，但北伐是正义之举，他也没法公开反对，便任命祖逖为奋威将军、豫州刺史，只给他一千人的军粮，让他自己想办法招募士兵。

祖逖决心坚定，招揽了几百名流浪汉，对他们进行军事训练，然后毅然从京口渡江北上。

渡江之后，祖逖又招募到几千士兵。虽然军中缺粮、处境艰难，但将士们十分英勇，很快打通了北伐的通道。

成语补给站

中流击楫

祖逖率部北伐，船行至长江中流时，他想到山河破碎的情景，敲着船楫大声发誓：“祖逖不能清扫中原而复济者，有如大江！”意思是，如果我不能平定中原，收复失地，就像江水一样有去无回。后世便用“中流击楫”比喻立志奋发图强。

不久，祖逖收复了河南，“黄河以南，尽为晋土”。

晋元帝提升祖逖为镇西将军，但又觉得祖逖有大功、声望高，可能会对自己不利，于是又令人监督祖逖。

祖逖眼见自己辛苦收复河南，却仍然得不到皇帝的信任，心中未免伤感。

此时，在南京，朝廷也出现了危机。本来晋元帝和王导上演了一场君臣相敬相爱的佳话，但王导的显赫也使琅琊王氏家庭达到了权势的巅峰，朝野有四分之三的官员都是王家人，或与王家有关的人。而且王敦控制着长江中游，还自己收税，相当于一个独立的朝廷，严重威胁到了东晋政权。晋元帝寝食难安，想要制约王氏家族。

知识宝盒

门阀士族

门阀士族是指累世高位的家族，子弟会优先得到官位。东晋王朝就是依靠门阀士族建立起来的，其中最大的力量就是琅琊王氏和陈郡谢氏。唐朝诗人刘禹锡写的《乌衣巷》中，有一句“旧时王谢堂前燕，飞入寻常百姓家”，其中的“王谢”就是指大士族王导、谢安。门阀制度使真正有才能的人走投无路，直到武则天时，科举制度盛行，门阀制度才彻底消失。

消息传到祖逖耳中，祖逖担心发生内乱，影响到北伐，不禁忧愤成疾，不久就去世了。

结果祖逖刚死，后赵便趁机入侵，之前祖逖辛苦收复的河南大片土地又沦陷了。

王敦之乱

东晋一朝，从始至终都是门阀士族为主旋律，皇帝反倒像配角一样，不能真正掌控天下。

晋元帝司马睿大权旁落，非常不满，想要压制琅琊王氏。王导因此被疏远，不过王导属于名士之流，性格淡泊，本分安然，依然十分自如。

王敦觉察到晋元帝的意图后，很快起兵直逼南京，试图篡夺皇位。

消息一出，王导带着族中二十多人，每天天一亮就到朝中下跪领罪。晋元帝觉得王导忠诚正直，只是王敦阴险狡诈，因此没有治他的罪。

王敦杀入南京城后，晋元帝亲自迎战，但一败涂地。

晋元帝无奈之下，脱掉了戎衣，穿上朝服，对王敦说："你如果想当皇帝，早和我说啊，我把皇位让给你，何苦让百姓跟着受苦呢？"

王敦更加飞扬跋扈，自封为丞相。他还想夺取皇帝之位，但王导坚决反对，一直阻拦。王敦又想废掉晋元帝，另立他人，王导还是誓死不同意。

王敦无法实现野心，只好退回了自己的大本营武昌，并在武昌遥控朝政。

晋元帝成了摆设，号令连宫门都出不了。他忧愤成疾，最终抑郁而终。

晋书·孝武帝纪

创造了无数成语典故的淝水之战

晋元帝司马睿死后，他的儿子即位，门阀士族仍然是王朝的主导力量，直到晋元帝的孙子司马曜（yào）继位时，这个年轻人竟然改变了这一局面。

这还要从少数民族内迁时说起。当时，少数民族占据中原，其中的氐族建立了前秦政权。前秦的皇帝苻坚崇拜汉文化，博学多才，仁爱智勇。他心怀统一天下、拯救苍生的大志，消灭了北方诸国，又攻占了东晋的一些地盘，形成了南北对峙的局面。在南征北战中，苻坚没有一次屠城的暴行，深得民望。公元 383 年，苻坚向东晋发起了吞并之战，以实现一统天下的梦想。

成语补给站

投鞭断流

前秦皇帝苻坚想要入侵东晋，大臣们劝阻说："东晋依凭长江天险，不易攻下。"苻坚说："我有百万大军，只要一声令下，士兵们把他们的鞭子投入长江，就能使江水断流，长江天险有什么好怕的？"后世便以"投鞭断流"形容军队鼎盛或实力强大。

据称，苻坚征调了八十多万兵力，向东晋发起进攻。而东晋的兵力才八万左右。东晋急忙部署，宰相谢安在朝中担任总指挥，以谢石为大都督，谢玄为前锋，北府兵为主力，前往迎战。

苻坚跟随前秦军的先锋部队到达寿阳后，和八万晋军隔着淝水两两相望。苻坚得知东晋的大都督是谢石，便派人去招降谢石。他派去的使者名叫朱序。朱序本来是东晋的将领，当年被迫投降前秦，一直身在秦营心在晋，现在一得到与东晋统帅接触的机会，立刻将秦军的软肋和盘托出了。

朱序
秦

晋

朱序说："秦军号称百万，正因为这样，队伍极为浩荡，拖得很长，目前只有一小部分前锋到达了战场，大批主力部队还在赶来的路上。如果趁现在迅速发起进攻，有可能将秦军完全击溃。"

起先，晋军认为秦军强大，打算坚守不战，等秦军远道而来、疲惫不堪时再趁机反攻。现在得到了朱序的情报，立刻变更了作战计划，开始转守为攻，主动出击。

淝水大战的序幕拉开了。

十一月，晋军初战告捷，大大地鼓舞了士气。

成语补给站

草木皆兵

苻坚登上寿阳城头观察晋军，见对岸的晋兵排列整齐，战船密布，再看北面的八公山，北风吹过，草木晃动，好像是士兵的人影。他不禁面有惧色，惊叹晋兵强大。后世便以"草木皆兵"形容人神经过敏、疑神疑鬼。

十二月，东晋的前锋谢玄给苻坚写了一封信，提出了一个请求，大意是，前秦大军驻扎在岸边，堵塞了交通，没法打仗，不如往后撤一撤，让晋军过河，然后双方正式打一场。

苻坚大喜过望，打算在晋军过河的时候半渡而击，于是他答应了谢玄的提议，下令全军后撤。

然而，苻坚忽略了重要的一点，前秦军队庞大，如果想将命令准确地传达给每一个士兵，需要很长的时间，中途还容易造成误解，动摇军心。而对于几十万的大军来说，最重要的就是稳定军心。

果然悲剧很快就开始上演了。就在秦军往后撤退时，晋军如约渡水，关键时刻，朱序突然跳了出来，在前秦军队中大声喊叫："秦军败了！秦军败了！"

由于前秦军的战线太长、人太多，前面发生了什么事，后面根本无法知道。因此，当前秦士兵听到朱序的喊声后，以为秦军真的失败了，顿时乱了阵脚，四处逃散。而队伍过于庞大，也使逃跑变得异常混乱，很多人被踩踏而死。

晋军乘势渡过淝水，追击秦军。苻坚被乱箭射中，一个人骑马退到淮北。

成语补给站

风声鹤唳

前秦军队在淝水之战中被晋军打败，士兵们拼命地向北方逃跑，路上听到风声和鹤鸣时，也以为是晋军追上来了，于是日夜逃跑。后世便用"风声鹤唳"形容人受刺激后变得惊慌失措，一点儿风吹草动都受不了，也用于形容处境岌岌可危。

原味典故

折屐齿

淝水之战胜利后，消息传到东晋都城南京，总指挥谢安正在跟客人下棋。谢安看了捷报，不露声色，继续下棋。客人问战况如何，谢安慢吞吞地说："将士们到底把秦人打败了。"客人兴奋离去，谢安强压着激动，跨过门槛时，木屐的齿被碰断了，于是世上便有了"折屐齿"这个典故。

东晋最有实权的皇帝

孝武帝司马曜得知晋军大胜，自然也非常高兴。然而他不高兴的是，谢安家族的声望太大了。于是，司马曜开始排挤谢安，谢安被迫离开，两年后就病死了。谢玄也被解除了兵权，一年之后死去。司马曜彻底收回了皇权，成为东晋最有权力的皇帝。不过，司马曜不是一位称职的皇帝，他耽于享乐，沉湎酒色，还酒后戏言惹怒了宠妃张贵人，张贵人趁着他熟睡，让宫人用被子捂死了他，时年三十五岁。没多久，北府兵昔日将领刘裕举兵，东晋王朝就此灭亡了。

说说你的想法

皇帝不称职怎么办？

东晋有好几个皇帝智力低下或呆傻愚笨，但仍有仁人志士拥护他们，你怎么看这些仁人志士？那些觉得皇帝不称职、推翻了皇帝的反叛者，你对他们又是什么看法？

晋书·羊祜列传

羊祜（hù）的父亲是太守，母亲是大学者蔡邕的女儿，他从小善于写文，有先见之明，却从不夸耀。

晋武帝司马炎想要灭吴，命羊祜为荆州都督。羊祜认为东吴仍有实力，便采取攻心之计，慢慢瓦解对方。

每次和吴人交战，羊祜都先与对方商定交战时间；有人抓到吴军将领的孩子，羊祜马上送回；军队收割了东吴田里的稻谷，每次都会偿还；对待东吴百姓，也非常友爱。

羊祜对东吴统帅陆抗也以德相待。陆抗生病时，向羊祜求药，羊祜马上派人送药。吴将害怕有毒，陆抗则仰头喝下。

吴主孙皓派人责问陆抗，陆抗说："如果我不讲信义，正是宣扬了羊祜的德威。"

羊祜认为可以伐吴了，写了一篇《请伐吴疏》，大意为：趁着吴主孙皓无道抓紧出兵，一旦东吴另立明主，就错过机会了。但嫉妒他的大臣强烈反对，晋武帝便犹豫了。

羊祜病逝后，荆州的百姓罢市痛哭，东吴的将士也纷纷落泪。

羊祜生前推荐杜预接替自己的位置。两年后，杜预按照羊祜生前的部署一举灭吴，晋武帝流泪道："这是羊太傅的功劳啊！"

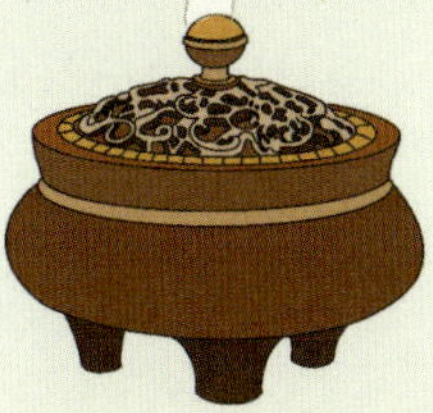

晋书·陆机列传

陆机是东吴名将陆逊之孙、陆抗之子，精通兵法，文章盖世，书法横绝，《平复帖》是他的传世之作。

陆机二十岁时，东吴灭亡。于是他闭门勤学，长达十多年。

后来，陆机来到京师洛阳，入朝为官。他喜欢交游权贵，却遭到了讽刺。

八王之乱爆发时，赵王司马伦想要夺取皇位，任陆机为中书郎。不想，司马伦被其他王杀了，陆机受到牵连，被判流放，遇到大赦才没去。

成都王司马颖请陆机代理后将军、河北大都督，率领二十多万兵马。有人嫉恨陆机得宠，对司马颖造谣说陆机要谋反。司马颖大怒，派牵秀秘密逮捕了陆机。

当晚，陆机梦见黑色的帷幔缠住了车子，怎么也撕扯不开，天亮后牵秀就到了。

陆机脱下战服，穿上白衣，神态自若地说："成都王把重任交给我，我再三推辞，却没有获准。今日被杀，难道不是命吗？"

临刑时，他感叹道："华亭的鹤鸣声再也听不到了。"典故"华亭鹤唳"就由此而来。

据说，这一天大雾弥漫，大风折树，平地积雪一尺厚，百姓纷纷议论这是陆机冤死的象征。

晋书·王羲之列传

王羲之字逸少，从小不善言谈，人们看不出他有什么过人之处。长大后，他却很善于辩论，还会书法，人们称他的书法“飘若浮云，矫若惊龙”。

王羲之是琅琊王氏的族人，他的伯父就是东晋重臣王敦、王导。但王羲之性情高洁，不喜欢官场，后来离开京城，前往浙江。

浙江有很多文章盖世的人，王羲之与他们情投意合。公元353年三月初三，他邀请了四十多位名士在会稽郡的兰亭集会，之后写下了著名的行书经典《兰亭集序》。

为了磨炼书法，王羲之经常观察鹅的姿态，以此揣摩笔势。会稽有一位老太太养了一只鹅，王羲之想要去看，老太太听说大名人要来拜访，便把鹅煮了，准备招待他。王羲之为此难过了一整天。

山阴的道士也养鹅，王羲之多次提出要买，道士说：“你若替我抄一遍《道德经》，鹅就白送。”王羲之欣然命笔，然后赶鹅回家，一路上乐不可支。

王羲之有一次去学生家里，见人家的矮桌洁净光滑，就在上面写起字来。后来，学生的父亲无意中把字刮去，使得那位学生郁闷了好长时间。

晋书·陈寿列传

陈寿是巴西郡（今四川省）人，机敏正直，文章富丽。他在蜀国做官，正值太监黄皓专权，大臣们都怕得罪他，唯独陈寿不愿依附，因此被贬了官。

陈寿的父亲去世了，陈寿在家守丧，生病时婢女服侍他吃药，被人看到，人们以为他不检点，都指责他。陈寿因此闲居了很多年，才被任命为阳平县令，此时已是晋朝。

晋武帝想让陈寿进京为官，有大臣嫉恨他，从中作梗，使他没能进京。镇南将军杜预向朝廷推荐他，他总算被任命为治书侍御史。

然而，他的母亲又去世了，遗言要葬在洛阳。他按遗言而行，又遭到非议，被贬了官。

以前，他的老师谯（qiáo）周曾说："你一定会凭借才学扬名天下，也会因此遭到诋毁伤害。"陈寿的命运，正应了这句话。

经过十多年的辛苦，陈寿写成了《三国志》。文学家夏侯湛看过陈寿的《三国志》后，就销毁了自己写的《魏书》。陈寿开始受到器重，被称为良史。

然而，他一生坎坷波折，又过了好几年才被升为太子中庶子，还没上任就病死了，皇帝派人去他家里把《三国志》抄了下来。

晋书·左思列传

左思字太冲，家里世代研习儒学，生活贫寒。左思幼时不勤奋，他的父亲说："这孩子不如我小时候。"左思受到刺激，开始发奋读书。

左思长相丑陋，口齿木讷，但文章写得很壮丽。他的妹妹左棻（fēn）被选入宫后，左思出任秘书郎。

左思想写《三都赋》，他在家门口、庭院里、厕所中都放着笔和纸，随时写作。就这样辛苦了十年，终于写成了。

但妹妹只是贵人，地位不高，当时流行门阀士族制度，没有世家大族的背景，基本就没有出路。因此《三都赋》无人问津。

左思只好去拜访皇甫谧等人，皇甫谧为左思写了序，张华等文学家也被打动了，推荐了《三都赋》。就这样，《三都赋》被权贵之家争相传阅、抄写，洛阳的纸一夜间价格大涨，诞生了"洛阳纸贵"这个典故。

之前，陆机也想写《三都赋》，听说左思也在写，拍手笑道："这个粗鄙之人写完后，我就用来盖酒坛子。"等到左思写完后，陆机真心叹服，认为自己无法超越，就罢笔了。

但左思并未因此翻身，只得依附权贵为生，后来就病死了。

晋书·戴逵列传

戴逵字安道，谯郡（今安徽省）人，能写书、作画、弹琴、雕塑……几乎是个全才。

戴逵跟父亲去南京，见沿岸柳暗花明，十分向往，在船头一站就是几个小时。

戴逵跟随范宣学习，范宣一身傲骨，不慕荣华，让戴逵非常崇拜。于是，范宣读书他也读书，范宣抄书他也抄书。师徒二人还常去名山大川游览，戴逵不禁生了归隐之心。

武陵王听说戴逵琴瑟清美，派人召他去演奏。戴逵深以为耻，将琴砸碎，说：“戴安道不为王门伶人！”

戴逵从此隐居，画出了《胡人弄猿图》《渔父图》等名作。

大名士王子猷（yóu）是戴逵的朋友，一夜下大雪，突然格外想念戴逵，便乘小船前往，天亮时赶到戴家门口，却又原路返回，说：“乘兴而行，兴尽而返，何必见戴？”戴逵知道后，感慨王子猷是真正的朋友。这就是“雪夜访戴”的典故。

戴逵的祖父、父亲都做过大官，哥哥屡立战功，被封为广信侯。皇帝多次征召戴逵，戴逵都拒绝出山。至于两兄弟为什么志向如此不同，戴逵的哥哥说：“我受不了那份清苦，他改不了那份乐趣。”

戴逵
王子猷

晋书·陶潜列传

陶渊明是浔阳柴桑（今江西省九江市）人，字元亮，晚年更名为潜，字渊明。他少年时就心怀高尚，洒脱大方，性情真挚。

陶渊明是东晋名将陶侃的曾孙，但到了陶渊明这辈，陶家已经没落。一位官员见他贫穷，任他为州祭酒，但他不能忍受这个工作；州里又聘用他为主簿，他也不去；后来，又任命他为镇军、建威参军，他说：“我想做个文官，贴补家用就行了。”于是，他被任命为彭泽县令。

陶渊明自尊自爱，从不谄媚，当督邮前来视察，要他迎接时，他叹息道：“我不能为五斗米而折腰啊！”

于是，他辞了官，返回家乡，作了一篇千古之作《归去来兮辞》。

此后，陶渊明一边耕地，一边创作诗歌，成为田园诗的鼻祖。

后来又有人召他为官，他都拒绝了。有官员来访，他也不见。他的一生只去过田舍和庐山。

陶渊明从来没有过高兴或愤怒的神色，有酒就喝，没酒就吟诗。他说，夏季无事，高卧北窗之下，清风吹来，感觉自己是伏羲时代的人。

陶渊明六十三岁病逝，他那超然脱俗的诗歌代代流传。

陶渊明

王朝开场

南朝+北朝=南北朝。南朝是指位于南方的宋、齐、梁、陈四个王朝，北朝是指位于北方的北魏、东魏、西魏、北齐、北周五个王朝。

东晋末年，战乱不断，大将军刘裕代晋自立，国号为“宋”，开启了南北朝的历史。宋享国六十年，被齐取代。齐更寒碜，挣扎了二十多年就被灭了。打倒齐的，是梁。梁咋呼了五十多年，又被陈灭掉。

南北朝

大分裂时代

北朝也闹得很欢腾，先是鲜卑人建了北魏，经孝文帝汉化改革后，开创了令人眼红的黄金时代。但孝文帝一死，鲜卑族特权一恢复，在你争我夺中，北魏就分裂成了东魏、西魏。东魏和西魏的皇帝都很窝囊，被大臣们炒了鱿鱼，致使东魏被北齐取代，西魏被北周取代。

北周吞了北齐后，北周的大臣杨坚又灭了北周，建立了隋朝。之后，隋又灭了还在享乐的南朝陈氏。终于，分裂三百多年的华夏大地再度统一。

南北朝一日游

如果回到南北朝

欢迎来到建康城！建康就是今天的南京，当年是南朝宋、齐、梁、陈的首都，和古罗马并称为“世界古典文明两大中心”。

楼阁已经不罕见了，斗拱也越来越多，卷杀的、重叠的、出跳的……仿佛出岫（xiù）的连绵彩云，展现着中国木结构建筑独一无二的美。

南北朝最多的建筑，还是佛教建筑。由于战争频仍，人们更多地寄托于佛教，佛寺、佛塔、石窟等就此崛起。你熟悉的敦煌石窟、龙门石窟、云冈石窟都是在那时开凿的。

私家园林也成了佛寺的一部分，你可以好好逛逛。也许你都不敢想象，园林中已经出现了“游墙”，就是可移动的墙，一推一移，景色就变了，非常神奇。

南北朝是大分裂的时期，各民族大融合，服饰也多种多样。有衣宽

裙长的流行款，还有方便行动的短衣窄袖款，更有游牧款的上衣和裤装。

有一种时尚款高跟鞋——高齿木屐，是贵族子弟的标配，所以他们还被称为“裙屐少年”。你要注意的是，正式场合不能穿木屐，会被认为不庄重。

南朝流行戴帽子，也就是“头衣”。平民百姓戴头巾，贵族戴纱帽。不过白纱帽已经被皇帝垄断了，估计你很难见到。

你在南北朝可以吃到很多美食，葱、姜、蒜、糖、醋、豉（chǐ）汁等调味料也很齐全。乳制品你也能吃到，如酪（酸奶）、酥（酥油）、乳腐（干酪）等。还有一种脯腊（fǔ xī），也就是小鱼干、猪肉脯什么的，你可以当零食吃。

吃饱喝足了，你可以找个客栈歇歇。南北朝有羊车、鹿车、肩舆等，但牛车最流行。如果你嫌牛车磨蹭，还可以乘船，领略一下桃花烟雨的味道。

当然啦，这些都是在战争暂歇的时候才能实现的。

宋书·武帝本纪

一个孤儿的逆袭

刘裕是彭城郡人（今江苏省徐州市），他的身世很悲惨，母亲生下他后就死了，父亲没几年也死了，他只好跟着继母一起生活。刘裕家里穷，上不起学，只认识几个字，因此被很多人瞧不起。不过他长相魁梧、志向远大，对继母很孝顺，也有一些人看好他，认为他将来会成为一个大英雄。

东晋时期，天下大乱，有一个建立在北方的政权非常强大，它就是前秦。前秦时刻威胁着南方的东晋王朝，东晋的大将军谢玄便招募士兵，

抵抗前秦。刘裕听说后，赶紧跑去报名，奔赴战场。

由于刘裕作战英勇，很快成了东晋的特种部队——北府兵的重要将领。

知识宝盒

北府兵

东晋时，谢玄召集北方的流民，组建了一支强悍的军队。因他时任徐州刺史，镇守京口，京口又被称为“北府”，所以，这支精锐军就被称为“北府兵”。后来又成为刘裕的主力军，跟随他建立了宋。

知识宝盒

宋词中的刘裕

“斜阳草树，寻常巷陌，人道寄奴曾住。想当年，金戈铁马，气吞万里如虎。”这是南宋词人辛弃疾的《永遇乐·京口北固亭怀古》中的句子，赞扬了率军北伐、收复山河的“寄奴”。寄奴就是刘裕的小名。

不久之后，有个叫孙恩的人在会稽（今浙江省绍兴市）发兵起义，东南八郡纷纷响应，形成了声势浩大的叛乱。东晋朝廷急忙派将军谢琰、刘牢之去镇压，刘裕作为参军也随军而行。

起义军攻势凶猛，很快就把大将谢琰杀死了，刘牢之赶紧率领大军猛攻，把孙恩打退了。孙恩不敢和刘牢之硬碰硬，便把矛头对准了刘裕。刘裕牢牢守住句章城，孙恩多次攻打，都没能得胜。孙恩并未死心，几个月后又开始攻打刘裕驻守的海盐县。

海盐城墙矮小，兵力也少，怎么才能守住呢？刘裕干脆挑选了一百多人，组成敢死队，在擂鼓声中冲出城外，赶走了孙恩的军队。之后刘裕又接连打了好几个胜仗，把孙恩赶到了海上。孙恩走投无路，不肯投降，投海自杀了。

就在东晋朝廷集中兵力对付孙恩的时候，荆州刺史桓玄趁机进攻京都建康，把晋安帝赶下了皇位，自己当了皇帝。

桓玄篡位后，不思百姓，只顾自己游猎享受，经常昼夜玩乐，甚至于一天之中数次逛出皇宫。刘裕决定趁机推翻桓玄。此时的北府兵已经解散，刘裕暗地里和北府旧将联络起来，把失散流落的士兵都召集起来。

人马齐备后，刘裕开始起义。他率领的军队一路上势如破竹，很快就攻到了建康。桓玄吓得不轻，匆忙逃跑了。晋安帝重新登上了皇位，把大功臣刘裕封为豫章郡公。不久后，辅政大臣死了，刘裕开始掌握朝政大权。

永不放弃的北伐

东晋朝廷暂时得到了安稳，但依然面临北方政权的巨大威胁，比如南燕、后秦等一直对东晋虎视眈眈。刘裕决定北伐，第一个目标就是南燕。南燕皇帝慕容超仗着自己兵多将广，不把刘裕放在眼里，任由晋军长驱直入。刘裕溜溜达达地就越过了大岘（xiàn）山，他高兴地举起手指着天，说：“此行必胜。”

原来，大岘山有“天险”之称，道路狭窄，如果南燕在此设下伏兵，晋军就危险了。慕容超有些着急了，先派出一支实力强劲的前锋，又亲自率军赶来，与刘裕对决。刘裕战术灵活，用战车挡住了燕军的铁骑。双方僵持不下，谁也奈何不了谁。

这时，刘裕听从了参军的建议，让一部分士兵绕到后面，然后与前军夹击燕军。南燕就这样灭亡了。

刘裕灭燕后，回到京城，又攻打南方的武装势力，最终统一了南方。

知识宝盒

圆周率

圆周率是一个数学常数，用 π 表示。魏晋时，数学家刘徽将圆周率推算到3.1416。南北朝时，南朝数学家祖冲之在刘徽成果的基础之上，将圆周率推算到3.1415926和3.1415927之间，比西方早了一千多年。

没过多久，后秦的皇帝病死了，几位皇子互相争斗，朝廷十分混乱。刘裕觉得应该趁着这个机会，一举消灭后秦。

刘裕很快组织了五路大军，水路并进，开始了第二次北伐。

然而刘裕刚出发就遇到了一个拦路虎——北魏。

刘裕带领士兵走的是水路，其中有一段路要经过北魏的水域。北魏担心刘裕顺道攻打自己，因此只要晋军一靠近，就会被抓捕或杀掉。刘裕只好派人上岸，与魏军作战，但刚一登上岸，魏军就溜走了。好几次都是这样，刘裕气得直跳脚。

经过冥思苦想，刘裕想出了一个办法，用强弓利箭摆出了却月阵，终于打退了魏军。

刘裕与其他几路兵马会合后，便发起了强攻，一路打到后秦的都城长安。皇帝姚泓赶紧出城投降，后秦就这样灭亡了。

知识宝盒

却月阵

却月阵是古代一种兵车战法，利用战车、战船与步兵之间的协同作战来攻克敌人，为步兵克骑兵的典范。据说，却月阵由刘裕发明，以两千左右的步兵大破北魏三万左右的骑兵。

知识宝盒

《世说新语》

《世说新语》被誉为名士的教科书，记录了东汉至魏晋名士的言行和逸事，据说作者是宋武帝的侄子刘义庆。书中共写了一千五百多个人物，每个人都有自己独特的个性；语言也非常精练、传神，还诞生了很多成语，如难兄难弟、咄咄怪事、一往情深、拾人牙慧等。

欽定四庫全書總目提要
世說新語三卷
宋臨川王劉義慶撰梁劉孝標注義慶事蹟具宋書
孝標名峻以字行事蹟具梁書黃伯思東觀餘論謂
世說之名肇於劉向其書已亡故義慶所集名世說
新書段成式酉陽雜俎引王敦澡豆事尚作世說新
書可證不知何人改爲新語蓋近世所傳然相沿已
久不能復正矣所記分三十八門上起後漢下迄東
晉皆軼事瑣語足爲談助唐藝文志載劉義慶世說
八卷劉孝標續十卷崇文總目僅載十卷晁公武謂

寒门学子的春天

两次北伐的胜利，使刘裕的地位越来越显赫，被封为宋公。刘裕并不满足当一个臣子，他有更大的梦想，那就是当皇帝。

他派人杀死了晋安帝，重新立了一个皇帝——晋恭帝。晋恭帝明白刘裕的心思，下了退位诏书，把皇位禅让给了刘裕。东晋就此黯然退到了历史深处。

刘裕建立了宋，被称为宋武帝。宋武帝吸取东晋灭亡的教训，开始大刀阔斧地改革，把权力收归中央，抑制财大气粗的豪强。

刘裕出身寒门，受过很多苦，心里非常理解下层百姓的艰难。因此，他取消了名门士族干涉朝政的特权，而是凭借真才实学录用人才。一时间朝中出现了很多贫苦出身的大臣，这就是“寒门掌机要”。

宋

宋
却月阵

刘裕还减免税收，废除酷刑，自己非常节俭，从不用华贵的饰物，总是穿着一双木拖鞋。他还下令，珍宝财帛都不许进宫，连公主出嫁也不许讲排场。

宋武帝刘裕的以身作则，带动了朝野内外的风气，国家慢慢地富裕起来了。

但刘裕只当了两年皇帝就死了，他的儿子即位后光顾着游乐，大臣们忍无可忍，干脆废了他的皇帝之位，另立他的弟弟为帝，是为宋文帝。

宋文帝以他的父亲为榜样，继续施行勤俭的治国措施，使宋的风头一时无国可敌。

然而，接下来的皇帝就大多不靠谱了，国家渐渐地又陷入了混乱。最终大臣萧道成翻了脸，逼退了皇帝，灭了宋。

南齐书·高帝本纪

肚脐眼儿事件

刘宋末年，皇帝一个赛一个会玩，一个赛一个残暴，不是屠杀皇室子弟，就是杀害文武大臣，导致叛乱事件时常发生。就在这乌烟瘴气的时刻，兰陵萧氏的子弟萧道成悄悄崛起了。

萧道成出生在武将世家，十三岁就跟随父亲参军打仗。他镇压过边境的少数民族，讨伐过强大的北魏，立下了赫赫战功。宋明帝的时候，民间爆发了大起义，王朝摇摇欲坠，又是萧道成挺身而出，镇压了义军，保住了刘宋王朝。

由于平叛有功，萧道成被封为公侯、大将军，权势也越来越大。宋明帝渐渐地感受到了威胁，决定除掉萧道成。宋明帝想出了一个惊人而勇敢的办法，也有人说是惊人而愚蠢的办法：亲自刺杀。

一天，萧道成正在家里睡午觉，宋明帝竟然愣头愣脑地闯了进去，拿着骨箭就射。哪承想，一箭射去，只射中了萧道成的肚脐眼儿。

萧道成没死成，宋明帝却要倒大霉了。很快萧道成就收买了宋明帝身边的侍从，把宋明帝杀死了。萧道成的手脚可比皇帝利索多了，三五下就完成了刺杀，也迅速地拥立了皇室子弟刘凖（zhǔn）为皇帝，史称宋顺帝。

宋顺帝只是个名义上的皇帝，大权都掌握在萧道成手中。大臣袁粲、刘秉等人心里不满，想要秘密除掉萧道成。结果计划泄露了，他们反倒被萧道成除掉了。

宋顺帝只有十岁，他见萧道成用铁血手段杀死了拥护他的人，心里十分害怕，就给了萧道成很多特权，把他封为相国、齐公。如此位高权重，萧道成却看不上。他逼迫宋顺帝禅位给他。宋顺帝不敢不从，只好让位于萧道成，自己十三岁就退位了。萧道成继位后，改国号为“齐”，自己成了齐高帝。

成语补给站

量体裁衣

齐高帝萧道成看重名士张融，把自己穿过的一件衣服送给张融，在诏书中写道：“这是我穿过的衣服，已经让人按照你的身材重新缝制，你穿上一定很合适。”张融收到后非常感激这份知遇之恩。“量体裁衣”这个成语也用于比喻做事从实际出发。

南齐书·武帝本纪　东昏侯本纪

平均三年换一个皇帝

齐高帝萧道成对百姓十分关心。他革除了前朝的很多暴政，禁止皇家和权贵把山林湖泊占为私有。

他还选贤任能，推崇儒学。这样一来，社会风气被大大改变了。

齐高帝死后，他的儿子萧赜（zé）继承皇位，史称齐武帝。

齐武帝也很节俭，下令不准大操大办豪华婚礼，甚至吩咐下去，自己死后，丧事也要简单处理。

他最大的心愿就是使国家赶快富起来，因此，他做了很多利国利民的事，积极赈灾、救济鳏寡孤独、奖励农桑、释放囚徒等。他还注重边境问题，派范缜（zhěn）出使北魏，缓和了南北的局势，使王朝迎来了和平发展。

历史人物

范缜

范缜是南朝齐、梁时的思想家，著有《神灭论》。范缜反对佛教因果报应说，认为人生就如一棵树上的花朵，有的花瓣被吹到厅堂，有的花瓣飘进了粪坑，完全是自然现象，和因果报应没有一点儿关系。

然而和平持续得太短暂了，没过多少年就消失了。齐武帝履行了十一年皇帝的职责，之后就病死了，继任的皇帝们一个不如一个，而且性格还都残暴不仁，令人恐惧。

萧昭业是齐武帝的孙子，他原本不该继位，继位的应该是他的父亲，但他父亲一时突发疾病，竟然死了，皇位一下“砸”到了他的脑袋上。他乐不可支，一即位就开始饮酒作乐、斗鸡走马。

萧昭业的胡作非为，给了他叔叔萧鸾可乘之机。萧鸾以皇帝荒淫、挥霍无度为由，废掉了萧昭业，立萧昭文为帝，后又废了他，自己登上了皇位。

由于害怕皇位被其他亲人抢走，萧鸾又一股脑儿地把兄弟、侄子几乎全都杀掉了。

萧鸾死后，他的儿子萧宝卷即位。这位皇帝比之前的皇帝更加残暴荒唐。他热爱户外运动，每次出游，无论走到哪里，都会拆当地的房子，让百姓受到惊吓，四处逃窜，他却在一旁哈哈大笑。

萧宝卷喜欢奢侈华丽，搜刮钱财。他曾经杀掉一个大臣，只为了侵占这个倒霉鬼的家财。

更荒唐的是，他还扮作盗贼，去有钱人家里行窃。由于不想被人看到，谁要是遇上他都会被杀掉。

萧宝卷用搜刮来的钱财建了一座豪华宫殿，和宠妃潘氏在里面寻欢作乐。潘妃的父亲是一个小商贩，萧宝卷为了让她重温市井生活，不惜动用上千人在宫里开设了集市一条街，有的卖肉，有的卖酒，有的卖杂货……和真正的集市没有两样。潘妃就扮演市场的管理者，皇帝则扮演她的助手，如果发生了什么纠纷，就请潘妃来裁决。

原味典故

步步生莲华

萧宝卷宠爱妃子潘玉儿，制作金莲花贴在地上，让潘妃走在莲花上。后世便用“步步生莲华”形容女子步态轻盈的样子。“华”就是花的意思。

看到皇帝如此昏庸离谱，一些大臣赶忙劝谏，萧宝卷一概不听，把他们都杀害了。

不仅如此，只要哪位官员有一点儿让他不高兴的地方，他都会大开杀戒。转眼间，朝廷上下人人自危，文官吓得辞职，武将被逼造反，整个朝廷闹得乱七八糟。

萧衍是雍州刺史，他的哥哥之前有平叛之功，却无缘无故被萧宝卷杀害了。萧衍忍无可忍，决定拥立别人为帝，代替萧宝卷。

萧衍率兵杀向了建康。国难当头，萧宝卷却一点儿也不在乎，还是整天玩乐。

当大军来到建康城外时，萧宝卷竟然兴致勃勃地穿上了大红袍，登上楼顶看热闹。

这时候，一个大臣请求萧宝卷赏赐将士们，激励他们英勇作战。萧宝卷很不高兴，说："难道反贼只抓我一个人吗？为什么偏偏向我要赏赐呢？"

后来，萧衍的大军攻入了建康。太监们为求自保，把萧宝卷杀了，拿着他的首级向萧衍投降。萧衍将箫宝卷贬为东昏侯，将他的弟弟推举为皇帝。不过，也就一年的光景，新皇帝就被迫把皇位让给了萧衍，萧衍开创了梁朝。就这样，仅仅存在了二十四年的齐就灭亡了，一共经历了七位皇帝，约三年一帝。

梁书·武帝本纪

皇帝堆里的榜样

萧衍在建立梁朝之前，是一个文武双全的大名人。他从小喜欢读书，长大后，博学多才，是文学团队“竟陵八友”中的一员。

知识宝盒

竟陵八友

这是出现于南朝齐的文人集团，包括萧衍、沈约、谢朓（tiǎo）、王融、萧琛、范云、任昉（fǎng）、陆倕（chuí）八人。其中，谢朓是山水派诗人，有“余霞散成绮，澄江静如练”“鱼戏新荷动，鸟散余花落”等名句。梁武帝萧衍说：“三日不读谢朓的诗，便觉口臭。”右图传为梁武帝书法作品。

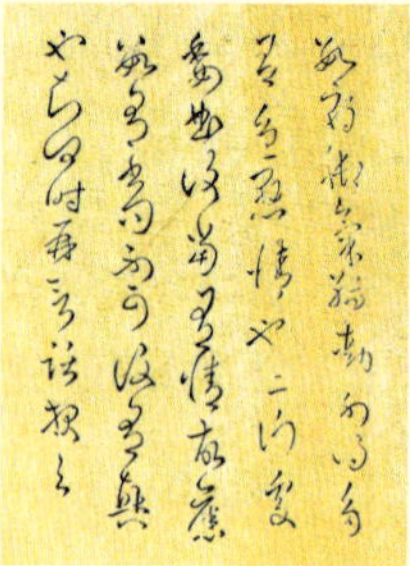

萧衍写文章很感人，带兵打仗很惊人。有一年，北魏孝文帝率领大约三十万大军攻齐，萧衍跟随朝廷大军前去义阳救援。

快到义阳时，将士们听说北魏兵多将广，吓得不敢前进。萧衍则坚定地站了出来，说：“我愿意当先锋。”

萧衍知道敌强我弱，硬攻肯定不是魏军的对手，于是他想出了一个办法。晚上，在夜色的掩护下，他带领军队抄小路，偷偷地赶到了距离魏军只有几里地的贤首山上，在山上山下插满了旗帜。

第二天一早，义阳城中的士兵看到旗帜后，以为齐的援军到了，士气立刻大增，集合军队，冲出城外，与魏军大战，同时顺风放火。萧衍看到火焰后，也率军冲杀过去。他亲自摇旗擂鼓助威，齐军士气高昂，个个奋勇拼杀。北魏军哪里抵挡得住这样的前后围攻，只得落荒而逃。

齐军打了个大胜仗，萧衍因此升了官，成了太子身边的近臣。

两年后，北魏军卷土重来，接连攻下了齐的好几座城池，直逼雍州。萧衍受命出征，但在交战中，其他将军都害怕魏军，悄悄地逃走了，只剩下萧衍一人苦苦支撑。

萧衍一边打，一边往后撤，退到樊城，才算站稳了脚跟。

这一战失败了，齐明帝并没有责怪他，还让他做了雍州刺史。从此，萧衍有了自己的大本营。

齐明帝死后，萧宝卷即位，开始大肆屠杀文武大臣。萧衍联合其他

武装集团，推翻了萧宝卷，自己建立了梁朝，成为梁武帝。

梁武帝雄心勃勃，他乐于听取别人的意见，在殿门前放了两个“宝盒”——相当于今天的信访箱，一个叫肺石函，一个叫谤木函。如果功臣得不到封赏，有才华的人得不到提拔，百姓遭受欺凌，都可以往肺石函里投书信；如果人们想给国家或官员提什么批评或建议，可以往谤木函里投书。

国宝档案

鸡首壶

这是一种盛水器，最早出现在晋朝，南北朝时已经很常见。古人认为鸡是具有文、武、勇、仁、信五德的“德禽”，“鸡”又与“吉”谐音，寓意吉祥安宁。图为南朝青釉鸡头龙柄壶（左图）和北朝青釉龙柄鸡首壶（右图）。

梁武帝要求地方长官一定要清廉，爱护百姓。他经常亲自召见考查他们。他自己也格外勤勉，不论春夏秋冬，都在凌晨时起床处理国事，冬天的时候，手都冻裂了。

他也不讲究吃穿，穿的衣服是洗过多次的，一顶帽子可以戴上三年，一床被子可以盖上两年；吃饭多以蔬菜和豆类为主，而且一天只吃一顿饭，太忙的时候，只喝点儿粥充饥。这一时期的梁武帝萧衍，堪称历代皇帝中的楷模。

南朝真有“四百八十寺”吗?

梁武帝晚年的时候，性格发生了很大的变化，开始沉迷于佛教。

起先，他只是礼佛，后来觉得当皇帝没意思，干脆跑到寺庙出家当和尚去了。

这可是破天荒的大事，急坏了大臣们。他们苦苦劝说梁武帝回宫，梁武帝坚决不肯。最后大臣们思来想去，只好花了一亿钱把“皇帝菩萨”赎了回来。

可梁武帝的心并未安定，之后他又跑往寺庙，前前后后一共出了四次家，每次都要大臣们花一大笔钱把他赎回来。

南北朝的时候，社会动荡，很多人都向佛教寻求寄托，寺庙足有几万所，僧侣有几百万。不知梁武帝为什么信佛，只知道他信佛之后，又建了很多豪华的佛寺。

唐朝诗人杜牧在《江南春》中写道：“南朝四百八十寺，多少楼台烟雨中。”其中的“四百八十寺”只是虚指的数字，仅梁武帝时期，南京就有大约五百所佛寺。王公大臣们一见，也都跟风。在很短的时间内，全国的佛寺数量竟然达到了近三千所。

出家人不需要承担赋役，于是赋税都转移到了百姓的身上，压迫得百姓喘不过气来。

社会矛盾日益尖锐，梁武帝却好像没有觉察，还引来了一个野心家侯景。

侯景原本是东魏的大将，立下了很多战功，后来背叛东魏，投靠了西魏，却没有得到重用，便转而投靠了梁。梁武帝很高兴，便收留了他，还封他为大将军、河南王。

知识宝盒

台城

唐朝诗人韦庄写了一首《台城》：“江雨霏霏江草齐，六朝如梦鸟空啼。无情最是台城柳，依旧烟笼十里堤。”其中的“台城”，也叫苑城，就是建康宫，为朝廷台省（中央政府）和皇宫所在地，既是政治中心，也是帝王享乐之处。

后来，梁武帝与东魏交好，这让侯景非常生气，害怕梁武帝把他交给东魏。侯景左思右想，决定起兵，先发制人。

侯景从寿阳一路打到建康，然后把梁武帝关在了台城。梁武帝有时候连饭都吃不上，最后竟然活活被饿死了。

侯景大权在握，下达了残忍的屠杀令，成千上万的百姓含冤而死，很多宫殿楼阁、史书典籍也被焚毁了。

侯景先后立了几个皇帝，又一一把他们杀死，最终自己当上了皇帝。但他的残暴实在令人发指，人神共愤，最终荆州刺史王僧辩、扬州刺史陈霸先率军讨伐他，经过几年的苦战血拼，终于平定了侯景之乱。

侯景之乱极大地破坏了江南地区，也使梁走向了灭亡，还改变了南北朝的格局，西魏、北齐趁机占领了南朝大片领土，为后来的隋朝统一中国奠定了基础。

陈书·后主本纪

艺术家皇帝怎么治国

陈霸先和王僧辩一起灭了梁朝后，陈霸先又杀死了王僧辩，建立了陈。然而，仅仅过了三年，他就病死了。皇位先后传到了陈文帝、陈宣帝的手上，他们都是有为之君，还很重视文化，国家逐渐强盛起来。

陈一共延续了三十多年，经历了五位皇帝，最后一位名气最大。他就是陈叔宝，也被称为陈后主。

陈后主一点儿也不像自己的祖辈那样勤于政事，反而喜好奢华、沉迷酒色。

他觉得先辈们都太节俭，太土气，宫殿一点儿也不气派华丽，就下令建造了临春、结绮、望仙三座无比奢华的楼阁，每座都有三十多米高，以珍宝装饰。沉香木的香气，奇花异草的香气，再加上美人们的香气，使这里成了人间仙境，香飘十里。

陈后主是一位音乐发烧友，也是一位文艺青年，他把很多时间都用在谱曲作乐、吟诗作对上。据说，他为贵妃张丽华创作了一首《玉树后庭花》，时常在宫廷演奏。

就在陈后主发挥自己的艺术天赋时，北方已经建立了隋朝，还攻克了大半个南方，几乎就剩下陈还幸存着了。大臣们都提醒陈后主，赶紧训练士兵、增强国力，免得隋朝打过来时没法招架。

可是陈后主并没放在心上，他觉得有长江天险作为屏障，隋军很难攻打过来。

直到隋军兵临城下，陈后主才慌了起来，急急忙忙地集结军队迎战，当时连一些僧尼都被临时收编了进去。

原味典故

后庭花

南朝陈已到了生死存亡的关头，陈后主仍沉醉于《玉树后庭花》的享乐中，“后庭花”一词因此成为亡国之音的代表符号之一。唐朝诗人杜牧写《泊秦淮》时，便用“商女不知亡国恨，隔江犹唱后庭花”讽刺醉生梦死的晚唐统治者。

可是这样东拼西凑起来的“百纳军”，怎么抵挡得了训练有素、军纪严明的隋军呢？陈军接连失利后，陈后主十分害怕，和妃子们抱成一团，日夜哭个不停。等到隋军杀进了皇宫，陈后主带着张贵妃、孔贵嫔等人想要藏到一口枯井里，两位大臣觉得太丢脸了，拼命阻止他，还不如坐在大殿上从容地面对隋军。但陈后主一心只想逃命，哪里还顾得上体面。

隋军入宫后，多处搜寻，最终从井下找到了陈后主，随后把他押回了长安。

南朝陈灭亡，华夏再一次迎来了南北统一。

南史·谢灵运列传

谢灵运出生在门阀士族之家，祖父是名将谢玄，父亲是秘书郎，母亲是王羲之的外孙女。

谢灵运文章写得好，江南几乎没人能赶得上他。十八岁时，他因为家庭背景被封为康乐公。但他恣意妄为，经常触犯法律，一次甚至擅自杀死了自己的门生。

朝廷把谢灵运当成有些才华的文人，谢灵运却认为自己可参与国家大政。由于不被重用，他经常挑拨离间诽谤别人，于是朝廷让他去永嘉当太守。结果他总是出游，十几天都不回来。当皇帝又召他入朝后，他依旧游山玩水，也不请假，还让公职人员为他服务。皇帝便暗示他主动辞职了。

祖辈留下的家底让谢灵运奴仆众多、生活富足。他寄情山水，写下了很多诗篇，成为山水诗派的鼻祖。他自夸道：“天下才共一石，曹子建独得八斗，我得一斗，天下共分一斗。”这就是“才高八斗”成语的由来。

他还发明了一种可以装卸的木屐，登山时去掉前面的鞋齿，下山时去掉后面的鞋齿，被称为“灵运屐”。

谢灵运大兴劳役，肆意妄为，侵扰百姓，地方官员报告给皇帝，皇帝以谋逆罪把他处死了。

南史·何承天列传

何承天五岁时父亲就去世了，他的母亲是学者徐广的姐姐，学识渊博，这使他从小就读了经史百家。

何承天长大后，任浏阳县令、太学博士、治书侍御史等职。当时有一个叫尹嘉的人，贫穷欠债，尹母便把自己“典当”出去，替尹嘉还债。事情传出来，尹嘉因为不孝被判死刑。何承天极力反对，刚好赶上大赦，尹嘉逃过了一死。

有一位大臣想要杀掉两位离职的官员，何承天也竭力营救，使大家得以幸免。

何承天性格刚直，从不逢迎拍马，他精通天文、音乐，但是非常骄傲，还轻慢同行，同事们对他都不太友好。他还不够清廉，遭到举报后，被关进监狱，直到大赦才被放了出来。

何承天任御史中丞时，又有人举报他强卖东西给下属官员，何承天因此被贬为布衣。

何承天七十八岁那年，皇帝准备升他为吏部郎，下达了密令，他提前泄露出去，被免了官，死在了家中。

何承天是一位出色的天文学家，订正了冬至时刻和冬至时太阳所在的位置，他计算的周天度数和两极距离，相当于给出圆周率的近似值约3.1429，对后世影响很大。

南史·江淹列传

江淹是宋州（今河南省）人，六岁就能作诗。但他十三岁时失去了父亲，家境逐渐惨淡，这使他性格内向，不愿与人交往。

江淹才学出众，被召为官，他到任后，非常勤恳。

宋朝末年，朝政混乱，有大臣想谋反，江淹再三劝谏皇帝，却被贬为吴兴县令。

齐代宋后，江淹再度被征召为官，后来升为御史中丞，弹劾惩治了很多不法官员。

齐被梁取代后，江淹脱去官服，穿着百姓衣服去投奔，此后一路青云直上，担任了吏部尚书、散骑常侍、左卫将军等职。

江淹说："我本来不想富贵，现在实在太有愧了。"

这一年，他被封为醴(lǐ)陵侯。当他病逝时，梁武帝为他穿素服致哀。

江淹年少时，以文扬名。他写的《别赋》，用"黯然销魂者，唯别而已矣"开头，道出了离别的深情，成为千古名句。晚年他才气稍减。据说，他曾梦见一位男子，对他说："我有一支笔放在你这里很多年，请还给我。"他从怀里摸出一支五彩笔给了男子，此后，便再也写不出好文章了，人们都说他已经才尽。这就是"江郎才尽"的成语典故。

南史·陶弘景列传

陶弘景从小就与众不同，六岁就能理解自己读的书，还能写作文。七岁时他已经读了《诗经》《论语》。十岁的时候，他读到晋朝名士葛洪写的《神仙传》，立下了修道的大志。

陶弘景出身权贵之家，二十岁左右被召入宫，指导皇族宗室子弟学习。朝中关于礼仪制度等事，大多由他决定。然而他的志向是归隐山林，因此三十岁左右，他辞了官职，去学道远游了。

陶弘景游历名山大川，每次经过山涧溪谷，都吟咏诗文，十分激动。他还喜欢松间风涛之声，一听到就忍不住欣然而乐。由于他总是独自往来于深山大川，一些山里人还以为看到了神仙。

陶弘景后来隐居茅山，由于他十分博学，皇帝多次召他做官，他都不肯。

一次，皇帝下诏问他："山中何所有？"言外之意是山中什么也没有，还是出来做官吧。陶弘景回复了一首诗："山中何所有，岭上多白云。只可自怡悦，不堪持赠君。"表达了自己不变的心志。

尽管如此，皇帝遇到难题时，还是会派人去请教他，有时一个月往返好几次，他因此被称为"山中宰相"。

魏书·太祖道武帝纪

走出白山黑水的鲜卑人

很久以前，在今天黑龙江、大兴安岭一带，生活着一个游牧民族——鲜卑族，其中有一支是拓跋部。

西晋时，拓跋部走出白山黑水的家园，向西迁移，因为帮助西晋攻打匈奴，获得了一块封地。拓跋氏在这块土地上建立了代国，从部落联盟变成了一个国家。

前秦皇帝苻坚攻打代国，代国招架不住，立国不久就灭亡了。前秦又去攻打东晋，但在淝水之战中惨败，战后苻坚也被部下杀死了。拓跋氏首领拓跋珪得知消息后，趁机组织兵马，正式恢复了代国，改国号为“魏”，史称北魏。

这个时候的北魏，在夹缝中艰难求生，因为它的北面是高车族、柔然族，南面是后燕，经常侵犯、抢掠北魏。拓跋珪审时度势，集中力量攻灭了高车。由于高车是骑兵部落，北魏的战斗力一下增强了。后燕前来攻打北魏，拓跋珪先是示弱，远远地躲开，然后趁燕军疲惫时穷追猛打，改变了两国的力量对比，北魏也由此进入了中原北部。

拓跋珪乘胜进击，亲率四十多万大军进攻后燕。然而后燕守军奋力抗战，魏军久攻不下，死伤众多。

这时拓跋珪听说北魏都城出现了叛乱，急着回去，便想与后燕议和。后燕断然拒绝了。拓跋珪非常生气，干脆一顿激战，把后燕给灭了。此战过后，拓跋珪正式称帝，即道武帝。然而雄风威猛的拓跋珪未曾想到，自己身经百战、无畏无惧，却会死在亲生儿子的手里。

拓跋珪有一位贺夫人，是二皇子的生母，因为犯下了过失，被拓跋珪幽禁起来，准备处死。黄昏时分，贺夫人偷偷派人向二皇子求救。二皇子连夜翻墙入宫，去刺杀拓跋珪。拓跋珪惊醒后，发现了行凶的二皇子，急忙找武器反击，情急中没有找到，被儿子杀死了，时年三十九岁。事后二皇子也被杀死，时年十六岁。

知识宝盒

立子杀母

北魏有一个残酷的制度——立子杀母。皇子被立为太子后，生母就要被杀死，以免太子即位后，主少母壮，母亲会专权，或者出现母亲与他人淫乱的现象，动摇江山。道武帝拓跋珪的宠妃刘贵人生下太子后，随即被赐死。因此，北魏的后妃都不愿生儿子，因为母以子贵成了母以子死。

魏书·世祖太武帝纪

北魏有多强大

拓跋珪的孙子拓跋焘（tāo）即位时，北魏继续南征北战。别看这位太武皇帝只有十六岁，却有雄才大略，通晓兵法，总是亲自出征，异常勇猛。

拓跋焘最先攻打的是夏国。他率领骑兵长途跋涉，一路上，狂风大作，飞沙漫天，极尽辛苦地来到了夏国的都城——统万城外。

拓跋焘抬起头，仰望统万城，只见城高十仞，台榭高大，飞阁相连，雕镂锦绣。这位少年皇帝一向自律节俭，平时车马衣服够用就行，从来不吃山珍海味，宫殿也不修饰，如今看到夏国竟然如此奢华，不禁说道："手掌一样大的一个小国家，竟然如此滥用民力！它若是不灭亡，还有天理吗？"

拓跋焘把精兵埋伏起来，然后以弱兵残将引诱夏军，一直将其引到包围圈中，再埋头痛击。

夏军溃败后，拓跋焘决定偷偷混进城去，探探城内的虚实。大臣们再三劝阻，无济于事。他执意而行，只带着寥寥几个人，换上夏国的军服，跟随撤退的夏军溜了进去。

不过在他们更换衣服的时候，有夏国士兵看见了他们，报告给了统万城的守军。守军得到情报后，赶紧关闭了所有的城门，不让他们出城，打算瓮中捉鳖。

拓跋焘毫不在意，他带着随从做出若无其事的样子，混进了夏国的皇宫。侦察了一圈之后，他们偷了一些女人的裙子。夜里，他们把裙子系在一起，作为一条绳子，顺着绳子滑下了巍峨的城墙。

拓跋焘根据侦察所得，制定了战术，把夏国连锅端了，还获得了三十多万匹马、千万头牛羊，浩浩荡荡，连地面上的草都看不见了。

回到北魏的都城后，朝野都很振奋。大臣们提出，要为拓跋焘修造城墙以及高耸壮观的皇宫。

拓跋焘不同意，说道："一个国家好不好，在德不在险。统万城被我消灭了，难道是因为城墙不够高吗？现在天下还没有安定，正是需要民力的时候，我怎么能不顾百姓疾苦建造宫室呢！"

拓跋焘一如既往的清廉自守，一点儿也不像十几岁的皇帝。

柔然一直是北魏的威胁，拓跋焘当太子时，十二岁就远赴边境，抗击柔然。现在，他当了皇帝，掌握了全国的兵力，决定狠狠地收拾柔然。

拓跋焘不顾大臣们的反对，亲自奔赴边境，和将士们一起埋伏、一起进攻，把柔然杀得望风而逃。过了一段时间，拓跋焘又兵分五路，穿越大漠攻打柔然，柔然兵将惊骇而逃。

原味典故

花木兰替父从军

花木兰是传说中的巾帼英雄。北魏时，柔然经常入侵，北魏规定，每家出一名男子上前线。花木兰的父亲已老迈，弟弟又年幼，于是她女扮男装，替父从军。十多年后，花木兰凯旋后，恢复女儿身份，皇帝念她有功，赦免了她的欺君之罪。北朝人创作诗歌《木兰辞》，歌颂她的忠孝节义。

拓跋焘一共十三次出兵柔然，征服了漠北一带。此前柔然总是疯狂地入侵，现在柔然臣服了，很少再主动进攻北魏。

拓跋焘又去亲征北燕。一路上，大军没有受到像样的抵抗，北燕军民接连投降。魏军很快就到了京城。

北燕的皇帝却不甘心投降，挣扎着打了一仗，但很快就败了，北燕也灭亡了。

拓跋焘得知北凉很不老实，暗中和柔然勾结。于是他留下一部分兵力防范柔然，剩下的都跟他去攻打北凉。

他先是命大臣列出了北凉的十二条罪状，然后开始行军，大军渡过黄河。他的策略是，能劝降的就劝降，不能劝降的再攻打。在这种策略下，伤亡被减少了很多。

知识宝盒

鲜卑三雄

慕容氏、拓跋氏、宇文氏堪称鲜卑族历史上的三雄。在鲜卑三部中，慕容氏首先入主中原，先后建立了五个燕国：前燕、后燕、南燕、西燕、北燕。慕容氏与其他胡族有一个很大的不同，那就是汉化程度高，身为胡人，又弓马娴熟，出了很多人才和皇帝。

北凉统治者紧急派人去柔然求救，同时出兵列阵，然而刚开始交战，北凉兵就四散奔逃了。

北凉统治者下令闭城固守，但拓跋焘早已了解了城里的情况，采取分兵围攻的战术，还是灭掉了北凉。

至此，北方得到了统一。

魏书·高祖孝文帝纪

艰难的汉化

北魏统一了北方后，到了孝文帝拓跋宏这一代，已经算是超级大国。不过北魏仍然保持着鲜卑习俗，经济文化都不够先进。

孝文帝即位时，只有五岁，生母早已被赐死，他由太皇太后冯氏，也就是他的奶奶抚养成人。孝文帝是鲜卑人，冯太后却是汉人，冯太后一边主持朝政，一边教导他汉族文化，他被深深吸引，对汉文化十分崇敬、向往。

孝文帝长大后，冯太后退到幕后，让他亲政。此时的孝文帝，在冯太后的严格教育和影响下，已经精通儒家经典、百家史传，治国经验丰富。他亲政后的第一件事就是实行汉化改革，改革的第一步就是迁都。

知识宝盒

《齐民要术》

北魏农学家贾思勰（xié）所著的《齐民要术》，是世界上最早的农学专著之一，介绍了季节、气候、土壤与农作物的关系。此书受到各个朝代重视，传到海外后，成为研究古物种的经典著作，英国学者达尔文称《本草纲目》为“一部中国古代百科全书”，并在《物种起源》中引用了书中的内容。

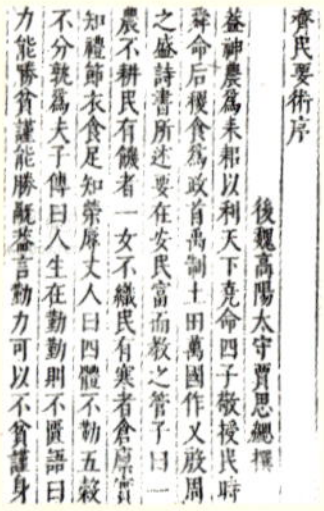
齊民要術序
後魏高陽太守賈思勰撰
蓋神農爲耒耜以利天下堯命四子敬授民時舜命后稷食爲政首禹制土田萬國作乂殷周之盛詩書所述要在安民富而教之管子曰一農不耕民有饑者一女不織民有寒者倉廩實知禮節衣食足知榮辱丈人曰四體不勤五穀不分孰爲夫子傳曰人生在勤勤則不匱語曰力能勝貧謹能勝禍蓋言勤力可以不貧謹身

北魏的都城位于平城（今山西省大同市），气候恶劣，时常发生旱灾和水灾，北方的柔然还总是蠢蠢欲动。孝文帝想搬到南边的洛阳，那里土地肥沃，前朝的多位汉人皇帝都以那里为都城，汉文化十分深厚。

孝文帝召集大臣，宣布了迁都的计划，大臣们都纷纷摇头，不愿意迁都。

孝文帝可不是个轻言放弃的人，不久他又把大臣们召来，说自己将亲自率领三十万大军去攻打南方。对于扩张领土这件事，大臣们没有一个反对的。三天后，孝文帝带着大军大张旗鼓地出发了。正值雨季，路上泥泞不堪，大军走了几十天后，到达了洛阳。士兵们筋疲力尽，随行的大臣们也苦不堪言，都不愿意继续赶路了。大家拦在孝文帝的马前，跪下来请求停止南征。

孝文帝便顺水推舟地说：“如果大家都不愿意南征，那就只能在洛阳落脚了，国都也只好迁过来，不然无功而返，让别人怎么看？同意迁都的站在左边，不同意的都站在右边！”大臣们这才反应过来，南征只是孝文帝的借口，但事已至此，已经别无他法，众人只好都站到了左边。

鲜卑人的家眷陆陆续续地来到了洛阳。大多数鲜卑人看到这么繁华的城市，感觉非常新奇。然而他们还是住不惯，也还是穿鲜卑衣服，更不知道怎么和汉人沟通。

这样下去也不是办法，孝文帝决定全面推行汉化改革，要求鲜卑人必须穿汉人的衣服、说汉话，向汉人学习种植庄稼，还要把鲜卑族的复姓改为汉族的单姓。皇族的拓跋氏都改姓“元”，他自己改名为“元宏”。

公元496年，孝文帝出巡嵩山，皇太子元恂留守。元恂仍旧编着发辫，穿左衽胡服。一位大臣苦苦劝他，他不听反而杀害了大臣。孝文帝知道后，派人捉拿太子，打了一百多杖，直打得皮开肉绽，又将其囚禁起来。

第二年，孝文帝突然听说元恂在组织谋反，就逼令十五岁的元恂自杀了。

孝文帝顶着巨大的压力继续改革，提倡鲜卑人与汉人通婚，还选举了很多有才华的汉人入朝为官。渐渐地，游牧经济转变成农业经济，北魏得到了突飞猛进的发展，胡汉文化大融合，为后来隋唐统一全国打下了基础。

然而好景不长，孝文帝染上了疾病，三十三岁就死了。孝文帝一死，鲜卑贵族卷土重来，推翻汉化成果，政治开始变得黑暗腐败。

到了孝文帝的孙子元修当皇帝时，大权已被大臣高欢把持。孝武帝元修不甘心被控制，去投奔了刺史宇文泰。高欢则立元善见为皇帝，即孝静帝，东魏就这样诞生了。至于元脩，则被宇文泰毒死。宇文泰又立元宝炬为帝，西魏也诞生了。北魏就这样分裂成了东魏和西魏，昔日繁华有如一场短暂的晨梦。

魏书·文成文明皇后冯氏列传

冯氏是长乐信都（今河北省衡水市）人，她的父亲犯罪被杀后，她被选入宫中，后来成为文成帝的皇后，抚养皇长子拓跋弘。文成帝死后，献文帝拓跋弘登基，冯氏为太后。因为献文帝年纪幼小，由太后冯氏主政。

丞相想趁着皇帝年幼夺位，太后冯氏秘密谋划，诛杀了丞相，稳定了局势。

太后冯氏智谋过人，生杀赏罚，片刻之间就能做出决定。她还日理万机，以个人智慧为北魏的发展做出了贡献。

后来献文帝退位，他的儿子拓跋宏继位，是为孝文帝，冯氏为太皇太后。前期孝文帝从不过问朝政，凡事都由太皇太后冯氏决定。太皇太后冯氏归政于他后，也从不过问朝政。祖孙二人极为默契、亲密。

太皇太后冯氏生活简朴，只穿素服，饭菜都用小盘盛装，伙食费比过去少了八成，生病也只用青蒿子治疗。

一次，膳食太监给太皇太后冯氏送粥，她舀出一只小壁虎，孝文帝生气地要处死太监，被她笑着劝住了。

在大事上，太皇太后冯氏却很严厉，哪怕是她宠信的人，也不允许放纵，也要责打。但打过之后，她依然和平时一样对待他们。因此受过她惩罚的人，到死都忠于她。

太皇太后冯氏四十九岁病逝，孝文帝悲伤过度，五天没吃东西，严重损害了健康。

孝文帝
太皇太后冯氏

魏书·古弼列传

古弼（bì）是代郡（今山西省）人，鲜卑族。他既爱读书，又爱骑射，忠诚正直。皇帝给他赐名“古笔”，意思是正直有用，又改赐“古弼”，意思是有辅佐的才能。

古弼辅佐拓跋焘，多次跟随拓跋焘上战场。与南朝开战后，将领们因为山路险峻，又有很深的雪，都停了下来，只有古弼独自进军，打了胜仗。

古弼升为尚书令，事务繁多，仍抽空读书，且言行端正，从不议论宫中的事。

一天，古弼接到百姓上书，说皇宫苑囿过大，百姓却没有田地。他急忙去见皇帝，拓跋焘正和大臣刘树下棋，古弼等了很久，终于忍不住了，一把揪住刘树的脑袋，使劲打他：“朝廷不理事，都是你的罪过！”皇帝只好让他启奏，并把土地分给了百姓。

拓跋焘喜欢狩猎，有一次捕获了几千只鹿，下令宫里发五百辆牛车来运，说完却叹气道：“古弼一定不给我车。”于是用马驮了回去。半路上果然有人跑来报告，说古弼不给车，车正给百姓秋收用呢。

拓跋焘死后，新皇帝上任，古弼因为说话耿直被免了官。他埋怨了几句，就被杀死了。

魏书·杨大眼列传

杨大眼是氐（dī）族人，少年时骁勇无敌，走路跳跃如飞。不过，他是侧室所生，不被看重，总是忍受饥寒。

他的名字很怪，传说他的眼睛像车轮那么大，其实和常人没什么两样。

北魏孝文帝准备攻打齐国时，杨大眼时任奉朝请，立刻申请报名。朝廷不同意，觉得他平平无奇。

于是杨大眼表演了一项绝活。他拿来一根三丈长的绳子，绑在自己的发髻上，然后迅速奔走，只见那绳子笔直得就像箭杆一样，奔马都追不上。

从此，杨大眼就上了战场，每次战斗，都勇冠全军。

后来，在钟离之战中，杨大眼打了败仗，被贬为士兵。过了几年，他又被起用，百姓都为他高兴，纷纷跑到街上庆祝，就像赶集一样。

杨大眼再立战功，被封为平东将军。他爱惜士兵，看到士兵受伤，总是心痛得流泪。

南朝人非常惧怕杨大眼，据说，在江南一带，只要一说“杨大眼来了”，啼哭或吵闹的孩子就会立刻变乖。

杨大眼出任荆州刺史时，常扎草人，给它们穿上青布衣裳，用箭射穿，以震慑蛮族首领，从此盗贼灭绝。

北齐书·神武帝纪　文宣帝纪

东魏的悲壮时刻

北魏分裂成东魏和西魏后，只过了十六年，东魏就被北齐取代了。

东魏的皇帝是孝静帝元善见，十一岁时由高欢拥立，高欢大权在握，把孝静帝当成傀儡。但这位皇帝毫不懦弱，他沉雅明静，心怀大志，文武双全，很有谋略，因此高欢虽然想当皇帝，但一直没敢夺位。

高欢死后，他的儿子高澄掌控大权，日夜监视孝静帝。当孝静帝自称“朕”时，高澄还惊人地骂粗口：“朕，朕，狗脚朕！”又派人打了孝静帝三拳。

孝静帝自然很难忍受，一些拥护他的大臣也忍无可忍。大臣们商议后决定来一场“地道战”，在皇宫挖掘通往城外的地道，帮孝静帝逃出皇宫，然后号召天下兵马，与高澄决战。可是这个计划没有成功，城门的守军听到地下有响声，上报了高澄，几位大臣被抓住了。之后高澄带兵入宫，逼问孝静帝。

孝静帝慷慨而从容，说道：“自古以来，只听说臣子反叛帝王的，没听说过帝王反叛臣子的。你自己要谋反，何必来指责我！杀了你，社稷就会安定！不杀你，国家就会灭亡！我已经将生死置之度外，你想弑君，看你的时间！”

这一席话说得铿锵有力、一身肝胆，让高澄哑口无言，他连忙跪下磕头，大哭有罪。三天后高澄就把孝静帝囚禁了起来，就在高澄准备杀死孝静帝时，一个意外发生了。高澄家有一位厨子，名叫兰京，他把尖刀藏在盘底，利用送食的机会，杀死了高澄。

孝静帝知道后，说：“这是天意，该朕掌权了。”

然而皇帝的坎坷生涯并未结束，高澄的弟弟高洋又冒了出来，不仅权势更大，还更为凶残。他直接带着十万精兵逼迫孝静帝禅位，一年后又把孝静帝毒死了。

就这样，东魏灭亡，高洋建立了“齐”，追封高欢为神武帝，因为是北朝，所以也被称为“北齐”。

历史人物

高皇后

孝静帝被权臣高欢挟制，时刻想着夺回皇权，为麻痹高欢，他主动提出要娶高欢之女，并立为皇后。高皇后十四岁，在宫中颇为安静。后来，她的兄弟高洋灭了东魏，建立北齐后，她多次为孝静帝品尝食物，以防被下毒。孝静帝最终被毒死，她也不再是皇后，被封太原公主。

不一般的北齐

高洋长得不好看，小时候经常受到哥哥高澄的嘲笑。不过他很聪明，总能提出自己的看法，见识很不一般。

高洋当上皇帝后，注意到没用的官员太多，一下子就裁员几万人，大大减少了腐败和百姓的负担。

他还规定，要按时给官员发工资，以免他们变着法子剥削百姓。

他还有一个创举，让人在每个官府准备了大木棒，一发现有走后门、拉关系的官员，立刻乱棒打死。

如此严断厉行，让官员们战栗不已，他们再也不敢大肆胡作非为了。

原味典故

快刀斩乱麻

高欢想考验儿子们的智慧，交给每人一团乱麻，让他们理清楚。几个儿子紧张地梳理乱麻，手忙脚乱，只有二儿子高洋拿出一把刀，一下子把乱麻劈成好几段，说："乱麻须快刀斩断。"高欢点头称是。后世便用"快刀斩乱麻"比喻办事果断，能抓住关键，迅速解决复杂的问题。

高洋经常亲自带兵打仗，曾出击过柔然、突厥、契丹等，每一次他都冲在最前面。连年的征战，使北齐成为当时军事实力最强的国家。高洋是鲜卑人，但尊崇儒学，朝廷上也任用大儒，大力发展经济，使农业、盐铁业得到发展。

最可贵的是，高洋非常重视生态环保，不允许随便伤害动植物，就连小昆虫也要保护。

北齐的国力达到了鼎盛，成为当时最富裕的国家，高洋堪称中国历史上罕见的年轻有为之君。

高洋在大事上从不迷糊，不过他对自己却很放纵，而且行为极为残忍凶暴。

高洋是一个依靠两只脚翻山越岭，行走很远也不觉得累的人，即使晚上不睡觉，精力依旧充沛。因此当天下太平后，他被整天圈在皇宫里，有些受不了了。他总是驾着没有缰绳的骆驼、牛和大象，让它们肆无忌惮地奔跑，还在寒冷的冬天裸露着身体在街道上奔走，或者披散着头发，举着刀枪弓箭闯入集市。

他最大的爱好就是喝酒和杀人。每次醉酒之后，他都会耍酒疯，有一次竟然把太后给打伤了。酒醒之后，他十分后悔，脱掉上衣，让人拿着木棍狠狠地打自己，一定要打出血来才能停止。

打完之后，他向太后保证再也不会喝酒了，可是没过几天，他又是一副醉醺醺的模样。

高洋还经常无缘无故地杀人，一次，他在街市上闲逛，随口问一个民女："你觉得天子怎么样？"

女子毫不客气地回答："整日疯疯癫癫，哪里像个天子？"

高洋二话不说，马上把这个女子杀死了。

被高洋杀掉的大臣、侍卫、妃嫔多得数不过来。最后他因为过于好酒而暴亡，年仅三十四岁，谥号"文宣"。

一位大臣很不满，说："这样残暴的皇帝，哪里配得上这个'文'字呢？"于是，就将高洋的谥号改成"景烈"。过了十几年又恢复成"文宣"。因此，高洋被称为文宣帝。

国宝档案

北朝青瓷仰覆莲花尊

仰覆的意思是："脖子"处有下覆的莲花瓣，还有上仰的莲花瓣；"肚子"上也有下覆的莲花瓣、上仰的莲花瓣纹，上下呼应。此器出土于河北省封氏墓，封氏为北齐高官大族，陪葬青瓷莲花尊，大概是用来安放灵魂，使死者免受轮回之苦。

北齐书·后主纪

自毁长城

文宣帝高洋死后，北齐陷入了争权夺位的内乱中，加上政权又恢复了鲜卑风格，皇帝们大多昏庸无道，导致一大批奸佞小人涌现出来，北齐因此衰落了。

后主高纬是北齐的倒数第二位皇帝。他是一个天才音乐家，很小的时候就开始自己谱曲了，经常拿着琵琶自弹自唱。他当上皇帝之后，皇宫里天天回荡着悠扬的歌声，太监、宫女们也跟着他一起唱歌。

高纬有音乐天赋，却没有治国的本领，只知道奢侈享受，做了不少荒唐事。他把狗、鸡、马、鹰等宠物都封了官，而在前线打仗的将士们

却没有任何奖励。

高纬即位时，北齐已经风雨飘摇，但他仍不思进取，荒淫无道，人们都称他为“无愁天子”。

原味典故

齐鸡开府

齐后主高纬养了很多牛、马、狗、鸡，这些动物的地位和大臣一样。有的马被封为赤彪仪同，有的马被封为逍遥郡君，有的马被封为凌霄郡君；鸡的爵号也很多，有开府斗鸡、郡君斗鸡等。后人便用“齐鸡开府”比喻滥予官爵。

北齐有两位大将，一位是斛（hú）律光，一位是兰陵王高长恭，有了这两个人的守护，北齐才得以安然无恙。然而高纬却猜疑他们，把他们杀害了。高纬自毁栋梁，使北齐失去了抗击北周的屏障。

二将死后，北周皇帝宇文邕亲率大军，冲向北齐军事重镇——晋州。此时，高纬正和妃嫔们在野外打猎呢。等到下午，晋州被攻陷了。高纬仍不在意，继续兴高采烈地游玩。几天后，高纬才派出军队，去抵抗北周大军。

眼看北周军队像洪水一样涌过来，高纬这才匆匆忙忙地逃走了。士兵们一看皇帝都跑了，也没有心思继续抵抗了，北齐军一下溃散如沙。

国家到了危亡关头，在这紧急时刻，高纬急忙禅位，让太子高恒当了皇帝。高恒才刚刚八岁。不过在逃亡的路上，父子二人都被俘虏了。

北齐灭亡了，北周统一了北方。

北齐书 · 兰陵武王孝瓘列传

高长恭是文襄帝高澄的儿子，又叫孝瓘（guàn），被封为兰陵王。他英俊潇洒、身姿挺拔，是古代四大美男子之一。他还智勇双全，心地善良，对待属下就像兄弟一样，每次得到食物，哪怕是一个瓜，也和将士们分着吃。

邙山之战时，北齐军被北周军打退，躲入金墉城。兰陵王带五百骑兵，冲进包围圈，前来救援。守城的齐军士气大振，射箭夹攻北周军，大获全胜。

兰陵王成为将士们的偶像，大家一起唱歌，谱成了《兰陵王入阵曲》。

齐后主高纬问兰陵王："你那样冲进包围圈，万一败了，后悔都来不及。"

兰陵王说："自己家里的事就该舍身忘我。"

高纬嫌他把国事称为家事，开始猜忌他。

兰陵王经常接受贿赂。他的下属问他："你为什么这么贪婪？"

他不回答。下属又问："是不是害怕猜忌，想弄坏名声自保？"

他流下眼泪，跪下来，请求保住生命的办法。下属说："你可以称病在家，不再参与朝政。"

兰陵王从此不再领兵打仗，脸上肿胀也不医治。然而在他三十三岁那年，高纬还是派人送来了毒药。他悲愤不已，饮毒而死。

齐
齐
齐
兰陵王

北齐书·斛律光列传

斛律光字明月，敕勒族，父亲是丞相。他少年时就随军出征，十七岁就立下战功，做了都督。

一次，斛律光跟随文襄帝高澄去打猎，见天空有只大鸟，便拿出弓箭，射中鸟的要害。大鸟车轮一样旋转落下，众人一看，是一只大雕。从此，斛律光多了一个绰号“落雕都督”。

斛律光善用计谋，一生与北周作战二十多年，共打了几百场仗，几乎全胜。在周齐洛阳之战中，北周十万大军围攻洛阳，斛律光仅带五万骑兵就捣毁了北周的指挥中心。

又一年，北周名将韦孝宽进攻北齐，斛律光以攻为守，打败韦孝宽，为北齐拓地几百里。

韦孝宽为除掉斛律光，编了一首儿歌，令人传唱，造谣斛律光要篡位。由于斛律光曾经斥责朝廷的奸臣祖珽（tǐng），因此，祖珽添油加醋，报告给了齐后主高纬。

高纬早就不满斛律光功高震主，便骗斛律光入宫，派北齐第一御用杀手刘桃枝偷袭，用弓弦勒死了斛律光。

斛律光生前节俭，不爱钱财，不干预朝政，却被杀害，时人非常悲愤。北周是北齐的劲敌，但北周皇帝却追赠斛律光为上柱国、崇国公。

文襄帝
斛律光

周书·文帝纪　武帝纪

从西魏到北周

孝武帝元修是大将军宇文泰拥立的，然而，第二年，孝武帝元修就被宇文泰杀死了。之后，宇文泰又立元宝炬为帝，自己为丞相，西魏从此诞生。

文帝元宝炬一上任，就失去了权力，大事小情都由宇文泰做主。

宇文泰恢复了鲜卑的姓氏和风俗，让鲜卑贵族很高兴。他同时也重用汉人，推行儒家学说，唯贤是举，哪怕是出身微贱的人也能入朝为官，这让汉人也很高兴。

西魏朝廷上下同心，内部团结，人人都积极努力。

宇文泰还很公正，对犯法的人一视同仁，就算他自己的亲哥哥犯罪，也要被赐死。

知识宝盒

朱出墨入

宇文泰用人不疑，让人才享有充分的自由和权利，因此吸引来很多能人，其中包括苏绰。苏绰提出“朱出墨入”的记账方法：用红色与墨色区别收支情况，朝廷发下去的文书用朱标，下面呈上来的文书用墨标。这种方法成为后世的文案程式，今天的“红头文件”格式就是沿用于此。

为了安抚北边的游牧民族，宇文泰采取了和亲政策，保证了边境的安全。

当时的历史条件是非常复杂的，宇文泰能够审时度势，使西魏由弱到强，功劳非常大，堪称北魏孝文帝之后又一位鲜卑族的杰出人物。

不过，对于皇帝来说，他却是一个千古罪人。在北边的游牧民族中，柔然比较强大，对西魏构成很大的威胁，宇文泰劝文帝元宝炬废掉乙弗皇后，娶柔然公主，以避免战火。

文帝不愿意，因为皇后很有美德，平日穿旧衣，吃蔬菜，仁恕待人，从不嫉妒。但宇文泰强迫他废后，他只得把皇后送出宫去当尼姑了。

柔然公主嫁到了西魏，成了皇后。但柔然还是入侵了西魏，有人便造谣说，是前皇后还在的缘故。于是宇文泰继续给文帝施加压力，文帝被逼无奈，赐死了前皇后。不久，现任柔然皇后难产而死，时年十六岁。文帝此后再也没有立过皇后，十多年后也抑郁而终了，由太子继位。

宇文泰死在了出征的路上，临死前，他让侄子宇文护接替他的大权，保护自己的儿子宇文觉。宇文护十分生猛，直接逼迫新皇帝将皇位让出来，让宇文觉当了皇帝，改国号为“周”，史称北周，追尊宇文泰为文皇帝。

充满暗杀的朝廷

孝闵帝宇文觉十五岁，国家大权都掌握在宇文护手中。宇文护开始夺取其他人的权力。其他大臣也不好惹，大将赵贵、独孤信等几个人一

商量，决定杀掉宇文护。不过朝廷里到处都是宇文护的耳目，这件事很快被他知道了，赵贵、独孤信还没来得及动手，就被宇文护抓捕了。

历史人物

独孤信

独孤信原名独孤如愿，鲜卑族人，善于骑射，有奇谋大略，曾为西魏大将军；西魏亡后，为北周大将，因参与谋划除去权臣宇文护，被逼自尽。独孤信仪容俊美，风度深沉高雅，一次骑马时帽子歪了一点儿，第二天，全城戴帽的人都学他歪戴帽子。他的女儿独孤伽罗后来成为隋朝皇后。

宇文护越来越嚣张，孝闵帝宇文觉深感不安，他知道再这样下去，自己的皇位也会被宇文护夺走。他召来了几个大臣，想要除掉宇文护。

在一次宴会上，大臣乙弗风策划了一次谋杀，但又被泄露出去了。最后乙弗风等人全部被抓，皇帝也被赶下了皇位，其他大臣没有一个敢站出来说话的。宇文护废掉皇帝后，只过了一个月，就把他杀死了。

不过，宇文护并没有自己当皇帝，他让宇文泰的长子做了皇帝。过了几年，宇文护发现，这位皇帝非常聪明好学，长大后说不定是个厉害角色，他害怕自己会被报复，就毒死了皇帝。于是，北周又迎来了一位新皇帝——宇文邕，也就是武帝，他是宇文泰的第四个儿子。

北周统一北方

武帝宇文邕十七岁，不爱说话，看起来也不是很能干，宇文护对他很满意。

其实，宇文邕并不是没有才能，只不过他的两位哥哥都被宇文护杀死了，他只能把愤怒、仇恨隐藏起来，韬光养晦，等待机会报仇。

隐忍了十二年后，武帝终于等来了时机。

这天，宇文护从外面回到都城长安，武帝接见他，对他说："太后年纪大了，还很喜欢喝酒，我劝了她好几次，她从来都不听。今天你回来了，能不能和我一起好好劝劝她呢？"

说着，武帝从怀里掏出《酒诰（gào）》，交给了宇文护。《酒诰》是西周时的周公写的，讲的是饮酒过量的危害。

宇文护一直对皇帝很放心，没想太多，就去了太后的宫殿。

向太后问候了几句之后，宇文护拿出了《酒诰》，认真地读了起来。

武帝悄悄地绕到他的身后，拿起一块玉石，朝他的脑袋猛地砸了下去。

宇文护顿时倒在了地上。

武帝又掏出一把刀，交给太监，让他杀了宇文护。太监胆子小，连砍了几刀也没能杀死宇文护。武帝看不下去了，一把夺过刀，亲手杀死了宇文护。

从此，武帝成了北周名副其实的主人。他鼓励农耕，招募士兵，打击腐败，自己也格外简朴，精力都放在民间疾苦上，使北周迅速强盛起来。

他重用韦孝宽等大将，灭掉了北齐，重新统一了北方，使百姓免受战争苦难，得以重建家园。

武帝死后，太子继位，是为宣帝。

宣帝从小受到严格的管教，动不动就被严厉惩罚，他即位后，立刻沉湎酒色，肆意放纵，在宫中一下立了五位皇后，日夜嬉游无度，二十二岁就死了。

宣帝的儿子宇文阐刚刚七岁，便被推上了皇位，这就是静帝。

静帝由丞相杨坚等人辅政。杨坚逼迫静帝让出皇位，灭了北周，自己开创了隋朝。

说说你的想法

杨坚是好是坏？

杨坚是北周静帝的姥爷，但他还是夺取了静帝的皇位，还杀了静帝，静帝死时只有九岁；杨坚开创隋朝后，却又爱民如子，创造了辉煌盛世。请你想一想，杨坚到底是好人还是坏人呢？

周书·韦孝宽列传

韦孝宽小时候爱读经史，性格深沉机敏、温和正直。二十岁时，他听说有人叛乱，急赴京城，请求朝廷让他当平乱的先锋。

韦孝宽善于间谍战。一次，东魏入侵，扬州刺史牛道恒四处招降西魏人。韦孝宽派出一个间谍，寻到牛道恒的手迹，然后模仿笔迹伪造了一封牛道恒给他的信，说牛道恒要归顺他，又在信上假造了灯灰烤焦的痕迹，好像信是在灯下书写的一样，最后又让间谍把信送到牛道恒的上司那里。牛道恒因此被怀疑，东魏军内部离心，韦孝宽趁机出兵，大胜而归。

玉壁之战发生后，东魏包围玉壁，引诱西魏军出战，韦孝宽严令不许出战。

东魏筑土山，想居高临下攻城，韦孝宽便用木头加高城楼。

东魏挖地道，韦孝宽则挖长沟，切断地道，并在地道内放火。

东魏用攻车撞墙，韦孝宽就用布匹遮挡，使车撞到了布上。

东魏用火杆烧布幔，韦孝宽则把钩刀绑到长杆上，割掉点燃的火杆。

东魏无计可施，精疲力竭，只得撤军。西魏免于灭国。韦孝宽被升为骠骑大将军。

北周建立后，韦孝宽继续他的戎马生涯，他一生智勇，成为传奇。

周书·庾信列传

庾信字子山，小字兰成，出生在“七世举秀才”之家，这使他从小就博览群书。

庾信的父亲是南朝梁的中书令，他从小跟随父亲出入宫廷，十五岁就成为太子讲读，此后多次升迁。

“侯景之乱”爆发后，皇宫被占领，庾信逃往了江陵。

梁元帝即位后，庾信任右卫将军，封武康县侯。

这一年，庾信出使西魏，刚到长安不久，西魏军就占领了江陵，杀了梁元帝，他被扣留在长安。

西魏任庾信为大都督，又升车骑大将军、仪同三司，他屈节而受。

庾信从南方来到北方，北方的一些文士轻视他，他就把自己的作品《枯树赋》给他们看，此后再也没人敢说什么了。

北周建立后，庾信担任洛州刺史，为政简要清静，深得官民拥护。

陈朝位于江南，请求北周放回庾信等人，北周放回了几位，但留着庾信不放。庾信虽然身居显贵，但非常想念家乡，写了一篇《哀江南赋》，抒发自己的心意。

庾信的诗、赋、文都有相当高的成就，开创了以诗入赋的先河，使赋发展到了一个新阶段。他的前半生文风绮艳，后半生则苍凉凄楚。

王朝开场

隋朝从建立到灭亡，一直伴随着“咔嚓”声。创始人杨坚先是“咔嚓”掉了北周静帝，建立了隋朝，也不休休年假，直接加了一顿班，又“咔嚓”掉了陈朝、突厥等；等到“皇二代”隋炀帝当家做主时，又去“咔嚓”吐谷（yù）浑、契丹，高句丽（gōu lí）最倒霉，被“咔嚓”了三次，国家快要被“咔嚓”破产了。然而“咔嚓”惯了别人的隋朝，最后却被唐朝“咔嚓”掉了，享国

隋

短命王朝

只有短短的三十八年。

本来，隋朝创始人隋文帝是一位实力派皇帝，开创了“开皇之治”的繁荣局面，推行了科举制度；“皇二代”隋炀帝接班后，起初也还算是正经人，在政治、经济、文化领域进行了改革，但接下来就不务正业了，走起了偶像派皇帝的路线，虽然开创了万国来朝的“大业盛世”，但同时也大兴土木，腐败堕落，引得各地百姓纷纷起义，一股脑儿把隋朝给灭了，连个百年生日都没过上。

隋朝一日游

如果回到隋朝

如果邀请你去隋朝转一日，你的旅途一定会很愉悦。因为无论你是从西域出发，还是从中原前行，都有现成的道路。

春秋战国时，有一条井陉古驿道，当年韩信出奇制胜的“背水之战”就发生在这里。隋朝时扩建了这条井陉大道，说不定你会有机会参观，感受一下兵家必争之地的重要性。

当然啦，你可能更愿意感受大运河的魅力，毕竟这条河是非物质文化遗产，举世闻名。坐在船上，你也可以脑补一下隋炀帝当年乘龙舟鼓瑟的情景。

大运河从杭州直通北京，但不建议你去北京游玩，因为当时的北京还是荒凉的边境，有很多野兽，你看不到故宫的神兽，也吃不到甜脆的糖葫芦。

不过，在北方，你能吃到各种饼，如煮饼、蒸饼、胡麻饼等。你还可能吃到“荷包饭”，就是把香米、杂鱼肉等用荷叶包裹蒸熟，味道非

常甜美。

据说，皇家有一种主食，叫“王母饭”，类似今天的盖浇饭，不知道你有没有运气吃到。

南北朝时，胡人进入中原，带来了小袖袍、小口裤的民族服饰。隋朝时，这种款式还很流行，但大口裤也很时尚。如果你遇到穿着大口裤去上班的大臣，千万不要见怪哦。

在宫门口，你可能会偶遇一些穿半臂的女子，也就是里面穿着长袖衣，外面又套着短袖衣，下身穿着很大很长的十二破裙，她们就是宫人。

有的女子走在路上，会戴着幂罗，也就是面纱，遮住头脸。这种打扮，也是胡服的特色。

隋炀帝还规定了颜色等级制度，身份高的人穿紫色，低一点儿的穿绯红色、绿色，再低一点儿的穿青色，士兵穿黄色，商人穿黑色，至于普通的民间女子，大多穿青裙。

由于隋炀帝大兴土木，使建筑技术逐渐发达，你可以看到雄浑大气、庄重朴实的建筑以及精美的雕刻和壁画。

隋朝直播间

追踪重要历史事件

隋书·高祖帝纪

乱世的终结者

公元 581 年，杨坚逼迫北周静帝写了退位诏书，自己登基为帝，创立了隋朝，史称隋文帝。

杨坚是北周静帝的姥爷，称帝后，暗中派人杀害了自己的外孙静帝。当时的静帝只有九岁。杨坚假装很震惊的样子，隆重地安葬了静帝。

隋朝虽然建立了，但还有两个势力没有征服，一个是雄踞北方虎视眈眈的突厥，一个是偏居南方的陈国。隋文帝杨坚计划先解决北方的威胁，再一举灭陈。

国宝档案

隋绿玻璃小瓶、罐

此器出土于李静训墓，以绿色玻璃制成，壁极薄，透明度、光亮度极好。隋朝时，外国传入的玻璃器制造技术已经失传，但内监从绿瓷烧造技术中获得了启发，发明了吹制法，此器就由吹制法制成。李静训是隋文帝和独孤皇后的曾外孙女，九岁病死，因此给她陪葬了当时非常珍贵的绿玻璃器。

隋文帝一面派出使者前往陈国，和陈后主陈叔宝交好，一面训练水军，为统一天下做准备。陈叔宝以为有长江天险为屏障，毫不在意，继续吟诗作歌。

就在隋文帝备战期间，突厥发生了内乱，各部开始互相残杀，隋文帝得到消息后，大喜过望，使用离间计，瓦解了突厥势力，使突厥各部归附了隋朝。

国宝档案

隋嵌珍珠宝石金项链

此物出土于隋朝李静训墓，由金线穿起二十八个黄金球，项链下端镶嵌一块鸡血石，四周嵌有珍珠，最下面又有一块青金石。鲜红的鸡血石、宝蓝的青金石、洁白的珍珠，在纯金的烘托下，交相辉映。有专家考证，此物可能来自巴基斯坦或阿富汗一带。

解决了突厥这个后顾之忧后，隋文帝终于有机会南下，进攻陈国了。

杨坚任命了几位统帅，其中包括自己的儿子——晋王杨广，同时从长江上游、中游、下游进攻陈国。水军和陆军加起来有五十多万人，队伍连在一起有几千里那么长，堪称中国历史上规模最大的渡江战役之一。

正是正月间，陈国还在欢度春节，士兵们喝得醉醺醺的，隋军趁机包围了都城建康。

当陈叔宝得知隋军兵临城下时，万分慌乱，急召大臣商议。

大臣们半天拿不出一个主意来，陈叔宝不知道该怎么办，一直哭泣不停。

大将萧摩诃说：“隋军刚到建康，还没站稳脚跟，我们现在发兵，一定能打他们个措手不及！”

大臣们说：“是啊，现在出兵，哪怕战死了，好歹也能留个好名声。”

陈叔宝仿佛看到了希望，下令赶紧部署。

可是，陈军已经很久没有打仗了，平时也不注重军事训练，刚交手就被隋军打得四散而逃。将领也叛变了，带着隋军冲进了建康城。守门的将士本想抵抗，叛将大喊：“我都投降了，你们还打什么！”将士们便把城门大开，乖乖地投降了。隋军几乎没花太多力气，就攻到了皇宫。

陈叔宝没想到隋军这么快就打进来了，连忙带着两个妃子跳到枯井里躲藏。结果被隋军发现，用绳子拽了上来。陈国就这样灭亡了。

隋文帝杨坚结束了南北分裂的局面，统一了天下。

隋朝最美的时刻

隋文帝杨坚是一位很有作为的皇帝，在位期间，开创了“开皇之治”

的盛世。

他改革了官制，设立了“五省六部”制，尚书省、门下省、内史省共同商定国家大事。秘书省主管书籍、历法，内侍省都是太监，这两个省不参与政事。尚书省下面还设立了吏部、礼部、兵部、都官、度支、工部。后来都官改为刑部，度支改为户部。

这个政策在中国一直延续了很长时间。

为了选拔真正的人才，隋文帝开创了考试制度。想要做官必须先参加考试，根据成绩的高低来决定官位。这样一来，不学无术的贵族子弟就不再有做官的特权了，有才能的寒门子弟有了施展抱负的机会。这就是科举制度的前身。

科技发明

赵州桥

赵州桥也叫安济桥，由隋朝工匠李春设计并建造，是世界上第一座大跨度敞肩石拱桥。拱桥的两端各加了两个小拱，既能节约石料，还能减少洪水对大桥的冲击力；地基土以粉质黏土为主，曾经历过八次以上地震的考验，历经千年而安然无恙，对世界桥梁建筑有着深远的影响。

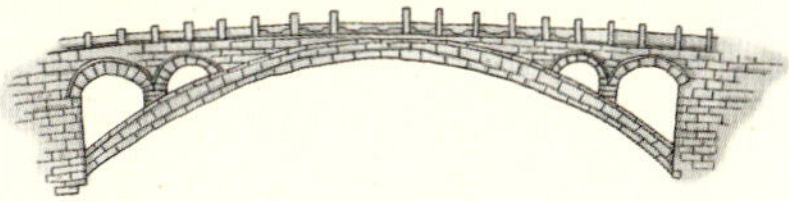

隋文帝还废除了很多酷刑，百姓有冤情，可以直接向官员申诉；执行死刑之前，也要先把名单交给中央政府审核，这使全国的冤假错案一下子减少了很多。

隋文帝重新分配了土地，无论是王公贵族，还是普通百姓，甚至是奴婢，都能获得田地。

隋文帝还开展了一次“人口普查”，清查出不少被权贵隐匿起来的人口，漏报户口被补上去之后，大大增加了国家的税收。

诸多措施极大地提高了百姓的生产积极性，遇到丰收年，百姓还会自愿捐出一部分粮食，储存在国家的“义仓”中。义仓里还装了几千万匹的布。据说当时国家仓库里储存的东西，足够使用五十年。

隋书·炀帝纪

善于伪装的皇子

杨广是隋文帝的第二个儿子，长相英俊，聪明好学，十三岁时被封为晋王，曾带兵攻打过陈国。

除了杨广，隋文帝的长子杨勇也很优秀，博学多才，宽厚仁慈，被隋文帝封为太子。不过，杨勇喜欢奢侈的排场，接受百官朝贺时不遵循礼法，还喜欢拈花惹草。杨广想取代太子之位，他特意把自己伪装成清心寡欲、发奋读书的样子。有一次，隋文帝去杨广的宫殿，看到乐器上积满了灰尘，琴弦也断了不少，像是好长时间没有弹过了。隋文帝便以为杨广刻苦学习，不贪图享乐。

杨勇喜欢美女，经常移情别恋，这让崇尚感情专一的母亲独孤皇后很不高兴。杨广知道之后，故意装出洁身自好的样子，每当隋文帝和独孤皇后前来，都让其他姬妾躲起来，自己只带着正妃去大门口迎接。

一次，杨广向独孤皇后哭着说：“我虽然很笨，却知道什么是手足之情。现在，我也不知道自己犯了什么错惹怒了太子，他总想加害于我。我每天都提心吊胆，担心他在母亲面前说我坏话，或是在我的饭菜中下毒。”

独孤皇后听了大怒，说：“太子真是越来越放肆了。现在我还在，他就想谋害你，要是我死了，还不把你当成鱼肉吃了！”

国宝档案

隋白釉龙柄双联传瓶

此瓶的两个腹部连在一起，共用一个瓶口，两边的手柄是修长的龙，龙头探入瓶口，好像在贪婪地吸吮瓶中的琼浆玉液，造型新颖别致、浑厚凝重，又灵秀活泼。瓶身有铭文“有并”二字，这在古瓷中非常少见，大概是瓶身双腹相连或此瓶成双的意思。

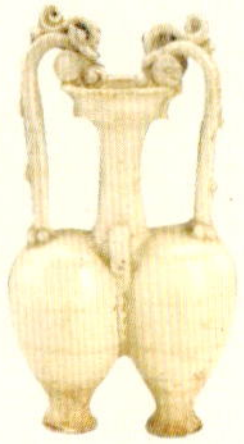

之后，杨广又联系了几位大臣为他说话，其中就有丞相杨素。

丞相杨素求见独孤皇后，夸赞了杨广一番。独孤皇后点头称是，让杨素协助杨广，大家一起努力，让皇帝废掉太子。

之后，独孤皇后在隋文帝跟前总是数落太子杨勇，赞美皇子杨广，丞相杨素又诬陷太子准备谋反，隋文帝终于下定决心，把杨勇贬为庶人，杨广如愿以偿地当上了太子。

隋朝为什么短命

隋文帝死后，杨广如愿即位，成了历史上很有名的皇帝——隋炀帝。

起初，隋炀帝和隋文帝一样，也是一个勤俭节约的好皇帝，但没过多久，他的真面目就显现出来了，开始骄奢淫逸，好大喜功。

他下令修建宫殿，都用金玉装饰；开凿大运河，并造龙舟、楼船等各种大船几万艘。

有了大运河，国家就能加强对南方的管理了，北方和南方的联系也密切了，南方的粮食还能运送到北方，这本来是一件有见识的大好事。可是隋炀帝强征百姓修建，动用了一百多万人力，男人不够用，又强迫妇女加入，官员们生怕完不成任务，动不动就用棍棒毒打百姓，将近一半的人被活活打死或累死，每个月运送尸体的车辆连绵不绝。

大运河修建完成后，隋炀帝就乘坐华丽的大船去巡游江都（今江苏省扬州市）了，以彰显帝国的恢宏气度。

知识宝盒

大运河

春秋时，吴王夫差修建过一条沟渠——邗沟。隋炀帝时，以邗沟为中段，加长加宽，沟通海河、黄河、淮河、长江、钱塘江五大水系，北至北京，南至杭州，是世界上最伟大的工程之一，也叫“京杭大运河”。大运河带来了无尽财富，两岸诞生了十几座繁华的都市，今天仍在发挥作用。

隋炀帝还下令制造车驾、旌旗等，只要是能做装饰用的兽骨、兽角、皮革、羽毛等，一律都要上交国家。一时间，天上飞的、地上跑的、水中游的统统面临着被捕捉的危险。

一切准备妥当后，隋炀帝又命令八万多名纤夫，也叫“殿脚”，穿着华丽的锦袍，拿着青丝缆，拉着大船前行。

大约有二十万人跟随隋炀帝前往江都，一路上，沿岸的百姓必须进

贡食品，准备的物品越丰盛，就越有加官晋爵的机会；如果招待得不好，就会被处罚，甚至被处死。

隋炀帝做了很多劳民伤财的事，为了证明自己比父亲隋文帝还厉害，他曾三次攻打高句丽（今中国东北地区和朝鲜半岛一带），每一次都出动上百万的兵力。

由于长途奔波，士兵们的战斗力大大减弱，再加上指挥不当，隋军打了很多败仗。高句丽虽然打了几次胜仗，却也损耗了不少兵力，不愿意再打仗了，便派人向隋炀帝请求投降。

隋炀帝赢得了表面的胜利，心满意足。

为了显示自己的霸主地位，隋炀帝不惜血本，邀请西域各国的使者前来洛阳，一时间出现了“万国来朝”的盛大景象。

隋炀帝命令搭建戏场，安排表演百戏，歌舞声通宵达旦，几十里外的人也能听见；街道房屋修缮一新，店铺的地上都铺上了地毯，路边的树木都披上了华贵的丝绸，一眼望过去，繁花似锦，气派十足。

万国来朝一场举国盛宴后，使隋朝的国库空虚了，只能更多地盘剥百姓。

百姓再也无法忍受了，纷纷揭竿而起。当隋炀帝乘龙舟第三次巡游时，国家已经很混乱了，到处都蔓延着起义军的熊熊烈火，大臣们请求隋炀帝取消这次巡游。隋炀帝很生气，把劝谏的大臣都杀了。

到了江都之后，隋炀帝整日饮酒作乐。一天，他对着镜子说：“这么好的一颗脑袋，谁能斩得了它？”不过隋炀帝还是不敢回洛阳去了。王公贵族和将士们因为思念家乡，私下里都偷偷叛逃了，留下来的人拥立大将军宇文化及为首领，策划了兵变。一天夜里，宇文化及带兵闯入隋炀帝的寝宫，命人用丝巾勒死了隋炀帝。还是萧皇后和宫人用床板做了个小棺材，将隋炀帝草草埋葬了。隋朝仅仅传了两代就灭亡了。

说说你的想法

隋炀帝应该开凿大运河吗？

隋炀帝开凿大运河，造福了几十代人，至今也在造福我们，但他强征百姓开凿大运河，也害死了很多人，使很多孩子失去了父母亲。那么，你认为隋炀帝应不应该开凿大运河呢？如果你是隋炀帝，你会怎么做？

北史·文献独孤皇后列传

独孤伽罗是鲜卑族，父亲是河内郡公独孤信。由于少数民族遗风，礼法束缚弱，她从小就独立自主。

独孤伽罗十四岁时，嫁给杨坚。几个月后，她的父亲在朝廷内乱中被逼自杀，杨坚也时刻面临生命危险。在复杂的局势中，独孤伽罗谦恭低调，暗中辅助杨坚。多年后，杨坚终于有了出头之日，女儿也成了太子妃。

但意外又降临了。女婿宣帝即位后，总是猜疑杨坚，还想赐他的女儿自尽。独孤伽罗毅然闯进皇宫，叩头流血，才使女儿免于一死，杨家免于株连。

宣帝暴亡后，独孤伽罗的外孙即位，也就是静帝。独孤伽罗对杨坚说：“骑兽之势，必不得下，勉之！”杨坚听后，很快取代静帝之位，建立了隋朝。

独孤伽罗成了隋文帝杨坚的皇后，每日隋文帝上朝，她都同辇而行，到了殿阁停下，让太监进去听政，随时与她沟通。一旦隋文帝出了差错，她便随时匡正。宫中尊她和隋文帝为“二圣”。隋文帝开创的盛世局面中，有多少是她的决策很难分清。

独孤皇后公正无私，没有个人野心，平时手不释卷，学问渊博，五十九岁病逝。

北史·郦道元列传

郦（lì）道元的父亲是北魏官员，这使他长大后也顺利地当了官。他为人正直，性格刚烈，在担任冀州镇东府长史时，施政严酷，官吏们都很害怕，小人和强盗也纷纷逃离。

他又去鲁阳郡当代理太守，当地人听说他的威名，都不敢违法。不过当他出任荆州刺史时，百姓受不了他的酷政，向皇帝告状，他被罢了官。

后来，梁攻打北魏，郦道元受命指挥各路军马，一番猛扑狠打，杀敌颇多。

郦道元升任御史中尉后，他的严猛威名让官员们非常忐忑。有一个人叫丘念，是汝南王的近侍，经常卖官受贿。郦道元想抓捕他，但汝南王总和他在一起，没有机会下手。郦道元便查清了丘念回家的规律，终于抓住了他。汝南王向太后求情，郦道元依然杀了丘念。

皇帝听说雍州刺史萧宝夤（yín）要谋反，派郦道元去探虚实。萧宝夤把郦道元困在山上，山上没有水，郦道元等人无力抵抗，都被杀了。

郦道元一生博览群书，勤奋刻苦，是一位了不起的地理学家。南北朝时期，烽烟四起，他冒着生命危险勘察各地，撰写《水经注》，开创了古代“写实地理学”的先河。

北史·宇文恺列传

宇文恺的父亲是北周重臣，他出身将门，却不喜欢弓马武艺，而喜欢读书钻研。

杨坚灭了北周后，建立了隋朝，想要斩草除根，杀光宇文氏。宇文恺也在被杀名单之中。但杨坚觉得他有才华，与北周皇族的血缘关系不是很近，就赦免了他。

当时的都城长安已经历经八百年，破败不堪，污水难泄，又很狭小，隋文帝杨坚觉得它“妖异”，便让宇文恺设计新都大兴城。

大兴城由宫城、皇城、郭城组成，整个工程十分精细、严谨，达到了当时中国最高的建筑水平。

之后，宇文恺又引渭水通黄河，建广通渠，使关中富庶起来。

宇文恺成为将作大匠，隋炀帝时，又修建洛阳城，用了二百万人，只花十个月就建成了。在他的巧思下，宫殿壮丽无比，十分雄伟。他因此被提拔为工部尚书。

长安与洛阳，是很多朝代的都城，但使这两座城市达到辉煌巅峰的，是建筑学家宇文恺。

宇文恺曾建造了一个大帐，帐下可以容纳几千人。

他还造过一个观风行殿，可容纳几百人，殿下装着轮轴，能使大殿移动。

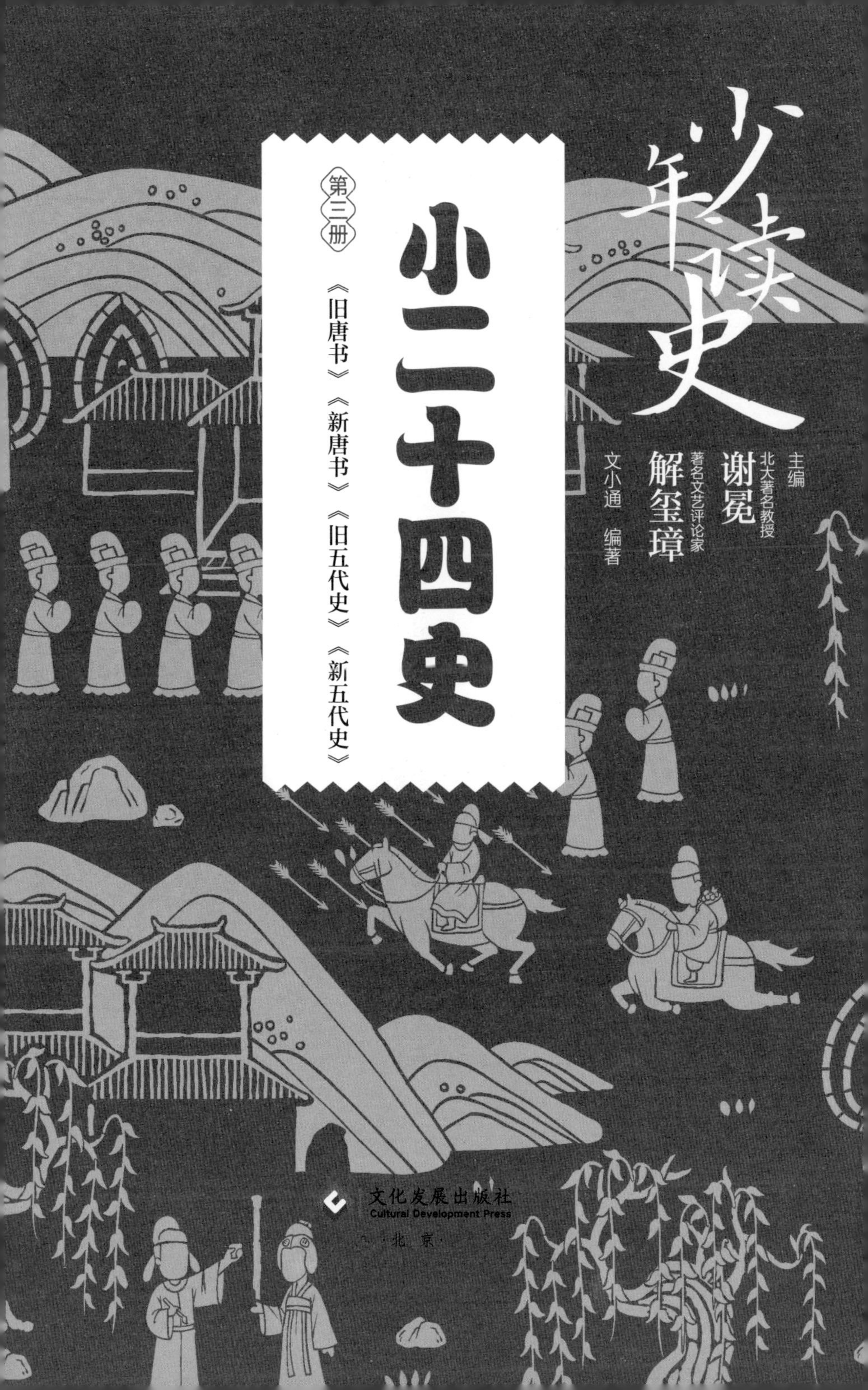

少年读史

第三册

小二十四史

《旧唐书》《新唐书》《旧五代史》《新五代史》

主编
北大著名教授 谢冕
著名文艺评论家 解玺璋
文小通 编著

文化发展出版社
Cultural Development Press
·北京·

Books Bear
布克熊童书

会 讲 故 事 的 童 书

前　言

如果中国史学是一棵大树的话，那么“二十四史”就是这棵大树的主干。在浩如烟海的史籍中，“二十四史”被称为“正史”。

“二十四史”史料丰富，记载翔实，是研究中国历史的首选书。从司马迁编著的《史记》到张廷玉等人编著的《明史》，共24部，3213卷，大约4700万字，是世界图书史上独一无二的巨著。

“二十四史”记录了从上古时代到明朝灭亡数千年的历史，本书又附了民国初期北洋政府设馆编著的《清史稿》部分内容，以便中小学生能够更全面地了解我们国家的历史。

那么，中小学生为什么要读史呢？

鲁迅先生曾说：“历史上写着中国的灵魂，指示着民族的未来。”通过阅读史书，小读者可以知道在自己出生之前中国都发生了什么事情，那些事情为什么和自己相关，从而体会到人生的方向和意义，使自己能够增智慧、明是非、知未来，指引自己成为更优秀的人。

为了让小读者轻松愉悦地阅读“二十四史”和《清史稿》，我们从“二十四史”和《清史稿》中精选了一些具有代表性的人物和事件，浓缩了原著精华，制作出这套《少年读史：小二十四史》，把满满的“干货”奉献给孩子们。

艰深晦涩的史书不适合孩子们畅快阅读，因此，本套书使用了适合孩子们的语言，融入了文学渲染，使史实记载焕发出活泼的生命力，可以提高小读者们的阅读兴趣。

书中还加入了科技发明、文物宝藏、成语典故等方面的知识链接，并配以400多张插图，为小读者们营造出一个绚丽多彩的历史空间。

目录

唐 盛世辉煌

五代十国
乱云飞渡

王朝开场

唐朝一共存续了二百八十多年，和周朝、汉朝相比，就是一个小字辈，但它的能量却像原子核一样，影响了世界文明的进程。

唐朝开国后，唐太宗开创了贞观之治。之后，唐高宗、武则天又添了一把火，使唐朝更加兴盛。等到唐玄宗时，已经是当时世界上的强国之一。

在唐朝，你会被“万国来朝”的景象惊掉下巴。街上，西域人、日本人、朝鲜半岛人、阿拉伯人、波斯人等

唐

盛世辉煌

熙熙攘攘，他们或叫卖，或闲逛，或聊天，或在上下班途中……诗佛王维、诗仙李白、诗圣杜甫、诗魔白居易、诗豪刘禹锡、诗鬼李贺、画圣吴道子、书法家颜真卿、音乐家李龟年等名人层出不穷。

女士们也迎来了大好时光，因为她们的社会地位大大提高了。

遗憾的是，“安史之乱”爆发后，唐朝变得千疮百孔，从此由盛转衰，最终走向了灭亡。

唐朝一日游

如果回到唐朝

如果你能回到大唐的首都，你一定会被“世界之都”的景象震慑住：长安城规模宏大，气势磅礴，布局极为规范。

唐朝的建筑师、设计师已经非常专业，建筑达到了力与美的统一，有一种震慑人心的大气与庄重。

百姓都住在坊里，坊就是由一条条道路划分出来的小“格子间”，远看就像一个个围棋棋盘。长安有一百多个坊，四周是围墙，四面有门，天亮开启，天黑关闭，所以，你一定要抓紧时间游览，天黑后就不能随意出入了。

当你在道路两边看到木牌上写着“贱避贵，少避长，轻避重，去避来”时，你就看到了中国历史上第一部交通法规《仪制令》。这句话的

意思是：地位低的人，要回避地位高的人；年龄小的人，要回避比自己大的人；空手的人，要回避携带重物的人；去的人，要回避过来的人。

在街上，你会与形形色色的胡人、外国人擦肩而过。

你会看到，很多男子都戴幞（fú）头，穿袍衫；女子穿高腰襦裙，披着帔（pèi），有的穿半臂，也就是半袖，半袖里穿着长袖。不过，最流行的还是红色石榴裙。唐朝风气开放，有些女子还穿着男装。

如果你对服饰不感兴趣，也可以打打饮食的主意。唐朝人和现在的人一样，一天吃三顿饭，主食大多是面食，仅饼就有几十种。

羊肉多得很，“过厅羊”最有名，蒸熟后撒上胡椒和杏酱，是一种复合味哟。还有武则天爱吃的“冷修羊”，类似于现在的白切羊肉。有一种“切鲙”，就是生鱼片，日本遣唐使很爱这一口。

当时还没有西红柿、土豆、洋葱、辣椒、玉米，菠菜倒是引进了，但非常贵，还是吃大白菜比较实惠。

大唐直播间

追踪重要历史事件▶

旧唐书·高祖本纪

唐朝是怎么建立的？

南北朝时，北魏有一位将领，名叫李虎。李虎是西凉开国皇帝的五世孙，也就是说，他是皇族后裔。

李虎小时候喜欢读书，更喜欢射箭，胸怀大志，外表风流倜傥。他出身富贵之家，但并不贪财，反而轻财重义，言行高雅，崇尚骨气、名节。

李虎长大后，开始了戎马生涯，立下战功，担任卫将军。

一次，李虎受命讨伐灵州（今宁夏回族自治区境内）刺史曹泥，他没有硬打猛攻，而是引来河水，灌入灵州城，取得了胜利。

西魏建立后，李虎在西魏任职，官至左仆射、太尉，受封陇西郡公，成为当时级别最高的武官之一。

李虎死后，被追封为唐国公。北周取代西魏后，李虎的儿子李昞（bǐng）继承了唐国公的封号。李昞死后，他的儿子李渊成了新一代唐国公。此时的李渊，刚刚七岁。

过了几年，李渊长大成人，性格洒脱，胸怀坦荡，得到了很多人的赞赏。有一个很会相面的人对李渊说："你骨骼奇异，将来一定会做皇帝。"李渊听后非常高兴。

隋朝开创后，李渊作为隋文帝杨坚的外甥，很受器重，做过谯、陇、岐等地刺史。然而，等到隋炀帝杨广，也就是李渊的表兄弟即位后，一切就变了模样。隋炀帝生性多疑，总是猜忌别人，连李渊也不例外。

李渊爱交朋友，与大批英雄豪杰有往来。隋炀帝知道后，心里十分不满。不久，隋炀帝亲临李渊管理的地盘巡察，不巧的是，李渊生了病，没有去觐见。隋炀帝更不高兴了，问妃子王氏——李渊的外甥女：“你舅舅怎么了？”王氏回答说：“生病了。”隋炀帝冷笑一声，问道：“病

原味典故

楼台牡丹

隋炀帝杨广带领众妃在玉凤楼赏花。一个妃子叹道：“牡丹为花中之王，可惜楼高看不清楚。”隋炀帝命人栽高株牡丹。花匠们把牡丹嫁接在香椿树上，牡丹高过了楼台，被称为“楼台牡丹”。此技术后来失传。

死了吗？”王氏十分惊恐，不敢说什么。

李渊听说这件事后，非常害怕，赶紧贿赂皇帝身边的宠臣，请他们为自己说些好话，自己则装出一副胸无大志的样子，每天在家饮酒作乐。

公元616年，李渊打败了突厥，被升了职，做太原的最高长官。隋炀帝依旧不信任他，派两个密探——王威和高君雅，跟随他去了太原。

隋炀帝一贯骄奢淫逸，好大喜功，劳民伤财地修建了大运河和宫殿，还到处打仗，不顾百姓的死活。百姓活不下去了，纷纷揭竿而起。

李渊的第二个儿子叫李世民，他早就料到隋朝将走向灭亡，于是和晋阳县令刘文静商量，也想起义。问题是，怎么才能说服李渊呢？

李世民想方设法拉拢了李渊的好朋友裴寂，然后和他一起想了个办法。

一天，裴寂邀请李渊喝酒，喝得高兴时，裴寂招来美女侍奉李渊。第二天，裴寂才告诉李渊，美女是宫女。要知道，宫女是专门侍奉皇帝

的，现在侍奉了李渊，李渊是要被杀头的。

李渊大惊失色，一时不知所措。裴寂趁机劝说李渊起义。这时，李世民也走进来劝说。李渊这才明白自己中了计，他又惊又怒，想把李世民抓起来，送交朝廷法办。众人再三劝说，他才打消了念头，同意起义。

时机很快来临，一个叫刘武周的人率先起兵造反，李渊借口讨伐刘武周，让李世民、刘文静等人招兵买马，十天工夫就招到了大约一万人。李渊又秘密招来大儿子李建成和四子李元吉。

隋炀帝的眼线王威和高君雅发现李渊在大量集结兵力，感觉大事不妙，想要除掉他。他们想了一个主意，说天气干旱，请李渊去晋祠求雨，准备在祠堂发动袭击。

谁知机事不密，有人偷偷告诉了李渊。李渊将计就计，到了求雨这天，他让李世民在祠堂外埋好伏兵，并派人去官府，谎称王威、高君雅要造反，就这样杀死了他们。

隋炀帝的“眼睛”被挖掉后，李渊开始大展拳脚，先派刘文静出使突厥，与突厥结成联盟；又让李元吉守住大本营太原；自己则和李建成、李世民向西进军，夺取关中。

知识宝盒

平阳公主

李渊起兵后，李渊的第三个女儿女扮男装，变卖家产，四处联络反隋起义军，组建了一支七万人的军队，号称“娘子军”，在关中打下了一大片地盘。她所驻守的山西绵山关隘，被称为“娘子关”。李渊称帝后，封她为平阳公主，死后以军礼下葬，是历史上唯一由军队举殡的女性。

仅仅半年时间，李渊就夺取了都城长安，把还在江南游玩的隋炀帝尊为太上皇，拥立他的孙子代王杨侑（yòu）为帝，也就是隋恭帝。

隋恭帝身为傀儡，不得不晋封李渊为唐王、丞相，李渊父子自此掌握了朝政大权。

公元618年，隋炀帝被侍从杀死。消息一传到长安，李渊立刻逼迫隋恭帝禅位，自己做了皇帝，史称唐高祖，国号为“唐”，并立长子李建成为皇太子，封次子李世民为秦王，封四子李元吉为齐王。

旧唐书·太宗本纪

史诗般的征战

唐朝建立了，但国家还是四分五裂，起义军将领都不甘心臣服，各自占据一方称王。陇州、太原、洛阳等地盘都在起义者的手中。李渊便派儿子们去消灭这些割据势力。其中，第二子李世民功劳最大。

唐高祖李渊给李世民取名“世民”，是希望他长大后能济世安民。李世民少年时就分外机智，见识高超，刚毅果断，没有人能透彻地了解他。当他十八岁时，已经具备远见卓识，不仅能礼贤下士，招揽豪杰，在起义后还英勇作战，冲锋在前，为李渊称帝立下莫大的功劳。

唐朝刚建立两个月，割据陇州的薛氏集团就开始入侵。秦王李世民当机立断，立即率军讨伐。

双方都在挖深沟，筑起了高高的营垒，相持了两个多月。陇州军来

科技发明

唐刀

唐刀多指横刀，刀身窄直，刀尖下斜，敦煌第四十五窟壁画《胡商遇盗图》中，强盗拿的就是这种刀。日本正仓院现藏的唐金银钿装唐刀，就是日本遣唐使从长安带回国的。唐刀是中国冷兵器史上的巅峰之作，制造时，要不断地冶炼、锻打、淬火，就像揉面一样，经过“百炼”始成。图中武士所佩武器为唐刀。

自边境，十分彪悍，军势强盛，多次飞马前来挑战，李世民按兵不动。

等到陇州军的粮食吃完了，士气也衰退了，李世民才出其不意地出兵，开始了野战。

李世民骑着战马“白蹄乌”，旋风一样冲入敌阵。他只带了几名骑兵，率先杀入敌阵，使薛军大乱，掉入山涧河谷的人不计其数。

陇州军逃跑时，李世民又骑着白蹄乌，带领两千多轻骑兵紧紧追赶，奔向薛军的城池。

唐军将领纷纷反对，因为轻骑兵数量少，也没有攻城器具，不仅攻不下城池，还可能被击杀。他们希望李世民停止追击，等待步兵。

李世民没有听从，他认为野战中被打散的陇西兵还没有逃回城中，城内空虚，薛氏会因为恐惧而投降。

一昼夜，白蹄乌奔驰两百多里，李世民赶到城下，扼守了关口要道。第二天早晨，城内的薛氏就投降了。

这一战，李世民缴获了很多陇西精锐骑兵。他没有为难薛氏，仍让他们带兵，还和他们一起骑射、游乐，没有什么距离、隔阂。投降的将领都很感动，愿意以死报效。

收复陇州后，第二年，割据河东、自称皇帝的刘武周又来进犯，威逼关中，打败了齐王李元吉，关中大震，一片惊骇。

李渊退缩了，说:“贼人这样厉害，还是抛弃河东，只守住关西算了。”

李世民极力反对，说：“太原是国家的根本，河东是京城的依凭，不能抛弃。给我三万精兵，我一定能消灭刘武周。”

李渊听了，涌起了希望，把关中兵马都交给了李世民，还亲自为李世民送行。

冬天到了，李世民踏着积冰，渡过黄河，进驻柏壁，与刘武周派来的大将宋金刚对峙。

宋金刚派尉迟恭等人出战，首战获胜，唐军几位将领被活捉。李世

民马上让秦琼拦截，打败了尉迟恭。

将士们想要追击，被李世民拦住。

他说："刘武周坐镇太原，派宋金刚守在前线。宋金刚带着一支奔走千里的孤军，深入我们的地界，是为了速战速决，如果我们追击，正中他下怀。不如搬兵回营，养精蓄锐，等他粮尽计穷，自己就逃了，到时候再追击。"

不过两个月，宋金刚的将士们就陷入了饥饿，开始四处逃遁。李世民立刻率军追杀。

李世民骑着西域进贡的汗血宝马"特勒骠"，一昼夜间，急追二百多里地，交战几十次。一天中，连打八次硬仗。李世民两天水米未进，三天没有解甲，特勒骠也没有卸鞍，短暂休息时，依然迈着经过严格训练才能达到的仪仗步法。

宋金刚排兵布阵，足有七里长。李世民派程咬金、秦琼等人冲杀兵阵的北部，又派人冲杀兵阵的南部，自己则冲杀兵阵的后部。

宋金刚溃败，唐军追打几十里，阵势浩荡、惊人。

尉迟恭率领残兵八千人归降，李世民好生对待他，让他继续领兵。唐军将领不相信尉迟恭，李世民力排众议，对尉迟恭推心置腹。尉迟恭深受触动，从此与他生死与共。

刘武周听说宋金刚兵败后，大为恐慌，带着五百骑逃向突厥。

刘武周和宋金刚并不死心，躲了一阵后，又想背弃突厥，与唐军争斗，被突厥人发现，杀死了他们。

此时，洛阳被王世充占据。夏天，李世民攻打王世充。

在洛阳邙山，李世民骑着名叫“飒露紫”的战马，带着一些轻骑兵引逗王世充。王世充当即出兵。李世民兵少，很快就落了下风。大家都很害怕，李世民让他们快点儿回营，自己一个人跟在他们后面。

科技发明

火药

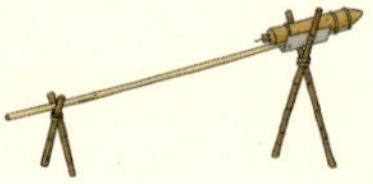

春秋时，有人用硫黄、雄黄、硝石、蜂蜜炼丹，结果爆炸，引发火焰。蜂蜜加热能变成炭，与硫黄、硝石混合，就是火药。火药发明前，攻城守城时，常用抛石机抛掷石块和油脂火球；火药发明后，抛石机就用来抛掷火药包了。唐朝末年，有人用“飞火”攻城，飞火就是火炮、火箭之类。火炮的火药要用抛石机“飞”出去，火箭则把火药球绑在箭下，用弓射出。

王世充的几百个骑兵从小夹道冲过来，李世民的将士们失散，身边只剩下将领丘行恭一个人。李世民被围住，箭雨四面而来，战马飒露紫的胸部中了一箭。

就在李世民差点儿被活捉的时候，丘行恭急转马头，连射几箭，然后跳下马，把坐骑让给了李世民。李世民左右开弓，每射一箭，都有人应弦而倒。丘行恭牵着受伤的飒露紫，一手持刀，和李世民一起跳跃大呼，杀了几个人，突围而去，进入大军之中。回到营地，李世民不舍地抚摸着飒露紫。丘行恭忍痛为飒露紫拔出胸部的箭，飒露紫倒了下去。

王世充退回洛阳后，李世民派人切断王世充的粮道，又亲自考察了战场的地形，与王世充再次交战，王世充逃走了。

消息传开后，很多州都来归降。王世充一下子被孤立起来，不得已，只能向窦建德求救。窦建德是他以往的敌人，但唇亡齿寒，他现在只能指望窦建德了。

过了年，双方又开始激战。王世充的士兵终于坚持不住，撤退了。

王世充不敢再出战，躲在城内，一心等待窦建德前来救援。李世民派人挖掘深沟，围住城池，打算把王世充困死。窦建德虎踞河北，巴

历史人物

李靖

李靖是唐朝大将，曾跟随秦王李世民进击王世充，后来灭东突厥，破吐谷浑，被封卫国公，为“凌烟阁二十四功臣”之一。李世民让他教侯君集兵法，侯君集说李靖要谋反，因为每到精微之处，李靖就不教他。李靖回答，是侯君集要谋反，因为我教他的兵法足以安定四方，他想学尽，是因为有异志。侯君集后来果然谋反了。

青骓
李世民
王世充

白蹄乌
什伐赤
特勒骠
拳毛䯄
丘行恭
唐
飒露紫

不得王世充倒霉，可他的手下说："你与王世充就好比牙齿和嘴唇，嘴唇没了，牙齿也会感到寒冷。"窦建德听了，便亲率十万大军，号称三十万，来救援王世充。

窦建德大军来势汹汹，一路上打了好几个胜仗。唐军开始恐慌，将领们劝说李世民放弃攻打洛阳。李世民不同意，他把兵力一分为二，命人继续围困洛阳，自己则率几千人占据虎牢关（今河南省荥阳市境内）。

第二天，李世民只带着五百人就出了虎牢关，去观察窦建德的营地。一路上，他不断地留下随行的骑兵，埋伏在路旁，最后只带着几个人前行。

到了离窦建德营地三里远的地方，突然遇到窦建德的游兵。李世民大喊一声"我是秦王"，随即射死一位将领。窦建德军中大慌，派出五六千骑兵追赶，李世民的手下面如土色，李世民让他们先撤，自己和尉迟恭殿后，等追兵一靠近就拉弓放箭，每一箭都射死一人。就这样反复了几次，追兵不敢再追了。

返回虎牢关后，双方进入对峙状态。二十多天后，李世民派去探听消息的人回报："窦建德已探听到我军战马没有饲料，想在我们放马吃草时偷袭虎牢关。"

李世民非常高兴，依旧放马在黄河北岸，引诱窦建德深入。

第二天一早，窦建德果然率领大军列阵，擂鼓向唐军挑战。

李世民告知部下："现在只需按兵不动，等窦军气势减弱、疲惫不堪时，再发起攻击。"

从上午到下午，窦建德的兵将又累又饿，纷纷坐在阵中，争喝抢吃，场面一片混乱。李世民当机立断，下令进攻。

窦建德赶紧让大家起来，恢复战阵的队形，但还来不及恢复，李世民已经率军冲过来了。

一时间，两军会战，尘土飞扬，呼声四起。

李世民带着程咬金、秦琼等人直接冲到阵后，把军旗张挂起来。窦建德的将士们回头一看，唐军旗帜大展，以为被端了老窝，顿时崩溃而逃。

李世民骑着"青骓"马，和将士们一起追赶攻打。青骓有如离弦的箭，飞驰在军阵中，一直奔驰了二三十里。一战下来，战马前身中了一箭，后面中了四箭，可见它在冲锋时多么迅猛。

在攻打王世充和窦建德的大战中，李世民还骑过一匹叫"什伐赤"的马，什伐赤的屁股上中了五箭，仍在向前冲锋。

窦建德被活捉了。李世民怒斥窦建德："我打王世充，不关你事，你为什么越过边境，攻打我军？"

窦建德颤抖着说："现在我假若不来，怕麻烦你远道攻取我。"

李世民将窦建德看押起来。王世充异常恐惧，只好出城投降了。

窦建德有个旧将，名叫刘黑闼（tà）。他不甘心称臣，举兵造反，占据了洺州。年底，李世民去讨伐刘黑闼，断了刘黑闼的粮道。

刘黑闼着急起来，迫切求战，一大早就带兵接近唐军。

李世民亲自攻击刘黑闼的骑兵，然后又冲击、践踏他的步兵。

之前，李世民已经派人筑坝，堵住洺水，使水流变浅，让刘黑闼军

能够渡水。等到开战时，他又让人挖开河坝，大水涌来，有一丈多深，渡水过河的人都被淹死了。

激战就此开始，李世民骑着战马“拳毛䯄（guā）”，一顿腾挪冲杀。拳毛䯄身中九箭，战死在阵前。

国宝档案

昭陵六骏

拳毛䯄、什伐赤、白蹄乌、特勒骠、青骓、飒露紫，是唐太宗李世民骑过的六匹战马。六骏死后，他十分怀念，命人凿刻石雕，放在自己的墓地昭陵，被称为“昭陵六骏”。通过采用高浮雕手法，石雕传神地表现出六骏的性格和在战场上中箭驰骋的情景。1914 年，飒露紫和拳毛䯄石雕被盗，后出现在美国宾夕法尼亚大学博物馆里。其余四骏石雕在盗运时被截获。

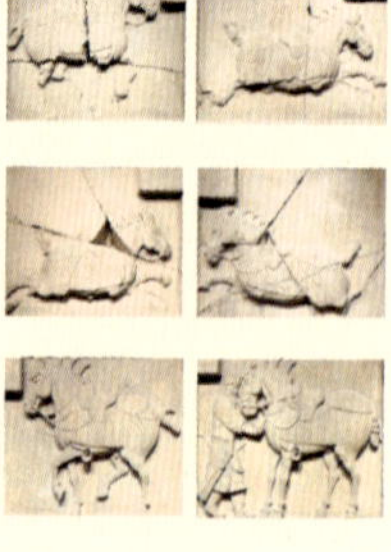

刘黑闼逃往突厥。河北平定了。

后来，当突厥前来侵犯时，李世民又率军征讨。他见突厥军犹豫不决，便只带一百人去见突厥首领，进行和谈。突厥首领当即表示，愿与唐朝结盟。之后，突厥撤离了。

李世民功勋卓著，被升为中书令。

玄武门之变

经过多年的浴血奋战，唐朝终于平定了叛乱。秦王李世民战功显赫，唐高祖李渊给他很多封赏，地位超过了其他皇子和王侯。

太子李建成感受到了巨大的威胁，他与齐王李元吉一起对抗李世民。李世民也扩大自己的势力集团，与太子集团虎视眈眈地对峙。

太子集团与李世民集团之间的矛盾越来越大，都想消灭对方。有一年，突厥入侵边境，太子李建成觉得这是一个天赐良机，可以趁机调走李世民手下的大将。于是，他极力推荐齐王李元吉为主帅。李渊同意后，李元吉让李世民的将领尉迟恭、秦琼等人跟随自己出征，还挑走了李世民手下的很多精兵。

历史人物

尉迟恭、秦琼

尉迟恭和秦琼为唐朝开国名将，并参与玄武门之变，帮助李世民夺位称帝，被列入“凌烟阁二十四功臣”。据说，唐太宗李世民生病时，夜不能眠，尉迟恭和秦琼亲自为他守门，他才入睡，而后病愈。百姓便在自家大门上张贴二人画像，作为门神，以驱邪避鬼，保卫家宅。

李建成对李元吉说："到时候我与秦王一起去给你送行，然后让埋伏好的勇士杀死他，再谎称秦王暴毙，骗过父皇。"

然而，李世民早就收买了李建成身边的一个官员，提前得知了计划。

他很快制定了对策，当天夜里，赶去皇宫，声泪俱下地向李渊诉说了太子和齐王对他的陷害。李渊听了很诧异，下令让太子、齐王第二天一早进宫。

计划的第一步成功了，最关键的还是明天。对李世民来说，这注定是一个难眠的长夜。

第二天一大早，太子李建成、齐王李元吉遵旨进宫，走到玄武门时，他们察觉到了变化，心中有了不好的预感，回马掉头就走。

李世民骑马冲出来，在后面呼唤他们。李元吉心虚，回身向李世民射箭，由于着急，射了两三次都没有射中。李世民也搭弓射箭，把李建

成射死了。尉迟恭带人射中了李元吉，李元吉也落下马来。

突然，李世民的战马受到惊吓，一路狂奔乱跑，把李世民带入了玄武门旁边的树林。李世民被树枝挂住，摔下了马。李元吉追过来，夺过弓，勒住了李世民的脖子。

眼见李世民命悬一线，尉迟恭飞马赶来，射死了李元吉。

事变传到东宫，太子李建成的部下飞奔而来，很多人都战死了，少数战败而逃。这就是“玄武门之变”。

李世民让尉迟恭去向唐高祖李渊报告。李渊毫不知情，正在宫中的湖上划船游玩，看见尉迟恭全副武装地前来，吓了一大跳，忙问发生了什么事。

尉迟恭回答：“太子和齐王作乱，已被秦王杀死。秦王担心皇上有危险，派我来保护皇上。”

李渊一听，万分惊讶，怎么也想不到，昔日同袍征战的兄弟，如今为了储君之位互相残杀。可是，太子、齐王已经死了，他又能怎么样呢？

李渊无可奈何，只好把李世民立为皇太子，并将国家大事交给他处理。

不久，心灰意冷的李渊又把皇位传给李世民，自己退位当了太上皇，后来恹恹病逝了。

“贞观之治”是什么样子？

唐太宗李世民十分睿智，他很清楚，治理国家光靠自己是不行的，因此，他非常看重人才，在选拔时从不看出身，也不以个人的喜恶为标准，坚持“唯才是举”。

他鼓励学子参加科举考试，让有才华的寒门子弟有了做官的机会。

唐太宗还有一个过人之处，就是虚心纳谏。

唐太宗鼓励大臣们对他多提建议和意见。大臣们也都不客气，有话

就说，毫不顾忌。其中，最有名的谏臣要数魏徵了，他一生中一共提了二百多次意见，好几次把唐太宗气得要命，甚至要杀了这个“乡巴佬”，但最终唐太宗还是认真听取了他的意见。

就这样，唐太宗招揽了一大批有才能的忠贞之人，在他们的帮助下，开始了一系列改革。

知识宝盒

三省六部制

三省指中书省、门下省、尚书省，六部指尚书省下面的吏部、户部、礼部、兵部、刑部、工部。三省六部制是一套严密的中央官制，保证了国家的有序运转。

唐太宗认识到百姓的力量是巨大的，他非常重视百姓的生活，常常说：“百姓如水，统治者像舟。水能让舟安稳地航行，也能吞没它。”

他恢复了均田制，满足了农民对耕地的需求。他还实行了租庸调制，就是百姓可以交纳绢、布等钱物，代替服徭役，以此换取更多的时间从事耕作。

唐太宗又推行了府兵制，将一些青壮年集中起来，让他们平时种地，农闲的时候参加军训。如果发生战争，他们可以在第一时间奔赴战场。这样一来，既有了兵源，又有了粮食，减轻了国家的负担，还能防止将领拥兵自重。

在古代，皇帝们大都重农抑商，把农耕作为天下之本，瞧不起商业。但高瞻远瞩的唐太宗并没有这样，他不但不轻视商业，还鼓励百姓从商。

在他的倡导下，商业城市如雨后春笋般出现，海上丝绸之路和陆上丝绸之路走向了辉煌。

唐太宗对自己要求严格，虽然患有气疾，不适合住在潮湿的屋子里，但他还是在隋朝的旧宫殿里住了很多年，不愿大兴土木，加重百姓负担。对于以前严苛的法律条令，唐太宗废除了很多，采用了宽厚的政策治国，使社会风气变得宽松、自由。有一年，他准许二百九十个死刑犯回家安排后事，等到来年秋天再回监狱领受刑罚。结果所有的人都按时回来了，没有一个人逃走。

文学名士也被组织起来，编写、修订史书典籍。学校越来越多，人才层出不穷。国子监的老师都是真才实学的名儒，学生最多的时候达到上万人。

大唐文化深深地影响了周边国家，日本、高句丽等国家纷纷派出遣唐使，前来学习先进的文化。

风气开放，思想自由，唐朝用宽容的怀抱接受各种文化，无论是佛教还是道教，都能得到尊重。当时还发生了一件大事，那就是玄奘西行。

知识宝盒

遣唐使

日本为了学习中国文化，在两百多年间，冒着被大海吞噬的危险，十几次派出遣唐使团。团中有官员、僧人、阴阳师、医师、画师、乐师、翻译、木工等。许多留学僧、留学生从此留在了中国，另外一些则把中国的服饰、建筑等文化带回日本，推动了日本的发展和唐文化的传播。

玄奘原本是长安城的一名高僧，他发现国内的佛经版本混乱、教义含糊，就只身前往天竺（印度）求取佛经。一路上九死一生，十七年后才回到长安，唐太宗亲自接见了他。

对于周边的民族和国家，唐太宗一直保持友好、开明、宽厚的态度。比如，唐军征服了突厥后，并没有强迫突厥人改语言、改风俗，而是允许他们保留自己的文化。这使西域诸国分外感动，纷纷臣服唐朝，拥戴唐太宗为“天可汗”。唐朝的政治、经济、文化一片繁荣，出现了路不拾遗、夜不闭户的盛世景象，被称为“贞观之治”。

成语补给站

路不拾遗、夜不闭户

唐太宗李世民讨论盗贼的问题，有大臣说：“可用酷刑。”唐太宗反对说：“老百姓去做盗贼，是因为吃不饱穿不暖，我们应该减轻赋税、劳役，任用清官。”过了几年，天下太平繁盛，没人把别人丢失的东西捡走，夜里睡觉也不用闩门。人们便用“路不拾遗、夜不闭户”形容社会风气好。

旧唐书·高宗本纪

诗歌争艳的唐朝

唐太宗李世民把晋王李治立为太子，并严加管教。

日本遣唐使
大食人
驿馆

天竺人
突厥人

唐太宗还写了一本书，叫《帝范》，专门教育李治，还告诫他说：“你应该以古代圣贤为榜样，不要学我这样的人。我自从当了皇帝，犯下很多过失，贪图享乐，烦扰四方，千万不要学我。”

唐太宗病逝后，李治即位，是为唐高宗。

有了老爸唐太宗创下的贞观盛世，还有他留下的一大批有才能的文臣武将，唐高宗的治国之路走得平顺安稳。君臣上下都是萧规曹随，国家富足安定，百姓生活自在，被称为“永徽之治”。

唐高宗是怎样治理国家的呢？首先，他十分勤奋，以前都是三天上一次朝，他改成了一天一次，风雨无阻；其次，他不止一次地鼓励大臣多多指出自己的不足。有一次，他对大臣说：“晋地多次发生地震，都是因为我没做好，你们为什么不指出我的过错？”大臣们连忙认错，表示以后一定会依令行事。

唐高宗改革了科举制度。以前，科举取士不仅要看成绩，还要得到

名士的推荐，导致出现了很多弄虚作假的人，一些有真才实学的人却怀才不遇。唐高宗下令，得不到举荐的人也可以参加考试。这样一来，人才大大增加了。

知识宝盒

唐诗

唐诗是中华文化宝库中一颗耀眼的明珠。据不完全统计，在唐朝，仅是有名字记载的诗人就有两千三百多位，诗作五万多首。鲁迅说："我以为一切好诗到唐代已被做完，此后倘非能翻出如来掌心之'齐天大圣'，大可不必动手。"

由于考试规定要考诗赋杂文，因此，一大批诗人涌现出来，促使唐诗走向了辉煌。可以说，没有唐诗，唐朝就会减色不少。

唐高宗性格宽厚仁慈，但在对外关系上，却是一个强硬派。他平定了突厥叛乱，稳定了北方边境，并使朝鲜半岛上的国家臣服。唐朝的版图达到了最大，东到朝鲜半岛，西临咸海，北到贝加尔湖，南至越南横山。

旧唐书·则天皇帝本纪

从才人到皇后

唐高宗的皇后是武则天，"则天"并不是武皇后的名字，而是她死后获得的尊号，因此后世称她为“武则天”。

武皇后本来是唐太宗的妃子，她十四岁时被召入宫，封才人，赐号“武媚”。她通文史，思维敏捷，行事果断，但始终得不到宠爱，做了十多年的才人，地位一直很低。唐太宗病重时，她和太子李治建立了感情。唐太宗死后，她被送到感业寺当尼姑。即位的太子，也就是唐高宗，对她另眼相待，把她接回来，很快封她为皇后。

国宝档案

龟负论语玉烛酒筹鎏金银筒

此器是唐朝人饮酒时盛放酒令的筹筒。龟座刻画生动，龟抬着头，好像在匍匐前进。龟背着圆筒，好像背上竖立着一支金色蜡烛。筒里有酒令银筹五十枚，上面刻着文字，规定了六种饮酒的情况。由此不难想象唐朝饮酒行令既有秩序，又很热闹的欢乐场面，反映了大唐盛世的繁华。

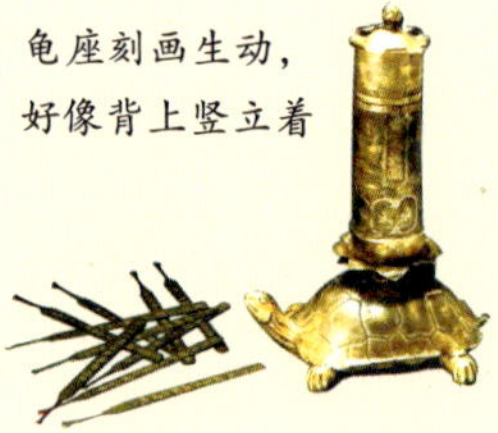

唐高宗患有风疾，发病时头晕目眩，不能处理国家大事，于是让武皇后帮忙处理。武皇后知识广博，足智多谋，处理政事得心应手。唐高宗想要出兵朝鲜半岛，武皇后和大臣极力劝谏，唐高宗才停止了用兵。

起初，武皇后极能屈身忍辱，顺从皇帝的意愿，但得志以后，开始作威作福，皇帝干什么她都要干涉。唐高宗渐渐有些气愤、不满。

唐高宗想废掉武皇后的后位，让宰相上官仪起草诏书。

侍从急忙去告诉武皇后，武皇后立刻跑到唐高宗面前哭诉。一番倾诉后，唐高宗又心软了，还像原来一样对待她。

从此以后，每当唐高宗上朝，武皇后都垂帘听政。慢慢地，大权归于中宫，生杀予夺都由武皇后参与决定。

他还担心武皇后怨恨、生气，哄骗她说："我没有这个心，都是上官仪教我做的。"

第一位女皇帝

由于国力昌盛，武皇后积极劝说唐高宗到泰山举行封禅大典。唐高宗很高兴，率领文武百官前往泰山，武皇后则率领内外命妇随行。

车队连绵几百里，队伍中还有突厥、波斯、天竺、倭（wō）国、新罗、百济、高句丽等国的首领和使节，浩浩荡荡，成为当时盛况。

封禅之后，唐高宗称天皇，武皇后称天后。

武则天上奏十二事，都被唐高宗采纳了。武皇后重视农耕，编辑了一本农书，非常实用，百姓都很喜欢。

随着风眩症越来越严重，唐高宗打算把皇位让给武皇后，或者让武皇后摄政。宰相极力反对，唐高宗这才作罢。武皇后得知后，开始暗中削弱宰相的权力。

唐高宗驾崩时，留下遗诏，由太子李显继位，遇到不能裁决的军国大事，由武皇后决定。

李显即位，是为唐中宗，武皇后成了皇太后，仍然掌握着实际大权。

唐中宗宠爱韦皇后，打算提拔韦皇后的父亲，被一个大臣阻止了。唐中宗非常生气，说道："我就是把天下都给他，又有什么不行？"

这件事被武太后知道了，她大为光火，废掉了李显，把他贬为庐陵王，流放到房州，又立第四个儿子豫王李旦为皇帝，是为唐睿宗，自己仍临朝听政。

英国公徐敬业对武太后不满，在扬州起兵，短短的十多天就聚合了十万兵将。武太后派三十万大军镇压，徐敬业兵败自杀。武太后为了得到真正的人才，昭告天下，允许百姓向朝廷自荐。

她还下令制造铜匦（guǐ），就是一种铜制的匣子，类似于检举箱、报冤盒，放在洛阳宫城前，谁都可以投递。这种广开言路的做法，有力地稳定了朝政。

武太后不再掩饰自己称帝的野心，一些人迎合她的心理，请求她当皇帝。

历 史 人 物

骆宾王

骆宾王出身寒微，少年时有才名，长大后却郁郁不得志。他跟随英国公徐敬业讨伐武则天，撰写《为徐敬业讨武曌檄》。武则天看后，爱惜地感叹道："如此有才华，却沦落至此，是宰相的过错啊。"徐敬业兵败后，骆宾王不知所终，有人说被乱军杀死，也有人说遁入了空门。

公元 690 年，六十七岁的武则天穿上龙袍，正式登基为帝，成为中国历史上唯一的女皇帝。她把国号定为周，史称"武周"，定都洛阳。

武则天都做了什么？

女皇武则天明察善断，勤于政事。对于选贤任能，她格外重视，凡是有才能的人，不论身份高低，都会得到任用。为了防止错过人才，她大胆地开创了"殿试"，就是由皇帝担任主考官，进行考试。

她还开创了武举制，用来挑选军事人才，考试项目有马射、马枪、负重、摔跤等，此后的王朝基本上延续了这一考试形式。

武则天

张柬之
狄仁杰
宋璟

女皇每年选拔的人才比贞观时期多了足足一倍，名臣贤相比比皆是，比如宋璟、张柬之、狄仁杰等，号称“君子满朝”。她还大力发展农业和文化事业，并自创了十几个字，最著名的是“曌”（zhào）。这个字是她给自己取的名字，意思是日月当空、普照人间，表达了她想要独尊天下的雄心壮志。

这个时期，边境很不安定，西南的吐蕃（bō）、北方的突厥、东北的契丹等，先后侵扰中原，女皇采取强硬手段，派大将王孝杰等人去镇压。王孝杰大破吐蕃，收复安西四镇——龟兹、疏勒、于阗、碎叶。女皇大喜过望，在龟兹设立安西都护府。

大臣们纷纷反对，因为管理西域非常危险，也要耗费大量人力、物力和财力。但女皇力排众议，毅然增兵三万，发往安西四镇。这个英明的决策，使安西四镇一直到唐玄宗时都很安定。

女皇又派王孝杰出兵后突厥，使后突厥投降、归附。

历史人物

王孝杰

王孝杰是唐代临潼人，少年时从军。武则天时，任右鹰扬卫将军。王孝杰任清边道行军总管时，讨伐契丹。由于峡谷狭窄，他亲率少量精锐为前锋，且战且进，冲出谷外，又列方阵与契丹交战。但副总管害怕逃走，王孝杰得不到支援，寡不敌众，坠崖身亡，其他将士也都殉国。

生为皇帝，死为皇后

女皇的种种措施，让国家更加繁盛。不过，她对皇室和大臣监察很严，任何人都能向她告密，酷吏也因此兴起。被告者一旦被抓进监狱，酷吏们就用酷刑审讯，能活着出狱的仅百分之一二。

酷吏来俊臣想罗织武氏诸王、太平公主和皇子们的罪行，众人十分害怕，一起揭发他残暴、贿赂等事。女皇知道天下人都怨恨来俊臣，就把他杀了，将其他酷吏也流放了。人们在大街上庆贺：“以后睡觉终于可以把后背贴着席子了。”意思是说，以前连睡觉都不安稳。

女皇的侄子想要当太子，女皇有些动心。宰相狄仁杰说：“姑侄和母子，哪个更亲近？立儿子为太子，儿子当了皇帝后，会在太庙供奉皇上；立侄子为太子，没听说过侄子当了皇帝后，会把姑姑供奉在太庙的。”

女皇听了，把流放到房州的儿子李显接回京城，重新立为太子。

女皇八十一岁时，病体沉重，在集仙殿卧床不起。一些大臣发动政变，率领禁军包围集仙殿，要求她退位。武则天被迫禅位给太子李显。

李显再次当上了皇帝，恢复了国号“唐”。

女皇病逝前，留下遗言，死后不用帝号，只称“则天大圣皇后”。这就是“武则天”三个字的来历。

武则天被葬在乾陵，墓前有一块巨大的无字碑。据说，她之所以不刻碑文，是为了让后人评判自己的功过是非。

原味典故

请君入瓮

来俊臣和周兴是唐代的酷吏，周兴被报谋反，由来俊臣审理。来俊臣假意请周兴饮酒，问周兴审问的“秘诀”。周兴得意忘形地道：“让犯人钻进大缸，四周点火，没有不招的。”来俊臣让人抬来大缸，说：“现在就请你进去吧！”后人便用“请君入瓮”比喻以其人之道还治其人之身。

旧唐书·中宗本纪

唐中宗的神秘死亡

唐中宗李显复位前被流放房州时，他的妻子韦氏一直不离不弃，不停地安慰他、鼓励他、陪伴他，与他相依为命。

武则天多次派使者去探望李显，其实是监视他。李显心惊胆战、坐立不安，生怕母亲会杀掉他，甚至想要自杀。韦氏总是温言软语地开解他，让他不用太过害怕。

有了韦氏的陪伴与支持，李显才走过了一生中最艰难的岁月。他十分感激韦氏，对她发誓：“如果有一天我能重登皇位，一定立你为后，

你想干什么就干什么。”

李显复位后，果然兑现了自己的诺言。

然而，谁也不曾想到，韦皇后隐藏着一个巨大的野心——她想和武则天一样当女皇。韦皇后怂恿唐中宗把武三思封为德静郡王，并把女儿安乐公主嫁给了武三思的儿子武崇训。

科技发明

敦煌星图

敦煌星图被发现于敦煌经卷中，现藏于伦敦大英博物馆中，约绘制于唐中宗时期，是世界上最古老的星图，也是现代星图的鼻祖。全图用圆圈、黑点和圆圈涂黄三种方式，绘制了一千三百多颗星，这些恒星的位置都是唐朝人用肉眼观察的结果。星图后还画有一位电神，戴着民间的硬脚幞头。

就这样，韦皇后和武三思组成了一个新的政治集团，排挤老臣，把张柬之等忠臣明升暗降，夺走了他们手中的权力，自己掌控了朝政。

在流放房州时，安乐公主年纪幼小，尝遍了辛酸苦楚，因此，唐中宗复位后，非常宠爱她，想弥补她过去所受的苦难。甚至当她自己写诏书，拿给唐中宗盖章时，唐中宗竟然也答应了。

安乐公主甚至不把太子李重俊放在眼里，请求唐中宗废除太子之位，把自己立为皇太女。太子李重俊感觉危机四伏，便率领羽林军杀死了武三思等人。韦皇后气急败坏，怂恿唐中宗杀死了太子。

自此，韦皇后更加嚣张，开始公开卖官鬻爵，还强迫平民女子为奴婢。后来，唐中宗上朝时，她干脆坐在帘子后面听政。她还打破惯例，命人谱写歌颂自己的乐曲，让天下人传唱。

一个叫燕钦融的大臣上书皇帝，指责韦皇后、安乐公主目无法纪，操纵朝政，危害国家。唐中宗这才感到事态严重，召燕钦融当面询问。

韦皇后得知后，命人当场击杀了燕钦融，之后和安乐公主一起，毒杀了唐中宗，还杀死了名臣张柬之。

知识宝盒

百鸟裙

唐中宗的女儿安乐公主有两件百鸟裙，用百鸟的羽毛织成百鸟图案，从正面看是一种颜色，从侧面看是另一种颜色；在阳光下是一种颜色，在阴影中又是另一种颜色，流光闪烁。天下人纷纷效仿，致使山林中的鸟兽被扫荡一空。

正在韦皇后想效仿武则天做第二个女皇的时候，有两个人站了出来，一个是唐高宗和武则天的女儿太平公主，另一个是相王李旦的儿子李隆基。

李隆基是一位传奇人物：出生时，他的父亲李旦为皇帝，但当时由他的祖母武则天专权。他两三岁时，被封为楚王；五岁时，父亲被祖母废了帝位。他们父子被幽禁宫中，大约十年不准出门庭，他还被降为临淄王，母亲也被秘密杀死。李隆基十四岁时，终于结束了幽禁。当他二十岁时，宫中发生政变，大臣们逼迫他的祖母让出皇位，由他的伯伯李显当皇帝。他目睹了这场政变，留下了深刻的印象，开始偷偷招徕才勇之人，在皇帝的亲军万骑中发展势力，等到他二十五岁时，已经有了一支庞大的武装力量。

李隆基一直静观韦皇后等人的动静，他和姑姑太平公主等人密谋后，决定先下手为强。

有人建议李隆基还是跟父亲——相王李旦商议一下，李隆基斩钉截铁地拒绝了。他们背着相王联合禁军，趁着黑夜杀入宫中。韦皇后一时惶恐迷惑，慌张逃走，被一个飞骑兵杀死。安乐公主正在殿中对着镜子画眉，被一个士兵斩杀。政变过后，众人拥立相王李旦为皇帝。

旧唐书·睿宗本纪

权倾天下的公主

李旦之前当过一段时间皇帝，当时，武则天废除了李显的帝位，皇位“砸”到了他的头上。但李旦空有皇帝的名号，政事都由武则天决定。

他连基本的人身自由都没有，不能随意出入宫廷，也不能在皇宫中自由行动。

有一次，武则天为了试探他，假装要把政权交还给他，吓得他赶忙拒绝，请求母后继续掌管大权。因为他知道，自己一旦接受，下场只会更惨。

当一众大臣请求武则天称帝时，李旦为了自保，也只能上书请求她称帝，并愿意随母姓。因此，李旦从皇帝又变回了皇太子，住在东宫。

武则天成为皇帝后，武氏家族为了让武姓的人继承大权，想要除掉太子李旦。一个侍女诬告说，太子的两个妃子诅咒武则天。武则天听后，不由分说，杀了她们。李旦一点儿也不敢表现出伤心的样子。

不久，李旦私下见了一位大臣，又被诬告。武则天便剥夺了他接见朝臣的权利。后来，李旦又被诬告谋反，多亏一个乐工以死明志，证明他的清白，他才逃过了一劫。

国宝档案

青釉凤首龙柄壶

此壶出土于河南汲县，是不可多得的青瓷珍品。唐朝时，波斯有一种鸟首壶通过丝绸之路传到了中国，非常流行。这件凤首壶的联珠纹，就是波斯萨珊王朝常用的图案；龙柄与凤首的结合，充满了异域情调；壶身的宝相莲花，散发着佛家气息。

成语补给站

南山可移

唐朝时，雍州有个司户参军，名叫李元纮（hóng）。一日，有人举报，家里的石碾被太平公主抢走。李元纮判决太平公主归还石碾。长史窦怀贞吓坏了，劝他不要得罪太平公主。李元纮在判决书上写道："南山可移，判不可摇也。"世人便用"南山可移"表示案件的判决不可改变。

武则天晚年的时候，归政给李氏子孙，李显二次当皇帝，李旦被封为相王。李显被韦皇后毒杀后，李旦的儿子和妹妹发动政变，使他又做了皇帝，即唐睿宗。

唐睿宗把儿子李隆基立为太子，把妹妹太平公主晋封万户，使她成为唐朝最有权势的公主，还被允许参政。

太平公主从小受到唐高宗和武则天的喜爱，武则天曾夸奖她最像自己。这样一个女子，不甘于平凡，先后帮助哥哥李显、李旦登上皇位，而两个哥哥也都十分信任她，尤其是唐睿宗，对她简直到了言听计从的地步。只要是她提出的建议，一律执行；只要是她举荐的人，全部录用；朝中官员的升迁或降免，都由她说了算。

太平公主的野心越来越大，甚至有了取代哥哥唐睿宗的想法。不过，在她走向权力巅峰的路上，还有一个“绊脚石”，那就是她的大侄子李隆基。

李隆基精明能干，为了扳倒他，太平公主再三劝说唐睿宗改立太子。这一次，唐睿宗没有听从，因为李隆基毫无过错。

太平公主又派人跟踪、监视李隆基，甚至让大臣说李隆基的坏话。

李隆基不愿意任人摆布，对太平公主做出了反击。二人斗得难解难分，唐睿宗左右为难，最终决定把皇位传给儿子，自己退位。

李隆基登上了皇位，史称唐玄宗。

眼看大局已定，但太平公主丝毫没有妥协。她还制订了一个惊天大计——杀皇帝。她联合一些大臣，准备发动政变。但他们的计划被唐玄

宗李隆基提前知道了，他先下手为强，杀死了谋反的十几个人。太平公主听说后，逃入了山寺，三天后又回来，被赐死在家中。

唐玄宗下令，没收太平公主的所有财产。由于财物过多，用了几年时间才没收完成。铲除了太平公主的势力后，唐玄宗摆脱了有名无实的尴尬地位，开始大展拳脚，治理国家。

旧唐书·玄宗本纪

大唐的全盛时刻

为了表达自己再创唐朝伟业的决心，唐玄宗李隆基将年号改为“开元”。

他干劲十足，制定了很多新规。比如，在京官中选拔有才识的人，去外地做刺史；在外地官员中选拔有本领的人，到朝廷任职。这种调度，

历史人物

一行

一行是唐朝僧人、天文学家，本名张遂，曾万里跋涉，测量各地的纬度，最远到达越南一带；又观测各地日食，并观测、记录下恒星的运行轨迹，写出一部手抄本。唐玄宗令人整理后，取名《大衍历》。一行是世界上第一个测出地球子午线长度的人。

被固定下来，激发了官员的积极性。

唐玄宗还亲自复试了一批县令，辞退了其中不合格的人。他重用了正直的姚崇和宋璟，任他们为丞相。这两个人干练、公正，把国事处理得井井有条。

唐玄宗下令兴建水利工程，仅是较大工程就有五十多处。农田得到了灌溉，粮食储备也越来越充足。唐玄宗文武双全，多才多艺，对学术文化也非常重视。长安、洛阳都创建了集书院，鼓励人们著书立说，著名学者还被聘请来京工作。

唐朝进入最鼎盛的时期，就连一个很小的县城也有上万户人家；公家和私人的小仓库里，都装着满满的粮食；男人耕种，女人采桑养蚕，天下太平。这就是“开元盛世”。唐朝成为当时世界上最强盛的大帝国，长安成为当时世界上最繁华的大都市之一。

职业军人出现了

唐玄宗时，土地和人口清查都很混乱。一些有势力的大家族还贪得无厌地私吞土地，导致政府能分的土地越来越少，不仅影响了百姓的生活，还影响了征兵。

以往，朝廷实行的是府兵制——府兵平时耕种土地，打仗时自带干粮上战场。现在，百姓能分到的土地越来越少，哪还有余粮上战场呢？

为此，朝廷将府兵制改为募兵制，建立了相对独立的国家正规军。也就是说，士兵成了一种固定的职业，拿薪酬，吃军粮，公费为国家打仗。职业军人就此出现了。

在边境，军队可以自己开垦荒地，耕种庄稼，既能加强边防，又能解决军粮问题，减少了国家开支。这样一来，朝廷就在边疆设了很多藩镇，以便管理。藩镇的首领称为节度使。

国家太平无事，百姓富足康乐，唐玄宗晚年渐渐丧失了危机感，开始沉溺于享乐，把藩镇的军事、行政、财政大权都交给了节度使。

节度使就这样独立了。他们虽然表面上服从朝廷的管理，但实际上，已经形成了强大的地方割据势力。

科技发明

滴漏制糖法

唐朝已经有了霜糖，也就是白糖。制作白糖的工艺是“滴漏法”，就是将甘蔗汁熬到一定浓度后，倒入一个叫“瓦溜”的漏斗形陶器中，再淋入黄泥浆，进行脱色，就能得到白糖了。这种制糖法一直沿用了近千年。

一个偷羊人的崛起

张守珪是幽州节度使，一日，他抓到一个偷羊的人，准备军法处置。刀已经架到脖子上了，盗羊贼大喊起来：“你不是正缺打仗的人手吗？我愿意为你冲锋陷阵！”张守珪见盗羊贼在危急时刻不仅不害怕，还能口出豪言壮语，长得也很壮实，便没有杀他。盗羊贼捡回了一条命，留在了张守珪的军队中。他就是日后掀起了一场腥风血雨的安禄山。

安禄山彪悍勇猛，多次参加战斗，立下不少战功。他也一步步升迁，直至升为幽州节度副使。

安禄山擅长揣摩别人的意图，会投其所好。但凡朝廷来人视察边镇，他都会送上厚礼，阿谀奉承一番。这些人回去后，就在唐玄宗面前为他说好话，唐玄宗渐渐开始留意他。

国宝档案

唐三彩骆驼载乐俑

此器出土于陕西西安中堡村唐墓，再现了唐朝一个沿街表演的独特乐团：骆驼背上，有七个胡人男子演奏不同的乐器，中间的女子载歌载舞。这是唐三彩俑中的压卷之作，也是丝绸之路大交融的见证，造型独特，色彩绚丽。

有一年，安禄山进京述职。唐玄宗在宫里设宴，款待安禄山和大臣们。宴席开始后，音乐响起，安禄山从座位上站了起来，走到皇帝面前，请求献舞助兴。

唐玄宗见安禄山身形肥胖，肚子都快坠到膝盖处，以为他跳起舞来会十分笨拙。没想到，人高马大的安禄山十分灵活，他跳起了西域的胡旋舞，不停地旋转、跳跃，直到音乐停下来，才面不改色地站定了身体，恭恭敬敬地向唐玄宗施礼。

唐玄宗忍不住对安禄山连连称赞，他还指着安禄山的肚子问：“你的大肚子里装着什么？”

安禄山认真地回答：“装的是一颗对皇上的赤胆忠心。”唐玄宗一听这话，更加高兴了。安禄山还请求给杨贵妃当干儿子。要知道，他可比杨贵妃大十几岁呢。杨贵妃笑得合不拢嘴。

此后，安禄山同时见唐玄宗和杨贵妃时，一定会先拜杨玉环，然后才拜皇帝。唐玄宗很疑惑，问他原因。他解释说：“皇上恕罪！我们胡人的习俗是先拜娘，再拜爹。”

杨贵妃非常满意，唐玄宗也开怀大笑，越发觉得安禄山是个憨厚的老实人。安禄山越来越受唐玄宗的宠信，不仅被提拔为平户节度使，还兼任范阳节度使、河东节度使，管辖的区域越来越大，手下的兵将达到了十五万左右。

国宝档案

唐舞马衔杯仿皮囊式银壶

银壶出土于西安何家村，外形像游牧民族契丹装水用的皮囊，壶肚上有骏马，马衔着一只酒杯，正在跳舞，动感十足。马能作战，也能跳舞，唐朝人已经训练出专业的舞蹈马。此壶上的马用模压法制出，壶上看不到一个焊缝，银白色壶身与金黄色骏马交相辉映。

惊人的“安史之乱”

盛世繁华让唐玄宗失去了进取之心，他不仅整日和杨贵妃花天酒地，还提拔杨贵妃的哥哥杨国忠为宰相，而杨国忠并无治国之才，朝政日益腐败。

安禄山平步青云后，权势越来越大，让杨国忠十分嫉恨。安禄山见杨国忠平庸无能，也瞧不上杨国忠。

杨国忠多次在唐玄宗面前说安禄山的坏话，并说安禄山拥有重兵，要小心他谋反。安禄山知道后，委屈地对唐玄宗哭诉：“皇上，微臣是个胡人，既不认识字，也没什么坏心眼。可宰相因为皇上提拔了我对我不满，总想陷害我！听说，他还想要臣的命呢！”

唐玄宗看着安禄山的可怜模样，不相信他会谋反，安慰了他一番。其实，安禄山的确有造反的野心。公元 755 年的冬天，他联络边境将领史思明，一起发动了叛乱。

知识宝盒

退量

唐玄宗时，选任官员要在兵部、吏部登记注册，之后，再送给门下省。门下省的长官叫侍中，助手叫给事中，侍中和给事中考核后，如果不合格，就要退回，这叫退量。杨国忠当上宰相后，任免官员由他一个人说了算，其他部门都成了摆设。

史思明是安禄山的发小，曾经和安禄山一起偷羊，一起参军，也一起得到唐玄宗的提拔，身居高位。因此，这场叛乱被称为“安史之乱”。

安禄山伪造了一份诏书，向将士们宣布：“皇上有密旨，让我带兵讨伐奸臣杨国忠！”于是，他带着十五万人马，连夜从范阳出发，浩浩荡荡地杀往长安。

安禄山势如破竹，先是攻下了洛阳，接着又拿下潼关，直逼长安。

转过年，到了公元 756 年夏，朝廷已经一片混乱，有时上朝的大臣

只有寥寥数人。一日，唐玄宗登上勤政楼，下了诏书，说自己要亲征安禄山，听到的人大眼瞪小眼，都不相信。

天黑以后，唐玄宗召来左龙武大将军陈玄礼，命他集合禁军六军，重赏他们金钱布帛，然后挑选了九百多匹骏马。这一切都是秘密进行的。第二天，天刚蒙蒙亮，唐玄宗带领少数妃嫔、皇子、皇孙、公主和一部分太监、大臣，出了延秋门，偷偷逃走了。至于剩下的皇妃、公主、皇孙等人，都弃而不管了。

经过左藏库时，宰相杨国忠想要放火："不要把钱留给叛贼。"

唐玄宗凄惨地说："叛军来了没有钱，一定会剥削百姓的，还不如留给他们，减轻百姓的苦难。"经过便桥后，杨国忠又想放火烧桥。唐玄宗说："官吏和百姓都在避难求生，为什么要断绝他们的生路呢！"

唐玄宗让太监快走，去告诉沿途郡县做好接驾的准备。然而县令们都已经逃跑了，唐玄宗直到中午还没有吃上饭。

幸好有卖胡饼的，杨国忠买来胡饼献给唐玄宗。百姓把仅有的粗饭献了出来。随行的皇孙们年纪幼小，都争着用手抓饭吃，转眼间就吃光

历史人物

李白

李白在巴蜀出生。他轻视金钱，重视情义，喜欢击剑。李白游荡到长安时，拜见了贺知章。贺知章读了他的诗文，惊叹道："你是天上被贬下人间的仙人啊。"在贺知章的推荐下，李白担任翰林供奉。但他在官场并不如意，后来还被流放夜郎，遇赦后不久就结束了他传奇而坎坷的一生。李白是伟大的浪漫主义诗人，被誉为"诗仙"。

了，但仍没吃饱。

唐玄宗分给百姓钱财，安慰他们。百姓都流着眼泪，唐玄宗也禁不住哭泣起来，说："都是我的过错，但后悔已经来不及了。"

等到管理膳食的官吏终于送来了饭，唐玄宗让官吏们先吃，自己最后才吃。

半夜时，队伍走到金城县，整个县都逃空了，但还有食物，士兵们终于能够吃饭了。一路上，队伍里不断有人逃跑。留下的人互相枕着睡觉，也不管身份高低贵贱。

这一天，还有大臣上朝，到了宫门口，还能听到漏壶滴水的声音，门口仪仗队的侍卫仍然很整齐。但一打开宫门，则是乱哄哄出逃的场面，没人知道皇帝在哪里。

人们慌成一团，四处逃命。有些人争着跑进皇宫和贵族的府邸，盗抢金银财宝，有的人竟然骑着毛驴跑到了皇宫大殿里。

马嵬驿惊变

唐玄宗李隆基一行逃到了马嵬（wéi）驿（今陕西省兴平市一带），突然遭逢了一场兵变。据说，兵变是太子李亨策划的。

原来，李亨虽然身为太子，但一直生活在悲苦和危险中。他一出生，就和生母杨氏分离了。因为杨氏身为姬妾，地位低微，不敢独享为人母的喜悦，把他送给皇后抚养。皇后百般疼爱他，但他毕竟饱受分离之苦。当他被立为皇太子后，宰相李林甫为了争权夺势，屡次陷害他，致使他为了活命，每日战战兢兢，如履薄冰，甚至两次离婚，精神上受到极大的刺激和伤害。李林甫死后，杨贵妃的哥哥杨国忠为相，依旧与他为敌，明争暗斗，险象环生。而唐玄宗几乎从不拦阻或制止，他苦苦煎熬，二十多岁头发就有几分脱落、几丝花白，有了暮年的感觉。

现在，“安史之乱”爆发了，他终于找到了一个反击的良机。

逃亡队伍一共有三千多人，唐玄宗在前，太子李亨殿后，殿后的人马有两千人左右，其中包括禁军中的精锐部队——飞龙禁军。太子召集亲信商量了一番后，让一个心腹太监去拉拢禁军龙武大将军陈玄礼，密谋杀死杨国忠和杨贵妃。

原味典故

谨慎事父

太子李亨行事谨慎，处处小心，就连吃饭也不敢大意。一日，尚食局做了烤羊腿，太子奉命割羊腿，手上都是油渍，他用饼把手揩净。唐玄宗看到了很不高兴。不料，太子擦手之后，又拿起饼吃了起来。唐玄宗又高兴起来，说：“应该这样惜福。”李亨借此进一步博得了唐玄宗的好感。

杨国忠本来一无是处，只因为是杨贵妃的哥哥，便得到了宰相的职位，还专权误国，败坏朝纲，陈玄礼早就看不下去了，便答应了太子。

到了马嵬坡，禁军将士又饿又累，疲惫不堪，有人发牢骚，有人咒骂杨国忠兄妹给天下人带来了灾祸。

于是，大军不再前行，一位禁军骑兵张弓拉箭，一下射中了杨国忠的马鞍。

杨国忠急忙逃窜，士兵们蜂拥而上，将他乱刀砍死。

士兵们又包围了驿站，唐玄宗听见外面有喧哗之声，问怎么回事，侍从说杨国忠谋反了。唐玄宗走出马嵬驿的驿门，慰劳将士们，让他们撤回，但众人不动。陈玄礼说："杨国忠谋反被诛，杨贵妃也不应该再侍奉皇上，应该把杨贵妃处死。"

唐玄宗说："这件事我自行处置。"将士们仍然不动。

一会儿，一位参军跪到唐玄宗面前，叩头至流血，说道："众怒难犯，形势危急，请皇上快做决断！”

唐玄宗说：“贵妃身居深宫，怎么能知道杨国忠谋反呢？”

太监高力士说：“贵妃确实没罪，但他们已经杀了杨国忠，而杨贵妃还在皇上身边，他们怎么能安心呢？”

唐玄宗听了，让高力士把杨贵妃引到佛堂，勒死了她。

于是将士们继续保护唐玄宗逃往川蜀。马嵬驿兵变按照太子李亨的计划顺利进行，然而陈玄礼并未拥立他为帝，而是仍旧忠于唐玄宗。由于太子策划兵变，诛杀杨氏，矛头已经指向了唐玄宗，他已经不可能和唐玄宗一起入蜀了。

于是，父子二人兵分两路。唐玄宗继续西行，太子则前往朔方军的治所灵武。一路上，太子李亨经历了各种危险，颠沛至极，惊魂难定。直到抵达灵武，狼狈不堪的太子一行才得以喘息。

知识宝盒

《明皇幸蜀图》

“安史之乱”爆发后，唐玄宗李隆基逃亡巴蜀。唐朝画家李昭道画了一幅《明皇幸蜀图》（皇帝驾临一个地方叫“幸”，右图为局部），用青绿重色增强春的气息，用迂回的山径、沟壑上的栈道、险峻的山岭表现了蜀道的艰险，没有直接描写皇帝一行艰难跋涉的情景，回避了玄宗逃难时的狼狈。

经过一番筹划，太子李亨登上灵武城的城楼，举行了简单的登基仪式，把自己从太子晋级成了唐肃宗。唐玄宗在不知情的情况下被下了岗，成了太上皇。

当天，唐肃宗就派使者飞驰四川，向唐玄宗报告自己即位的事实。唐玄宗无可奈何，只得接受。

旧唐书·肃宗本纪

深宫大内的凄凉

唐肃宗四处调兵，命郭子仪、李光弼两人率兵讨伐叛军，收复了河北一带。

在睢阳（今河南省商丘市南），城内军民还在苦苦坚守。叛军日夜攻城，河南节度副使张巡带着将士们日夜苦战，有时，一天之内打退叛军二十多次，连续战斗了十六个昼夜，活捉了六十多个叛军将领，杀死两万多人。睢阳太守许远则想方设法地调运军粮，修理武器。

知识宝盒

大明宫

唐高宗李治体弱多病，住在低下潮湿的太极宫，患上风湿病，史书上称为“风痹”，因此修建大明宫。大明宫是唐朝正宫，国家的象征，与太极宫、兴庆宫合称长安城“三大内”，有十七位皇帝曾在此理政。唐敬宗时，在大明宫建清思殿，在殿前开辟了马球场。唐末，战乱四起，大明宫被烧毁。

张巡和许远苦苦支撑了十个月，虽然只有六千多人，却打了四百多次仗，没有一次败仗，杀伤叛军十几万。到了最后，他们又饿又病，力气用尽，寡不敌众，终于被叛军攻破了城，张巡及部将三十多人被杀害。

睢阳之战牵制了几十万叛军，让唐朝有了喘息之机，让郭子仪得以顺利地冲向长安和洛阳。

在长安，本来患有眼疾的安禄山，已经双目失明。他还患有疽（jū）病，性情格外暴躁，稍不如意就用鞭子抽打周围的人，甚至直接杀死。

安禄山自称皇帝后，居住在深宫，很少露面，由严庄传达他的旨意。严庄也常常挨打。太监李猪儿每天服侍安禄山穿衣解带，挨打最多。安禄山的儿子安庆绪时刻担心被废，也有怨恨。于是，严庄、李猪儿、安庆绪干脆串通一气，准备暗杀安禄山。

国宝档案

唐葡萄花鸟纹银香囊

此香囊应用了物理学上的支点悬挂法，内部的香盂因为重心低，会轻微晃动，但不会倾斜翻倒。据考证，马嵬驿之变时，唐玄宗李隆基被迫处死杨贵妃，后来十分想念，挖开坟墓，发现遗体已经腐烂，只有身上佩戴的葡萄花鸟纹银香囊完好无损。

一天深夜，三人悄悄进入安禄山的寝宫。侍卫看见他们，都不敢动。

严庄、安庆绪拿着刀守在帐外，李猪儿拎着大刀直入帐内，对准床上的安禄山猛砍一刀。

安禄山急忙去摸身边的刀，没有摸到，气急败坏地摇着帐竿大喊。

随着喊叫声越来越弱，安禄山死在了血泊之中。

安庆绪直接在床下挖了一个大坑，把他爹埋在了坑中。第二天，他宣布安禄山病逝，由自己当皇帝。

唐肃宗得知安禄山已死的消息后，立刻请求回纥助战。回纥的三千骑兵到了之后，唐军扑向了长安。安庆绪大败，放弃长安逃走了。

九大节度使会兵

安庆绪逃到了洛阳，他那些被打散的将士都归了史思明。安庆绪非常不满，想要杀死史思明。他还没来得及动手，唐军又杀到了洛阳，他只好继续逃亡，退到了邺（yè）城（今河北省邯郸市境内）。

长安和洛阳，两京都收复了，唐肃宗准备了一番，把太上皇唐玄宗迎了回来。唐玄宗在川蜀避难两年后，终于从成都返回了长安，居住在兴庆宫。唐玄宗不再过问政事，仍由禁军龙武大将军陈玄礼、太监高力士伺候。他对杨贵妃之死一直耿耿于怀，派人出宫悼祭，并让太监把她好好移葬。

太监回来后，带回了杨贵妃随身的香囊，唐玄宗把它珍藏在衣袖里，又让画工画了她的肖像，挂在殿上，每日凝望，唏嘘泪下。

知识宝盒

《长恨歌》

根据唐玄宗和杨贵妃的悲剧史，唐朝诗人白居易创作了一首长篇叙事诗。因为长诗的最后两句是“天长地久有时尽，此恨绵绵无绝期”，因此被称为《长恨歌》。该诗对后世文学产生了深远影响。

不久，唐玄宗被迁居到甘露殿，身边寥寥几个亲信也被清除，高力士被流放到巫州，陈玄礼被免职。唐肃宗又另选后宫一百多人，服侍唐玄宗。

唐玄宗默默无语，终日独处，形单影只，分外凄凉。他无法要求什么，叛乱还未平息，战争仍旧十分激烈。

安庆绪逃到邺城后，重整旗鼓，会集了几万人。他对史思明的猜忌越来越明显，史思明也很恼怒，不想受他管制。史思明写了一封归降书，送给唐肃宗，表示自己愿以十三郡和八万兵马降唐。唐肃宗喜出望外，马上封他为归义王，兼任范阳节度使。史思明十分狡猾奸诈，他只是表面上顺从，暗地里却不断地招兵买马。唐肃宗有所警觉，知道他不是真心投降，决定消灭他。

史思明得知后，立刻反叛，又与安庆绪和好，二人遥相呼应。

唐肃宗一发狠，派出九位节度使，率六十万大军围困邺城，其中包括天下兵马副元帅、朔方节度使郭子仪，河东节度使李光弼。

可是，唐肃宗内心不够强大，总是猜忌能干的将领，因此，他没有给这支浩荡大军设立统帅，自然也没有人统一调度，粮草也不充足，只派太监鱼朝恩监军，导致战事久拖不下。

当史思明带领精兵前来援助安庆绪时，与唐军发生了激战，双方伤亡甚重。

郭子仪率军赶过来，还没来得及列阵，狂风骤起，天黑了下来，两军大惊，都迅速撤离。九大节度使无法取胜，各自退归本镇。太监鱼朝恩向唐肃宗进谗，说郭子仪的坏话，郭子仪被召还长安，解除了兵权。

史思明进入邺城，诱杀了安庆绪，自己称帝。但他还没来得及享乐，就被儿子杀死了。

公元 762 年，唐玄宗和唐肃宗先后病逝，唐代宗继位，继续讨伐叛军，至次年彻底平定“安史之乱”。

从“安史之乱”开始，大唐军民一共苦战了八年左右，死伤无数，总算结束了这场叛乱。

这场内战使唐朝人口大量丧失，国力锐减，唐朝从此由盛转衰。为了表彰有功之人，朝廷在各地任命了很多节度使，唐朝从此陷入了藩镇割据的局面。

旧唐书·代宗本纪

吐蕃人又来了

在平定“安史之乱”的叛军时，唐代宗李豫兵力不足，便召回了边境的安西都护府、北庭都护府等军队，使西域失去了控制。

趁着这个机会，吐蕃一路蚕食而来，

逐渐出西域，入中原，攻占了十多个州。由于唐军一直拼杀在平乱前线，顾不上驱赶吐蕃，等到平乱结束时，吐蕃已经兵临长安。

唐代宗受惊不小，急忙逃出皇宫，去陕州避难。许多官民逃到湖北，或隐藏到深山老林中。

长安被吐蕃占领了，大唐王朝再一次失去了都城。

在这生死存亡的时刻，唐代宗想起了被罢免的郭子仪，赶紧起用郭子仪为副元帅，出击吐蕃。

郭子仪一边组织兵力，一边派出二百多个骑兵，白天击鼓扬旗，夜晚点火作为疑兵，又派几百人化装潜入长安，四处造谣："郭令公（郭子仪）亲率大军来了！"吐蕃兵大为惊恐，不战而走，如旋风一般撤离了长安。陷落了半个月的京城再次被收复了。

年底，唐代宗结束逃难时光，回到了长安。

几年后，唐代宗病逝，太子李适登基，是为唐德宗。

知识宝盒

吐蕃

吐蕃是西藏历史上第一个有明确记载的王朝，松赞干布曾任赞普。“赞普”是雄强丈夫的意思，后来演变成吐蕃王的尊称。唐太宗时，朝廷把文成公主嫁给松赞干布和亲，由于唐朝处于优势，文成公主在吐蕃地位很高。“安史之乱”后，吐蕃势力达到巅峰。但唐军不断打击，加上吐蕃内乱，唐末时，吐蕃走向了消亡。图为唐代画家阎立本的名作《步辇图》，还原了吐蕃使者朝见唐太宗的场景。

旧唐书·德宗本纪

太监是这样崛起的

唐代宗是一位合格的皇帝，唐德宗也发奋努力，使唐朝有了中兴的景象。

然而，泾原又发生了兵变，唐德宗急召禁军将领守卫宫城，可禁

军将领竟然招不到一兵一卒，十万火急中，竟然是一百多名太监对他不离不弃，帮他抵挡。

叛军又把长安占领了。唐德宗只好像他的父祖辈一样，出宫逃难，一路上，都依靠太监照应。他本来很排斥太监，现在却觉得太监最为忠诚可靠。

叛军平定后，唐德宗重返长安，把神策军分为左神策军、右神策军，任命太监为监军。神策军的地位也比羽林军、龙武军高了，成为更重要的中央禁军和机动部队。他还把太监派到各地去，作为藩镇的监军。太监专权自此开始了。

唐德宗在逃难时，十分狼狈、困窘，他意识到了钱的重要性，开始大肆敛财，甚至派太监直接向各政府衙门公开索取，被称为“宣索”。

为了满足唐德宗的贪欲，各地节度使加重了对百姓的剥削。

唐德宗又建宫市，令太监们分散在长安的东市、西市及热闹场所，东西张望，被称为“白望”。他们看准了某种物品后，往往用一百钱的东西强换几千钱的东西。他们还把破旧的衣服布帛染上红紫色，作为钱付给卖主。百姓都很怨恨，因为名为宫市，实为明抢。

知识宝盒

钱帛兼行

唐朝买卖东西，一般用两种钱：一种是铜钱，就是开元通宝铜币；一种是帛，就是丝织物，包括锦、绣、绫、罗、绢、绮等。这种货币制度叫“钱帛兼行”。

唐德宗还宠信奸臣，导致了颜真卿等忠臣被害，加剧了朝廷的动荡。

太子李诵身体不好，突然中风，不能说话了。唐德宗很挂念儿子的病情，几次亲自探望。新春朝会时，众人都入宫庆贺，只有太子未能参加。唐德宗更加悲伤，不停地叹息，不久就在流泪哽咽中离世了。

旧唐书·顺宗本纪

唐顺宗是怎么驾崩的？

唐德宗驾崩前，传位给太子李诵。李诵抱病即位，即唐顺宗。虽然身体不好，但唐顺宗思想清明，他马上重用王叔文、刘禹锡、柳宗元等人改革。

改革集团主张加强中央集权，反对太监专权，反对藩镇割据，他们积极采取措施，被称为“永贞革新”。

改革触犯到了太监集团的利益，太监们非常生气，决定让唐顺宗让位，重新立一个听话的皇帝。

由于太监们早就掌控了朝政，因此无论是皇帝本人，还是改革集团，都毫无办法，改革就这样失败了。唐顺宗退位，当了太上皇，他的长子李纯当上了皇帝，史称唐宪宗。

五个月之后，唐顺宗就驾崩了。在他驾崩的前一天，唐宪宗对外宣布顺宗病重，一天后就死了。人们觉得，整个事件就像演戏一样。一些人推测，是唐宪宗伙同太监们暗杀了唐顺宗。也有人认为，唐顺宗是正常病死的。总之，唐顺宗的驾崩成了一个谜。

科技发明

筒车

筒车也叫水转筒车，筒车的水轮立在河水中，利用湍急的水流推动主轮，轮子四周的小筒依次舀满水，转到顶上时，倾泻而出，落在木槽里，导入田中，就可以浇灌庄稼了。筒车需要水流湍急才能工作，如果水速很低，筒车无法克服摩擦阻力而旋转。

旧唐书·宪宗本纪

独立的藩镇王国

唐宪宗即位时，唐朝的割据局面已经非常严重了，表面上看是一个统一的王朝，实际上已经被藩镇将领一块一块地切割占据了。

每一个藩镇都相当于一个独立的王国，统领藩镇的节度使相当于不挂名的皇帝，高兴时对朝廷表示顺从，不高兴时就飞扬跋扈，不听从朝廷号令。

唐宪宗即位后，再也忍受不了这种局面，一心想削弱藩镇的势力。

这一年，魏博节度使田季安病死了，他的儿子田怀谏刚刚十一岁，被立为节度副使，军政大事由家童蒋士则处理。将士们都不服气。

唐宪宗知道后非常高兴。他发现将士们都拥护大将田兴后，就任命田兴为节度使，还派人给将士们发赏钱，免除当地百姓一年的赋税。

知识宝盒

飞钱

唐朝商业繁荣，各地商人运货到京城出售，收到大量钱币很不安全，也不方便携带。唐宪宗时，便发行了飞钱，就是将钱币交给进奏院（类似于驻京办事处）等处，由对方发给一个凭证，商人回到老家后，可以用凭证取钱，相当于今天的银行汇票。钱无翅而飞，所以叫“飞钱”。

这样一来，既显示了朝廷的宽宏大度，又让将士们心满意足，还让百姓对朝廷充满感激。大将田兴心悦诚服，一举归顺朝廷，使独立了几十年的魏博镇再次回归王朝。唐宪宗深受鼓舞，继续进行削藩战争。

淮西镇是割据最早、态度最嚣张的藩镇，唐宪宗发兵讨伐淮西。但淮西叛军极为强悍，双方一连打了几年都难分胜负。唐宪宗派大将李愬（sù）前去进攻。

李愬来到淮西后，放下一切工作，去抚慰受伤的士兵。有人怀疑他懦弱，他说：“我刚统领军队，淮西军肯定会加强防御。我现在不动声色，是为了麻痹敌人，让他们放松警惕。”

这一招果然有效，淮西叛军不再戒备。李愬又大胆任用淮西叛军俘虏，深入了解了淮西的情况。之后，在一个风雪交加的寒夜，他率领众将士一路强行军，奔向蔡州。

自从割据以来，已经有三十多年没有朝廷军队打到蔡州城，因此，淮西军丝毫没有注意到兵临城下。当李愬率军攻入蔡州内城时，很多兵将还在睡梦中。

就这样，李愬顺利地拿下蔡州，进而平定了淮西。一些藩镇也都归顺了。

历史人物

李晟

李晟（shèng）是唐朝名将，被封为西平郡王。他擅长骑射，曾一箭射死吐蕃首领，被称为“万人敌”，又镇守西陲，收复长安，威名显赫。每次作战，他都穿锦缎皮衣，戴绣花彩帽。有人认为这样容易引起敌人的注意，他说：“我就是想让敌人认出我来，让他们害怕。”李晟第八子李愬也是一代名将。

唐朝有了新的生机，唐宪宗更加勤于政事。有人为了讨好他，向他献了一只珍稀动物——毛龟。他随即昭告天下：只有贤良之才才是真正的宝贝。这样一来，很多贤良之才涌现出来。

文学家元稹当时任左拾遗，元稹建议“开直言，广视听”，唐宪宗立即听从了。

白居易写了一百多首乐府诗，很多都是反映人民疾苦、讽喻时政的。诗传到宫里后，唐宪宗认真地看了，很快提升白居易为翰林学士，担任皇帝的侍从和顾问。

然而，好景不长，唐宪宗因为服用丹药而暴亡，太子李恒即位，是为唐穆宗。

旧唐书·穆宗本纪

玩不够的天子

唐穆宗还是太子时，看中了羽林将军李听的马，他想要这匹马。

李听说："我身负守卫皇宫的重任，马非常重要，不敢给太子。"

太子当上皇帝后，想起这件事，说："李听昔日不讲情面，不给我马，一定能担大任。"于是提拔李听为检校兵部尚书，任河东节度使。

唐穆宗年方二十六岁，正是可以大展身手的年龄，不过他更喜欢享乐。他每天都非常繁忙，不是狩猎取乐，就是大摆宴席，要么就是观赏角抵、杂戏等表演。他还为自己的生日定制了一套娱乐大戏，但由于太过异想天开，大臣们纷纷反对，只好作罢。他又忙不迭地大兴土木，修建了永安殿、宝庆殿等。由于假山倒塌，有七个人被压死。但唐穆宗并不悲伤，还忙着在鱼藻宫大举宴会，观看宫人乘船竞渡。

十一月的一天，唐穆宗突然说："我要去华清宫暂住，落日时回来。"

国宝档案

唐赤金走龙

此物出土于西安何家村，被发现于一个罐子中，罐内还有半罐水，水上漂浮着一张极薄的金箔，金箔上站着十二只赤金走龙。最高的2.8厘米，最矮的2厘米；身材纤细，大嘴，伸脖，似正在“赶路”；身上有一片片上翘的鳞片，大小在毫米之间。此物可能是道教投龙祭祀仪式中所用的法器。

这可是一件危险的事，因为西北边境常有少数民族骑兵入侵，有四千神策军调到那里救援，形势紧张、动荡。

大臣们跪在延英殿门外，苦口婆心地劝阻他。

他说：“我已经决定了，不要再烦我了。”

第二天一大早，唐穆宗就奔华清宫去了，随行的有一千多人，一直到天黑了才还宫。

对于唐穆宗如此宴游无度的行为，谏议大夫们赶紧联名写奏章，说道：“如今边境吃紧，形势瞬息万变，如果前线有紧急军情传来，却不知道皇上在什么地方，这可怎么办呢？另外，皇上常和戏子们厮混，挥金如土地赏赐，这可都是百姓的血汗钱哪！”

唐穆宗看了奏章，觉得很新鲜，问宰相：“这些都是什么人？”

宰相回答：“他们是谏官。”

唐穆宗下令慰劳他们，还说“当依卿言”。然而转过头来，他就忘了这件事，还是我行我素，玩乐不休。

唐穆宗

历史人物

吴道子

吴道子是唐朝画家，被尊为“画圣”。他年少时孤苦贫穷，但苦心钻研，年轻时就有画名。他曾任县尉，不久辞官，后被召入宫廷，创造了“莼菜条”式的线条画法，使人物衣袖、飘带好像在迎风起舞（如图），被称为“吴带当风”。他还把一生所学倾心教给学生，作品被誉为“吴家样”。

一天，唐穆宗一边饮酒，一边兴奋地对一位大臣说：“听说大家在外面也经常欢宴，这说明国家富强、天下太平啊，我感觉特别舒心。”

大臣说：“凡事过了限度就不是好事了。”

唐穆宗听了，表示虚心接受，但一切如故。

两年多的时光就这样过去，意外发生了。

一天，唐穆宗正在宫中与太监近臣打马球，突然有人坠马，就像遭到外物打击一样。

事情非常突然，唐穆宗恐慌起来，立刻到大殿休息。没多久，他觉得双脚不能踩地，一阵头晕目眩后，中风了。

卧病期间，唐穆宗吃了一些金丹，丹药毒发，猝死在寝殿，时年二十九岁。十六岁的太子李湛在灵柩前继位，是为唐敬宗。

旧唐书·敬宗本纪

染工们的秘密行动

唐敬宗是一个少年天子，比他爹还贪玩，连例行的早朝也经常迟到，甚至干脆不去。

一天，群臣上朝，准备和皇帝商议政事。他们一直等到日上三竿都没见到皇帝的影子。大臣们为了参加朝会，天不亮就要起床，饭都来不及吃，等的时间长了，有的大臣坚持不住，昏倒在地。但皇帝不以为然，仍旧姗姗来迟。

太监们总是迎合唐敬宗的心意，唐敬宗干脆将朝政大事交给太监处理，自己则白天打马球，晚上猎狐狸，玩得不亦乐乎。

皇帝这种疯狂的行为，引发了大臣和百姓的不满，激起了很多抗议。有一次，宫中做印染的人也造反了。

染坊中，有一个叫张韶的人，他和一个叫苏玄明的算命先生是朋友。一天，他们在一起喝酒，苏玄明对张韶说："我给你算了一卦，你不久后会大富大贵。"

张韶来了兴致，让苏玄明说个明白。

苏玄明说："皇上整日玩乐，宫里防守松懈，我们正好可以趁机闯进去。卦象显示，日后我们会坐在皇帝的大殿上，一起喝酒吃肉。"

两个人一拍即合，马上开始筹备。张韶召集了染坊里的人，又找来一些街头混混儿和流氓地痞，拼凑出一支一百多人的队伍。他们推着装载染色用的紫草的车，把兵器和一部分人藏在紫草里，趁着夜色，进入了皇宫。

禁卫军巡查时，无意间发现，运草的车子推起来很费力，于是起了疑心，拦住了车子盘问。

张韶和苏玄明一紧张，干脆抽出刀来，杀死了盘问的禁卫军士兵。车上的人一听到动静，纷纷跳了出来。

张韶对皇宫十分熟悉，带着一众人马，手持刀剑，横冲直撞地往宫里闯去。

唐敬宗正在清思殿打马球，一听说有人杀了进来，吓得魂不附体，在侍卫和太监的保护下，逃往了左神策军中。

张韶一行人轻轻松松地打进了清思殿。张韶心满意足地坐到梦寐以求的龙椅上，高兴地对苏玄明说："你果然算得准啊！"

苏玄明问张韶下一步的计划，张韶说没计划，可以在宫中吃顿饭。

苏玄明说："这可是谋反啊，吃完了饭，该干什么呢？我们要去哪儿呢？"

两个人这才意识到，事情非常严重，自己闯下了大祸。

下一步该怎么办？跑呗。他们拔腿就跑，一百多名手下也一哄而散。

可是，后悔已经来不及了。左神策大将军和右神策大将军都闻讯赶

来，将他们团团围住。这一百多个没有经过训练的临时兵，怎么打得过皇家的正规军呢？一番混战之后，张韶和苏玄明等人都被杀死了。

唐敬宗有惊无险，在神策军的护卫下返回了皇宫。一场戏剧性的起义像阵雨一样忽然来临，又忽然结束了。

知识宝盒

神策军

神策军原本是西北守卫边境的军队，彪悍勇猛，进入京师后，成为最重要的禁军，负责保卫首都和宫廷，也参与征伐。唐朝中后期，神策军被太监领导，皇帝大多受制于太监。后来，神策军军纪败坏，不堪一战，在延续了近一百五十年后消失。

旧唐书·文宗本纪

甘露之变

藩镇割据后的唐朝，节度使拥兵自重，皇帝的腰杆子不壮了，有时只是名义上的主子，很多号令都如同废纸。在这种情况下，一些皇帝开始依赖身边貌似忠心的太监。慢慢地，太监们权势大了，有的甚至能随意废立皇帝。

唐文宗李昂就是在这种局面下登上皇位的。唐文宗是由太监拥立的，而在他之前，有两任皇帝都被太监杀害了，唐敬宗就在其中，这让唐文宗担惊受怕、寝食难安。唐文宗想，要想保住皇位和性命，就得削弱太监的权力。于是他开始悄悄地寻找帮手。

历史人物

宋申锡

宋申锡出身贫寒，中进士后，任监察御史、翰林学士等职。他为人高洁，不加入任何党派。当时太监弄权，唐文宗李昂命他秘密清除太监集团。不料事情泄露，唐文宗怀疑他有异心，将他流放。他没有申辩，坦然担下了莫须有的罪名，很多百姓都感到伤心。

有个叫郑注的人，医术高明，很会讨人欢心，赢得了唐文宗的信任。在郑注的推荐下，一个叫李训的人也得到了重用。李训心思细腻，善于察言观色，他发现唐文宗对王守澄等掌权太监极度不满，便几次试

探唐文宗的态度。唐文宗早已不像当年那么冲动，他没有轻易表露自己的心思。

一日，唐文宗在殿中看书，召见李训前来，发现他才思敏捷，值得信任，这才把想铲除王守澄等太监的想法告诉了他。李训当即表示，愿意为唐文宗赴汤蹈火。郑注本来就是墙头草，他看到李训打算帮助唐文宗，便也加入了他们。就这样，李训和郑注结成了同盟，开始为唐文宗出谋划策。太监集团并不是铁板一块，内部也是矛盾重重，李训和郑注利用他们之间的矛盾，除掉了王守澄等人，最后只剩下以仇士良为首的新兴太监势力了。

为了掩人耳目，李训和郑注有时候假装在家休息，邀请宾客饮酒，还接受他们的贿赂。其实，他们是在演戏，暗中商议铲除仇士良的计划。

经过一段时间的密谋，唐文宗决定动手了。

一大早，唐文宗在紫宸殿召见大臣。左金吾卫大将军韩约奏报，说在后院的石榴树上发现了甘露，是吉祥的预兆。

国宝档案

唐兽首玛瑙杯

此器出土于西安何家村，兽头圆瞪大眼，目视前方，好像在寻找、窥探什么，头上有两只弯曲的羚羊角，脸却像牛，口鼻处有金塞，能卸下。这是目前发现的唯一一件唐朝俏色玉雕，名叫“来通”，是个酒具，可能是波斯献给唐朝的国礼，也可能是唐朝工匠模仿进口器物所制。

唐文宗前往含元殿，派李训和几位大臣前去查看。

李训装模作样地去看了一会儿，回来后向唐文宗禀报：“皇上，我仔细看过了，好像不是真的甘露，请皇上再派别人去看看。”

唐文宗假装不相信，又派仇士良等人前去。

这时李训早已派人埋伏在后院，只等着仇士良过去。

仇士良走到后院时，遇到了大将军韩约。韩约想到即将发生的事情，紧张得两腿发抖，脸色惨白。

仇士良觉得奇怪，问道：“韩将军，你怎么了？脸色怎么这么难看？”

韩约结结巴巴地说：“没……没事……”

仇士良警觉起来。一阵风过，仇士良发现，帷幕之下藏着士兵。

“快走！”仇士良大喊一声，拔腿就跑。

仇士良带人直奔含元殿，对唐文宗说：“皇上，有人要造反，请赶快离开！”太监们挟持着唐文宗，离开了含元殿。李训想上前阻止，被仇士良打倒在地。

成功脱险后，仇士良发动神策军，血洗长安。那些没有参与叛乱的大臣，也被抓了起来，府邸被洗劫一空，许多无辜的百姓也被杀害了。

几天后，李训、郑注等人被杀死，他们的亲眷也被杀害。这下子，太监的地位又高了，朝政大事全由他们来决定，大臣们只负责发布文书。

历史人物

柳公权

柳公权是一位书法家、诗人，二十九岁进士及第，一生经历七朝。唐文宗时，皇帝谈论节俭，举起衣袖说：“这件衣服已经洗过三次了。”众人赞颂皇帝节俭。柳公权说：“皇帝的大节，是注重人才，辞退奸佞之臣，衣服是小节。”众人吓得发抖。唐文宗却把柳公权升为谏议大夫。

甘露之变彻底失败，唐文宗再也没有能力铲除太监集团，只能像木偶一样，任由太监们摆布。过了几年，郁郁寡欢的唐文宗就死了。

旧唐书·武宗本纪

一刹那的强光

唐文宗临终前，想让他哥哥的后人继承皇位，但他的宠妃杨贤妃支持他的弟弟。不过他们说的都不算，要太监仇士良发话才行。

仇士良最后选择了李炎——唐文宗同父异母的弟弟，这就是唐武宗。

唐武宗活泼奔放，当上皇帝后，整日嬉戏玩耍，打猎、骑射、角抵……全都玩了个遍。除了在宫里玩，他还跑到宫外玩，一高兴就大把大把地赏钱，大家都认为他是个昏君。

其实，唐武宗很有抱负，他和唐文宗一样想要铲除太监集团，振兴唐朝。但他不敢表露出来，以免事情败露，反遭毒手。

好在唐武宗有一位得力的干将——宰相李德裕，二人偷偷商议后，吸取了甘露之变失败的教训——避免和太监正面冲突。

他们知道，太监集团分为两派：一派跟随仇士良，把自己当成国家的主人；另一派仍然服从皇帝，认为太监的权力来自皇帝。

知识宝盒

武宗灭佛

唐朝中后期，寺院聚敛财富，唐武宗李炎下令“灭佛”，遣散编制外的僧人，强迫有过嫁娶或不守戒律的僧尼还俗，禁止向寺庙捐赠香火钱，增加了国家的税收。会昌年间，打击升级，佛教典籍、佛像等也遭到毁坏，造成了文化损失，史称“会昌法难”。

李德裕先暗暗争取了后者，孤立仇士良等太监。仇士良发觉后，开始打击李德裕。唐武宗并没有听信谣言，而是充分信任李德裕。

唐武宗和李德裕就像是盾牌和弓箭，李德裕负责冲锋陷阵，唐武宗在后方大力支持。不久，唐武宗提拔仇士良担任观军容使，比原来的职位还要高。看起来，仇士良好像升职了，实际上是被剥夺了领兵权。仇士良主动申请辞职，离开了朝廷。就这样，太监集团被瓦解了，唐朝短暂地恢复了元气。可惜的是，唐武宗迷信长生药，三十三岁就撒手西去了。

旧唐书·宣宗本纪

“牛党”和“李党”

唐武宗死后，唐宣宗继位。这个时候，国家越来越混乱，像是走到了死胡同里。唐宣宗想改变这个局面，却有心无力。

朝廷上，党争也很严峻，让他束手无策。

这个党争，是指“牛李党争”。“牛党”是指以牛僧孺、李宗闵为首的士大夫集团，“李党”是指以李德裕为首的士大夫集团。为了争权夺利，两派已经斗争了好几代。

牛僧孺、李宗闵还年轻的时候，在京城参加考试，在考卷里批评了朝政。当时的宰相，也就是李德裕的父亲，认为他们揭了朝廷的短，便诬陷他们与考官勾结。结果，无辜的考官被降了职，两位考生也未被分配官职。大臣们鸣冤叫屈，皇帝了解真相后，把李德裕的父亲贬了职。

后来，牛僧孺、李宗闵、李德裕都入朝为官，在朝中分成了两派，互相挤对、陷害。总体上，一党在朝，另一党就放外任，激斗势同水火。

在这种斗争中，皇帝裹挟其间，无法很好地开展工作。唐文宗就曾经感叹：“消灭河北的叛军容易，消除朝廷的党争却难。”

唐宣宗执政后，不用李德裕一党，重用牛僧孺一党。

后来，李德裕、牛僧孺死了，唐宣宗也死了，“牛李党争”才算结束。

“牛李党争”一共持续了四十多年，深深地影响了历史。

科技发明

曲辕犁

唐朝以前，用直辕犁耕地，笨重费力。唐朝以后，发明了曲辕犁，安装了能自由转动的犁盘，轻巧灵活。曲辕犁曲线优美，比例尺度均衡，犁铧为对称的“V”形，符合人们的审美标准。

旧唐书·懿宗本纪

走马灯一样的宰相

唐懿宗李温即位后，唐朝更走下坡路了。

这位皇帝对上朝毫无兴趣，更愿意研究吃喝、游乐。他每日一小宴，三日一大宴，每个月要大摆宴席十几次。

除了饮酒，他更爱欣赏乐工优伶演出，不能一天没有音乐，即使外出游幸，也要带上庞大的表演团。宫中专门伺候他的乐工有五百多人，不仅要花费大量的金钱供养。他在赏赐时也特别疯狂，动不动就是上千贯钱。

皇宫再大，也有逛腻的时候，唐懿宗开始去长安郊外的行宫别馆玩乐。他随时来，随时走，行踪不定，行宫的官员们随时都要做好迎驾的准备，乐工们也神经紧张地随时恭候。就连管理车马的人也日夜加班，因为皇帝出行时，需要诸王陪同，要随时提供车马。

众人苦不堪言。更可怕的是，唐懿宗每次出行，随行的人有十多万，花费如流水，国库本来就不充足，现在更可怜了。

有了唐懿宗的表率，官场上下弥漫着穷奢极欲、醉生梦死的气息。

唐懿宗任命白敏中为宰相，宰相年老，入朝时摔伤了，无法办公，三次请求辞职，他都不批准。唐懿宗还借故不理朝政，和其他大臣开会也马马虎虎。谏官王谱实在看不下去了，说："宰相卧病四个月了，皇上虽然和其他大臣议事，但草草了结，每次都不到半小时，这样怎么能解决天下大事呢？"

唐懿宗很恼火，传令下去，把王谱贬出京城，去当县令。执行命令的大臣很正直，他觉得王谱没有错，就按照唐朝制度驳回了皇帝的命令。不料，唐懿宗又让其他大臣去办理此事，到底把王谱给贬了职。

成语补给站

牛头阿（ē）旁

唐懿宗时，皇权衰微，宰相弄权，有的宰相一家之财，可抵全国两年军费。宰相路岩和韦保衡狼狈为奸，大收贿赂，百姓称他们为“牛头阿旁”，意思是像地狱中长着牛头的恶鬼一样可怕。

唐懿宗在位十四年左右，共任用了二十一位宰相，平均一年换一两位。照理，皇帝对政事不感兴趣，宰相的权力很大，可以大展宏图。遗憾的是，诸位宰相要么庸庸碌碌，才能有限；要么把精力用在了捞金纳贿、拉帮结派上。

在唐朝所有的宰相中，唐懿宗一朝的宰相是贪腐程度最高的。

唐懿宗崇拜佛教，大兴佛寺，大印佛经，长安的佛号声又响起来。不过，佛教的光芒并未让唐懿宗诸事如意，他四十岁出头就病死了。

知识宝盒

法门寺地宫

1987 年，在宝鸡法门寺佛塔的工地上，人们意外发现一个洞口，由此发现了世界上等级最高的佛塔地宫。密室中，有世上唯一的指骨舍利，有神秘的秘色瓷（右上），有武则天的“武后绣裙”（右中），还有唐懿宗命文思院打造的银花双轮十二环锡杖（右下）。这根锡杖是中国第一批禁止出国（境）展览的文物之一，被誉为“世界锡杖之王”。

旧唐书·僖宗本纪

“天补平均大将军”

唐僖宗李儇（xuān）坐上皇帝宝座时，只有十二岁。他是在太监的照应下长大的，太监们纵容他肆无忌惮地游乐。无论是斗鸡、赌鹅，还是骑射、马球，他都十分精通，堪称玩中高手。

唐僖宗身边有一个伶人，名叫石野猪，很有见识。有一天，他对石野猪说：“如果有击球进士科考试，我肯定能中状元。”石野猪说：“如果主考官是尧、舜这样的贤君，恐怕皇上会落选。”

但石野猪的委婉劝谏毫无用处，唐僖宗依旧和以前一样，当上皇帝后，还忘不了嬉戏游玩。由于年纪小，政事都由太监决定，他还把一位大太监称为“阿父”。

科技发明

雕版印刷术

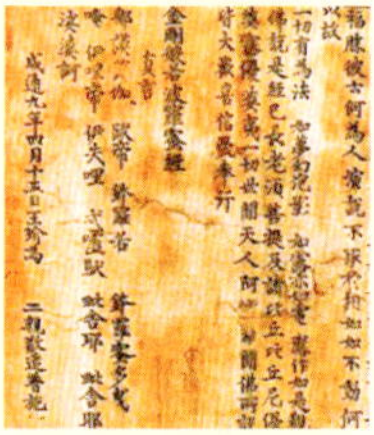

印刷术是中国古代四大发明之一。唐朝中后期，人们将要印的字刻在木板上，印的时候，在木板上刷上墨，把白纸覆盖在上面，一页就印好了，这就是雕版印刷。现收藏在英国伦敦博物馆的《金刚经》，是现存最早的雕版印刷品。

这个时期的唐朝，经常有外族入侵；权贵都不拿皇帝当回事，朝野一片行贿受贿之风；官员们残暴不仁；朝廷还横征暴敛，并花钱造佛寺。

这时的唐王朝，风雨飘摇，奄奄一息。唐僖宗还没来得及策划自己的游玩项目，起义的大潮就席卷而来了。

王仙芝在长垣（今属河南省）揭竿而起，他自称“天补平均大将军”，揭露了朝廷造成贫富不均的罪恶，宣布要替天实现人间的均等。

王仙芝率领几千农民，很快就攻占了一些地区。各地纷纷响应，义军队伍不断壮大，短短几个月，就有了几万人。

曹州（今山东省境内）的黄巢也随后起兵。黄巢读过很多书，能言善辩，又精通骑马射箭。但他几次参加科举考试，都没考上。落榜后，他写了一首诗，叫《不第后赋菊》：“待到秋来九月八，我花开后百花杀。冲天香阵透长安，满城尽带黄金甲。”这首诗通过赞美菊花，表达

了他推翻唐王朝的雄心壮志。

黄巢家里以贩卖私盐为生，积累了不少财富，很快招集了几千人。在与王仙芝会合后，声势更加壮大。

知识宝盒

挂红灯，插艾草

传说，黄巢起义时，浑城的一位老人告诉了黄巢攻城的方法。黄巢让老人在门前挂红灯笼。正月十五夜里，义军攻城，避开了所有挂红灯笼的人家。也有人说，黄巢攻打中原时，告诉一位忠义的妇人在门上插艾草。端午节，义军过境时，没有打扰门上插艾草的人家。正月十五挂红灯和端午插艾草的习俗便流传下来。

朝廷大为恐慌，写信给王仙芝，说只要他肯投降，就封他做左神策军押牙兼监察御史。这是一个不小的诱惑，王仙芝内心动摇起来，打算投降。

黄巢知道后，把王仙芝大骂了一通，说："当初大家约好一起打天下，现在你却要丢下我们，自己去做官，你对得起兄弟们吗？"

没等王仙芝开口，黄巢又拿棍子打了王仙芝，打得他头破血流。

其他起义军将领也都大骂王仙芝，王仙芝见众人反应激烈，只好认了错。可是，起义军再也不像以前那样团结了，没过多久，黄巢就带着两千人离开了。

满城尽带黄金甲

黄巢走后，王仙芝还想投降朝廷，朝廷假装答应，却派人杀掉了王仙芝的亲信。王仙芝十分愤怒，发誓要与唐军决一死战，没想到却被唐军杀死了。

起义军失去了领袖，大家纷纷投靠黄巢。

黄巢率领起义军，势如破竹，沿途向官军散发檄文：“我们要进攻洛阳，直捣长安，推翻统治者，和你们没有关系。你们只要待在各自的地盘，不冒犯我们就可以了！”

原味典故

击球赌三川

黄巢起义军向长安挺进时，唐僖宗李儇准备逃往川蜀，为了决定由谁来镇守三川，竟然举行了一场马球比赛。在大明宫清思殿前，唐僖宗宣布，谁能第一个击球进洞，就能到富庶的地方去任职。这使后来很多不学无术之人凭借球技赢得了官位。

官兵们不想再为腐朽的朝廷卖命，都按兵不动，黄巢几乎没费什么力气，就占领了洛阳。

一路上，加入起义军的农民不计其数，到达洛阳时，黄巢手下已经聚集了几十万人。

消息传到长安，唐僖宗十分害怕。但大臣们干着急，谁也拿不出一个办法来。

黄巢整顿好六十万人马后，浩浩荡荡地向长安的最后一道屏障——潼关进发。

守关的唐军看到山谷里到处飘扬着起义军的旗帜，又听到震耳欲聋的欢呼声，吓得不敢应战，纷纷逃走了。

起义军顺利占领了潼关，长安危在旦夕，唐僖宗匆忙逃往四川成都。

黄巢就这样带领起义军攻入了长安，就像他诗里所写的那样，满城

都是身披铠甲的将士，个个豪气冲天，威风凛凛。

这一年，黄巢在长安大明宫的含元殿登基称帝，改国号为“齐”。

然而就在这时，唐军突然反扑了过来。

原来，起义军在占领长安后，忽略了对其他地方的管理，也没有追击逃跑的唐僖宗。唐僖宗重新组织力量，派大军包围了长安，几十万起义军被困在了城里，粮食很快就不够吃了。

起义军无路可走了，黄巢手下的大将朱温投降了朝廷。

唐僖宗又召来雁门节度使李克用，率领四万沙陀族骑兵攻入长安，打得起义军节节败退。黄巢只好带人撤离了长安。黄巢退到了狼虎谷（今山东省济南市莱芜区西南）时，被手下叛将杀死。

起义虽然失败了，但给了衰弱的唐王朝致命一击。各地的节度使们开始互相攻打、吞并，朝廷根本没有能力控制，大唐帝国的地盘只剩下几十个州。

旧唐书·昭宗本纪

常年逃难的皇帝

唐僖宗重返长安，惊魂未定，又遭遇了新的动荡。太监与节度使争权夺利，导致长安又陷入了战乱。唐僖宗万分无奈，只好再次出逃。

唐僖宗号召将士们反攻。正是十二月，天气异常寒冷，城里积雪不化，夜里更为寒冷，冻死的百姓横尸遍野。双方践踏尸体厮杀、抢掠。

等到终于平息了战乱，唐僖宗向长安返回时，在半路，被一位节度使强行留下。唐僖宗令人攻打，好不容易才获胜。

在这样的折腾下，唐僖宗回京后一个月左右就死了，时年二十七岁。他的弟弟李晔即位，是为唐昭宗。

唐昭宗登基后，被死灰复燃的太监们牢牢控制住，连自己的舅舅都被太监杀死了。太监们有很多干儿子，占据各地，拥兵自重。于是，唐昭宗先与太监集团展开了大战。

大战从白天打到深夜。守卫城门的禁军想趁乱打劫，唐昭宗让宰相带人牢牢守护。抢劫没能成功，军士们都站到皇帝的战壕里，把太监集团打退了。

唐昭宗初步掌握了权力，下一步就是对付藩镇了。

他快速扩充禁军，补充兵员，凑到了十万人。

李克用时任河东节度使，曾经帮助唐王朝消灭黄巢起义军，可是，他的藩镇最强大，对朝廷的威胁也最大，他还是少数民族，唐昭宗对他一直没有好感，最想消灭他。朱温等节度使也嫉恨李克用，怂恿皇帝消灭他。

大臣们坚决反对，唐昭宗不听，下令讨伐李克用。然而，唐昭宗派

去领兵的是个文人，对军事不大懂，另外，禁军人数虽多，却没有经过专业的训练，乌合之众凑到一起，连一般的藩镇都打不过，更别提李克用了。禁军吃了大败仗，丢盔弃甲，死伤无数。

到了这个时候，唐昭宗才后悔起来，心中无限懊恼、沮丧，觉得削藩不可能了，禁军几乎死光了，还挑起了李克用的仇恨。他怕李克用会来收拾自己，赶紧罢免了当初赞成出兵的官员，让这些官员当了替罪羊。

然而，唐昭宗再也没有威望了，节度使们可以随意侮辱他。陇西郡王李茂贞还写了一封信嘲笑他，信中有一句名言：不知皇上再次逃难，要逃向哪里呢？

唐昭宗勃然大怒，下令出兵，惩罚李茂贞。

朝廷派出了三万禁军，李茂贞带着六万兵马截击，禁军惨败。

李茂贞直入长安，打算向唐昭宗问罪。唐昭宗只得再次出宫逃难。他实在无处可去，只好去河东，打算寻求李克用的保护。走到半路，李茂贞的盟友追上来，挟持了唐昭宗，将他幽禁起来。

历史人物

杜让能

杜让能是初唐贤相杜如晦的族孙，中了进士后，入朝为官，后任宰相。唐昭宗要攻打节度使李茂贞，杜让能苦劝不听。禁军大败后，李茂贞兵临长安问罪，唐昭宗把责任统统推到杜让能身上。杜让能没有辩解，毅然为皇帝顶罪，被赐死。

唐昭宗被幽禁近三年后，宣武军节度使朱温占据了东都洛阳。李茂贞怕皇帝落到朱温手里，便把皇帝送回了长安。

宫里也是危机四伏，太监们垂死挣扎，想要废掉唐昭宗，另立皇帝。他们把唐昭宗关进少阳院，牢牢锁上门，在墙根处挖了一个小洞，把饮食从小洞里送进去。

朱温得知后，派人暗杀了太监，放出了唐昭宗，把唐昭宗控制在自己手里。唐昭宗心里有无尽苦楚，只能封朱温为梁王。

李茂贞见朱温挟持了皇帝，自己很不甘心，带兵包围了京城，迫使皇帝跟他去了凤翔。

朱温紧追不舍，包围了凤翔城。

围困持续了一年多，李茂贞粮草用尽，从冬到春，雨雪纷飞，城里每天饿死和冻死的有一千人左右。唐昭宗弄了个小磨，每天磨豆麦喝粥。宫人们每天也死亡三四人。百姓们更为凄惨。

历史人物

裴贞一、李渐荣

公元904年，宣武军节度使朱温派兵夜叩后宫内门，说有事急奏。内门开启，经过椒兰殿院时，夫人裴贞一说：“急奏不应该派兵来。”后被一刀杀死。朱军冲入内殿，昭仪李渐荣说：“不要杀皇上，宁愿杀我。”唐昭宗披衣光脚而逃，李昭仪用身体保护他，被一起杀害。

李茂贞实在无法坚守了，只好投降了朱温，把唐昭宗交给了他。

回到长安，朱温不再犹豫，派人杀死了三十八岁的唐昭宗。

朱温另立了一个少年皇帝，接着，紧锣密鼓地策划了另一件大事：他编造了一份假诏书，将三十多位被誉为“衣冠清流”的大臣骗到滑州白马驿（今河南省滑县），逐一杀死，尸体被投入黄河，史称“白马驿之祸”。

至此，忠于唐朝的力量被一扫而光。小皇帝左右无人，孤苦伶仃，朱温逼迫他把皇位“禅让”给自己，曾经繁盛无比的大唐王朝就此终结。

说说你的想法

你支持科举考试吗？

在唐朝，如果想报效国家，就要先当官；要想当官，就要通过科举考试。科举考试让穷人家的孩子也能出人头地，对此，你觉得公平吗？后来，科举考试要求考生必须按照八股文的要求答题，你怎么看？

旧唐书·刘仁轨列传

刘仁轨是汉章帝的后裔，到他这一辈，家境贫寒，但他特别恭谨好学。隋朝末年，四处都在起义，刘仁轨不能专心读书，就在干活儿的间隙伸手在空中或地上写写画画。

刘仁轨长大后，学识渊博，刚毅正直，唐太宗任他为给事中。

朝鲜半岛上有百济、新罗、高句丽等国家。百济反叛，攻打唐朝属国新罗，唐太宗派大将苏定方前去平定，刘仁轨随军。战后，刘仁轨自愿留守百济。

百济残余力量发起复国运动，百济王派人去倭国（日本）、高句丽求援。倭国将领毛野稚子等人率二万七千士兵赶来。在白江口，刘仁轨

遇上倭军，开始激战，焚烧倭国战船四百艘，火焰熊熊，浓烟滚滚，海水都被染红了。

倭军大败，百济王逃走，百济王子投降。

刘仁轨用心治理百济，重新登记户籍，开辟道路，建设村庄，救济贫困，鼓励农耕，使百济人安居下来。

唐高宗到泰山封禅时，刘仁轨带着新罗、百济、耽罗、倭国等使者赶到泰山，唐高宗非常高兴，升他为宰相。

刘仁轨虽身居高位，却和平民一样谦逊。武则天称帝后，将他与汉朝名臣萧何并称。

旧唐书·狄仁杰列传

狄仁杰字怀英，他小时候，家中一个仆人死了，县衙来调查，家人都忙着接待，只有他仍旧读书。县衙的人责怪他，他说：“书中的圣贤我都应对不过来，哪有时间搭理你们这样的庸俗小吏？”

狄仁杰长大后，经过科举考试，入朝为官。他担任大理丞时，一年中审理判决的积压案件达一万七千件，没有一件冤判的。

武卫大将军权善才不慎砍了太宗陵上的柏树，狄仁杰认为免职即可，但唐高宗坚持要处死。狄仁杰说罪不至死，唐高宗怒道：“砍皇陵的树，让我背上不孝的罪名，一定得处死！”

狄仁杰说：“皇上制定的法律中，没有规定这种行为是死罪。哪有没犯死罪就被判死刑的呢？法律都没有准则，让百姓怎么办呢？为了一棵树而杀死一位将军，人们会怎么说皇上呢？”唐高宗这才消了气。

武则天时，狄仁杰推荐张柬之为宰相。武则天把张柬之提升为洛州司马。狄仁杰说：“大材小用。”武则天又将张柬之提拔为刑部侍郎。张柬之果然做出一番成绩，后被任命为宰相。

狄仁杰一生举荐了很多人，都成了一代名臣，人们称赞他“桃李满天下”。

旧唐书·颜真卿列传

颜真卿字清臣，小名羡门子，三岁时失去父亲，由学识广博的母亲殷夫人教育。

颜真卿长大后，擅长写文章和书法，中了进士后，入朝为官。

他先后四次被任命为监察御史。五原有一桩冤案，很久不能决断，他去了之后，立刻清查明白。时值大旱，案件判决后就下雨了，人们都高兴地说是“御史雨”。

“安史之乱”爆发前，颜真卿有所预料，提前修补城墙，挑选精兵。等到战乱开始后，他已经聚集了二十多万名将士。

颜真卿刚烈正直，从不阿谀奉承，因此得罪了几个权臣。淮西节度使李希烈反叛，权臣便怂恿唐德宗，让颜真卿去李希烈军中传达圣旨。其他大臣都为颜真卿担心，颜真卿毅然前往。

颜真卿到了之后，李希烈的手下拿刀围住他谩骂威胁，他面不改色。

李希烈称帝，问颜真卿登基的仪式。颜真卿说：“我年近八十，曾掌管国家礼仪，但只记得诸侯朝见皇帝的礼仪！”

李希烈堆起干柴，威胁颜真卿。颜真卿立刻跳入火中，旁人急忙拉住他。李希烈最终缢杀了颜真卿。消息传出后，三军痛哭，皇帝为之罢朝五日。

旧唐书·韩愈列传

韩愈字退之，三岁时，父亲去世，哥哥把他养大。哥哥死后，他跟随寡嫂艰难求生，尝尽困苦。韩愈自思，身为孤儿，更要刻苦读书，因此，不用大人监督，自己便刻苦学习。

韩愈三次参加科举考试，都失败了，第四次才中了进士。

韩愈操守纯正、坚定，从不畏惧或回避什么。他担任监察御史时，在关中查访，发现旱灾无人救助，饿死的人漫山遍野，而负责此事的官员却谎报粮食丰收，百姓安居乐业。韩愈揭露了此事，反遭谗害，被贬为连州阳山县令。

韩愈改任河南县令时，发现一些官员暗中养兵，窝藏逃犯，又要揭发，官员们十分害怕，赶紧停手了。

韩愈回京后，任国子博士、中书舍人等职。唐宪宗崇佛，派人迎接佛骨，韩愈认为荒唐，提出烧毁佛骨，不要误导天下。唐宪宗大怒，要用极刑杀死他。大臣们极力劝说，唐宪宗才将他贬为潮州刺史。

据说韩愈刚到潮州，就听说一条恶溪中有鳄鱼为害，吃光了附近百姓的牲口，于是，他写下一篇《祭鳄鱼文》，劝诫鳄鱼搬迁。

韩愈再度回京后，任吏部侍郎、御史大夫等职。神策军听说后，都不敢犯法。

韩愈五十七岁病逝，生前是唐朝古文运动的倡导者，被后人尊为“唐宋八大家”之首。

韩愈

旧唐书·柳宗元列传

柳宗元出身于河东柳氏，祖上世代为官，为名门望族。他在长安出生，九岁时，为了躲避战乱，来到父亲的任所，之后又跟随父亲到其他地方任职。

受父亲的影响，他养成了刚直不阿的品德，也有很高的诗文水平。

柳宗元二十一岁左右中进士。唐顺宗时，柳宗元任礼部员外郎，与大臣王叔文等人发起改革，史称“永贞革新”。

改革触犯了守旧派的利益，他们联合太监，趁着唐顺宗病重时，阻挠改革，并逼迫唐顺宗传位给太子。太子一即位，就瓦解了改革集团，柳宗元被贬为永州司马。

柳宗元刚到任半年，母亲就去世了，他大受打击。

在永州十年，柳宗元郁郁不得志，但在哲学、历史、文学等方面都有重大成就，写下了《永州八记》等诗文，为“唐宋八大家”之一。

柳宗元被召回时，心里涌起了一丝希望。然而，经过一个多月的跋涉，好不容易到了长安，却得不到重用，又被贬为柳州刺史。他只好又赶了几个月的路，去了柳州。

柳宗元的一生大部分在冤屈的贬谪中度过，年仅四十七岁就病逝了。

旧唐书·杜甫列传

杜甫字子美，出生在一个安定富足之家，从小好学，七岁能作诗，还很淘气，为了摘树上的梨、枣，“一日上树能千回”。

父亲去世后，杜甫的生活一落千丈。他参加科举考试，没有考中，幸好认识了李白，二人有如弟兄，醉了就一起睡，醒了牵手同游。

杜甫再次赶考时，宰相李林甫从中捣鬼，导致所有考生都落选。杜甫困在长安十年，贫困至极。

唐玄宗看到杜甫的文章后，授予他右卫率府兵曹参军。当他回家探亲时，小儿子已经饿死了。

“安史之乱”爆发后，唐肃宗征召兵马。杜甫一个人冒险穿过前线，中途被叛军俘虏，因为杜甫官小，未被囚禁，于是趁夜逃了出来。

唐肃宗封他为左拾遗，但因为他营救被冤枉的大臣，触怒了皇帝，又被贬为参军。

杜甫放弃了官职，辗转来到川蜀，落脚在浣花溪畔的草堂。

后来，杜甫几经漂泊，格外想家，便乘舟回乡。路上又逢战乱，江水也暴涨，好几天没有东西吃。耒阳县令听说后，送酒肉给他。后来，杜甫死在了舟中。

杜甫是伟大的现实主义诗人，被称为“诗圣”。他的诗反映了社会现实，被称为“诗史”。

旧唐书·玄奘列传

唐太宗时，洛阳有一个叫陈祎的男孩，父亲是佛教徒，哥哥是和尚，由于家里贫穷，他从小跟随哥哥住在净土寺，学习佛经。十三岁时，陈祎想要剃度出家，但年纪太小，被拒绝了。他苦苦哀求，最终如愿以偿，法号“玄奘”。

玄奘二十多岁就成了高僧。他发现，国内的佛经缺少译本，现存译文也有差错，便立志去佛教圣地天竺（印度）求经。

去往天竺，要从西域经过，而西域正处在突厥的控制下，朝廷禁止私自出入边境。玄奘便昼伏夜出，偷偷赶路。州官钦佩他的毅力，放他出了玉门关。

进入沙漠后，上无飞鸟，下无走兽，热浪滚滚，玄奘迷了路，皮囊里的水也不慎倾倒而出，他昏倒在地。等他醒来后，又走了几里，才发现了水。

就这样，历尽千辛万苦，九死一生，玄奘终于抵达天竺。

在那烂陀寺，玄奘专心学法。之后，他在天竺讲法，成就当时的盛会。

当玄奘带着佛经回到长安时，已经过了十七年。唐太宗接见了他，劝他还俗，他拒绝了，埋头翻译了几十部佛经，并写成《大唐西域记》。后来，明朝人吴承恩据此写出了小说《西游记》。

玄奘

新唐书·李靖列传

隋朝时，李靖任马邑郡丞。他认为李渊有夺取天下的野心，想向朝廷报告，但因为道路堵塞，没能成行。

李渊果真叛隋，抓住李靖后，想杀了他。李靖说："你拉了一支正义之军，为什么不想着除暴安良，反而因为私人恩怨要杀死一位壮士呢？"李渊便放了他。

李靖归附唐朝后，唐高祖李渊派他去平定占据荆州的萧铣。当时秋雨连绵，江水上涨，三峡道路危险，萧铣认为李靖不会进军。李靖却迎难而上，打得萧铣措手不及，只得投降。

李靖率军进入江陵城，纪律严明。有人请求抄没萧铣的财物，李靖说："我们是仁义之师，打仗是为了拯救百姓，惩罚罪人，怎么能在人家投降之后还要抄家呢？"江汉一带的人听说后，都争着归降。

李靖凭借战功先后被授予上柱国、兵部尚书等职。

唐太宗李世民即位后，李靖攻打东突厥，只带了三千精锐骑兵，连夜奔袭，突厥人始料不及，首领偷偷逃跑了。

唐太宗高兴地说："汉朝大将李陵带着五千人，被匈奴俘虏了。现在你带着三千人就打败了敌人，威震北方，是古今罕见之功！"

新唐书·苏定方列传

苏烈字定方，少年时就很有胆气。十五岁时，他跟随父亲出征，多次率先攻入敌阵。唐太宗时，他跟随李靖攻打东突厥，曾带两百名骑兵做先锋。

苏定方正直，不贪财，为人谦逊，直到六十多岁才被重用。他六十五岁时，任伊丽道行军大总管，去征讨西突厥可汗贺鲁。贺鲁见苏定方只有一万人，就用十万大军包围了他。

苏定方让步兵占领高处，每人都拿着一把长矛，对准外面。密密麻麻的长矛三次阻挡了贺鲁军的进攻。

趁着贺鲁军疲惫时，苏定方率骑兵猛攻，激战三十里，贺鲁军狼狈而逃。

追击时，忽降大雪，众人请求停下，苏定方却认为这是天赐良机，于是，穷追不舍，活捉了贺鲁。

平定西突厥后不久，都曼又在西域反叛。苏定方挑选一万精兵、三千骑兵，一昼夜疾驰三百里，突降都曼大营。都曼无法，只好让人将自己捆起来投降。

苏定方六十八岁时，唐高宗派他出兵朝鲜半岛，攻打百济。苏定方无论是水战、陆战，都节节胜利，势如破竹，出兵后仅半年多的时间就押着百济国王到了洛阳。

苏定方一人灭三国，皆生擒国主，历史罕见。

新唐书·裴行俭列传

裴行俭的父亲是隋朝的礼部尚书，哥哥是将领，他还是少年时，就在朝廷走动了。之后，他通过科举考试，当上了参军。

苏定方欣赏裴行俭，说：“我用兵的谋略没有可以传授的人，现在你很合适。”于是把兵术传授给了裴行俭。

吐蕃入侵唐朝时，裴行俭担任秦州右军总管。他先是按兵不动，然后趁吐蕃王举行登基大典时，发起突袭，取得胜利。

有一年，波斯王死了，王子泥涅师正在长安，唐高宗派裴行俭护送泥涅师回波斯继承王位，由于要经过西域，任务十分凶险。

于是裴行俭散布谣言：“天太热，秋天再走。”突厥和吐蕃便没有设防。

裴行俭又召见龟兹、于阗、疏勒、碎叶四镇的酋长，假装一起打猎，在离突厥可汗阿史那都支的营帐十多里时，派人邀请可汗。阿史那都支仓促间想不出对策，只得前来，被裴行俭抓捕。

唐高宗说：“裴行俭率领孤军深入万里之外，不用作战就捉拿了叛贼，既是文臣，又是武将。”于是任命他为礼部尚书、检校右卫大将军。

裴行俭还是一位书法家、天文学家，打仗时，能够预测天气，调整战术。

泥涅师
裴行俭
阿史那都支

新唐书·哥舒翰列传

哥舒翰出生在安西龟兹（今新疆维吾尔自治区库车市），复姓哥舒。他的父亲是安西都护府的副都护，他从小就谙熟军事。他还喜欢读书，做事仗义，信守诺言。

哥舒翰四十岁时，父亲去世。他受到很大的打击，开始发愤图强，在河西从军。

吐蕃来犯时，哥舒翰在苦拔海迎战。吐蕃军分成三队，从山上接连冲下，哥舒翰拿着半段枪就迎上去，最终打败了吐蕃军。

哥舒翰任右武卫将军时，得知吐蕃军要割麦子，便埋伏在麦地里，等吐蕃军到来时发起突袭，没有一个吐蕃兵逃回去。

唐玄宗提拔哥舒翰为陇右节度使，镇守边关，吐蕃骑兵不敢靠近青海湖。

哥舒翰成立了一支宛秀军，一支神策军，神策军后来入京，成为禁军。

哥舒翰嗜酒如命，身体渐渐衰颓，一次入京，半路上昏迷，很久才苏醒，此后半身不遂。

“安史之乱”爆发后，哥舒翰拖着病体镇守潼关。他想固守城池，避开叛军锋芒，但唐玄宗逼迫他进攻，他痛哭出关，大败而归，二十万大军只剩八千人。

一个部下劫持了哥舒翰，把他捆起来送给叛军，后被叛军杀死。

哥舒翰

新唐书·郭子仪列传

郭子仪参加武举考试，得到“异等”的成绩，任左卫长官，后来升任西域都护府副都护。

“安史之乱”爆发后，唐肃宗在前线抗敌，文武官员加起来不到三十人，士气低落，直到郭子仪等人参战，局面才有所转变。

郭子仪向回纥借兵，收复了京都，唐肃宗得以回到长安。后来，回纥反叛，和吐蕃一起入侵。他独自一人去见回纥首领，想劝退他们。众

人纷纷劝阻，认为他将有去无回。

到了回纥营地，郭子仪摘下头盔，丢掉武器，握住回纥首领的手，言辞恳切地谈判，最终使回纥同意结盟。

单骑退回纥的消息传到吐蕃后，吐蕃连夜撤退。

唐代宗时，一些太监嫉妒郭子仪，多次诬陷他。郭子仪被罢免了副元帅之职。郭子仪把唐肃宗赐给他的一千多件诏书给皇帝看，以示忠心。皇帝很惭愧。

此后，郭子仪又打败过吐蕃军，但唐代宗还是猜疑他。等到唐德宗执政时，郭子仪仍被解除兵权。

郭子仪一生，攻克河北，收复长安和洛阳，夺取邺城，劝退吐蕃，说服回纥，威服叛将，平定河东，史书称他“再造王室”，用一身保护天下二十年。

王朝开场

这是一个乱成一锅粥的朝代，开场也乱成了一锅粥。如果你是在观看一部历史纪录片，你会看到，在风云激荡中，昔日辉煌的唐王朝正在轰然倒塌；而废墟之上，冒出了蘑菇一样一堆一簇的割据势力。当然，这些都是不安分的“蘑菇”，是杀气腾腾的“蘑菇”，其中最大的一个是朱温。

在中原，朱温杀出了一条路——杀皇帝，抢龙椅，建后梁。后梁立国后，刀光剑影依旧热闹，又出现了后

五代十国

乱云飞渡

唐、后晋、后汉、后周四个朝代，统称为“五代”。

围绕着中原的，还有一些割据势力，也在自家墙头立起了帝王的大旗，形成了前蜀、后蜀、南吴、南唐、吴越、闽、南楚、南汉、荆南、北汉政权，统称为“十国”。

除此之外，还有一些小国不甘寂寞，努力在历史上露脸，这段时期被合称为“五代十国”。

五代十国中，每个王朝都如昙花一现，最长的有几十年，最短的只有三五年。

五代十国一日游

如果回到五代十国

如果你穿越到五代十国，你会看到，此时人们的穿戴和唐朝差不多。只不过，时尚女装的细节有些变化，裙束变低了，裙带变长了，披帛也变细长了，不再像唐朝时那样雍容华贵，而是显得很飘逸。就连女子的体形，也从丰腴肥美变成了纤细瘦弱，风姿摇曳。

在进行“五代十国一日游”之前，你可以先做一下功课，欣赏一下五代画家顾闳（hóng）中所绘的《韩熙载夜宴图》，画中人物的穿戴就代表了当时的风尚。

由于当时王朝众多，多国并立，很多王朝又是少数民族建立的，因此，你还会发现建筑艺术十分多彩，多种奇怪的风格都能“混搭”在一起。如果你去了江南，一定不要错过虎丘斜塔，那可是“中国第一斜塔”，可谓“中国的比萨斜塔”呢。

在十国中，蜀国和南唐因为偏居一隅，很少受到战乱侵扰，是有钱的国家，所以，成都和南京的建筑都非常精美繁丽，你也可以观赏一下。

到了饭点儿，如果你有幸被大户人家邀请吃顿饭，你可要适应——那个时候还没有高桌大椅，吃饭时，食物大都放在低矮的桌案上，有的甚至放在地上，每人一份，各吃各的。你再看一看《韩熙载夜宴图》，韩熙载和几位士大夫面前，分别摆有一张长方形的桌子，每人面前都有一套餐具和一份饭菜水果，这叫分食制，开始于春秋战国或更早的时候，五代时依然流行。

当时有一种特色美食，叫神仙粥，是用山药和粳米熬制的。战乱年代，活命都很困难，要是能吃上一碗这样的粥，真的快活似神仙了，希望你能品尝到哦。

游览景点时，你要做到“来左去右”，出城的时候，靠左边走，回城的时候，靠右边走。如果你乘坐马车赶路，马车也不能超速，否则会挨揍的哦。祝你玩得愉快。

五代十国直播间

追踪重要历史事件

旧五代史·后梁太祖本纪

一个无名小卒的成长

唐朝末年，朝政昏暗，饥荒连年，很多人都饿死了，还有人去当了盗贼。百姓苦不堪言。黄巢揭竿而起，自愿追随他的饥民有几万人，其中就包括朱温。朱温是一个教书先生的儿子，但他不喜欢读书，只爱舞枪弄棒，以英雄豪杰自居，在乡里横行霸道。不过，他加入黄巢的军队后，因为骁勇善战，屡建奇功，竟然从一个无名小卒升为大将。

国宝档案

五代白石彩绘散乐图浮雕

浮雕出土于河北省曲阳县王处直墓，王处直为五代时义武军节度使，曾被后梁朱温封为北平郡王。汉白玉浮雕上，是一支十五人组成的吹奏乐队，线条唯美流畅，姿态生动逼真，人物丰满圆润，有丰肥浓丽的大唐余韵，再现了当时权贵豪门的奢侈生活，也是音乐史上不可多得的文物资料。

黄巢任命朱温为同州防御使，可以自主进行军事行动。

唐王朝虽然摇摇欲坠，但还是派出兵将镇压起义。河中节度使王重荣带着几万人，攻打同州城。几次交锋下来，朱温大败。

这是朱温领兵以来遭受的第一次重创，军队陷入唐军的包围之中，几乎弹尽粮绝。他赶忙让人写信向黄巢请求支援。

可是，朱温的信件如泥牛入海，他迟迟不见援军的踪影。

原来，黄巢的左军使孟楷嫉恨朱温，私自扣押了信件，黄巢被蒙在鼓里。几次三番求援都没有音信，朱温开始动摇了。他又听说，黄巢的大军也受到重创，军心已经涣散。

革命尚未成功，将帅早已离心，朱温推测，黄巢将会战败。于是，他做了一件不地道的事情，背叛了黄巢起义军，投降了王重荣。此时唐僖宗正在蜀中避难，得知这个消息后，高兴地说：“这是上天赐给我的上将啊。”

皇帝当即任命朱温为河中行营副招讨使，为了表示重视，还赐给朱温一个新名字——朱全忠。就这样，朱温从一个想推翻唐王朝的叛乱分子，摇身一变，成了平叛起义的主力军。

朱温手中握有的兵权也大了。他转过身来镇压起义军，几乎战无不胜。

为了激励朱温，唐僖宗许诺，只要收复了长安，就封他为宣武军节度使。

当朱温等人将黄巢赶出长安后，唐僖宗得以返回长安，真的封朱温为宣武军节度使。

黄巢离开长安后，并没有放弃纵横天下的野心，而是把陈州围了起来。

唐僖宗让朱温前去支援，但未能取胜。眼看要被打垮，穷途末路的朱温就近向河东节度使李克用求助。

李克用年少时骑射了得，被称为“李鸦儿”。十五岁时，每逢冲锋陷阵，他都在众将之前，又被称为“飞虎子”。李克用掌兵后，率领的是沙陀骑兵，十分骁勇善战，几乎百战百胜，各路兵马都畏惧他。由于

知识宝盒

沙陀族

沙陀族是中国古代北方的少数民族，也叫“处月”，是西突厥的别部，以游牧为生，擅长骑射。唐朝末年，沙陀族迅速崛起，争霸中原，并在五代时建立了王朝。由于唐朝对他们记载很少，游牧民族又没有记录保存史料的习惯，因此，沙陀族对现代人来说显得很陌生。

他一只眼睛近乎失明，被称为“独眼龙”。

黄巢军听说“独眼龙”带着沙陀军来了，都很惊恐。就这样，唐军终于取得了胜利。黄巢大败而逃，李克用和朱温等率领部队一路追击。黄巢不久就被部下所害，朱温收编了黄巢的残余部队。

上原驿一夜

黄巢起义失败后，李克用路过汴州，停下来休整。汴州是朱温的地盘，朱温大备酒宴，款待李克用。

李克用忘乎所以，大肆炫耀自己击败黄巢的功劳，还对朱温说了很多冒犯的话。朱温本来就嫉妒李克用，见他如此傲慢无礼，内心愤愤不平，决定杀死他。

当晚，李克用住在城中的上原驿，身边只带了一队侍卫。朱温调集兵马，紧闭城门，包围了上原驿。

李克用的侍卫们手疾眼快，操起武器冲出去，和朱温的士兵厮杀。剩下的士兵则死死守住房门，还吹灭了蜡烛，以躲避弓箭手的袭击。而李克用喝得烂醉如泥，对门外惊天动地的呼声一无所知。

朱温命令手下放火烧屋。李克用的部下赶紧朝李克用泼了几盆冷水，

原味典故

一箭双雕

李克用和鞑靼（dá dá）部族的人比射箭，鞑靼人指着空中的两只雕说：“你能一箭射下双雕吗？”李克用立刻弯弓搭箭，一箭射中了双雕。后世便用“一箭双雕”比喻做一件事达到两个目的。

才把李克用叫醒。

李克用急得手足无措。眼看即将被烧死之际，突然间电闪雷鸣，一场暴雨从天而降。李克用趁机翻墙而出，躲过了一劫。

逃出去的李克用带着军队回到驻地太原，请求皇帝处治朱温。

但李克用没有想到的是，唐僖宗并没有处治朱温。因为李克用真的太能打了，如果把朱温处理了，以后谁还能制得住他呢？

为了安慰李克用，唐僖宗封他为陇西郡王。

李克用虽然不满，但还是忍气吞声，放过了朱温。

后梁诞生了

由于割据势力过多，连年混战，唐僖宗几次逃离京城又返回，身体被折腾垮了。临终前，他把皇位传给了弟弟，也就是唐昭宗。

唐昭宗渴望恢复盛唐的辉煌，屡次派朱温攻打割据势力，虽然消灭了一些武装集团，但中央禁军折损了一大半。而朱温却暗中扩充自己的势力，并被封为梁王，成了中原霸主。

此时的朱温再也不掩饰了，他逼迫唐昭宗把都城迁到洛阳，想要挟天子以令诸侯。唐昭宗无奈，只好听从了。

在前往洛阳的途中，唐昭宗身边没有士兵保护，只有两百多个手无寸铁的侍从。朱温又将侍从全部杀死。唐昭宗还没走到洛阳，就成了真正的孤家寡人。

几个月后，朱温一不做，二不休，命令部下率兵夜闯宫禁想杀死唐昭宗。李昭仪用身体保护唐昭宗，最终与唐昭宗都死于刀下。

事后，朱温扶持唐昭宗十二岁的儿子即位，即唐哀帝。没过多久，朱温废掉唐哀帝，把他囚禁起来，自己称帝，以“梁”为国号，史称后梁。

此时的李克用，已被封为晋王。他早就和朱温成了冤家对头，这下更是恶战不断。在晋与梁交界的地方，是重镇潞州。李克用突然发兵，夺取了潞州。朱温一下子傻了眼，不得不拼命争夺。

潞州的城防异常坚固。梁军猛攻了十多天，也无法靠近潞州城，只好在潞州城外筑起一道城墙，内阻守兵突围，外拒援军进击。

梁晋两军在这道城墙处僵持了一年多，难分胜负。

这时，朱温突然得到了一个情报：李克用病死了！

历史人物

荆浩

荆浩从小学习儒学，懂诗文、绘画。唐朝时做过一个小官，五代后，为避战乱，隐居到太行山洪谷，一边种地，一边绘画，很少与外界交往。他喜欢画“云中山顶”，开创了“开图千里”的新格局，被后世尊为“北方山水画派之祖”，代表作有《匡庐图》、《雪景山水图》（如右图）等。

后梁是怎么终结的？

在朱温看来，李克用一死，晋军内部必定大乱，获胜只是时间问题了。

于是，他调走驻扎在潞州的主力部队，只留一部分士兵驻守。梁军士兵也都放松了警惕，惬意地坐等潞州城断粮出降。然而，朱温的如意算盘打错了。虎父无犬子，晋军第二代掌门人李存勖（xù）尽管只有二十四岁，军事能力却丝毫不输于他的父亲李克用。更令朱温没有想到的是，李存勖从契丹借了骑兵，正亲自率兵向潞州挺进。

在李存勖的命令下，晋军趁着早上大雾弥漫，悄悄地摸到了梁军的营寨外。正在营中睡懒觉的梁军没有防备。霎时间，只听得鼓声遍地、杀声四起，晋军兵分两路杀进了梁营。梁军士兵蹦起来拔腿就跑，转眼就被击散了。

此役过后，梁军一线将领再也找不回昔日的勇气，朱温对后梁的前途也不敢抱乐观的态度了。

战争从不缺席，不久，柏乡会战又开始了。

晋军联合其他武装集团，攻打后梁。朱温派军北上迎战。

知识宝盒

兵役

五代十国时，兵役沉重。为了防止士兵逃跑，士兵的脸上大多被刺字，写着士兵的军号，以便追捕。为了运输粮草，或堆积攻城的土山，许多平民男女被强迫劳作，无数人累死。梁太祖朱温曾把死去的人和牛、驴一起埋在土山中。

梁军到达距柏乡三十里处时，由于要翻越不少高山峻岭，梁军主帅王景仁想到晋军补给困难，就下令全军坚守大营，不要轻举妄动，想耗死李存勖。

李存勖明白王景仁的用心。他知道，晋军现在远离大本营，如果不能速战速决，口粮就可能断绝。

既然梁军按兵不动，那么晋军就主动出击吧。李存勖派人率一千骑兵到梁军寨前大声辱骂，想激王景仁出战。王景仁也不是等闲之辈，自然不肯轻易出击。

两军对垒许久之后，梁军终于被激怒了，派出三万士兵，打退了晋军。

李存勖虽然后撤，却让骑兵打游击战。游骑迅猛出击，打断了梁军的补给线。没过多久，梁军就断了粮。

眼看再拖下去，大军就要崩溃，王景仁索性放手一搏，下令全军出击。

十余万梁军倾巢而出，晋军撤回到野河北岸。

梁军过河追击。野河上桥梁有限，十多万人无法一下子过河。李存勖趁机派出二百勇士攻打，经过一番血战，将梁军赶回南岸。

梁军猛攻半天得不到休息，又没吃上饭，累饿交加。看到晋军斗志仍旺，王景仁不由得动摇了，下令暂退，以做休整。但十几万人的队伍，撤退异常混乱。晋军将领连忙让人高呼："梁军败了！梁军败了！"

晋军士气大振，迅猛出击。梁军以为己方真败了，争先恐后地逃跑。晋军将领又派人大喊："想发财的就往前冲啊！"晋军士兵一听，更加势不可当。梁军弃甲抛戈，像麦子一样被成片地砍倒，野河南岸遍布尸体，河水都被鲜血染红了。

持续了一个多月的柏乡之战就这样结束了。后梁的军事优势彻底消失，后晋开始占上风。公元923年，李存勖称帝，建立后唐，然后亲自领兵进攻开封，灭了后梁。

旧五代史·敬翔列传

敬翔小时候手不释卷，思维敏捷，被称为少年英才。他去长安参加进士考试，未中。赶上黄巢起义，他投奔一位老乡，就此在朱温军中任职。

敬翔经常替人写书信或名牒，名言警句很多，在军中传开了。朱温听到后，召他来见，相谈甚欢，让他参与军机大事。

朱温在建立后梁的过程中，敬翔出了很多计谋。朱温称帝后，任敬翔为检校司空等职。

敬翔跟随朱温三十多年，一人负担很多事务，常常通宵达旦地忙碌，只在行军时在马上打盹。他每次向朱温提意见，都不当着众人说，而是私下里说。

朱温被第二子朱友珪杀死，敬翔非常惊讶、痛楚，虽然担任宰相，但经常托病在家。

朱友贞即位后，敬翔说：“后唐的李存勖，在十年间，每次作战，都亲自冒着弓矢炮石，亲自背着柴草渡河，登上城墙。现在我们的国土一天天减少，如果实在缺乏人才，请让我去战场吧。”

朱友贞有些感动，但嫉妒敬翔的大臣对他说敬翔有怨恨之心，朱友贞便没有听从。

李存勖攻陷大梁后，大臣李振劝敬翔一起投降。敬翔说：“李振枉为男子汉啊。”于是上吊而死。

旧五代史·刘鄩列传

刘鄩（xún）小时候喜欢读兵书、历史、人物传记，胸有大志，长大后，在青州担任小校。

青州节度使命刘鄩带五百人袭击朱温的地盘兖州。兖州城高墙厚，城内有数千兵马，但刘鄩用了不到一天的时间，就轻松地拿下了兖州城。

原来，之前他命人化装成卖油郎，查探兖州地形，发现有一处排水孔洞人看守。于是，趁着夜色，他带人从排水孔洞钻入城去，斩杀或活捉了守城将领，击败了梁军。

过了一两年，青州节度使被朱温打败，刘鄩只好出城，骑着驴子去听从温发落。朱温欣赏他有智慧、有胆量，让他担任大将军，此后又不断给他升职

朱温死后，刘鄩依旧南征北讨，战绩惊人。一次，他想偷袭太原，又怕晋军追击，便扎草为人，用旗帜裹在草人身上，用驴子载着草人，沿着矮城走。不过，晋军并未追击，直到几天后，晋军才知道。

刘鄩六十四岁时，在同州城下兵败，逃往黄河以南时，桥梁坍塌，淹死很多人，嫉妒他的人趁机诬陷他，梁末帝便赐给他毒酒，毒死了他。

刘鄩一生奇谋百出，史家称赞他“一步百计，妙策无双”。

晋

旧五代史·后唐庄宗本纪

“李天下”是谁？

李存勖十一岁的时候，就跟着父亲李克用南征北战了。在李克用感到灰心的时候，他还劝告父亲不要急躁。唐昭宗很喜欢李存勖，说“此子当为李克用之亚”，意思是他以后的成就将会仅次于他父亲。李存勖的小名“亚子”就是这么来的。谁也没有想到，李存勖的能耐比他父亲还要大。

李克用临终前，把李存勖叫到身边，交给他三支箭，说：“第一支箭要你讨伐刘仁恭，他先投靠我，后来又投靠朱温，是个反复无常的小人；第二支箭要你打败契丹，契丹首领耶律阿保机和我结为兄弟后，却翻脸不认人；第三支箭要你消灭朱温。这三口气不出，我死不瞑目！”

李存勖把三支箭供奉在宗庙，大战时让贴身将领背着，作为前锋。胜利后，再把箭送回宗庙。

他制定了很多军规，还亲自谱写了军歌，就这样，活捉了刘仁恭，打败了契丹。朱温感叹："我的儿子和李亚子一比，简直和猪狗一样。"

知识宝盒

禁军

梁太祖朱温最信任"厅子都"，这是一支异常凶悍、令人畏惧的军队。后唐太祖李克用信赖河东军，也就是"义儿军"，其中以他的许多义子为骨干。这两支军队后来都被扩充为禁军，成为保护皇帝的特种部队。

公元 923 年，李存勖称帝，即后唐庄宗，沿用"唐"的国号，史称后唐。他把父亲和唐朝的皇帝并列在宗庙里，表示自己是正宗的唐朝继承人，唐朝仍在延续。

放眼北方，只剩下后梁一个敌人了。李存勖御驾亲征，士气旺盛。此时，朱温已被儿子杀死，梁末帝不堪一击，后梁灭亡了。

然而，就是这样一个生猛的将领，却不是一个称职的好皇帝。李存勖千辛万苦打下江山后，认为天下太平了，就开始贪图享乐起来。

李存勖爱听戏曲，经常和表演乐舞的伶人混在一起，有时还换上戏服，和伶人一起表演。他还给自己起了个艺名，叫"李天下"。

李存勖还给伶人特权，准许他们随意出入皇宫。伶人甚至可以干预朝政大事。因此，一些官员费尽心思讨好伶人，希望他们在皇帝面前多为自己说好话。

李存勖打算封两个伶人做刺史，大臣们劝阻他说："国家刚刚建立，跟皇上一起出生入死的将士都没得到封赏，反而让伶人做官，大家一定会不服气。"

李存勖根本不理会这些话，照样让伶人做了刺史，将士们都心生不满。

没过几年，李存勖听信谗言，疏远了曾经跟他出生入死的大将，还差点儿杀了李克用的养子李嗣源。

将士们忍无可忍，一起拥戴李嗣源起兵造反。李嗣源攻入汴京，准备称帝。李存勖亲自迎战，被一支流箭射中，丢了性命。

李嗣源成了后唐的当家人，即后来的唐明宗。

旧五代史·郭崇韬列传

郭崇韬是代州（今山西省代县）人，从小在边境长大，异常机警、英勇。郭崇韬跟随晋王李存勖攻打镇州，契丹趁机攻打晋军，李存勖打算撤离。郭崇韬说：“契丹只是为了抢劫，不是为了解救镇州，我们不能轻易退兵。”李存勖坚持下来，打退了契丹。

李存勖称帝后，郭崇韬任兵部尚书、枢密使。李存勖攻打后梁，郭崇韬夜里渡河，修筑工事，昼夜不停，疲劳至极时胡乱打盹，忽觉裤子里很凉，原来是一条蛇，可见他劳累的程度。

攻打后梁受挫后，李存勖询问郭崇韬的意见。

郭崇韬说：“今天遇到困难就要放弃，明天遇到困难又要放弃，这怎么能成就大业呢？我建议长驱直入，直捣都城，不出半个月，就能平定天下。”

李存勖非常激动，当天就下令攻城，仅用八天就灭掉了后梁。

郭崇韬一生忠心耿耿，屡建奇功。但他喜欢听人奉承，自己说话很粗鲁，直来直去，而且气量狭窄，容不下人，爱排挤他人。他后来得罪了太监，被太监诬陷，没有人站出来帮他，以至于他被太监害死了。

旧五代史·周德威列传

周德威是朔州马邑（今山西省朔州市）人，早年跟随晋王李克用，任帐中骑督。由于他来自边塞，只看烟尘就能判断出敌军的兵力。

后梁来攻城时，周德威挑选精锐骑兵，分成几个突击小队，从几个城门同时出击，令梁军惶恐而退。

周德威被拜为昭义军节度使。李克用死后，他的儿子李存勖建立后唐，仍然重用周德威。

潞州被梁军围困后，周德威派出小股骑兵破坏梁军粮道，又不断破坏夹城，推倒城墙，每日进攻几十次，最终趁着大雾打败梁军。

梁军攻打成德镇时，驻兵柏乡。周德威命三百骑兵挑战，然后，自己且战且退，将梁军引向平原。等到傍晚，梁军饥饿难耐，有了退意时，周德威发起猛攻，几乎全歼梁军。

卢龙节度使刘守光在幽州称帝，建立燕国，周德威率三万人攻破幽州，擒获了刘守光父子。

李存勖打算直捣开封，一举灭梁。周德威建议按兵不动，由自己带骑兵先去骚扰梁军，等梁军心烦疲惫时再进攻。李存勖不听，周德威无奈，只得跟随出战，与儿子一起死于混战。李存勖失声痛哭：“都是我的罪责。”

旧五代史·敬新磨列传

敬新磨是一个伶人，聪明伶俐，很会揣摩皇帝的心思，也敢开皇帝的玩笑，甚至敢以极端的方式进谏。

一天，后唐庄宗李存勖穿着戏服表演，接连叫了两声自己的艺名“李天下”，敬新磨走过去，啪啪打了李存勖两个耳光。

众人大吃一惊，立刻揪住了敬新磨。

敬新磨对李存勖说：“你叫了两声‘李天下’，可是‘理天下’的只有皇帝一个人，另外一个又是谁呢？”

李存勖听出敬新磨有劝谏的意思，没有责怪他，反而赏赐给他很多东西。不过，李存勖并未听从劝谏，仍然一意孤行。

一次，李存勖出宫骑马打猎，不小心践踏了庄稼。中牟县令拦住皇帝的马，极力劝谏。李存勖很不高兴，要砍县令的脑袋。

敬新磨对县令说：“你一个县令，明知道皇帝喜欢打猎，为什么要让老百姓种庄稼？为什么不让他们饿死，把田地空出来让皇帝尽情玩耍呢？”

话一说完，李存勖哈哈大笑，把县令放了。

李存勖宠信伶人，致使很多伶人为非作歹，肆意横行，但敬新磨不同，他虽然爱开玩笑，却做事得体，从不干坏事，有时还会规劝皇帝。

旧五代史·张承业列传

张承业本来姓康，是太原府人，自幼净身入宫，被张姓太监收为养子，改姓为张。

张承业多次出使渭北，为晋王李克用监军。有一年，宰相崔胤在宫中大杀太监，又命各地节度使诛杀监军的太监。李克用不忍心，把张承业藏在寺中，杀死了囚犯代替他。

朱温灭掉唐朝，建立后梁后，李克用举着复兴唐朝的旗号，与后梁对抗，任张承业为河东监军。

李克用病逝后，遗命张承业辅佐儿子李存勖。张承业尽心尽力巩固了李存勖的地位。李存勖非常感激，称他为“七哥”，常到他家探视。

近十年的时间中，李存勖都在河北与梁军作战，张承业坐镇太原，想尽办法招兵买马，筹集粮草，支援前线。

李存勖拜张承业为开府仪同三司、左卫上将军、燕国公，张承业坚持推辞。

李存勖想要称帝，张承业听说后，不顾病体，命人把自己从太原抬到河北，劝阻李存勖。

李存勖不听，张承业哭道：“众人浴血奋战，为的是恢复唐朝，现在你却要自己称帝，这是欺骗老奴啊。”

张承业回到太原后，忧郁而死。

旧五代史·后晋高祖本纪

不被待见的功臣

石敬瑭是李存勖的部将，从小沉默寡言，最大的爱好是钻研兵书，他把战国时期大将李牧和汉朝大将周亚夫作为偶像。长大后，石敬瑭跟随李存勖南征北战，是一位远近闻名的大将。

李存勖死后，后唐明宗李嗣源依旧看好石敬瑭，还把女儿嫁给了他。李嗣源死后，儿子李从厚继位。李从厚担心兄弟李从珂不服气，把李从珂打发去了偏远的河东。结果，李从珂索性起兵造反了。李从厚只好逃离了洛阳。

半路，李从厚碰到了匆忙赶来的石敬瑭。石敬瑭知道李从厚已经是孤家寡人，便将他囚禁起来，交给了李从珂。

李从珂杀死了李从厚，在洛阳登基，史称唐末帝。

国宝档案

五代越窑青瓷莲花碗

此器出土于苏州虎丘云岩寺塔，是青瓷中的精品——秘色瓷，由吴越王钱氏烧造。其胎质细腻致密，颗粒均匀纯净，如玉光洁，如冰剔透，如水青碧，正如诗人陆龟蒙所描述的那样：“九秋风露越窑开，夺得千峰翠色来。”

虽然石敬瑭帮了李从珂的大忙，但李从珂并没有把他当成心腹大将，反而处处猜忌他。石敬瑭知道李从珂对自己不信任，只好整天装病。

石敬瑭的妻子魏国公主去向太后求情，请她说服李从珂，放石敬瑭回河东。李从珂见石敬瑭病恹恹的，没有起疑，放石敬瑭回了河东。

“父皇帝”和“儿皇帝”

回到河东后，石敬瑭一面装病，一面秘密准备粮草，为以后做打算。不久，石敬瑭决定起兵。他给皇帝写信说：“你只是先帝的养子，没有继承皇位的资格。”李从珂火冒三丈，立刻罢免了石敬瑭的官职，又派出三万大军包围了石敬瑭所在的晋阳城。

石敬瑭虽然手握重兵，但毕竟数量不多，他有些慌了。想来想去，他只能找契丹求援。他给契丹首领耶律德光写信，说自己愿意向契丹称臣，像对待父亲那样对待耶律德光，还会在成功击退唐军之后，把燕云十六州送给契丹。

耶律德光比石敬瑭小十多岁，石敬瑭却要称耶律德光为爹，这件事实在太耻辱了，连石敬瑭的大将刘知远都看不下去了。尤其燕云十六州

知识宝盒

燕云十六州

燕云十六州也叫幽云十六州，指幽州（今北京市）、云州（今山西省大同市）等十六个州，它失守后，中原就等于裸呈在外。它使后来的北宋陷入长达一百六十多年的威胁中，无数仁人志士为了夺回它慷慨悲歌、牺牲生命，但直到明朝时才被收复。

是中原的屏障，意义重大。

刘知远劝告石敬瑭："向契丹求救不是什么丢脸的事，可是怎么能认人家当爹呢？白送一些金银珠宝就行了，绝不可以割让燕云十六州啊，否则，你如何向子孙后代交代呢？"石敬瑭不听，派人把信送了出去。

耶律德光看到信后，喜出望外，他正想找个机会南下，扩张契丹的势力，没想到石敬瑭不仅送上门来，还白送燕云十六州！

耶律德光立刻派出五万人马，攻打唐军。石敬瑭配合契丹军前后夹攻，打败了唐军。耶律德光来到晋阳城下，石敬瑭亲自出城迎接，恭恭敬敬地称他为父亲。有了契丹的帮助，石敬瑭灭掉了后唐，自己做了皇帝，改国号为"晋"，史称后晋高祖。

按照先前的约定，石敬瑭将燕云十六州割让给了契丹，还称耶律德光为"父皇帝"，自称"儿皇帝"。大臣们都觉得丢脸，他却满不在乎。

旧五代史·后汉高祖本纪

契丹为什么灭晋？

石敬瑭手下的大将刘知远是一位了不起的人物，他从小体弱多病，寡言少语，长大后，因为家中贫寒，做了一户李姓人家的上门女婿，地位十分低下。他不甘心这样度过一生，就跑去当兵，与石敬瑭成了好朋友。

在一次战争中，石敬瑭的马铠断裂，眼看就要被敌军追上了，刘知远立刻把自己的战马让出来，救了他一命。石敬瑭感激刘知远的救命之恩，把他当成亲信。石敬瑭建立后晋后，刘知远英勇出战，立下了赫赫功劳，成为新一任河东节度使。石敬瑭在契丹的庇护下，做了七年的“儿皇帝”，他死后，他的养子石重贵即位。石重贵也倚重刘知远，加封他为太原王。石重贵深感依附契丹之辱，开始与契丹敌对。

知识宝盒

契丹与辽国

契丹人兴起于大兴安岭，军事力量涵盖西域。唐朝灭亡后，从丝绸之路而来的外国人用“契丹”代表中国。契丹人不可一日无茶。契丹人建立辽国后，皇帝春天游猎，捕获第一条鱼或第一只天鹅时，要举办“头鱼宴”或“头鹅宴”。辽国历经二百一十八年后，被金国灭掉。

契丹首领耶律德光再一次率军南下，攻打后晋。后晋主帅畏惧契丹的彪悍，临阵投降。契丹军不费吹灰之力就占领了开封，俘虏了石重贵，后晋就这样灭亡了。

耶律德光仿照汉人的礼仪制度，在开封举行盛大的仪式，登基为帝，定国号为“大辽”。从此，辽国诞生了。

辽军凶狠蛮横，胡作非为，把中原当成掠夺的乐园，大肆欺压百姓，抢夺财物，烧毁城池和房屋。中原军民忍无可忍，奋起反抗。

这时候的刘知远，虽然有了一定的势力，但仍然不能与强大的辽国相抗衡，就让人前去请降。

耶律德光下诏褒奖刘知远，称他为“儿子”，并赐给他一根木拐。可别小瞧这根木拐，按照契丹的礼法，只有身份尊贵的大臣才能得到这种赏赐。所以，当刘知远的使者带着木拐返回时，契丹人看见后，纷纷给他让路。

使者给刘知远带回一个好消息：契丹内部混乱，恐怕不能长久占领中原。刘知远审时度势，干脆在太原称帝，是为后汉高祖，建立了后汉。

昙花一现的后汉

契丹占据中原后，总是以“打草谷”的名义掠夺财物，杀害百姓，给百姓带来深重苦难。刘知远宣布与辽为敌，禁止制造契丹样式的器械和服饰，嘉奖抗击契丹的民众等。

这一连串的举措，让晋朝旧臣和百姓纷纷归附。军民团结一致，打退了契丹人。

辽太祖耶律德光气得收回了给刘知远的一切官职。但他也自顾不暇，更别提去找刘知远算账了，只能令人守着开封，自己带领大军撤出中原，半路上就病死了。

为了夺回开封，刘知远从汾水南下，一路所向无敌，很快拿下了开封和洛阳。刘知远进入开封，大赦天下。刘知远的李皇后很有才能，她建议刘知远，不要搜刮百姓，而是拿出宫中财物赏赐将士。刘知远照做了，军民都非常感动。

知识宝盒

雀鼠耗

五代时，除了正常的赋税外，还有附加税：吃盐要交盐税，养蚕要交蚕税……附加税之外，还要交“雀鼠耗”，就是说麻雀和老鼠吃掉的损耗也要百姓承担。丝棉绸线麻等，是雀鼠不吃的，但也要交“雀鼠耗”。北方俗称老鼠为“耗子”，就是这么来的。

刘知远还有一个心头大患，那就是杜重威。杜重威投降辽国，辽太祖派他镇守邺都。为了攻克邺都，刘知远派人围城，并多次招降杜重威，许诺保他性命。杜重威不甘心，仍旧死守。不久，城内粮草耗尽，很多将士逃亡，杜重威无法，只好出城投降。刘知远言而有信，果真没有杀他，封他为楚国公。

刘知远还准备收复被契丹占据的燕云十六州，然而，他只当了一年皇帝就撒手西去了。他的儿子刘承祐即位后，朝政被几位托孤大臣把持。

年轻的皇帝想改变这种局面，设计杀死了几位大臣，之后，又派人去杀战功显赫的大将郭威，于是郭威起兵反叛。

郭威率军抵达开封城下时，刘承祐到城外去观战，结果，汉军大败。第二天清晨，他想逃回城去。不料，守城人不让他进去，他只好带着侍卫向西北奔逃，路上被侍卫杀死。后汉就此灭亡，享国只有四年。

旧五代史·史弘肇列传

史弘肇（zhào）出身于农民家庭，但他小时候不喜欢干农活儿，每天耍弄拳棒，据说他能日行二百里，赶得上奔马。

后梁末年，朝廷征兵，史弘肇参军，由于武艺超群，被选入禁军。驻守太原的刘知远把他招来，提升为都将，兼任雷州刺史。

史弘肇少言寡语，治军严厉，不管是谁违犯军纪，都不宽恕。在他的威势下，军队顺利地打到了洛阳和开封，为刘知远建立后汉立下汗马功劳。

刘知远病逝前，任命史弘肇为托孤大臣。史弘肇很认真地辅佐幼主。皇帝刘承祐沉溺歌舞，滥赐伶人玉带锦袍，被他全部没收，归还国库。皇帝觉得他目无天子，非常恼怒。

史弘肇好用酷刑，如断舌、抽筋、折足等。他不大会明辨是非，导致一些大臣被冤杀。有时候，他在大街上抓人，当场就处死，吓得行人连丢在地上的东西都不敢随便捡。

他瞧不起文人，说毛锥子（毛笔）没什么用。而宰相就是文人，一时间，朝廷的权臣之间的关系变得异常紧张。

皇帝决定杀死他，一个文官听说后，冒着杀头的危险去他家里报信，但他傲然不见。第二天上朝时，史弘肇在廊下被几十个武士杀死了。

旧五代史·后周太祖本纪

孤儿成长记

郭威灭了后汉后，建立后周，是为后周太祖，开始了自己的帝王生涯。

郭威幼年时，父母去世，他沦为孤儿，沾染了一身坏习惯，好打架斗狠，还在脖子上文了一只小麻雀，人送外号“郭雀儿”。不过，他明辨是非，志向远大，还能写会算，略通兵法。参军后，他作战勇敢，晋升飞快。他还和将士们吃穿一样，获得赏赐后也分给大家，赢得了将士们的拥护。

郭威当上皇帝后，决定消除积弊，让百姓过上好日子。

成语补给站

依样画葫芦

陶穀（gǔ）曾在后晋、后汉、后周担任翰林学士等职。宋朝建立后，陶穀让人向宋太祖推荐自己。宋太祖笑道：“我听说翰林学士起草诏书，都是参照前人所写，再换几个字句，不过是依样画葫芦而已。”人们使用“依样画葫芦”比喻单纯模仿，没有创新。

他废除了后汉、后晋一些残酷的刑罚，把无主的田地分给饥民，免除他们的赋税，还兴修水利工程，灌溉良田。

以前，当权者把所有的耕牛都垄断了，牛成了国有的动物。百姓要用耕牛，得向国家交很多租金。这样一来，百姓连地都种不起，更别提吃饱穿暖了。郭威注意到这个现象，就废除了牛租。

他还放宽了盐、酒、皮革的禁令，让百姓多赚一些钱。

郭威出身贫寒，很懂得体谅百姓的艰难，自己带头节俭，不穿华丽的衣物，不使用豪华的器具，甚至砸毁了宫中很多古玩珍宝和器物。

郭威还是一位十分谦逊的皇帝，他知道自己治国的才能不足，所以很重视任用有才德的大臣。

他时常对大臣说："我的学问知识比不上你们，也不太懂得治国安邦的道理，你们一定要畅所欲言，千万不要只说好听的话来糊弄我。"

在郭威的治理下，后周慢慢振作起来。

然而，不过三年时间，他就患上了重病。他深知自己活不长久了，就把养子柴荣召到床前，说道："赶快去替我修墓，一切从简，不要派人守墓，不要在墓前立石像，不要放随葬品。"不久，他就去世了。

旧五代史·后周世宗本纪

高平之战

柴荣小时候家里很富有，他的父亲是当地富豪，不幸的是，他幼年时，父亲去世了，他只得投奔姑姑。姑姑嫁给郭威后，郭威把他认为儿子，抚养他长大。郭威家境一般，柴荣为了给养父母分忧，走上了经商的道路，积累了大量资金。他还学习了骑射、经书典籍。

郭威显赫之后，对柴荣委以重任，柴荣不负众望，做得非常出色。郭威称帝后，依旧信任柴荣，临死前，力排众议，把皇位传给了柴荣，柴荣就是后周世宗。

历史人物

冯道

冯道是五代时的宰相，服务过后唐、后晋、后汉、后周，还向辽国称臣，共辅佐了十位皇帝，是历史上独一无二的“十朝元老”。很多人认为他没有气节，欧阳修骂他“不知廉耻”，司马光骂他“奸臣之尤”。也有一些人赞美他尽职尽责，举荐人才，节俭勤奋，和下层百姓打成一片，是个好官。

柴荣刚刚即位，位置不稳，又要料理先帝丧事，北汉皇帝认为这是一个灭掉后周的好机会，便联合辽国，率领五万精兵，进犯后周。

北汉与辽国来势汹汹，后周一片恐慌。然而，柴荣并不害怕，决定御驾亲征。

柴荣说："唐朝开国，不也是太宗亲征的吗？我又有什么可怕的？"

大臣冯道给他泼冷水，说："皇上，你比不上唐太宗。"

柴荣说："我有精兵强将，打败外敌就如泰山压卵一样容易。"

冯道又反驳回去："皇上，你不是泰山。"

柴荣不是一个轻言放弃的人，他不顾大臣的强烈反对，还是选择了亲征。

他率领军队，赶往前线，到达高平时，与敌军狭路相逢，展开了激战。

这一战真是凶险万分，后周的几位大将临阵逃脱，使柴荣陷入了孤立无援的险境。危急时刻，柴荣不顾迎面飞来的箭矢、石头，冒死指挥作战，极大地鼓舞了士气，最终扭转战局，打败汉军。一旁观望的辽军见此情况，仓皇撤退。

柴荣率军在高平之战中取得大胜，令周边国家望而生畏，也提高了柴荣的威望，为他接下来的改革减轻了阻力。

壮志未酬身先死

外患暂时解除后，雄心勃勃的后周世宗柴荣准备大展拳脚了。他意气风发地说："如果我能当三十年皇帝，我就用十年开疆拓土，十年教养百姓，十年安定天下。"

他做的第一件事就是整顿军纪。高平之战中，不战而逃的将士一共有七十多名，他下令全部斩杀，同时，重赏了英勇杀敌的人。

知识宝盒

《韩熙载夜宴图》

北方的后周威胁南唐，北方来的官员受到南唐后主李煜的猜疑，其中包括韩熙载。李煜派画家顾闳中去韩熙载家，查探他有无二心。韩熙载则故意彻夜宴饮。顾闳中回来后，画《韩熙载夜宴图》，李煜看了，觉得韩熙载沉溺声色，不足为患。韩熙载得以保全自己。顾闳中则因为此画而名闻天下。

柴荣深刻地认识到：兵贵精，不贵多。于是，他下令精减士兵，淘汰老弱病残，挑选精锐士兵充当禁军，还公开招募武艺高强的勇士充当殿前军，大大提高了军队的战斗力。从此，后周军队威震天下。

他还注重选贤任能，恢复了五代时期沦为形式的科举制度，大量挑选人才，自己则虚心纳谏。他在位期间，从来没有因为言论问题杀过一个人。

经过一系列改革，后周越来越强盛。柴荣终于可以实行下一个计划——安定天下了。

后周地处中原，北方有辽国、北汉等政权，南方有南唐、后蜀、南汉等政权，群雄环伺。先打哪一个呢？

柴荣认为，最大的敌人是辽国。辽国占据燕云十六州，也是中原人最大的耻辱。因此，他决定先打辽国，夺回燕云十六州。

这一次，柴荣依旧亲自率军。辽国早就听闻周军骁勇善战，因此，周军所到之处，不是不战而降，就是纷纷溃逃。柴荣出师仅仅四十二天，就不费一兵一卒，拿下了三关三州十七县。

按照这种情形发展下去，柴荣不仅能打败辽国，收复燕云十六州，甚至可能一统天下了。然而，天妒英才，就在柴荣打算攻打幽州时，身体发病，只能匆匆回朝，不久，就与世长辞了。

临死前，柴荣把皇位传给七岁的皇长子。也就一年左右的时间，大将军赵匡胤发动“陈桥兵变”，灭了后周，建立了宋朝。

知识宝盒

沧州铁狮

沧州铁狮又叫“镇海吼”，位于河北省沧州市，铸于后周时期。据说，它是后周世宗柴荣北伐契丹时所造；也有人说它是文殊菩萨的坐骑；还有人说它是为镇海啸而造。铁狮用范铸法制成，是重大科技工程，重约三十二吨，肚子里、牙齿内外都有字，其中包括“狮子王”三字。

说说你的想法

你会怎样保护燕云十六州？

燕云十六州是中原的北大门，一旦失去，就等于把隐私、家底都开放给别人了。所以，夺取燕云十六州不仅关乎领土，更关乎尊严。你认同这个观点吗？如果你是皇帝，你将怎么保护它？

新五代史·南唐世家

在十国中，有一个版图最大的国家，就是南唐。南唐先后吞灭闽国、楚国，实力很强。柴荣当上后周皇帝后，三次攻打南唐，南唐开始衰落。后周被灭掉后，南唐低调地偏安一隅。

李煜是南唐最后一位皇帝，也被称为李后主。他才华横溢，文章写得好，是五代十国顶尖的词人，也是一流的书法家、画家、作曲家，他几乎样样都会做，就是不会做皇帝。当他听说宋太祖赵匡胤屯兵南唐边境时，不敢再称“皇帝”，而是改称“江南国主”，送给宋朝大量宝物。

李煜的一再退让，并没能保全国家。赵匡胤说：“卧榻之侧，岂容他人鼾睡。”于是，全力进攻南唐。

李煜认为，长江天险可以阻拦宋军，因此，备战很草率。结果，宋军成功渡江，灭了南唐，李煜也被俘虏，押送到开封。

李煜悲痛不已，因为思念故国，常常以泪洗面，写下了“问君能有几多愁，恰似一江春水向东流”等千古词作，两年后，含恨而死。

南唐享国三十八年，最盛时有三十五个州，五百多万人，为中国南方的经济开发做出了重大贡献。

新五代史·吴越世家

吴越是十国之一，开创者是临安（今浙江省杭州市）人钱镠（liú）。钱镠非常务实，唐朝时，他向唐朝称臣；后梁时，他向后梁称臣；后唐时，他向后唐称臣。此后，他又向后晋、后汉、后周、宋朝称臣，但同时，他也有自己的朝廷，还给朝鲜半岛上的国家册封。

由于总是对外称臣，又偏居南方，吴越国生活比较安定。钱镠守着自己的一亩三分地，大力发展渔盐桑蚕。

钱塘江大潮举世闻名，但也总是冲毁淹没庄稼、房屋，毁坏百姓的生活。钱镠发誓要治理好钱塘江。他让人在沿岸修筑坚固的石塘，不仅保护了农田，还可以用来蓄水。他又疏通了太湖流域的水道，勾连了苏州、嘉兴等地，使吴越国成为鱼米之乡，百姓都称他为“海龙王”。吴越国强盛时有十三个州。

钱镠不仅是管理国家的好手，还是一个十佳丈夫。他的王妃吴氏每年初春都要回家乡小住。有一年，钱镠心中想念，便写信催她归来：“陌上花开，可缓缓归矣。”意思是：田间阡陌上的花已经开了，你可以慢慢归来了吗？

少年读史

小二十四史

第四册

《宋史》《辽史》《金史》《元史》

主编
北大著名教授 谢冕
著名文艺评论家 解玺璋
文小通 编著

文化发展出版社
Cultural Development Press
·北京·

Books Bear
布克熊童书

会　讲　故　事　的　童　书

前　言

如果中国史学是一棵大树的话，那么“二十四史”就是这棵大树的主干。在浩如烟海的史籍中，“二十四史”被称为“正史”。

“二十四史”史料丰富，记载翔实，是研究中国历史的首选书。从司马迁编著的《史记》到张廷玉等人编著的《明史》，共24部，3213卷，大约4700万字，是世界图书史上独一无二的巨著。

“二十四史”记录了从上古时代到明朝灭亡数千年的历史，本书又附了民国初期北洋政府设馆编著的《清史稿》部分内容，以便中小学生能够更全面地了解我们国家的历史。

那么，中小学生为什么要读史呢？

鲁迅先生曾说：“历史上写着中国的灵魂，指示着民族的未来。”通过阅读史书，小读者可以知道在自己出生之前中国都发生了什么事情，那些事情为什么和自己相关，从而体会到人生的方向和意义，使自己能够增智慧、明是非、知未来，指引自己成为更优秀的人。

为了让小读者轻松愉悦地阅读“二十四史”和《清史稿》，我们从“二十四史”和《清史稿》中精选了一些具有代表性的人物和事件，浓缩了原著精华，制作出这套《少年读史：小二十四史》，把满满的“干货”奉献给孩子们。

艰深晦涩的史书不适合孩子们畅快阅读，因此，本套书使用了适合孩子们的语言，融入了文学渲染，使史实记载焕发出活泼的生命力，可以提高小读者们的阅读兴趣。

书中还加入了科技发明、文物宝藏、成语典故等方面的知识链接，并配以400多张插图，为小读者们营造出一个绚丽多彩的历史空间。

目录

宋 冠绝一时

辽 契丹争霸

金
烈烈女真

元
辽阔帝国

王朝开场

宋朝在中国历史上是一个至关重要的王朝，它是这么来的：后周的时候，节度使赵匡胤自导自演了一出陈桥兵变和黄袍加身的剧情，把龙椅揽到了自己的屁股底下，宋朝就这样诞生了。

赵匡胤身为宋朝一把手，特别看重知识分子，下令不准杀士大夫，这种重文抑武的国策，使朝廷君子满堂，经济迅速增长，百姓不差钱，宋朝富裕程度远远超

宋
冠绝一时

过了爱显摆的盛唐。科技领先于世界，四大发明得到改进并应用于生产生活。文化也迅速发展。

大宋王朝是中国历史上唯一没有直接灭亡于内乱的王朝，可惜的是，它很倒霉，周围总有其他政权虎视眈眈，如辽、西夏、金等，这些游牧民族闲着没事就过来骚扰，一不留神，大宋的两位皇帝就被金人掳走了，虽然残存力量躲到了南方，但提心吊胆了一百多年，最终还是灭亡了。这个结局令很多人至今还在黯然神伤。

宋朝一日游

如果回到宋朝

“暖风熏得游人醉，直把杭州作汴州。”你一定读过这句诗吧？诗中的汴州也叫“汴梁”“东京”，就是现在的河南开封，当时是北宋的都城，如果你回到北宋，一定要去瞧瞧。

进入汴梁城，你会看到，宋朝房屋和唐朝房屋的雄浑风格不同，变得纤巧秀丽，有很多装饰。

你会感觉到好玩的是，汴梁当时已经形成临街设店、按行成街的布局，街边有各种店铺，吃的，用的，玩的，让你眼花缭乱。

写意的古典园林也兴起了，大学者苏舜钦的沧浪亭和司马光的独乐园是网红打卡地哟。

宋朝流行一种直领、对襟的衣服，非常合体、修身，你可以试穿一下，别有风采哦。

如果你遇到正在逛街的贵族女子，你会发现，她们的打扮实在太别出心裁了，不光衣料考究，梳妆也特别，有的梳大方额，有的扎发垂肩。

宋朝拥有世界上最早的船坞，你可以和船队一起乘风破浪，感受一下大宋王朝的繁荣。不用担心迷路问题，船上备有指南针，能在茫茫大海上辨别方向。

陆地上有很多交通工具，如轿子、骆驼、牛车、人力车等，也有出租轿子、驴子的，就看你爱哪个了。

在宋朝，你会玩得不亦乐乎，因为很多商铺全天开放，和现在的二十四小时便利店一样。当时还有“外卖小哥”，你可以享受“闪送”服务，让送货郎将好吃的东西送到你所住的旅馆。

晚上，你还可以逛夜市，夜市里小吃很多，夏天还有冷饮。宋朝有了瓦舍勾栏，就是大型娱乐场所，很多艺人在这里表演木偶戏、皮影戏、魔术等。你可以一边吃爆米花（糯米花），一边看热闹，是不是很有趣？

宋朝直播间

追踪重要历史事件

宋史·高祖本纪

谁导演了陈桥兵变？

五代十国时，中原政权众多，战乱不止，其中后周较为强大。后周有一个大臣，叫赵匡胤（yìn），为归德军节度使、检校太尉。当时的皇帝为柴宗训（后周恭帝），只有七岁，还是一个不谙世事的孩子。

历史人物

李成

李成是五代宋初画家，他博学多才，胸有大志，却无处施展，于是埋头书画创作。他擅长山水画，喜欢画郊野平远、旷阔的风景，气象萧疏，所画山石有如卷动的云，被称为“卷云皴”，所画的寒林还开创了“蟹爪”法，对后世山水画影响极大。图为《读碑窠石图》。

赵匡胤动起了心思，想趁着皇帝年幼，根基不稳，夺取皇位。

据说，他和手下密谋后，编造了一个谣言，说契丹和北汉组成了联军，前来入侵。大臣们听说后，不辨真假，马上派赵匡胤出城去抗敌。

赵匡胤表示，自己无法出战，因为兵将太少了。宰相范质只好让赵匡胤掌握了最高军权，可以调动全国兵马。这下赵匡胤赶紧带着将士们离开了京城。

他并没有奔赴所谓的战场，而是在一个叫“陈桥驿”的地方驻扎下来。

天黑后，赵匡胤的一些亲信说皇帝年幼，什么也不懂，宰相也没才能，多亏了他们的老大赵匡胤才保住了后周的江山，应该让赵匡胤当皇帝。

将士们讨论得越来越激烈，很多人跑到驿门前，请求赵匡胤当皇帝。

外面闹得沸沸扬扬，天快亮的时候，将士们急不可待地进了赵匡胤所在的庭院，等赵匡胤出来。赵匡胤的弟弟赵匡义走进屋子，向赵匡胤报告外面发生的事。赵匡胤听完了汇报，缓缓地走出寝室。

将士们立刻高喊起来，表示愿意拥立赵匡胤当皇帝。赵匡义和赵普见时机成熟，便授意将士将事先准备好的黄袍披在假装醉酒刚醒的赵匡胤身上，接着向赵匡胤跪拜，高喊“万岁”。

赵匡胤露出被强迫的样子说："你们自己贪图富贵，拥立我当天子，能听从我的命令还可以，不然，我不能当这个天子。"

将士们立刻表示服从。

成语补给站

黄袍加身

五代后周时，赵匡胤在陈桥驿发动兵变，手下将士们给他披上事先准备好的黄色龙袍，拥立他为皇帝，后世便用"黄袍加身"比喻政变获得成功。

于是赵匡胤宣布，掉转马头，回京城。守城的主要禁军将领石守信等人都是赵匡胤的心腹，知道兵变成功了就打开城门接应。

禁军将领中只有一位想要抵抗，但还没来得及召集军队，就被杀死了。赵匡胤顺利地进了城。

赵匡胤的部下把宰相和大臣们押了过来。

赵匡胤挤出几滴眼泪，露出被迫的样子说："我也不想当皇帝，可是军中将士们硬要给我披上黄袍。我实在对不起皇上，你们能原谅我吗？"

宰相范质还没有开口，一把剑就指向了他的脖子，持剑的人对他说："我没有主人，今天一定要有天子！"他的意思是：威胁宰相的行为是他自愿的，与赵匡胤无关。如果宰相不愿意拥立赵匡胤，他就会杀了宰相。

宰相和大臣们互相看看，没有任何办法，只好退到台阶下，对赵匡

胤俯首称臣。幼帝也表示愿把皇位让给赵匡胤，不久就颁发禅位诏书。赵匡胤如愿以偿地登上了皇帝宝座，建立了宋朝，后世称他为宋太祖。

兵变时，赵匡胤曾想率军通过陈桥，但陈桥守门官闭门防守，不放他通过，他只好转道封丘（封丘和陈桥之间是陈桥驿）。封丘的守门官开了城门，放他通过了。赵匡胤登基后，提拔了陈桥守门官，赞扬他忠于职守；杀了封丘守门官，罪名是临危失职。

知识宝盒

太祖碑誓

相传赵匡胤建立宋朝后，在太庙立了一块石碑，碑上有三条训诫，其中一条是：保全后周柴氏子孙，柴氏如果犯罪，不得加刑。纵使谋反，也只能在狱中赐死，不得当众杀戮，也不得牵连他人。宋朝的皇帝们几乎都遵守了这条祖训，柴家后代一直与宋朝共存亡。

杯酒释兵权

当上天子后，宋太祖赵匡胤心里并不安定，时刻都提防着别人篡位。他的皇位是靠兵变抢来的，他觉得任何人都能效仿，取而代之。于是，他想了个法子解决这个问题。

一天，赵匡胤召集众将领喝酒，故意做出闷闷不乐的样子。众人问他担心什么，他忧愁地说道：“如果有人把黄袍披到你们身上，你们会怎么做？”

正在喝酒的将领们马上明白了皇帝的心思，第二天就都提出告老还乡。赵匡胤不费一兵一卒，便收回了兵权。

为了限制武将的权力，防止皇位被颠覆，赵匡胤把兵权交给了他认为无害的文臣。不打仗时，文官负责重要军务，武将只能袖手旁观；打仗时，武将带兵杀敌，回来后再把部队交给文官管理。

可是，在外打仗，将领们与士兵们出生入死，很容易产生生死相依的深厚感情。而且一场战争打得时间长了，士兵也会唯将军马首是瞻，可能不会听从皇帝的命令。赵匡胤想到这种情况后，又下了一道法令：士兵必须定期更换驻扎的地方，将军不能随兵移动。

原味典故

雪夜访普

一个雪夜，赵普在家读书，忽听有客来访，惊疑出门，见宋太祖赵匡胤立于风雪中。赵普赶忙将他请进内室，燃炭、烧肉、置酒，分析天下大势，赵匡胤赞成赵普“先南后北”的策略，君臣甚为相得。后世多以这个故事作为天子访问大臣之典。图为《雪夜访普图》。

这样一来，将不识兵，兵无常帅，赵匡胤总算放心了。

赵普精心谋划了一番，制订了“先南后北、先易后难”的战略规划。于是，宋朝的统一战争开始了。

在平定了南方的荆南后，宋军向川蜀开拔。后蜀皇帝孟昶得到情报后，想要凭借“难于上青天”的蜀道和险要地势阻挡宋军。倒霉的是，后蜀力量实在薄弱，还有蜀将背叛，宋军直逼成都，孟昶只好出城投降了。

后蜀灭亡后，赵匡胤派军攻打南汉。

南汉派出十万大军，在莲花峰（今广东省境内）下，摆出浩大的象阵，迎击宋军。宋军到来后，使用强弓劲弩，破解了象阵。后来，宋军又使用火攻，最终消灭了南汉。

此时，南唐依然安居在江南。此前，赵匡胤为了专心收拾其他政权，一直以心慈面软的形象安抚南唐。南唐因此麻痹大意，没有什么防范，自降身份，以臣子的礼节侍奉宋朝。

现在，赵匡胤决定派大军南下，攻打南唐。宋军攻占采石后，在采石架起了长江浮桥。

成语补给站

卧榻之侧，岂容他人鼾睡

宋太祖赵匡胤攻打南唐，南唐后主李煜派人去见赵匡胤，请求罢兵。赵匡胤拒绝道："卧榻之侧，岂容他人鼾睡！"意思是，自己的床，怎么能让他人占去一半呼呼大睡呢？后世用这个成语来比喻捍卫自己的利益，不容许他人侵占。

南唐后主李煜一直认为，凭借长江天险，可保无虞，没想到宋军竟然过了长江，他大惊失色，急忙派兵拦截。十万南唐军在秦淮河（今江苏省南京市境内）与宋军激战。宋军虽然大多是北方人，不擅长水战，但兵多将广，士气旺盛，很快打败了南唐军，直逼南京城。

李煜投降，南唐灭亡了。宋太祖赵匡胤当了十六年皇帝，基本统一了南方，为统一中原打下了坚实的基础。

一个让读书人兴奋的国策

宋太祖赵匡胤为政比较开明，平时，他总是默默观察百官，发现谁有什么长处和才能，就记在册子上，等到有适合某个人的官位出现空缺时，就给予提拔，从不讲究资历、背景，使官员只要有才能就有升迁的机会。

这样一来，大臣们也都更加奋发努力了。

赵匡胤做事能够自我反省，有一次，他去后园弹鸟雀，他是武将出身，好久不打仗了，大概是想感受一下“作战”的激情。就在他弹得欢实时，一个大臣声称有要事求见，他赶紧召大臣入见。

大臣呈上奏章，赵匡胤一看，压根儿不是要事，而是一件平常小事。他很生气，问大臣为什么说谎。大臣说：“我认为再小的事也比弹鸟雀要紧。”

赵匡胤火冒三丈，抡起斧子柄就打了过去。大臣的两颗牙齿被打掉了。

大臣慢慢地拾起牙齿，放到了怀中。

知识宝盒

帽子的“翅膀”

相传宋太祖赵匡胤有一次上早朝，发现很多大臣窃窃私语，于是，他下令在大臣所戴的幞头纱帽后面加两根长翅。长翅用铁片、竹篾做骨架，起先只有一尺左右，后来越变越长，大臣们无法交头接耳，保证了朝堂的威仪。

赵匡胤怒不可遏地喝问：“你把牙齿放好，是想告我？”

大臣回答：“臣无权告皇上，自有史官会记录下来。”

赵匡胤一听，立刻平静下来，马上赏赐、褒扬了他。

赵匡胤时常读书，在当皇帝之前，有人说他用了足足几辆车私藏宝物，结果一番检查后发现，车中只有几千卷书籍。

有人问赵匡胤："你是武将，读书有什么用？"

赵匡胤回答："我没有好的计谋贡献给国家，只能多读些书。"

赵匡胤称帝后，曾遇到一个难题，他问宰相赵普，赵普答不出来，又问翰林学士，总算得到了确切的答案。为此，他更加尊重和重用读书人了。对于读书不多的大臣，赵匡胤总是鼓励他们多读书，弥补自己的不足，赵普正是在他的鼓励下才变得手不释卷的。

科技发明

顿钻

宋朝人发明了顿钻技术，就是利用钻头自由下落的冲击力，破碎岩石，使井加深。用这种办法可以钻出一千米深的井，被称为"卓筒井"法。宋朝人吃的井盐就是这样开采出来的。宋朝人还把天然气引出来，用于煮盐、做饭。

赵匡胤认为文人不会威胁朝政，而武将很容易颠覆一个政权，要知道，宋朝就是依靠武力颠覆了后周而开创的。所以，他信赖文人，猜疑武将，他甚至立下一项国策：不准杀知识分子。

这种重文抑武的国策，让知识分子迎来了春天，他们各尽其能，使整个国家生机勃勃，昂扬向上。

不过，也有一些学者分析，重文抑武也使武官的积极性减弱，致使军事力量薄弱，最终导致了宋朝"积弱""积贫"的状态，使这个璀璨的王朝走向了灭亡。

宋史·太宗本纪

斧声烛影里的疑案

赵匡胤当了皇帝后，为了避讳，身为弟弟的赵匡义改名为赵光义，被封为晋王。

赵匡胤与赵光义情深义重，有一次，赵光义生病，赵匡胤前去看望，亲自拿艾草要帮赵光义灼烧穴位，赵光义怕疼不肯，赵匡胤便拿艾草也灼烧自己的穴位，和弟弟感受一样的疼痛。

赵匡胤还经常对亲近的大臣说：“我弟弟出生时，天上有异象发生，说明他是一个有福分的人，日后一定能成为天子。”

公元976年，赵匡胤驾崩，赵光义即位，是为宋太宗。

科技发明

活字印刷术

毕昇是湖北人，在印刷铺里干雕版印刷的活儿。他觉得每印一本书都要重新雕一次版太麻烦，便潜心研究，发明了活字印刷术，活字可以反复使用。几十年后，活字印刷术传到欧洲，加速了文艺复兴运动的到来。

不过，也有人说，赵光义是一个心怀叵测的人，是他谋杀了亲哥哥赵匡胤。有一天夜里，阴霾四起，天气陡然变化，降下大雪冰雹，患病的赵匡胤召晋王赵光义进宫议事、饮酒。其间，有人遥遥看到，摇曳的烛光下，赵光义时而离席，好像在躲避什么似的。饮酒后，大概三更时分，殿外的大雪已经堆积了好几寸高，听到赵匡胤用铁斧戳地的声音，还听到他对赵光义说："好自为之。"随后，赵匡胤解衣就寝，发出如雷的鼾声。到四更左右时，赵光义急急地唤人，说赵匡胤已经在万岁殿驾崩。随后，赵光义即皇帝位。

此事是真是假，一直以来都无法证实，成了一桩千古疑案。

糟心的北伐

宋太宗赵光义即位后，也重视文人。他增加了科举的取士人数，第一次科举的取士人数就比宋太祖时期最多的数字猛增了两倍多，这使很多才华横溢的寒门子弟有了出头之日。

宋太祖赵匡胤在世时，已经收拾了南方的小国，完成了中原大部分地区的统一。赵光义接班后，继续攻打其他政权，消灭了北汉。之后，他把目标锁定在燕云十六州上。

科技发明

温室栽培

西汉时，宫中为了能在冬天吃到新鲜蔬菜，在屋里烧茅草，然后种葱、韭菜等。唐朝人曾在地下室蓄火、种菜。宋朝有堂花术，也叫唐花术，就是用纸制房屋，屋中有沟，沟中倒热水，放牛粪、马尿、硫黄等，提高肥力和温度，使花提前开放。

燕云十六州是中原的屏障，能够抵挡北方游牧民族的入侵。五代十国时，后唐的石敬瑭为了让契丹帮助自己当皇帝，把燕云十六州送给了契丹，使中原暴露在契丹面前，这也是中原人士的耻辱。因此，赵光义不顾群臣反对，亲自率领大军，毅然出征，要夺回燕云十六州。

此时，契丹人已经建立了辽朝，势力强大。北伐开始后，宋军一度占据上风，收复了河北易州和涿州，但在围攻幽州（今北京市）时，难以突进。

宋军与辽军在高梁河畔展开激战，双方打得昏天黑地，十分惨烈。赵光义见久久未能取胜，便亲临战场，结果被箭射中，乘着驴车仓皇撤离，轰轰烈烈的北伐就这样失败了。

赵光义班师回朝后，经过一段时间休整，又派宋军去北伐辽朝。

宋军兵分三路，东路军是主力，却被辽军切断了粮道，四下溃散。西路军、中路军无法与东路军会合，只得撤退。西路军的主将杨业为了掩护军民，被辽军活捉，关进大狱。杨业誓死不降，绝食三日而死。

赵光义的箭伤一直没有痊愈，公元997年，赵光义病逝，皇太子赵恒登基，是为宋真宗。

历史人物

杨家将

杨业原为北汉建雄军节度使，一身侠义，忠烈武勇，被誉为“无敌”。宋灭北汉后，杨业归宋，任右领军卫大将军等职，率领几个儿子多次抗击辽军，被俘后绝食而亡，其中一子也战死沙场。民间艺人将他们的故事编成戏曲，明朝时，又被改编成《杨家将演义》《杨家将传》等小说。

宋史·真宗本纪

萧太后是什么样的人？

在辽朝，辽圣宗年少，实际大权由萧太后掌握。萧太后是一位罕见的女性军事家、谋略家，在她的统治下，辽朝进入鼎盛时期。她深知燕云十六州的重要性，不仅对宋军严防死守，还有了攫（jué）取整个宋王朝的心思。

科技发明

宋朝火器

宋朝人最初把火药用在杂技、木偶戏、幻术等表演上，后来用于军事，出现了火箭（用弓弩发射燃烧物或爆炸物），还有火球（如图）和火炮，原理和现代手榴弹相同；还有毒气弹，配方中加入了有毒的巴豆、狼毒、砒霜等。

1004年，萧太后与辽圣宗亲自率领大军，深入宋境，一路上所向披靡，势如破竹。宋军死守城池，甚至连当地的僧尼都参加了保卫战。

消息传来，宋真宗大为恐惧，急忙召集群臣，商量对策。

大臣们分成了两派：一派以宰相寇准为主，主张积极抗敌；另一派

主张迁都逃走，避免和辽军硬拼。他们连具体的逃亡地点都想好了，有的建议迁往南京，有的建议迁往成都。

寇准气得要命，将士们还在前线舍命死守，连百姓都加入卫国战争中，而朝廷大员们却只想逃跑。他愤恨地对大臣们说："谁敢再提迁都之事，我就砍谁的脑袋！"

提议南逃的大臣都不敢说话了。寇准对宋真宗说："皇上放弃中原而自走，人心必然大乱。如果皇上能御驾亲征，一定能振奋士气，打退敌人。"

宋真宗本来是倾向于逃跑的，但寇准再三劝说，他只好硬着头皮被迫北上了。

辽军到了定州，宋军奋力拦截，两军相持不下。辽军主力集中在瀛州（今河北省河间市）城下，日夜不停地攻城，宋军拼死守城，辽军激战十多天，一直没能攻破城池。萧太后率军攻打澶（chán）州（今河南省濮阳市），澶州三面被围，城内宋军仍不投降。

一日，意外发生了。

辽朝统军萧挞（tà）凛自恃勇猛，只率十多名轻骑兵去澶州城下巡查。一队人马距离宋军阵地大约六百米，宋军一位将领发现后，急忙令人用八牛床子弩射击。刹那间，两米长的巨箭呼啸而出，其中一支射中了萧挞凛的头部，萧挞凛当即坠下马来，顿时引来一片惊叫。

科技发明

八牛弩

八牛弩又叫三弓床弩，以坚硬的木头为箭杆，以铁片为翎。床弩最早出现在战国时期，宋朝军中约有六种床弩，多用绞车拉动弓弦，需多人合力操作，最远射程可达一千五百米。床弩也能发射“踏橛箭”，箭成排成行地钉入城墙，士兵可踏箭登上城墙。

辽军士气大挫，顿时惊慌失措。萧太后也始料不及，有了退却之心。

此时，宋真宗带着一行人已经抵达澶州。寇准一再请求宋真宗登上澶州北城门楼督战，以鼓舞士气。宋真宗只好去了。

当宋真宗在城楼上冒头时，出现了令人震撼的一幕。将士们大为亢奋、激昂、感动，高声呼喊“万岁”，声音震耳欲聋，传了几十里远。百姓也不断聚集，军民一心，气势百倍。

宋真宗的“御驾亲征”起到了非凡的作用，他自己在北城转了一圈后，也被这种热烈的气氛所感染，安下心来。他把寇准留在北城处理各项事务，自己在南城落脚。

澶渊之盟背后的故事

辽朝还沉浸在失去主帅的悲伤和惊慌中，且因为战线拉得过长，粮草补给困难，再加上孤军挺进，担心腹背受敌，萧太后与其子辽圣宗耶律隆

绪出征前也做好了可战可和的两手准备，眼见情况不利，便派人去了澶州，请求罢兵息战。

知识宝盒

《励学篇》

宋朝重文抑武，宋真宗曾写了一首励志诗《励学篇》，鼓励百姓读书。诗中有两句是“书中自有黄金屋”“书中自有颜如玉”，流传甚广。这个国策促进了宋朝的文化繁荣。

和谈也正是宋真宗的心愿，他当即表示，宋朝也不喜欢穷兵黩武，愿与辽朝达成和解，又派出殿直曹利用去辽营和谈。

寇准听到消息后，急忙赶到南城，苦苦劝谏宋真宗，说辽军已经是强弩之末，正好趁机彻底打败他们。守边大将杨延朗（杨业长子）也上书劝谏，说辽军人困马乏，宋军士气高涨，正该趁此良机，扼守各路要道，对辽军围而歼之，然后北上，收复燕云十六州。

可惜宋真宗畏敌如虎，只想和谈，多数大臣也惧怕辽军，不愿再战，都支持和谈，甚至攻击寇准拥兵自重。寇准无奈，只好同意讲和。

宋真宗心满意足，对曹利用说：“只要不割地，就算他们多多地索要钱财，也可以答应。”

曹利用问：“到底是多少呢？”

宋真宗说：“百万也可。”

寇准深深叹息，暗中把曹利用叫过去，威胁道：“皇上虽然说百万也可以，但如果超过三十万，我就砍了你的脑袋。”

曹利用没说什么，微微一笑，去了辽营。经过一番谈判，双方讨价还价，最终达成协议：宋辽两国为兄弟之国，辽圣宗年幼，称宋真宗为兄；宋每年“资助”辽军费，银十万两，绢二十万匹，共计三十万。由于和约是在澶州签订的，史称“澶渊之盟”。

知识宝盒

榷（què）场

澶渊之盟后，宋朝在边境上的雄州（今河北省雄县）等地开设榷场，也就是宋辽交易的市场。中原的印刷术、丝绸、瓷器、茶叶、稻米等传入辽朝；辽朝的羊、马、骆驼等牲畜传入中原。

曹利用完成任务后，回来交旨。宋真宗正在吃饭，侍者出来问曹利用许给辽多少钱财。曹利用没有说话，而是伸出了三个手指放在额头上，意思是三十万。侍者误以为是三百万，便回去传话了。

宋真宗一听，惊呼道：“太多了，太多了。”

他赶紧召曹利用进来，急赤白脸地亲自盘问。

曹利用心里没底，战战兢兢地说：“三十万。”

宋真宗听完，知道误会了，嘀咕道：“才三十万，这么少。你很会办事，很会办事。”

曹利用受到了重赏。寇准因为声望太大，受到宋真宗猜忌，宋真宗找了个借口把他贬出了京城，让当初主张逃跑迁都的王钦若当了宰相。

这样一来，宋朝就不再想着收复燕云十六州了。辽朝也发生变故，萧太后生病去世，辽朝内部发生分裂，再也无力大规模兴兵入侵了。

萧太后
辽
辽圣宗
辽
曹利用

宋史·仁宗本纪

三川口之战

1022年，宋真宗在延庆殿驾崩，太子赵祯继位，是为宋仁宗。民间广为流传的故事——“狸猫换太子”中的“太子”，就是以宋仁宗为原型创作的。

宋仁宗即位时年仅十三岁，由皇太后刘氏处理政事，直到他二十多岁时，刘太后去世，他才开始亲政。这一时期的辽朝虽然比较安定，但宋朝仍然面临外族威胁，因为在西北边境，西夏王国崛起了。

国宝档案

迦陵频伽

“迦陵频伽”是梵语音译，意为“妙音鸟”，传说是喜马拉雅山中的一种鸟，能发妙音，佛教把它视为极乐世界之鸟，是人首鸟身的形象。这件迦陵频伽出土于宁夏西夏王陵，上身为人形，脸庞丰腴饱满，细细的眉眼突出了神态的静谧、安详，下身似大鹏展翅，充满异域风情。

还记得唐朝时发生的黄巢起义吗？当时有一个骁勇善战的民族，帮助朝廷镇压了黄巢起义，被封为定难军，并拥有了西北的夏州。它就是党项族。宋朝时，党项族首领李元昊不满足于现有权势，于是与宋朝决裂，不再听从宋朝的号令，自己当了皇帝，定都兴庆（今宁夏回族自治区银川市），国号为“大夏”，由于地理位置偏西，史称西夏。李元昊创制了西夏自己的文字——西夏文，强化了自己的统治，然后入侵宋境。

夏军打到延州时，延州紧急向朝廷求援，环庆副都部署副总管刘平接到信息后，匆忙中带了三千骑兵昼夜兼程赶去延州，路上，他向各路人马发出集结命令。

走到离三川口（今陕西省延安市枣园街道）十里左右的地方时，刘平见各路人马都没到，就折回去，最终会合了一些人马，凑了大约一万军队。

夏军大约十万人，有人提出双方实力过于悬殊，但刘平性格耿直，又有点轻敌，说：“义士前去救援，就算赴汤蹈火，也如平地，何况是为了国家！”他毫不犹豫地杀向延州。

李元昊得到情报后，派人假冒延州宋军，去见刘平，说怕奸细混入，希望军队分批开拔。刘平同意了。

到了三川口，刘平遭到了李元昊的突袭。

国宝档案

西夏绿釉鸱吻

传说鸱吻是龙的儿子，形状如剪去了尾巴的四脚蛇。这位龙子喜欢在险要处东张西望，还喜欢吞火，古人认为它能辟除火灾，把它装饰在屋顶。这件鸱吻出土于西夏王陵，龙首鱼尾，身上布满鳞片，龙口吞脊，威猛雄壮，表层是绿色琉璃釉，光泽流转。

起初，双方隔着一条延水，宋军摆出偃月阵，这是一种防守阵形，便于发射远程弩箭。不久，夏军渡河，摆出横阵，这是一种冲击队形。

刘平命大将郭遵等人半渡而击，郭遵拿着九十多斤的铁鞭、铁枪杀了过去。但夏军人数太多，且训练有素，阵形不乱，郭遵的骑兵无法攻入西夏的核心阵地。

西夏人一拨一拨地杀过来，不知疲倦，不顾伤亡，日暮时，冲散了宋军阵形。

危急时刻，宋军两百名强弩兵赶到，乱箭齐发。夏军拖着同伴的尸体退了回去，但转眼间，又冲了回来，飞也似的冲入宋军阵中。

宋军后军都监黄德和害怕，反身逃走。刘平之子拉住黄德和的马，哀求他留下，黄德和不停，一溜烟跑远了。宋军士气低落，也都四处逃散。刘平率领留下的上千人继续抵抗。大将郭遵见大势已去，抱着必死的决心，独自一人杀入西夏战阵，夏军用铁索拦截他，被他打断铁索。夏军调来弓箭手，郭遵的战马中箭倒地，夏军冲上来，将郭遵杀害。

刘平身负重伤，仍在拼死作战。宋军大败，但勇气非凡，他们边战边退，一直激战了三天，最终退到西南山。李元昊派人去见刘平，劝说刘平投降，刘平不理。李元昊恼羞成怒，带领骑兵冲击，宋军全部力战而死，刘平被俘。

刘平威武不屈，不久病死。刘平率领宋军进行了一场自杀式的战斗，以少量部队拖住了西夏军主力，保全了延州。

临阵脱逃的黄德和担心自己获罪，诬蔑刘平反叛，富弼、韩琦、范仲淹等大臣纷纷诉说真相，刘平才被平反。

好水川之战

西夏皇帝李元昊的智勇双全让宋仁宗不敢大意，他派韩琦、范仲淹等人出任西北军事长官，严防李元昊。

韩琦、范仲淹到了边境后，整顿军事，巩固边防，积极屯田，又爱抚士兵，军纪军容焕然一新。李元昊深深惮服，不敢轻举妄动。边塞流行一首《边地谣》：“军中有一韩，西贼闻之心骨寒；军中有一范，西贼闻之惊破胆。”范仲淹也被称为“腹中有数万甲兵”。

知识宝盒

《渔家傲·秋思》

范仲淹任陕西经略副使兼延州知州时，镇守西北边疆，写下很多边塞词，其中一首是《渔家傲·秋思》。他用“千嶂里，长烟落日孤城闭”描绘了边塞萧瑟悲凉的景象，用“将军白发征夫泪”表现了宋军的英雄气概和艰苦生活。

1041年，李元昊率兵十万再次南下，抵达好水川（今宁夏市隆德县一带）。

李元昊为了发挥骑兵优势，没有随意进攻，而是将主力埋伏在好水川口，然后，派另一部兵力去怀远城（今宁夏市西吉县一带）一带引诱宋军过来。

范仲淹认为，不应该急进，但韩琦刚烈气猛，急于进军，命环庆路副都部署任福前去抗敌。

任福不等全军到齐，就赶到了战场。夏军假装失败，引诱宋军追击。任福不知是计，轻装尾随而去。

黄昏时刻，宋军追到好水川，由于长途追击，粮草不继，人困马乏，饥渴交迫。

在六盘山，宋军看到路边放着几个银泥盒，好奇地打开盒子，只见一百多只佩戴哨子的鸽子飞了出来。宋军并不知道，这正是西夏军发起合击的信号。事先埋伏好的西夏主力军围杀了过来。

宋军想要排阵，却遭到西夏骑兵的冲击。双方激战多时，宋军企图

科技发明

水密隔舱

西夏阻隔了丝绸之路，宋朝人便发展海运，造船技术达到了当时世界最高水平。最神奇的是水密隔舱，就是在船身内部隔出多个独立的舱室，即使遭遇风暴巨浪，一两个舱室漏水，船也不会沉。元朝时，这种技术被意大利人传入欧洲。

据险抵抗。夏军阵中忽然立起两丈多高的大旗，向左边挥动，左边伏兵进攻，向右边挥动，右边伏兵进攻，夏军左右夹击，宋军死伤众多。

交战到中午，任福已经身负重伤，有人劝他突围撤退，他大声喊道："我为大将，战败了，应该以死报国！"于是，他用手自扼咽喉，自杀而死。他的儿子和其他将领战到力竭而死。宋军几乎全军覆没。

李元昊听说宋朝廷派来援军后，也退兵了。此战过后，李元昊踌躇满志，说出了想占据长安的话。

残存的宋军退兵时，韩琦前去迎接，途中，遇到阵亡将士的家属几千人，拿着纸钱为烈士招魂。韩琦下马，站在人群中，泣不成声。

噩耗传到开封，朝野震动，仁宗皇帝连饭都吃不下去了，怒贬韩琦、范仲淹等人。宰相吕夷简连连惊呼："一战不如一战，可骇也！"

范仲淹的好友滕子京当时正在泾州任职，赶紧犒劳幸存将士，并祭祀阵亡将士，使民心安定，结果被斥为滥用公款，被贬谪到巴陵郡。范

仲淹的《岳阳楼记》就是为滕子京写的。

之后，李元昊又打了两次胜仗，但伤亡也不小。而且，由于西夏军队四处征战，国库被消耗一空，虽然掠夺了很多财物，但抵偿不了战争的巨大消耗。加上物价上涨，百姓怨声载道。李元昊不得不考虑和宋朝和谈。

李元昊派出使者，前往开封议和，表示愿意向宋称臣，取消自己的帝号，前提是宋朝要资助西夏钱物。

宋仁宗也不想继续打下去，因为宋军即使获胜，也是惨胜。于是，他每年赐给西夏十五万匹绢、七万两银、三万斤茶叶。

宋朝到底是繁盛还是贫弱？

西夏虽然消停了，但之前的四次大战仍让宋仁宗心有余悸。另外，朝廷内部也存在很多问题，让他感觉头痛。

宋朝刚刚立国时，为了抵御北方民族入侵，大量招募兵士，到宋仁宗时，已经招募了一百多万人，养兵的费用达到了国家全部税收的十之七八。而且，兵士虽然很多，却不精锐，战斗力很弱，形成了“冗兵”。

官员也很多，工作效率却不高，形成了“冗官”。

朝廷既要养兵，又要养官员，还得定期给辽朝和西夏钱物，统治者有时还大兴土木，形成了“冗费”。

“冗兵”“冗官”“冗费”沉重地拖累着宋王朝，使宋王朝“积贫”“积弱”。宋仁宗决定改革，他把范仲淹召入朝廷，升为枢密副使、参知政事，要求范仲淹快速拿出一个使天下太平的方案来。

范仲淹写了一份奏表，发起了改革。欧阳修等谏官也纷纷提出改革的建议，宋仁宗大都采纳了。

然而，改革触犯了贵族官僚的利益，遭到了极大的阻挠，诽谤四起。最终，范仲淹、欧阳修等人被排斥出朝廷，改革措施被废止。

宋仁宗“仁”在哪里？

改革虽然没能成功，一些名臣也被迫离开了朝廷，但纵观宋仁宗的一生，他大体上是知人善用的，国家相对安定，经济、科学和文化也都有所发展。

宋仁宗在位四十多年，一生性情宽厚，不追求奢华，凡事能够约束自己，对待大臣和侍从都很包容。很多谏臣屡次犯颜直谏，宋仁宗不仅没有怪罪，还能虚心接受他们的建议。

原味典故

奉旨填词

相传，柳永考进士时，宋仁宗不喜欢他写艳词，就引用他词中“忍把浮名，换了浅斟低唱”一句，说：“既想‘浅斟低唱’，何必在意浮名。”于是划掉了柳永的名字。有人推荐柳永，宋仁宗回复：“且去填词。”柳永从此流连歌楼，自称“奉旨填词柳三变”。“三变”是柳永的原名。而在历史上，其实是宋仁宗放宽了录取尺度，才使柳永能够入仕。

宋仁宗宠爱张妃，想要提拔张妃的伯父为三司使，包拯等大臣不同意。宋仁宗没有强求，降了几个等级，想改为节度使，包拯等人还是反对。

包拯和几名言官与宋仁宗理论。宋仁宗有些生气，说：“节度使是个粗官，为什么还不行？”言官们毫不客气地说：“太祖（赵匡胤）、太宗（赵光义）都做过节度使，不是粗官！”

包拯则越说越激动，不自觉地凑到了宋仁宗跟前，唾沫星子溅了宋仁宗一脸。宋仁宗擦了擦，沮丧地回到后宫。他憋了一肚子气，当张妃迎过来问他时，他气呼呼地说：“你就知道要官，你难道不知道包拯是御史吗？”

尽管宋仁宗受了气，但还是能够听从大臣的意见，这是很难得的。

宋仁宗反对酷刑，他经常对大臣们说：“我从来没有用‘死’字骂过人，更不敢滥用死刑。”

如果官吏错判致人无辜而死，就很难得到升迁了。

刑法看起来好像松弛了，但判案官员大多公正平允；朝廷中不是没有小人，但正义的臣子更多。

一天夜里，宋仁宗饿了，想吃烤羊肉，但他没有吩咐侍从伺候自己，而是控制住了自己的食欲。他认为，一旦告诉侍从自己想吃烤羊肉，以后，厨子们每晚都会杀羊，备好羊肉，以备不时之需。他不想为了满足自己而白白杀生，浪费食物。

宋仁宗病逝时，开封百姓自动罢市，一连几日哭声不绝。洛阳市民

历史人物

王惟一

王惟一是宋朝针灸学家，在担任翰林医官院医官、尚药局奉御时，主持制成了两个铜人，上刻三百五十四个穴位，胸腹腔可以打开。宋仁宗很高兴，把其中一个铜人作为教学工具。使用时，在铜人体内盛水或水银，如果学生刺中穴位，水会射出，如果找错了穴位，针则不能刺入。

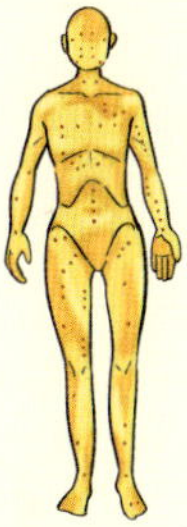

也停市哀悼，焚烧纸钱的烟雾弥漫天空，以致“天日无光”。

宋仁宗的离世甚至影响到了偏远的山区，有一位官员路过四川剑阁时，看到山沟里的妇女们也头戴纸糊的孝帽在哀悼宋仁宗。

宋史·神宗本纪

王安石变法是对是错?

宋仁宗驾崩后，宋英宗即位。宋英宗打算继续改革，但他在位四年就驾崩了。宋英宗的儿子赵顼（xū）继承了皇位，是为宋神宗。

十九岁的宋神宗刚上岗，就收到一份财政报告，报告上赫然写着：国库没钱了！一派繁华景象的大宋怎么会没钱了呢?

其实，在宋英宗执政的时候，封桩库、左藏库等国库都已经空虚了。有一年，全国税收达一亿一千六百多万两白银，但官费、军费等支出却高达一亿二千多万两白银，入不敷出。到宋神宗时，更捉襟见肘了。

科技发明

人痘接种

王旦曾任北宋宰相，他的儿子死于天花后，他不希望其他人再感染这种病，从各地请来名医术士研究治疗和预防的方法。有人献出一张处方：将毒性减弱的痘浆或阴干后的粉末，送入健康人的鼻孔，通过鼻腔黏膜接种，使人获得免疫力。不过，这种方法也有危险性。

大臣王安石对此早提出了改革建议，他曾经给宋仁宗写过一份万言书，但没有被采用。现在，宋神宗即位了，爱国大臣遇上了热血皇帝，二人一拍即合，认为只有打破现有制度，才能让大宋富强起来。

宋神宗急不可待地任命王安石为宰相，开始了大刀阔斧的改革，废除了很多旧制度，制定了很多新政令。既然士兵多，就把懒散的士兵裁掉；既然官员多，就把不做事的官员辞退；既然开支多，就发展经济，充实国库。

方案执行起来困难重重。其中有一个“青苗法”，就引起了很大的争议。

一年当中，农民最困难的时候是春季，因为秋天收获的粮食吃完了，地里的庄稼还是青苗，青黄不接，农民没粮食吃，就会饿肚子。有钱的大地主或者富商趁机放高利贷，把钱借给农民，约定秋季收粮时高价偿还。可是，如果遇到干旱、蝗灾或洪水等灾害，庄稼收成不好，农

民还不上钱，土地就会被地主富商收走。对此，王安石建议：既然农民需要借钱，不如向朝廷借，既安全可靠，利息又低，国家还能从中获益，充盈国库，一举多得。

王安石当地方官时，曾经实施过“青苗法”，获得了百姓的称赞，但一下子铺展到全国，就不那么顺利了。官员经手大笔贷款时，有的会暗中做手脚，有的官员为了提高政绩，还强迫百姓借款。农民还不上钱，还要从大地主那里借钱，拆东墙补西墙。“青苗法”从利民变成了害民。

宋神宗和王安石急切地想改变现状，由于很多制度需要改变，新的政令不断地颁布，速度过快，全国上下都处于迷糊状态，压根儿跟不上节奏。

新法得罪了被淘汰的官员，得罪了投机取巧的商人，得罪了大地主和富商，连百姓也纷纷抱怨，改革遇到了很大的阻力。

朝廷分成了两派：支持新法的，被称为“新党”；反对变法的，被

称为“旧党”。旧党认为，新党把秩序搅乱了。新党认为，旧党不思改进。双方都认为自己才是对的，只有按照自己的方法行事，才是对国家有益的。

两党斗争激烈，甚至跑到皇帝、太后那里互相告状。太皇太后、皇太后、皇后都支持旧党。由于新法本身也存在一些缺点，所以，一些正直的大臣也非常反对，比如司马光、苏轼等。

原味典故

乌台诗案

宋朝文学家苏轼因反对王安石变法，被迫离开京城。之后，一些新党从他的诗词中断章取义，诬陷他诽谤、讥讽朝廷，苏轼因此被关押在御史台。据说御史台的柏树上有几千只乌鸦栖息，所以又叫乌台。此案也叫“乌台诗案”。

新法饱受指责和谩骂，在困难中寸步难行。支持改革的人，在思想上、道德上也被大肆指摘。宋神宗犹疑起来，他不想失去大臣们和后宫势力的支持，于是渐渐地妥协了，不再对王安石言听计从，有时甚至不重视他的意见。

眼看着变法进行不下去了，王安石无可奈何，最终只得离开京城回老家了。

临行时，王安石向宋神宗感慨道：“天下事就像煮汤一样，刚下一把火，接着又泼一勺凉水，哪还有烧开的时候呢？”

国宝档案

定窑白釉孩儿枕

这是宋朝人的枕头，看起来却是一个幼孩，孩子的背是枕面。小孩卧躺在床榻上，两脚上翘，似乎在撒娇蹬腿，神态活泼、悠然，是白瓷珍品。古人认为瓷枕明目、清凉，隋朝时开始使用，宋朝更为流行。

宋神宗的遗憾有多大？

其实，宋神宗对改革变法并未死心，王安石罢相的第二年，他又开始了改革，只不过，这一次，他从幕后走到了台前，亲自主持变法。

本来失去了王安石，宋神宗很伤心无奈，现在又要独自承担重压，未免火气很大。他决定，用强硬的手段推行新法，严惩反对者。

他整改了中央机构，进行了一些合并，并进行了裁员。他又设立了中书省、门下省、尚书省，统管中央行政；尚书省又分为六部，行使实际权力。但实际兵权仍由皇帝和枢密院掌管。

他还统一了全国官员的工资，原来那些只领薪水不干活的官员得到了清查。

在这位青年皇帝的不懈努力下，一些弊端被扭转了，一些怪现象被消除了。不过，由于受到各方面的限制，他无法进行彻底的改革，一些改革成果也无法巩固。

宋神宗风华正茂，有雄心大志，他认为，赐给辽、西夏钱物换取和平的做法很丢人，决心血洗几代人的耻辱，改变这个局面。

当西夏发生内乱时，宋神宗立刻下旨出兵，准备一举灭掉西夏。宋军修筑了永乐城（今陕西省米脂县一带），想要困住夏军。西夏出兵二三十万，攻打宋军。

永乐城很小，城内无水，夏军截断流经城中的水源，很多宋军士兵被渴死。当天降大雨后，新铸的城墙因为长时间被雨水浸泡，土质变得疏松，西夏大军趁机猛攻，宋军将士又渴又饿又累，无力抵抗，一万多人阵亡。

历史人物

沈括

沈括是杭州人，号梦溪丈人，曾任扬州司理参军、鄜（fū）延路经略安抚使等职。他热爱科学，著有《梦溪笔谈》一书，被称为“中国科学史上的里程碑”。他根据太行山岩石中的生物化石和沉积物，分析出华北平原过去曾是海洋。他还是世界上第一个发现磁偏角的人，最早提出了“石油”一词。

消息传到开封，正是深夜，宋神宗震惊而起，绕着床榻一圈圈地走，一夜未眠。宋神宗久久不能走出西夏战事惨败的阴影，精神上受到极大的打击，一病不起，三年后含恨去世了，年仅三十七岁。当他死后，他的儿子赵煦继位，是为宋哲宗。

宋史·哲宗本纪

十岁即位的皇帝

宋哲宗当皇帝时年仅十岁，由太皇太后高氏临朝听政。高太皇太后反对改革，废除了新法，重用旧党。旧党有了撑腰的，开始大力打击新党。在朝廷议事时，他们很少理会皇帝，只向高太皇太后禀报。

宋哲宗虽然小小年纪，却喜欢读书，腹有才学，擅长诗歌创作和书法，很有主见。但他没有任何发言权。上朝时，他的御座和高太皇太后的座位相对，大臣们向高太皇太后奏事，背朝着他，他在很多年中只能看着大臣们的臀部和背部。

宋哲宗十七岁时，高太皇太后本该还政给他，却一直不还。高太皇太后和大臣所做的一切，让少年老成的宋哲宗抑郁而愤懑。他用自己的方式进行反抗，每次大臣上朝奏报时，他都沉默不语。

高太皇太后去世后，宋哲宗开始亲政，他像复仇一样打击旧党，此时司马光已经死了，但他照旧追贬，还把苏轼等人贬谪到荒凉的岭南。他起用了革新派，恢复了王安石变法中的几项新制。对于西夏，他采取强硬态度，并击败了西夏的进犯。这是宋夏战争中少有的大捷，但巨大的军费开支，也加重了国家负担。

宋哲宗少年时就有咯血等疾病，尽管他一心想振作大宋王朝，但二十五岁时就病死了。

科技发明

牡蛎桥

蔡襄是北宋名臣、书法家、文学家，他担任福建路转运使时，修建了万安桥，也叫洛阳桥。他让人在汹涌的巨浪中抛掷大石块，形成矮堤，再用一排横、一排竖的条石筑桥墩，又让人养殖牡蛎，固定桥基，此举是世界上将生物学用于建筑的先例。

科技发明

银盐变黑显影术

宋朝人用“盐卤窗纸上，烘之字显”，意思是，用银盐在纸上写字，不留痕迹，什么都看不出来，等到想看字时，用蜡烛烘烤，字就显示出来了。这是利用化学高温反应的一种技术，可用于战场传送情报等。

宋史·徽宗本纪

海上之盟是什么意思？

宋哲宗死后，宋徽宗赵佶（jí）即位。宋徽宗是罕见的艺术家皇帝，不仅推动了绘画的发展，还独创了一种书法字体——“瘦金体”。这种字体纤瘦，有兰花之姿，但笔锋回转之间，硬朗爽利。本叫瘦筋体，出于对皇帝的尊重，把“筋”改成了“金”。

宋徽宗诗、书、画、印样样精通，但就是不太会做皇帝。他对政务不是很上心，把国家大事交给宰相蔡京。蔡京是一个投机主义者，王安石变法时，他拥护新党；变法失败后，他又附和旧党司马光；旧党失势后，他又支持新法。但因为他书法好，宋徽宗很喜欢，便重用了他。

蔡京打着为君为国的旗号，排斥异己，公然卖官，搜刮百姓，增加赋税，无恶不作。而宋徽宗当起了甩手掌柜，沉溺于艺术创作中，并大兴土木。

为了修建花园，宋徽宗下令从南方寻找奇石。百姓被迫开凿太湖石。把石头运往开封时，遇到城门高度不够，直接拆掉了事。这是一个庞大的工程，劳民伤财，百姓敢怒不敢言。

在北方，宋江率领一些走投无路的人起义，朝廷付出很大代价后，才镇压了起义。

在南方，一个名叫方腊的人也发动了起义，那些饱受太湖石之害的百姓纷纷响应，声势浩大。

宋徽宗的亲信太监童贯率领几十万大军，原准备攻打辽朝，方腊起义后，宋徽宗急派大军南下，好不容易才打败了义军。

起义并没有让宋徽宗励精图治，朝政反而更加混乱。这个时候，在东北地区，女真族已经崛起，但朝廷并未重视。

知识宝盒

保护孔洞

太湖石有天然的孔洞，如何确保孔洞在运输中不被破坏呢？《癸辛杂识》中记载：用胶泥填孔洞，再用掺了麻的胶泥外敷一层，把石头裹成一个圆球，晒结实后再运输就可以了。

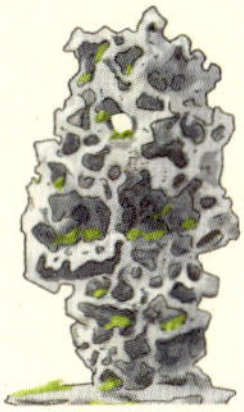

宋辽签订澶渊之盟后，辽朝每年可以从宋朝获取大量钱财，辽朝皇帝不用再为钱财发愁了；边境贸易繁盛，辽朝百姓也不用担心生活物品的供应了；没有了战争，辽军也不再专注于军事训练，朝政也开始腐败。辽朝权贵还经常抢掠、欺辱东北的女真部落。

女真人生活条件很艰苦，住着木板和泥土盖成的房子，吃着粗糙生冷的食物，还要忍受契丹人的盘剥。女真人忍无可忍，终于起兵反辽。本以为辽朝会胜利，没想到却被女真人打得望风而逃，女真人就这样不断扩张，建立了金朝。

金朝派出使者前往开封，向宋徽宗提议，共同灭辽。宋徽宗想到大宋王朝从开国以来就受制于辽朝，一直无法收复燕云十六州，饱受屈辱，便有意和金朝联手，加上宰相蔡京又从旁一个劲儿地怂恿，便同意了金朝的提议。

知识宝盒

《清明上河图》

《清明上河图》是北宋画家张择端所绘的风俗画。在五米多长的画卷里，张择端描画了几百个人，几十种车、船，五六十种动物，生动记录了北宋都城开封的城市生活。画作刻画细致，连船上的铆钉、绳扣都一清二楚，令人叹为观止。据说，张择端想用这幅画劝谏宋徽宗珍惜大好河山。

宋金双方互相派遣使者往来，经过几次谈判后，宋金达成同盟，约定了具体事宜。宋朝提出，消灭辽朝后，燕云十六州归宋，辽朝的土地归金，宋朝会将原本给辽的钱转送给金。

由于宋金之间隔着一个辽朝，道路被阻隔，双方使者无法在陆地上接触，便乘船往来于渤海之上，因此，这次军事合作盟约被称为“海上之盟”。

此后，宋、金两国出兵，开始夹击辽朝。绵延了两百年左右的辽朝就这样灭亡了。

靖康之耻“耻”在哪里？

金朝得到辽朝的土地和宋朝的钱物后，并没有履行诺言。金人迟迟不把燕云十六州还给宋朝。

双方不断地讨价还价，最后，金朝只把北京及其所属的六州二十四县交给了宋朝。但北京居民大部分已被金人俘虏，带到东北去做了奴隶，宋朝得到的只是一座残破不堪、处处是废墟和狐狸洞的空城。

虽然如此，宋徽宗还是很激动，蔡京为讨好宋徽宗，甚至打算立碑记录功绩。就在他们陶醉在喜悦之中时，金朝已经翻了脸，大军正向宋朝扑来，打算把宋朝也灭了。

金军来势汹汹，很快就要抵达京城开封。

宋徽宗惊慌失措，急忙把皇位传给了长子赵桓。赵桓成了宋钦宗，宋徽宗成了太上皇。

知识宝盒

蹴鞠（cù jū）

“蹴”含有用脚踢的意思，“鞠”最早是指外边是皮革、里边是米糠的球。“蹴鞠”类似今天的踢足球。战国时，蹴鞠就已经出现。汉朝时，古人用它来练兵。宋朝时，实心球已经变成了充气球，还出现了球门，许多少女也喜欢蹴鞠。

赵桓在仓促中接过了烫手山芋，登上皇位，改年号为“靖康”。太上皇宋徽宗借着“烧香”的由头，逃往江南避祸。

宋徽宗喜欢有艺术细胞的大臣，他留给宋钦宗的也多是不实用的文臣，宋军被打得节节败退。宋钦宗不得不做两手准备，一边命李纲保卫开封，一边派遣使者前往金营求和，要钱给钱，要地给地，只要别打仗就行。

不费一兵一卒就可以获得土地、钱财，金朝皇帝觉得很不错，就同意了议和。金军满载着金银，开心地回去了。

大宋的朝堂上一直有两种声音：一种是议和，一种是主战。经过这次危机后，支持议和的声音更加高涨。宋钦宗也觉得议和不错，于是罢免了主战的李纲。太上皇宋徽宗也回到京城，继续过着文艺气息浓厚的退休生活。

李纲被罢免后，金朝没有了忌惮，再一次杀了过来，把京城开封包围了起来。

历史人物

李纲

李纲是无锡人，考中进士后，任太常少卿、兵部侍郎、尚书右丞等职，曾被提拔为宰相，但只当了七十七天就被免职，原因是他坚持抗击入侵的金兵，遭到投降派的排斥、打击。李纲多次上陈抗金大计，都没有被采纳，抱憾而逝，留下许多爱国诗词。

为了守城，昔日被宋徽宗当成宝贝的太湖石被拆毁，用作城防。宋钦宗还冒着大雨去犒劳宋军，把御厨做的伙食赏给士兵，以鼓舞士气。

然而，宋朝大势已去，金兵几乎不费吹灰之力就攻入了开封。

宋钦宗派人去金营求和，金人不同意。宋徽宗、宋钦宗成了俘虏，被金朝皇帝废为庶人。

金兵在开封搜刮了几个月，各种礼器、古董文物、图籍都被席卷一空，之后，押着宋徽宗、宋钦宗，连同皇子公主、宫廷后妃、宗室百官、乐人工匠等几千人，回了东北。开封被劫掠一空，北宋灭亡。

此事发生在靖康年间，被称为“靖康之变”“靖康之耻”等。

什么是奇耻大辱？

宋徽宗在前往东北的路上，听说财宝等被劫掠，毫不在乎，等听到皇家藏书被抢走时，不禁仰天长叹。

科技发明

指南针

战国时期发明的司南，是世界上最早的磁性指向器。司南沉重，不方便携带，宋朝时，便有人改进了指南针，用于军事、航海等。指南针是个小磁体，根据同磁极排斥、异磁极吸引的原理，在地球这个大磁场中会一端指南，一端指北。

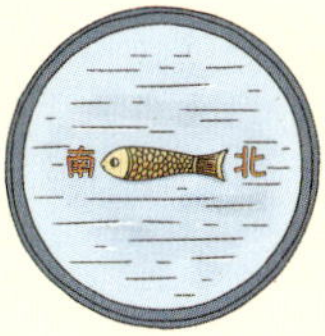

宋徽宗被关押在五国城（今黑龙江省依兰县），随从人员只剩下一百多人。囚禁期间，他受尽精神折磨，写下了许多悔恨、哀怨、凄凉的诗句，有几句是：“彻夜西风撼破扉，萧条孤馆一灯微。家山回首三千里，目断山南无雁飞。”

宋徽宗
宋钦宗

在靖康之变中，宋徽宗的第九个儿子赵构逃了出去，落脚江南，登基为帝，史称宋高宗，国号仍为宋。由于处于南方，被称为南宋。之前的宋朝，被称为北宋。

宋徽宗在被俘的第二年七月的一天，得知儿子建立南宋的消息，看到了一丝希望。他把自己穿的一件背心脱下来，写道："你快来援救父母。"宋徽宗把背心交给大臣曹勋，让曹勋偷偷逃出去，把背心送给儿子宋高宗赵构。周围的大臣们看了，都悲伤地哭泣起来。

宋徽宗也泪流满面，哭着叮咛曹勋："切记，一定要转告皇上（宋高宗），不要忘了我北行的痛苦。"

宋徽宗一边说，一边用白纱手帕擦眼泪。之后，他把手帕也交给曹勋，说："让皇上深知我思念故国而哀痛泪下的情景。"

曹勋出逃后，在秋天来到了南京，向宋高宗赵构呈上了御衣书，请求宋高宗招募敢死之士，渡海北上，去营救宋徽宗。

宋高宗潸然泪下，十分悲痛，但并没有去营救宋徽宗，反而找了个由头，把曹勋罢黜了。

宋徽宗继续过着囚徒生活。苦苦等了九年后，宋徽宗不堪精神折磨，撒手人寰。

后来，金人举办马球比赛，强迫宋钦宗上场。宋钦宗不擅骑行，身体也损伤严重，从马背上坠落，被马蹄践踏而死。

在这一场比赛中，被俘的辽朝皇帝也被迫参赛。他想趁乱逃跑，被乱箭射死。

宋史·高宗本纪

逃来逃去的朝廷

金兵攻宋时，宋徽宗的第九个儿子赵构正在城外，金兵攻破开封，把城中的皇子掳走，赵构躲过了一劫。

赵构一路上历尽艰险，最后逃到了南京。在南京，赵构被推举为帝，史称宋高宗。但他并非高枕无忧，金朝皇帝得知南宋建立后，又挥师南下，追杀南宋小朝廷。

宋高宗又逃往扬州。但没过多久，金兵就杀到了距离扬州只有数十里的地方。宋高宗又放弃扬州，狼狈逃到舟山群岛，之后，又逃到临安（今杭州市）。

宋高宗派人前往金朝，哀诉自己在南方穷苦窘迫，无人守护，无处奔逃，请求金朝可怜自己，饶过自己，不要再向南进军。

金朝不理睬宋高宗的哀求，继续南侵。宋高宗率领大臣继续逃亡，漂泊到海上。宋军也不全是不堪一击，在海上，宋朝水军打了个漂亮的胜仗，拦住了金军南侵的脚步。失去家园的百姓也自发地成立了抗金小分队，想出各种招数抵抗金兵，给金军带来不少麻烦。金朝统治者认识到，在短时间之内，无法消灭南宋，不如暂且和谈。至此，宋高宗总算长舒了一口气，他终于不用再逃跑了。

知识宝盒

交子和会子

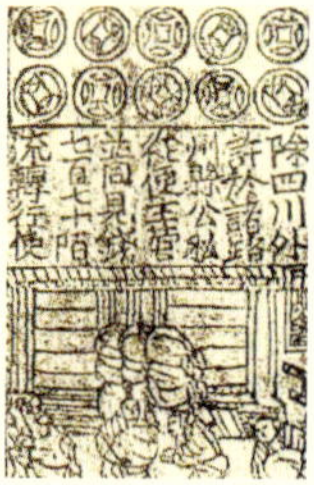

北宋时，四川人用的铜钱“面值”小，买一匹绢竟然要扛着90～100斤的铜钱，非常不方便。于是，有商人发明了一种纸币，名叫交子，开创了民间金融的先声。这是世界上最早的纸币。南宋时又发行了会子，也是一种纸币。

热血沸腾的黄天荡之战

金军北撤时，浙西制置使韩世忠赶制海船，操练水军，准备趁机截击金军。

他为了隐蔽自己的意图，特意去参加上元节的庆祝活动，让金军毫无防备。之后，他迅速率领八千人、一百多艘战船急速赶到镇江。

镇江位于运河和长江的交汇处，西边是南京，北边是长江，东西有两座大山。当金军撤到镇江时，韩世忠已经占据了有利地形，封锁了渡口，还用破船堵住了入江口，切断了金军的退路。他还让两百人埋伏在山上龙王庙中，另两百人埋伏在山下江岸，准备等金军入庙休息后，击鼓为号，前后夹击。

金军将领果然登山，准备入庙时，庙内伏兵冲了出来，但山下伏兵没能及时断后，只活捉了两人。之后，双方在山下展开了水战。韩世忠乘坐艨艟指挥水师，他的妻子梁氏亲自擂鼓助战，宋军士气倍增，击败了金军。

科技发明

车船

车船不用手划桨，而是使用脚力。它有轮子、帆、桨。唐朝人李皋曾制造车船，宋朝时，车船极盛，最大的长一百多米，有二十四个轮子，能载一千多个士兵。韩世忠在黄天荡攻打金兵时，驾驶的车船有一种“飞虎战舰”，四个轮子，能“日行千里”。

金军将领令人去见韩世忠，表示愿意把掠得的人畜、财物等献出来，只求韩世忠能借道给他。韩世忠严词拒绝了。

金军只得寻找其他的渡江之路，韩世忠率领水师四处堵截。金军擅长陆上骑射，不习惯水战，也不熟悉长江水道，被宋军追得晕头转向，驶入了南京东北的死水港——黄天荡。

韩世忠命船队封锁黄天荡唯一的入江水道，并让工匠日夜赶制铁绳、铁钩，等到金军的轻舟从黄天荡驶出来时，立刻两路夹击，抛掷铁钩将金人的船拖翻。

金军将领百般无奈，再一次请求韩世忠借一条道。韩世忠说：“还我皇帝，还我河山，才能商谈。”

金军只好自己另开一条几十里的水渠，连通江口，冲出了黄天荡。韩世忠发现后，立即追击堵截，不让金军渡江。

金军陷入了绝望，发出重金，四处寻求破韩之策，总算有了一个办法。他们在船上填土，再铺上平板，防止宋军用铁钩钩船，还能避免轻舟在风浪中颠簸；在船的两侧又安装了船桨，加快行驶；还连夜赶制火箭，准备火攻宋船。

金军又挖了一条新河，迂回而出，一靠近宋船，立刻用火箭射船篷，使船起火，就这样总算逃到了南京。谁知，岳飞又率军阻截，金兵横尸十多里，只得放弃了南京。

至此，宋高宗回到了临安，安顿下来。

本来，宋高宗没打算一直留在临安。“临安”就是临时安顿停留的意思，但随着宋高宗在此落脚，许多中原人士也纷纷南渡，临安迅速发展起来，再现了旧都开封的繁荣。宋高宗便定都临安，过起了偏安一隅的日子。

历史人物

李清照

李清照出生于济南的一个书香门第，号易安居士，为婉约词派代表人物，被誉为“千古第一才女”。金兵入侵时，李清照写下《夏日绝句》，以“生当作人杰，死亦为鬼雄”讽刺投降派以及苟且偷生的南宋王朝。丈夫去世后，李清照再嫁，后又离婚，晚年生活在家仇国恨之中。

为什么要北伐中原？

宋金议和后，金朝便公然违约，又一次向南宋进攻。爱国将领韩世忠、岳飞等人继续奋战在前线。早在靖康之变，岳飞才二十多岁时，他不顾自己官职低微，披肝沥胆地向宋高宗上书几千言，想要北伐中原，夺回开封等失地。不过因为他是“小臣”，越级进言，被赶出了军营。但他抗金的决心没有丝毫动摇，自己奔赴抗金前线，继续奋战，之后屡立战功，终于得到了宋高宗的认可，被升为都统制。

历史人物

宗泽

宗泽出生在浙江乡村，家境贫苦，但祖父和父亲“耕读传家”，教他读书识字。宗泽长大后，考中进士，曾任登州通判、兵马大元帅等职。他多次抗击金兵，金人害怕他，称他为“宗爷爷”。他曾二十多次请求宋高宗过河北上，夺回失土，都未获支持。宗泽忧愤成疾，临终前仍高呼：“过河！过河！”

岳飞训练出一支勇敢顽强的岳家军，收复了南京，极大地鼓舞了抗金军民。

岳飞想要收复襄阳等六郡，宋高宗同意了，却又下令，不准北伐，也不准收复开封，只收复六郡就行了，否则就算立下奇功，也要重罚。

可能是因为宋高宗太惧怕金朝了，也可能是因为他不愿意岳飞大获全胜，因为那样的话，被金人掳走的宋徽宗、宋钦宗就要回来，到那时，他是不是要让出皇位呢？

岳飞怀着一腔忠义之气，赶赴战场。战斗异常酷烈，岳飞在旗下指挥，毫不理会纷飞的炮石箭矢，岳家军奋勇杀敌，岳飞十六岁的长子岳云勇冠三军，多次第一个冲上城头。

经过惊心动魄的死战，襄阳等六郡被收复了。宋金都大受震动，这是南宋第一次收复大片失地。

岳飞屯兵鄂州，鄂州成了岳家军的大本营，鄂州的百姓迎来了幸福的日子。岳家军捷报频传，但宋高宗态度冷淡。岳飞仍旧怀着还我河山的热望，日夜练兵，几次上奏想要北伐，宋高宗始终没有同意。

形势发生了变化，金朝向宋朝提出了和谈，宋高宗升任秦桧为宰相，让他去和金朝和谈。韩世忠、岳飞等人坚决反对，韩世忠一连上书十多次，但宋高宗都没有理睬。

金朝派出使者来到临安，金人不称“宋朝”，而称“江南”，不说“议和”，而说“诏谕”，还要求宋高宗跪下双手去接金朝皇帝的诏书，把南宋放在了藩属的地位。

消息传开后，朝野一片沸腾、激愤。宋高宗还是一心求和，虽然他没有亲自向金人下跪，但让秦桧代表他下跪了。

知识宝盒

《洗冤集录》

宋慈是南宋福建人，一生四次担任提点刑狱公事，负责刑事案件的侦破，著有《洗冤集录》，为世界上第一本法医学专著。书中绘有大量图片，其记载的验尸方法、流程和现代相似，还有对各种死因的鉴别方法，如泼热水致死、火烧致死、服毒致死、摔死、雷震死、虎咬死、蛇虫咬伤致死等。

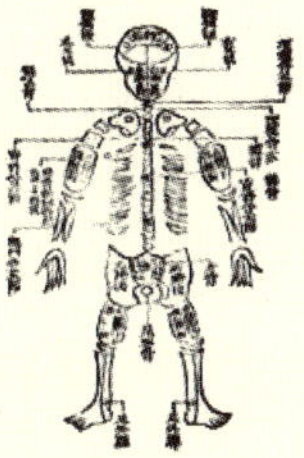

南宋由此“称臣”，承认宋朝是金朝的属国，接受金朝“赐给”的河南之地，每年向金朝上贡银、绢。

朝廷大赦天下，庆贺“和议”成功，加封岳飞为开府仪同三司，岳飞深觉屈辱，心如刀割，不肯接受。宋高宗强迫他接受，他才勉强接受了。

就在和谈期间，金朝仍在用兵。岳飞再赴战场，收复失地甚多。

岳飞打到了距离旧都开封不远的郾（yǎn）城，在那里驻扎。金兵将领得知岳飞兵马不多，便带领一万五千人的王牌骑兵直扑郾城，想要一举消灭岳家军的指挥中枢。

金朝的这支王牌军，拥有厉害的武器装备，战术巧妙，以“铁浮屠”（铁甲骑兵）为主力，正面进攻，左右辅之以“拐子马”（轻骑兵），都是金朝精锐部队。

岳飞让长子岳云带领大约八千士兵迎战，用“或角其前，或掎其侧”的战术对付“拐子马”，又选出一些精壮的步兵，拿着麻扎刀、提刀、大斧等兵器，专砍“铁浮屠”的马足，使“铁浮屠”失去了威力。

金军猝不及防，成群的战马倒下来，马背上的金兵也都摔倒在地，

知识宝盒

背嵬（wéi）军

在抗金之初，因为南方不产良马，岳飞无法组建骑兵部队，后来缴获金朝战马后，开始组建骑兵部队，先后拥有踏白军、游奕军、背嵬军三支骑兵部队。其中，背嵬军是精锐中的精锐，为岳家军的中流砥柱。

笨重的铠甲把金兵压得不好作战。岳家军和金兵，血战了几十回合，从下午一直杀到天黑。金兵尸横遍野，溃败逃走。

几日后，金朝调集了十二万军队。岳飞派杨再兴带领三百骑兵出巡，刚好在临颍县的小商桥遇到浩浩荡荡的金军。杨再兴率部殊死奋战，竟杀死了两千多金兵，杨再兴与部下全部战死。

金兵继续进攻，岳云带着八百背嵬骑兵正面攻击金兵，岳家军奋勇向前，“无一人肯回顾”，杀得“人为血人，马为血马”，大败金军。

金兵不得不退回开封。岳家军趁机全线进击，包围了开封。

眼看着河山就要夺回，距离雪耻只有一步之遥，南宋军民欢欣鼓舞。

十万金兵驻扎在距离开封四十五里的朱仙镇，负隅顽抗。岳家军继续挺进，五百背嵬军作为前哨，先一步抵达了朱仙镇。

双方刚一交锋，金军就四散奔逃了。金朝只剩下最后一条路，放弃

开封，渡过黄河撤走。

就在这重要的历史时刻，宋高宗又制造意外了。他下发班师诏，命人飞速送给岳飞，让岳飞立刻班师回朝。他或许是担心金人被岳飞打急了，不肯继续和谈，或许是担心岳飞功大势重、尾大不掉，或许是担心财政不支，总之，他不能容忍岳飞大获全胜。

岳飞在一天之内接连收到十二道用金字牌递发的班师诏，万分悲愤、惋惜，不禁潸然泪下："十年之力，毁于一旦！"

岳飞下令停止进攻，准备回军。百姓流泪拦在岳飞的马前，岳飞含着眼泪取出诏书，说："我不得擅自留下。"百姓听了，顿时哭声如雷。

岳飞无奈回朝，很快被夺去了兵权，接着又被投入大理寺监狱。他的儿子岳云也被关入狱中。

宋、金继续和谈，最终达成了"绍兴和议"。岳

飞在狱中被杀害，年仅三十九岁，岳云也被杀死。岳飞只留下八个字绝笔：“天日昭昭，天日昭昭！”

原味典故

莫须有

宋将岳飞被捕入狱，已经被解除兵权的前大将韩世忠质问宰相秦桧，岳飞犯了什么罪。秦桧说：“其事体莫须有。”意思是，虽然没有证据，但造反的罪或许有。韩世忠愤然道：“‘莫须有’三个字，怎么能让天下人信服？”世人便用“莫须有”指凭空捏造罪名。图为《中兴四将图》，图中左二为岳飞。

绍兴和议后，宋高宗仍然排斥、打击主战派，还额外送给金朝皇帝各种礼物，价钱“以巨万计”。然而，这也没有讨好到金朝。时隔不久，金朝又来入侵了。

宋高宗还想再次逃跑，幸亏金兵在渡江时被宋军击败，退了回去。

宋高宗当了三十多年皇帝以后，大概也觉得成天伺候金朝太疲倦了吧，就把皇位传给了养子赵昚（shèn），是为宋孝宗。

宋史·孝宗本纪

牛羊遍野的繁华

宋孝宗三十多岁正值壮年，有意收复中原，即位不久，就为岳飞平反昭雪，同时召主战派大臣入朝，积极备战。

然而北伐并不顺利，最终以惨败告终。宋孝宗无可奈何，他再也找不到岳飞那样的将领了，只好再次与金朝和谈，对金朝皇帝称“侄子”。以前的和约中，金朝皇帝是宋朝皇帝的主子，现在成了叔叔。

干戈平息了，宋孝宗开始整顿朝政，裁掉了七百多个吃白食的官员，又兴修水利，发展经济，促使人有余粮，牛羊遍野，还出现了文化上的百家争鸣，一大批思想家、文学家，如朱熹、陆九渊、陆游、范成大、杨万里、辛弃疾等涌现出来。

宋孝宗非常自律，既不贪恋美色，又很节俭，自己的日常生活花费少之又少，常常穿着旧衣服，也很少赏赐大臣，宫中钱物很多年都没有动用。他还时常告诉大臣，要修养自己的德行，以教化风俗。不久之后，宋高宗老死了，宋孝宗大为悲痛，两天不能进食，为了服丧三年，便把皇位传给了宋光宗赵惇。

科技发明

秧马

秧马是一种农具，外形像一只小船，流行于长江中下游水稻产区。插秧时，人坐在上面，用手把放在秧马上的秧苗插入田中，然后用双脚使秧马一点点挪动；拔秧时，用手把秧苗拔起来，放在秧马后仓，极大地减轻了劳累。

宋光宗身体虚弱，好猜疑，性格偏执，甚至有些疯癫，不能正常处理朝政，大权旁落于李皇后手中。李皇后为人善妒、凶悍，宋光宗忍气吞声，心情抑郁不乐，因此更加病态。

这样的疯子皇帝别提北伐中原了，连朝局都无法稳定，大臣们忍无可忍，另立赵扩为帝，是为宋宁宗。

总是气短的南宋

宋宁宗算得上一位厚道的皇帝，非常关心同情百姓，几乎每年都减免各种赋税。

作为一个皇帝，宋宁宗的个人生活称得上俭朴。他穿戴朴素，用具也不奢华。

有一年元宵夜，他一个人坐在清冷的烛光下，太监问他为什么不设

宴庆祝一下，他愀然回答："百姓都吃不饱饭，朕有什么心思饮酒？"

一日，宋宁宗出宫游赏，临安的百姓争相观看，以至于有人被践踏致死。宋宁宗知道后，万分后悔，从此再也不出宫游赏了。

平日，宋宁宗总是埋头读书，对待大臣更是和颜悦色。无论大臣多么唠叨，他都耐心听取，没有一点儿厌倦的样子，十分谦虚。只不过他很少有明智的决断，理政能力平平。

有一件事让宋宁宗收获了很高的呼声，那就是他追封岳飞为鄂王，又派兵主动出击金朝，令军民大为欢喜。但事不如愿，宋军很快由进攻转为了防守，第二年就大败而归了。战败后的和谈是气短的，金朝提出了更为苛刻的条件，除了割地赔款，宋、金皇帝的称谓也由侄叔变成了侄伯，更为屈辱。

宋史·理宗本纪

蒙古和金朝有什么仇？

南宋中后期，在北方草原上，又一个少数民族——蒙古族兴起了，这样一来，南宋不仅挨金朝、西夏的欺负，还要时时提防着蒙古。不过，起初的时候，蒙古对南宋表现得比较和蔼可亲，其精力都放在攻打邻居金朝上。

历史人物

陆游

陆游出身名门望族，由于诞生在淮河的船上，故取名陆游。当时，北宋刚被金朝灭掉，陆游从小就深埋下了爱国主义的种子，时刻渴望北伐中原。陆游长大后，坚持抗金，但屡次遭到投降派的打击。他只能长期困守山村，最终抱憾而去，但他留下许多感人肺腑的爱国诗篇，深深地影响了后世。

此时的金朝皇帝已经不如他们的先辈那样悍勇、有智谋，因此国力衰退，朝野混乱，面对蒙古的入侵几乎没有还击之力。

大蒙古国建立后，蒙古对金朝的敌意更大。金朝和西夏结盟，共同抗拒蒙古。蒙古于是先攻打西夏，想拆散金夏同盟。

西夏赶紧向金朝求援，但金朝皇帝看到西夏的狼狈相后，坐视不救。西夏愤恨之余，投降了蒙古。

蒙古自此再也没有后顾之忧，公开与金朝断交。

隔年，蒙古发动战争，在野狐岭（今河北省张家口市境内）大破四十万金军，攻入华北，四处掠夺。

此后，蒙古铁骑连年攻城略地。几年后，金朝只剩下十多个城池，其余都被蒙古占领了。金朝皇帝被迫求和，献出了公主和很多黄金，才与蒙古达成和议。

金朝是怎么灭亡的?

蒙古的地盘越来越大，野心也越来越大，干脆吞灭了西夏。接着又想彻底了结金朝。于是，蒙古派使者去南宋，请求与南宋联合，一起夹击金朝。

一时间，南宋朝堂上一片沸腾，多数大臣都表示赞同，认为此举可以报靖康之耻的深仇大恨，只有大臣赵范不同意，他觉得，以前北宋和金朝联合，一起夹击辽朝，辽朝倒是灭了，但金朝瞬间翻脸，马上掉头攻打北宋，现在相当于历史重演，不能不吸取教训。而且南宋、金、蒙古三家并存的话，金朝刚好可以作为屏障，与蒙古互相制约。

不过，更多的大臣因为怀着家国仇恨，已经极端仇视金朝，渴望恢复中原。而这时的皇帝宋理宗赵昀胸怀中兴大志，虽然担心蒙古反悔，但渴望收复旧山河的心理最终占了上风。于是，他决定与蒙古合作。

历史人物

辛弃疾

辛弃疾出生时，北方已被金人侵占。他少年时就立下恢复中原、报国雪耻的志向。他能文能武，有燕赵侠士之气，青年时参加起义，后来奉命守卫领土，创制飞虎军，但投降派打压他，使他最终退隐山林，抱憾病逝。他把对国家命运的关切寄寓词中，被誉为“词中之龙”。

蒙古信誓旦旦地表示，灭了金朝以后，一定将河南还给南宋，南宋朝廷非常高兴。不过，蒙古的许诺只是口头上的，并没有写书面协议。

金朝还对南宋抱有幻想，派人向南宋借军粮，还说这些年金朝一直没有亏待过南宋，更没有侵犯过南宋的疆界，而蒙古野心勃勃，把西夏也灭掉了，现在轮到了金朝，金朝一亡，下一个自然就是南宋，所谓唇亡齿寒，就是这样的。宋、金应该联合起来，共同对付蒙古。现在把军粮借给金朝，既是帮助金朝，也是帮助南宋自己。

然而，宋理宗心里只记得金朝多年以来对南宋的攻打和侮辱，因此把金朝使者驱逐出境。宋、蒙开始联合军事行动后，宋军先后攻占了邓州、唐州等地，切断了金朝皇帝逃跑的退路。之后，宋军与蒙古军一起围攻蔡州，攻破了蔡州城，金朝皇帝死于乱军之中，金朝灭亡，靖康之耻的大仇终于得报了。

蒙古真的翻脸了

金朝灭亡后，蒙古军向北撤去，河南空虚。此前，蒙古曾许诺，灭金之后，会把河南还给南宋，可是，金朝已经灭亡了，蒙古的诺言却没有兑现。

宋理宗下令，北伐中原，夺回河南，收复北宋都城开封和西京洛阳，兑现宋朝几代人的愿望。宋军开始向河南挺进，顺利进驻了汴梁（开封），也就是军民心中念念不忘的旧都。

消息传来，朝野一片沸腾，人人激动得泪流满面。于是宋军不顾粮饷不足，继续进军，打算一举收复洛阳。

科技发明

铜壶漏刻

“漏”指带孔的壶，“刻”指有刻度的箭杆，相当于标尺，“漏刻”是一种计时器。使用时，漏壶中放水，水中的箭杆会随着水位变化而上下运动，标记出时刻。周朝人已经使用铜壶漏刻。宋朝人还给铜壶漏刻搭配了一个会报时的“机器人”——铙神，每隔一刻钟自动击铙八下报时。

然而，到达洛阳后，宋军猝不及防地遭到了蒙古军的伏击，加上没有补给，很快陷入困境。蒙古军掘开黄河大堤，水淹宋军。

宋军大败，南宋国力被严重削弱。军民渴望恢复故土的希望又落空了。这次战争还给了蒙古军出兵攻宋的理由，宋蒙战争自此全面爆发。宋理宗为了安抚人心，不得不下罪己诏，检讨自己的过失。

钓鱼城之战

南宋与蒙古展开了拉锯战，起初，两国只是小打小闹，没有发生大规模的战争，但蒙古新任大汗蒙哥上任后，开始大规模侵宋。

蒙哥率领几路大军南下，意图一举灭掉南宋。他亲自率领主力进攻四川，由弟弟忽必烈进攻鄂州（今武昌市）。蒙哥的想法是，发挥蒙古骑兵长于陆地野战而短于水战的特点，以主力夺取四川，然后顺江东下，与其他军队会师，直捣南宋都城临安。

钓鱼城坐落在今天重庆的钓鱼山上，其山势突兀耸立，山下有嘉陵江、渠江、涪江三江汇流，三面环水，地势险要。城分内外城，外城就筑在悬崖峭壁之上，城墙都是条石垒成，城内有田地和水源，依恃天险，易守难攻。

知识宝盒

理学

理学，又叫义理之学、道学，核心观念是“理”，是中国古代最精致、最完备的理论体系，对后世影响巨大。南宋末期，理学上升为官方哲学。理学的代表人物有程颢（hào）、程颐、朱熹、陆九渊等。

蒙古军一开始进攻一字城墙，没有攻克，又去攻打其他的城门，都失利了。

四月份的时候，天降大雨，一直下了二十多天。雨停后，蒙古军全力进攻护国门，夜里的时候，蒙古军好歹登上了外城，守城宋军拼力抵挡，损失惨重，但坚持不退，终于打退了蒙古军。

五月，蒙古军继续进攻钓鱼城，无数次攻城，无数次退回，几乎每一次都是硬仗。大蒙古国皇帝蒙哥绕到钓鱼山后，想要利用地势攻城，并配备了最精良的武器，但钓鱼城陡峭险峻，蒙古军进攻了一次又一次，都被宋军一次次击退。

蒙古军竖起云梯，冒着飞石，踩着崎岖山路，一边攀登向上，一边苦战宋军，伤亡惨重。蒙古军的众位将领一贯骄横自负，继续攻城。有一位将领主张撤退，被蒙哥拒绝了。素以机动灵活、凶猛剽悍著称的蒙古骑兵攻城五个月，仍然无法破城。宋军从城中射出的飞石还击毙了蒙古军的一位大将，让蒙哥好像失去了左右手一样。蒙哥大举攻蜀后，南宋紧急派了援兵，但被蒙古军拦阻，一直不能抵达钓鱼城下。尽管如此，钓鱼城的守军不缺粮，不缺水，依旧斗志昂扬。守军还把十五公斤

知识宝盒

瓦舍勾栏

宋朝时有固定的娱乐场所，叫瓦舍，也叫瓦子、瓦市。瓦舍里有很多演出场所，叫勾栏。勾栏有夜场，全年不歇。在南宋都城临安，每个勾栏中，每天都有几百人或上千人看戏。瓦舍勾栏绵延了四百多年，到明朝时衰落。

蒙哥

重的两条鲜鱼和一百多张蒸面饼抛给城外蒙古军，同时送书信给蒙古军，说就算再攻十年，也无法攻下钓鱼城。

酷热的夏天到了，蒙古人本来就害怕暑气和湿气，水土不服，都中暑了，很多人患了疟疾、霍乱，都病倒了。蒙哥还被炮石击中，身负重伤。蒙古军在混乱中撤退，蒙哥半路死去，留下遗言，日后一旦攻下钓鱼城，要杀光城中所有的人。

当时，忽必烈还在攻打鄂州，听到蒙哥的死讯后，还以为是宋军故意放出的假消息。过了一段时间，忽必烈听说大汗的位子空了出来，才相信哥哥死去的事实。忽必烈是大汗之位的有力竞争者，比起攻下鄂州，成为蒙古的统治者显然更重要。忽必烈决定撤退，但他也不愿意放弃即将到手的鄂州，就散布消息，说自己将率兵直取南宋都城临安。

一听到这个消息，指挥鄂州宋军作战的贾似道慌了。贾似道很有能力，但贪图权势，他还想着在南宋升官加爵呢，所以南宋一定不能亡，

要想办法不让蒙古军攻打临安。他偷偷地去找忽必烈议和，说自己不忍心看着百姓受苦，不想再打仗了，只要蒙古撤军，他愿把长江以北的领土都送给蒙古。忽必烈当然同意了，随后便匆匆撤兵，争夺汗位去了。

忽必烈拥有精兵强将，自立为大汗。而他的弟弟阿里不哥也被蒙古贵族推举为大蒙古国大汗。兄弟俩展开激烈的内战，一打就打了四年。

趁着蒙古内斗，南宋收复了襄阳城。襄阳位于长江防线上，地理位置很重要。之后，宋理宗昔日的雄心壮志渐渐消退了。贾似道回朝后，编造了打退忽必烈的谎言，受到宋理宗的宠信，宋理宗把国事交给贾似道处理，自己去过醉生梦死的生活了。

宋史·度宗本纪

襄樊之战

宋理宗死后，宋度宗在贾似道的拥护下登基。

宋度宗十分尊重贾似道，每次贾似道拜见他，他都会对贾似道回拜。贾似道作威作福，一手遮天，不积极备战，变得越来越腐败了。

由于贾似道一派的人总是打击杀害不阿附自己的人，弄得人心惶惶，许多将领为了保住性命，投降了忽必烈，其中就包括大将刘整。刘整带给忽必烈一支精悍的水师，使蒙古有了做梦都想得到的水上打击力量。

1271年，忽必烈坐稳了大汗之位，正式建国，国号大元，也就是元朝。刘整向忽必烈提议，先取襄阳、樊城，再攻临安，彻底灭宋。忽

科技发明

宋瓷

宋朝烧制瓷器的窑口众多，其中，官窑、钧窑、汝窑、定窑、哥窑风头最盛。有的釉色如海棠红、玫瑰紫；有的釉色如碧水青青；有的是油滴、玳瑁似的结晶釉；哥窑的釉面还“绽放”断纹，有一种独特的“缺陷美”。由于陆地经常打仗，宋瓷通过海上丝绸之路远销印度、欧洲等地。

必烈采纳了这个建议，于是派出大军，奔向襄阳。

襄阳、樊城的地理位置十分重要，而且城坚池深，是南宋的军事重镇，一味强攻很难取胜，蒙古军便在四面筑造城堡，长期围困，阻断一切水陆援兵，切断城中宋军与外界的联系。

为了夺取襄阳，蒙古不惜一切代价，源源不断地派出军队开往襄阳，短短一年之内，围困襄阳的蒙古军竟然达到了十万人。

南宋丞相贾似道听说后，却没有派出精兵强将前去救援，因为他曾经和忽必烈有割地称臣的密约。

襄樊附近有几支南宋兵马，冒险前去救援，有一支是京湖都统张世杰率领的，但因为兵力不足，很快战败。

秋天的时候，大雨连绵，江水上涨，沿江制置副使夏贵率领水军偷偷去给襄阳送粮，被蒙古军水陆夹攻，大败。

蒙古军为了加强水上作战能力，训练了七万水军，又造了五千艘战船，还在汉水中建筑了实心台，台上放置弩炮，切断宋军的水道。宋军守将吕文焕多次出击，都没能取胜。

殿前副都指挥使范文虎带着兵船救援襄樊，被蒙古军一路追杀，范文虎乘坐轻舟才得以逃出。几个月后，他带着大批钱粮，再次去救援襄樊，又被击败。不久，范文虎第三次去援助襄樊。赶上汉水暴涨，蒙古军趁着黑夜划着轻舟探明了水的深浅，然后追击范文虎到水浅的地方，夺走了近百艘战船。此后，范文虎不敢再出战。襄阳城内的宋军虽然也不停地出击，但每次突围都未能成功，被迫退到内城坚守。

蒙古军一点点缩小包围圈，襄阳城内的盐已经不够吃了，布也没有了。主将吕文焕只得让军民抽取房屋上的木头、茅草为柴火，用麻编织衣服，每次巡城，他都忍不住向南望着皇帝所在的宫廷痛哭。

此时的南宋宫廷内，还是一片歌舞升平，由于贾似道封锁了消息，宋度宗对襄樊告急一无所知。直到襄樊被困大约三年后，宋度宗才从一个宫女口中偶然得知消息，他又气又急，却无计可施。

知识宝盒

《促织经》

促织就是蟋蟀。南宋时，杭州城里有专门的蟋蟀市场，还有专门驯养蟋蟀的“闲汉”。襄樊被围时，宰相贾似道仍与群妾斗蟋蟀，被称为“蟋蟀宰相”。他著有《促织经》，详细介绍了各种蟋蟀的习性，是世界上第一部研究蟋蟀的专著。

京湖制置使李庭芝令范文虎再去救援，范文虎没有接受命令。李庭芝只好在百姓中招募敢死队员，招到了三千人，其中有两兄弟叫张顺、张贵，正直勇敢，由他们率领这支民兵前去救援。

襄阳的西北面有一条清泥河，敢死队员在这里造了上百艘轻快小船，然后将三条小船连在一起，成为一艘舫，用中间的小船装载敢死队员，左右两艘则把船底凿空，盖上盖子，作为掩饰。船上装载着盐和布等物资，装备了火枪、火炮、战斧、弓弩、烧红的木炭等武器。

夜里，船队出江，张贵做先锋，张顺殿后。元军的兵船布满江面，没有一丝突围的缝隙。敢死队没有退却，毅然向前，斩断元军用铁索连起来的几百艘船，乘风破浪，冲了大约二十里，一直战到黎明，终于突破重围，抵达襄阳城下。

襄阳城已经很久没有人来救援了，听说有援军到来，顿时士气高涨。收军的时候，却没有看到张顺。几日后，有人看到水上有一具浮尸，身穿战甲，手拿弓箭，仔细一看，正是张顺，身中四枪六箭，壮烈战死。

张贵率领敢死队进入襄阳城后，没几日，又率军潜出了襄阳，去接应前来救援的范文虎军。谁知机密泄露，已经怯战的范文虎又失约了，使张贵军遭到元军围攻，全军战死，张贵遇害。

襄阳、樊城的外援彻底断绝了，只能依靠汉水上的浮桥互相联系。

襄樊之战，元军虽然总是打胜仗，但好几年都无法攻克城池，南宋军民一直坚持抗战，还成功阻止了投石兵器的猛烈攻击。元军快要崩溃了，最后求助于阿拉伯的兵器专家，改进了投石器，提高了准确率，并加紧水陆配合，进攻总算有了起色。元军兵分五路，对樊城发起了总攻。一些熟悉水性的元兵潜入水中，切断木索，烧毁襄阳和樊城之间的浮桥，切断了两城的联系。然后在西域炮的掩护下，水陆夹攻樊城。

西域炮威力大、射程远，摧毁了樊城的角楼，元军打开缺口，攻入城内。南宋守将牛富不肯投降，带领勇士与元军巷战，没有武器就用石块砸，用木棒打。但因寡不敌众，宋军死伤惨重，牛富身负重伤，投火殉国。樊城被元军攻占了，襄阳犹如牙齿失去了嘴唇，彻底成了孤城。元军又围攻襄阳，还不停地一边喊话招降，一边炮轰城楼。城内的南宋军民拒绝投降，还是努力抵抗，日夜奋战。

襄阳城已经被困六年，仍未等到救援。房屋被拆得七零八落，军民衣衫破烂，食不果腹，武器用光了，吕文焕见突围无望，出城投降了。

历史人物

范天顺

范天顺任荆湖都统制，奉命守卫襄阳。元军围攻襄阳长达六年，范天顺率领城中军民奋力抵抗，日夜不息。主将吕文焕投降时，范天顺身负重伤，宁死不降，叹道：“生为宋臣，死当为宋鬼！”之后，自缢殉国。

西域炮

云梯

襄阳是南宋的西大门，襄阳失守，江陵就危险了，江陵危险，长江天险就不再是天险，就相当于门户洞开，无险可守，直接威胁到了都城临安。因此，襄阳失守后不到一年，南宋就有七个州沦陷。

元军以秋风扫落叶之势席卷江南，长驱直入南宋腹地。

宋史·瀛国公二王

皇帝投降了

南宋王朝到了生死存亡的关头，三十五岁的宋度宗却在此时病死了，四岁的宋恭帝即位，由他的祖母谢太皇太后主政。

这时，元兵已经攻破鄂州，消息传到临安，朝野上下，一片震恐。

太学生们义愤填膺，纷纷提议由贾似道亲征。在舆论的压力下，贾似道只好抽调精兵，乘着战船去拦截元军。可他不想打仗，又走起了求和的老路，派人去元营求和，还给元朝丞相送了新鲜荔枝作为礼物。不过，这时的元朝已经实力强大，一心只想灭掉南宋，没有答应议和。

贾似道还没到达战场，前线兵败的消息就传了过来。有人劝贾似道逃到扬州，招收散兵，保护皇帝。贾似道立刻抛弃军队，乘一条小船走了。贾似道没有去保护皇帝，而是让各地的长官去护驾。各地的长官装作没有收到命令，都各自逃命去了。群龙无首，宋军大败。愤慨的南宋臣民要求谢太皇太后处死贾似道。谢太皇太后只好把贾似道贬到广东一带。在押送的途中，监押官忍无可忍，把贾似道杀死了。但贾似道的死

也无法挽回战局。赣州的长官文天祥接到勤王的诏书后，带上人马赶到临安保护皇帝。他临危受命，任丞相职。眼见元军逼近临安，谢太皇太后派文天祥前往元营，进行谈判，文天祥被扣押了。元军围住临安，谢太皇太后带着宋恭帝投降了。宋恭帝被降为瀛国公。

漂流海上的小朝廷

就在临安城里举行受降仪式时，一些大臣趁机保护宋恭帝的哥哥赵昰（shì）和弟弟赵昺（bǐng）逃出了临安，逃去了温州，想为宋朝保留一丝血脉。张世杰、陆秀夫等人率领残部去温州会合。文天祥趁着夜色也逃了出来，到了温州。文天祥、陆秀夫、张世杰拥立七岁的赵昰为帝，是为宋端宗。这时天下还有几分在宋人手里，如福建的福州、广东的广州、长江以北的扬州、真州等还在坚守。四川的钓鱼城、凌霄城等地军民也在抗元。宋军凑起来，大约有二十万人。

然而，战线还没有展开，扬州、真州等地就失守了，新建的小朝廷被迫往南逃亡，福州、泉州、潮州、惠州……由于害怕被攻城，君臣大部分时间都在海上漂泊，苦不堪言。两年后，小朝廷逃到广东雷州，在南海中漂荡。海上忽然刮起了飓风，船队被吹得七零八落，宋端宗落水，被救上来后，染上疾病。

近一半宋兵死于飓风。元军又来追杀，张世杰奋然迎战，失败后，逃到七星洋。元军紧追不舍，小朝廷又逃到一个荒岛上。九岁的宋端宗屡受颠簸，惊病交加，奄奄死去。他的弟弟，六岁的赵昺即皇帝之位。

崖山海战

在作战时，文天祥被俘了。陆秀夫和张世杰紧急商议后，决定由陆秀夫主要负责政务，张世杰主要负责打仗。

随着各地不断地失守，小朝廷迁往崖山。由于已经没有退路，张世杰把一千多条战船排在海上，用绳索连接起来，把小皇帝的“龙舟”保护在战船中间。

国宝档案

龙泉窑官式宽莲瓣纹盘

这件青瓷胎体匀薄、细腻，釉色粉嫩，釉面润泽，有玉质感；盘子外面刻了莲花瓣，花瓣凸起来，细长挺拔，独树一帜。这是宋朝龙泉窑最典型的造型之一，蕴含着宋人的典雅品位。

元军在船上满装茅草和油类易燃物，乘着风势，将点燃的船冲向宋船。张世杰已经提前在宋船上涂了泥，还在每条船上都横着绑了长木头，

可以顶住元军的火船扑袭。火攻不成，元军又使出一计，团团围住宋军，打算把流浪的小朝廷困死。海上没有淡水补给，也没有新鲜食物，宋军只能喝海水，吃干粮。海水咸苦，将士们喝了之后开始呕吐、腹泻。

元军见状，立刻发起猛攻，用火炮打乱宋船的队形，再去进攻。两军交战，宋军听到元军将领所在的战船上奏起音乐，以为元军正在开设宴会，其实是元军发起总攻的信号。乐声一起，箭雨纷纷射向宋军。

张世杰看到大势已去，派人去接小皇帝和陆秀夫。由于情况十分混乱，陆秀夫无法确认接应人的身份，担心小皇帝落在元军手中，就拒绝了。张世杰只好斩断绳索，带着残部突围而出。眼见元军蜂拥而来，陆秀夫决定以身殉国。他背着八岁的小皇帝赵昺，跳入了茫茫大海。消息传出，南宋宗室、军民不肯投降，纷纷跳海。据说浮尸十多万，覆盖了海面。至此，南宋彻底灭亡。张世杰逃脱后，还想继续斗争，他找到杨太皇太后，但杨太皇太后得知小皇帝的死讯后，也跳海殉国了。张世杰的内心无限悲凉，当海上飓风大作时，将士们劝他上岸，他淡然道："不必了。"他再无生意，溺亡于大风雨中。

两宋享国三百多年，皇帝与知识分子共治天下，在此环境里，宋人也养成了坚贞不屈的民族性格，宋朝也是仁人志士最多的朝代之一。

说说你的想法

谁是民族大英雄？

崖山海战的惨败与张世杰、陆秀夫的部署不当有关系，但这并不代表他们没有民族气节，他们是忠肝义胆、铁骨铮铮的民族英雄，你认为呢？

赵昺
陆秀夫
元

元
宋

宋史·狄青列传

狄青是山西人，据说十几岁时和人发生冲突，被抓进大牢，脸上刺字，发配军中。

李元昊建立西夏后，北宋官府挑选士兵，擅长骑射的狄青被选中。在战场上，狄青戴着铜面具，多次充当先锋，立下累累战功，声名大振。

范仲淹非常重视狄青，拿着《左氏春秋》对他说：“将军应该多了解历史，不要做一个只会打仗的莽夫。”狄青从此发奋读书，成为一个文武双全的人。

狄青成为朝廷重臣后，皇帝让他用药除去脸上象征卑贱地位的刺字，他说：“皇上不嫌弃我的出身，给我立功的机会，我希望能留着刺字，激励更多的将士。”

狄青忠心耿耿，不慕虚荣，谦虚谨慎，但宋朝一直是文人治国，武官处于被压制的状态，所以一些大臣开始猜忌他。皇帝任他为枢密使，这是最高的军事长官，以往这个职位都是文官担任的。一些人就说狄青要谋反，狄青被罢了官。

狄青来到陈州，朝廷每隔半月派人来问候一次，实际上是监视。狄青深觉谣言可怕，每次都“惊疑终日”，不到半年，郁郁而死，年仅四十九岁。

宋史·范仲淹列传

范仲淹两岁时，父亲病逝，母亲贫困无依，改嫁朱姓人家。长大后，范仲淹知道了自己的身世，为振作家门，流泪告别母亲，独自去应天府学习。他每天喝稀粥，夜以继日地苦读，疲惫时，就用水洗脸，让自己清醒。

几年后，范仲淹考中进士。由于他性格耿直，不畏权贵，仕途也几经起落。

西夏入侵时，范仲淹被派去御敌。他采取了“积极防御、屯田久守”的方针，使西北军事防务发生了巨大变化，最终迫使西夏议和。

宋仁宗任命范仲淹为参知政事，范仲淹就提出多项改革主张，史称“庆历新政”。但新政触犯了权贵的利益，遭到强烈抵制，范仲淹被贬离了京城。

多次被贬，范仲淹依旧忧国忧民。他写下《岳阳楼记》，其中的“先天下之忧而忧，后天下之乐而乐”就是他高贵人格的写照。他严格要求自己，一家人生活简朴，却尽其所能地帮助他人，受过他恩惠的人不计其数。

范仲淹去世时，百姓悲痛不已，皇帝赐他谥号“文正”，世称“范文正公”。凡是有这个谥号的，基本都是顶级名臣。他被称为“大宋第一人”。

宋史·包拯列传

包拯是安徽人，从小苦读诗书，长大后考中进士。但父母年纪已大，包拯放弃了官职，在家伺候二老。父母离世后，包拯守丧数年仍不忍离去。

包拯无论担任什么官职，都能秉公办案。以前，百姓不能直接到衙门大堂前诉讼，包拯下令打开官府的正门，让有冤屈的人可以直接到他面前陈诉。

包拯不畏强权，处理过很多贪污案件。有一个叫王逵的官员，以皇帝、宰相为靠山，勒索百姓钱财。百姓奋起反抗，被王逵派兵镇压，死了很多无辜的人。包拯一连七次向皇帝上书，又批评皇帝不体恤百姓，宋仁宗不得不罢免了王逵。

包拯曾代理开封府尹，担任过御史中丞等职，弹劾过宰相、皇帝宠妃的伯父等人。他性情严峻刚正，不苟言笑，官员们对他又敬又怕。百姓说，想让包拯笑一笑，就像让黄河水变清一样困难。京城流传一句话：用钱买不通的只有地狱的阎罗王和人间的包老头儿。

包拯还对自己的后代说：“凡是贪赃枉法之辈，都不能回老家，更不能葬入家族墓地。”包拯病逝后，谥号“孝肃”。

宋史·王安石列传

王安石，字介甫，号半山，出生在江西。他自幼聪颖，酷爱读书，过目不忘，下笔成文。王安石考中进士后，任淮南节度判官。他勤政爱民，政绩斐然，朝廷曾多次调他回京任职，他都推辞了。

王安石每日忙于政务和读书，经常衣裳肮脏，须发纷乱，邋遢不堪，导致身上生了虱子，四处乱爬。但他的品德却使很多人都想成为他的朋友。

宋神宗为了摆脱大宋积贫积弱的状态，召王安石进京进行改革。王安石被任命为宰相，推行新法。由于守旧派反对，变法夭折，他被罢相。一年后，宋神宗再次任命他为宰相，但变法仍被阻挠，他回到江宁，抑郁而终。

王安石一生清贫，当宰相时，也不坐轿子。儿媳家的亲戚前来拜访，席上只有酒、两块胡饼、切成块的肉。这位亲戚骄奢，只吃胡饼中间的一小部分，王安石把四边剩下的都吃了。平时吃饭，哪个菜离他近，他就吃哪个。

王安石性情严谨，写《泊船瓜洲》时，第三句先写“春风又到江南岸”，又觉得“到”字不好，改为“过”，又改为“入”“满”等字，改了十多次，才确定为“绿”字。

宋史·司马光列传

司马光出生在光州光山（今河南省光山县），他的父亲是光山县令，给他起名为“光”。在父亲的教导下，司马光六七岁时就能背诵《左氏春秋》，还做了一件名动古今的大事——用石块砸破了水缸，救出了里面的同伴。

司马光少年时，见识和气质“凛然如成人”，很多大臣和名士都赏识他。司马光考中进士后，为官几十载，十分爱惜百姓。他入朝后，为减轻百姓负担，建议朝廷节俭，皇帝赏赐给他的钱物，他也充公。

王安石变法后，司马光和王安石因为政见不同，这对昔日好友发生了激烈的争辩，后司马光自请离京了。

司马光一直在撰写史书，用了大约十九年时间，到六十六岁时才写完。他把书献给宋神宗，说：“我如今骨瘦如柴，老眼昏花，牙齿快掉没了，整个人的精气神都被这部书熬干了。”宋神宗非常感动，给书赐名为《资治通鉴》。

宋神宗驾崩后，宋哲宗即位，司马光被任命为宰相。但他六十八岁就病逝了。京城的人主动罢市凭吊，有人甚至卖掉衣物去祭奠，街巷中的哭泣声超过了车水马龙的声音。

宋史·苏轼列传

苏轼是四川眉州人，父亲苏洵是大学士，将自己的学识、品行都教授给了他。

苏轼二十一二岁时，父亲带着他出川，去京城参加科举考试。他的文章清新洒脱，震惊了考官。主考官欧阳修预言，苏轼的文章日后一定能独步天下。一时间，苏轼名声大噪。

王安石变法后，苏轼与王安石因为政见不合，被迫离京，先后任杭州通判、密州知州、徐州知州。就这样过了二十多年。

苏轼被调为湖州知州时，一些变法的新党诬陷他的诗词是讽刺朝廷，对宋神宗不忠，御史台的吏卒将他逮捕，押到京城监狱，这就是“乌台诗案”。

许多大臣上书求情，王安石也劝谏皇帝：“哪有圣世杀才子的？”苏轼才免于一死，被贬为黄州团练副使，要在监视下生活。

宋哲宗即位后，新法被废除，苏轼被召回朝。但他认为，不应该废除全部新法，应该废除有问题的。结果，他再次遭到陷害，被贬到杭州、海南儋州等地。据说，在宋朝放逐海南相当于“唯欠一死”。

又是二十多年过去了，宋徽宗即位后，任苏轼为朝奉郎。但他在回京路上就病死了。

苏轼

王朝开场

契丹是游牧民族，崛起于今天的辽宁和内蒙古一带。当然啦，他们不光在白山黑水中打猎、放牧、捡蘑菇……契丹首领耶律阿保机军事才能卓著，统一了各部，史称辽太祖。辽太祖的儿子辽太宗也是个狠角色，帮助后晋打仗，得了燕云十六州这个大礼包。他还建立了辽朝，而宋朝当时还未建立。他也打算统一全国，奈何身体不争气，梦想还没照进现实，就病死了。后来，契丹的丽人群中出现了一位萧氏，情商高，智商高，

辽

契丹争霸

去战场指挥作战就像去市场买菜一样容易。这位萧太后使辽达到鼎盛，但她去世后，辽就衰落了。

辽逐水草而居，以车马为家，政治中心不在首都，皇帝在捺钵（契丹语“行宫”的音译）处理国事。逐水草而居也是一种军事演习，由于从小就颠在马背上，男女老少几乎都是特种兵。

因为崛起于山水之间，很多辽人都穿“裘皮”，有吃“头鱼宴”“头鹅宴”等传统，而且无论贫贱，不可一日无茶。

辽朝一日游

如果回到辽朝

如果你能穿越到大辽，一定会感受到浓烈的游牧生活色彩。

首先，你看他们的发型，男子的基本款都是“地中海”式——头顶中间剃光，只在两边留下小辫。也有人把小辫结成发髻，垂在脑后。

你知道，中原流行的汉服一般是交领的，以右衽为正宗。对于辽人来说，圆领衣服更便于骑马射箭，因此更受欢迎。他们的衣服是左衽，这在中原人眼里，是不开化的标志之一。

最能激起你好奇的，可能是蹀躞（dié xiè）带——一种古代的裤腰带。“蹀躞”是指从腰带的孔中垂下的带子。辽人整日在户外狩猎，与各种野兽搏斗，为了携带刀子、砾石、针筒等工具，他们就在腰间绑上蹀躞带，将工具挂在上面。

还有一种捍腰，也是腰带，但在腰前打结，非常美观。贵族们会用貂皮、天鹅脖子上的细毛皮或金银制作捍腰，用来显示身份和地位。

如果你在大辽想吃火锅了，你可以参加契丹人的聚餐。他们在煮肉时，会用鼎鬲等三足锅煮雁头、肘蹄等。你不仅能吃到辽人爱吃的牛肉、羊肉，还会吃到野猪肉、狍子肉、兔子肉、鱼肉等。辽人还从回鹘引进了西瓜、回鹘豆等，你都可以尝一尝。

你如果到了上京，有机会从空中俯瞰，你会发现都城是一个“日”字。“日”被分为南北两城，北城是契丹人住的地方，叫皇城；南城是汉人及其他民族的人住的地方。

在城里，你会看到蜈蚣一样长长的勒勒车，这是辽人的“特色车”，搬家的好手，能在草地、雪地、沼泽和沙漠上行走。如果你想坐车游览，可以乘坐骆驼或鹿拉的车，虽然屁股会被颠得很疼，但也很有趣哦。

辽朝直播间

追踪重要历史事件

辽史·太祖本纪

怎么从部落变成国家？

据说，契丹是鲜卑族的一支，唐朝时，契丹归附朝廷，皇帝为表示恩宠，把国姓“李”赐给契丹的首领。

唐朝末年，在一个契丹贵族家里，一个叫耶律阿保机的男孩诞生了。这个时候，契丹的贵族们为了争夺联盟首领的位置，正打得不可开交。阿保机的祖父被杀死，父亲和叔叔伯伯们逃了出去。祖母为了保护阿保机，时常把他藏到别处的帐子里，并在他的脸上涂抹黑灰，不让别人认出他。

知识宝盒

白马青牛

关于契丹族的来源，有一个美丽的神话故事：很久以前，一位骑着白马的男子沿着土河向东而行，一位乘着青牛车的女子顺着潢水而下。他们在两河交汇处的木叶山相遇，产生情愫，结为夫妻，生下八个儿子，形成了契丹族的八个部落。从这个神话故事中可以看出，契丹族正从狩猎生活向畜牧生活过渡。

科技发明

鸣镝（dí）

鸣镝就是响箭、鸣箭、哨箭，射出时箭头能发出响声，有攻击和报警的作用，汉朝匈奴冒顿单于曾使用过。宋辽时期，辽军配备鸣镝，有镞、哨、箭杆三部分。哨是中空的，上面钻了几个小孔，穿在箭杆上，射击时，因空气涡而发声。

阿保机长大后，可以拉开三百斤的硬弓。等到他伯伯当可汗的扈卫官时，他担任亲兵的首领，多次征讨其他部落，俘获的牲畜不计其数，因此阿保机一部很快就崛起了。伯伯死后，阿保机继承了伯伯的职位，担任于越，也叫“总知军国事”，地位仅次于可汗，相当于中原的丞相。

阿保机渐渐掌控了朝政，等到可汗死后，他被契丹八部首领共同推举为新一代可汗。

阿保机继续征讨周边部落，扩大地盘，并不断地插手中原地区的割据混战，俘获了数万汉人，抢夺了无数牛马牲畜，实力不断增强。

按照契丹的规矩，可汗要由部落联盟会议选出，每三年换一任，到了时间就要由契丹八部首领重选。由于阿保机一直为契丹开疆拓土，功勋卓著，所以契丹首领们破了例，让他一连担任了三届可汗。

阿保机仰慕先进的中原文明，重用汉人，他也梦想自己能像中原的皇帝那样终身制，于是他就和妻子述律平商议。

述律平虽为女流，却是一位优秀的军事家、政治家，在阿保机四处出征的多年间，她一直跟在阿保机身边，为他出谋划策，和他一起作战。述律平知道阿保机的想法后，非常支持他，开始与他细细谋划。

到了可汗换届的时间，阿保机拒绝改选。契丹贵族们见状，开始纷纷反对。其中，态度最坚决的是阿保机的几个亲兄弟。“诸弟之乱”就这样开始了。几位兄弟决定以武力逼迫阿保机下台，他们带领一队精兵，以朝见为名，杀气腾腾地直奔阿保机的住所，企图行刺，但是失败了。

阿保机下令将几个兄弟抓起来，把他们的军队拆散后重新分编。

阿保机的一个兄弟叫剌（lá）葛，正在等待刺杀的消息，并准备好了一套可汗的旗鼓，只等刺杀成功的信息传来，就要自立为可汗了。

剌葛左等右等，就是不见有人来送信，急忙派探子去打听，才知道

知识宝盒

旗鼓

唐太宗时，曾赐给契丹部落联盟首领鼓纛（dào），纛就是大旗。从此，旗鼓与契丹人紧密相随。起初，旗鼓只是一种褒奖手段，或临时赋予兵权的标志，后来成为可汗的象征，代表契丹部落联盟的最高权力，有专门的武士护卫。

其他几个兄弟已经被扣押。此时，阿保机还不忍杀害自己的兄弟，但他妻子述律平坚持打倒一切反对势力，于是，阿保机下定决心斩草除根。他亲自统率侍卫亲军“腹心部”，出发北征。临行前，他留下述律平掌管行宫诸事。

剌葛料到阿保机会派精兵追来，于是制订了一个釜底抽薪的计划——留下一支伏兵，等阿保机的追兵北上后，这支伏兵再出其不意地袭击阿保机的行宫。如此一来，阿保机两头不能兼顾，兵力就会受到牵制。

果然，不出剌葛所料，阿保机亲自率领侍卫军向北追赶而来。而那支等待已久的伏兵，向阿保机的行宫杀了过去。

守卫行宫的兵力单薄，述律平指挥守兵奋力抵抗，也未能阻止冲击。经过几番激烈的厮杀，伏兵闯入行宫，夺走了旗鼓。

阿保机接到消息后，悔恨自己部署得不够严密。他赶紧派人与几个小属国联系，让他们各自带领本部人马出动，选择有利地形埋伏下来，等待战机。接着，他令一支精兵组成先锋军，追歼剌葛。

国宝档案

鹿衔草纹鎏金马饰具

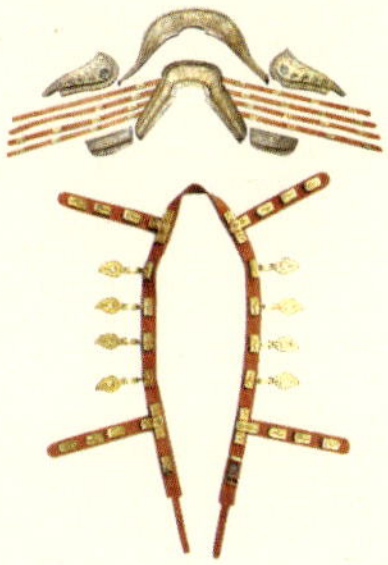

契丹人与马的关系十分亲密。在契丹早期墓葬中，常以马为殉葬品。到了后来，出于对战马的爱惜，逐渐用马具来代替马殉葬。这件马具精工细作，上有鹿纹、鸟纹、忍冬纹、鱼子纹、缠枝卷草纹等，充满浓郁的游牧气息。

在一处山脚下，先锋军追上了剌葛军。两军交战，很快分出胜负。剌葛手下的士兵因为连日奔波逃命，筋疲力尽，纷纷溃败逃窜。

阿保机率领大军赶到了，剌葛遭到围困。突然，瓢泼大雨从天而降，剌葛及残余士兵都被活捉了。

至此，阿保机消灭了本家族的反对势力。这场战乱导致一百多名皇亲国戚被杀死，连阿保机唯一的亲妹妹也没能幸免。

然而，这支反对势力只是契丹八部中的一部，另外七部仍然反对阿保机。七部的首领们等在阿保机出征返回的路上，劫持了阿保机，要求他退位。

阿保机一时寡不敌众，只好妥协了。

阿保机对七部的首领说："这几年，我手下有不少汉人为我效力。契丹人世代在草原上放牧，但汉人不习惯这种生活。我有个想法，我把好的草场让给你们，我去汉地再筑一座城，和汉人住在里面。"

诸位首领听了，都同意了。

阿保机带着部族迁徙到滦河一带。他根据汉人的建议，模仿汉地建造了一座城市，大力发展农业和盐铁业。其他各部想吃盐，都来找他交换。阿保机的实力又壮大起来。

述律平抓住这个机会，向阿保机提出了一个东山再起的主意。述律平让他以提供盐铁为由，将其他部落首领召集起来，趁机消灭他们。

阿保机采纳后，对七个部落的首领说："我这里开采了盐池，经常供给各部落，大家只知道有盐吃很舒服，却不知道开采盐池的辛苦。你们应该来犒劳一下我和部下。"

诸位首领觉得有理，就赶着牛、带着酒，一窝蜂地来了。

阿保机早就布下了伏兵，等首领们在宴会上喝得东倒西歪，醉得不省人事时，立刻命令暗中埋伏的士兵一拥而上，把首领们全都杀死了。

在这场契丹版鸿门宴后，再也没有人敢反对阿保机了，可汗的位子又回到了阿保机手中。

阿保机顺利统一了契丹八部，建立契丹国，不再称“可汗”，而是改称“皇帝”，因为皇帝是终身制的。他又率领部众建立皇城，城中还建了孔子庙，又命人创制契丹文字。直到今天，俄语发音称“中国”仍为“契丹”，可见契丹的影响力有多大。

历史人物

韩延徽

韩延徽出生在官宦人家，少年时，才德出众。五代十国时，为后唐节度使的幕僚，奉命出使契丹时，被契丹首领阿保机留下重用。他将汉文化带到契丹，是辽朝的开国功臣。后来，他思念故土，偷偷逃回后唐，但被人嫉妒，遂又回到辽朝，阿保机仍重用他。

当时的中原，还处于混战之中。阿保机趁此机会侵入河北，又率军统一了大漠南北和东北部分地区。由此，契丹成为中国北方一个非常强大的政权。

渤海国的命运

这时的中原，正是五代十国时期，各个政权之间的争战此起彼伏，一些军队投奔了契丹，这使耶律阿保机鲸吞中原的野心更加强烈。阿保机决定先征服草原部落和渤海国，然后图谋中原。他组织大军，征伐吐谷浑、党项等草原部落，尽夺其领土。征服了草原之后，就只剩下渤海国还没有收服。于是，他又征发大军进攻渤海国。

契丹大军蜂拥而去，皇太子耶律倍率军包围了渤海国的都城忽汗城。不久，渤海国国王出城投降，渤海国灭亡。

国宝档案

绿釉鸡冠壶

鸡冠壶也叫“马盂”，就是骑马时携带的容器，可以盛水或酒。这件鸡冠壶浑身施满绿釉，颜色发暗，是典型的契丹风格。它是仿契丹族的皮囊容器制成的，壶体的两侧还做出了仿皮革缝制的痕迹，非常有趣。

阿保机改渤海国为东丹国，采用“天、地、人”三才的典故，册封耶律倍为“人皇王”，赐予天子的冠冕。由于阿保机自己的尊号是“天皇帝”，皇后述律平的尊号是“地皇后”，耶律倍有了“人皇王”的称号后，也就有了“二人之下、万人之上”的崇高地位。

辽史·太宗本纪

自断手腕的太后

阿保机离开渤海国后，返回契丹都城，途中忽然染病，很快撒手西去了。

太子耶律倍得到消息后，马上返回契丹。

然而，他的母亲述律平太后并不喜欢他，因为他崇拜汉文化，主张契丹全盘汉化，以儒家思想为治国之术。述律平虽然也不时借用儒家思想，却不愿意汉文化大过契丹文化。而且耶律倍的弟弟耶律德光在他和父亲攻打渤海国时，已经掌握了契丹实权。

知识宝盒

柴册礼

很久以前，契丹人用柴烧火祭祀神灵。后来，这种“燔柴祭天”的习俗演变成契丹部落联盟首领和辽朝皇帝独有的庆典礼仪。当新皇帝即位后，就召集大家点上一堆柴火，向世人昭示：我是天子，是奉天之意做的皇帝。

耶律倍非常尴尬，不知如何是好。他的母亲述律平先行动了。她说儿子太小，由她摄政。虽然耶律倍都快三十岁了，也只能干瞪眼，眼巴巴地看着母亲摄政，弟弟总揽国事。

为了消除反对的声音，述律平开始铲除异己。她要求那些跟随阿保机出生入死、拥护耶律倍的人，全都殉葬。

汉人大臣赵思温忍无可忍，当众质问述律平："先帝最亲近的人莫过于太后，太后为什么不以身殉葬？我等臣子前去伺候，哪能让先帝如意？"

众人都看着述律平。述律平面不改色，挥起金刀，毫不迟疑地将自己的右手齐腕砍下，然后镇定自若地命人将手送到阿保机的棺内，代替自己殉葬。

这一幕就发生在一瞬间，众人惊得目瞪口呆，内心发抖。述律平的狠辣劲头比她逼迫别人殉葬更让人胆寒。从此，皇亲国戚、满朝文武都对她畏如虎蝎，对她的主张再也不敢违抗。

述律平紧接着导演了一场大戏，她对文武百官说："我的两个儿子都很优秀，都适合做皇帝，我不能决定由谁做皇帝，现在把选举皇帝的权利交给你们，你们认为谁适合做皇帝就执谁的鞍辔。"

众人都知道她的意图，赶紧去执耶律德光的鞍辔。太子耶律倍万分无奈，只好主动让位。

年底，耶律德光即皇帝位，是为辽太宗。

辽太宗和太后心满意足，但对耶律倍仍不放心，不仅监视他，还想方设法削弱他的封国东丹国的实力。耶律倍担心自己死于非命，只得带着自己心爱的图书弃国出逃，投奔了后唐。

去后唐需要乘船渡海，当他在金州（今辽宁省大连市金州区）上船前，回首故国，悲愤满腔，在海边立了一块小木牌，刻写了一首《海上诗》："小山压大山，大山全无力。羞见故乡人，从此投外国。"他用"大山"比自己，用"小山"比弟弟，表现了契丹皇室尖锐的矛盾。

耶律倍到达后唐后，改名李赞华。但没过几年，就被杀死，年仅三十八岁。

知识宝盒

《东丹王出行图》

这是辽朝东丹王耶律倍创作的绘画，现藏于美国波士顿美术馆。画中的马矫健丰肥，左右顾盼，慢跑前行；东丹王面带忧郁，若有所思，情绪和逃离辽朝、投奔后唐的处境吻合。画作线条细腻，设色华丽，有一种行进的韵律。

辽朝正式露脸

辽太宗耶律德光虽然年轻，但很有军事才能，曾跟随父亲阿保机南征北战，战功显赫。逼走哥哥耶律倍之后，辽太宗继承阿保机的遗志，南下中原，扩充疆土。但中原军队战斗力很强，契丹没有专门的野战军，一时很难攻克，辽太宗决定，还是等中原出现变故时再乘虚而入。

公元936年，机会来了。后唐的河东节度使石敬瑭和后唐末帝李从珂发生了激烈的内战。石敬瑭为了自保，派人向辽太宗求救。辽太宗喜出望外。双方约定，打败李从珂后，契丹帮助石敬瑭当上皇帝，石敬瑭则把燕云十六州送给契丹，向契丹称臣。

契丹人一直梦想将燕云十六州据为己有，曾多次派兵骚扰，但都被打败，甚至被打出了心理阴影。现在，这块“肥肉”自己送上门来，辽太宗自然不会错过，马上召集精兵赶去支援。

石敬瑭和耶律德光一起夹击李从珂，仅仅用了几个月，后唐军就土崩瓦解了。李从珂见大势已去，带着太后、皇后、儿子等人登上玄武楼，准备自焚殉国。当时，逃去后唐的耶律倍还在那里，李从珂要求耶律倍一起自焚，耶律倍认为后唐并不是他的祖国，不肯殉国，李从珂便命人杀了他。

李从珂自焚而死，后唐灭亡了。

石敬瑭建立后晋，成为后晋的皇帝。他对辽人感激不尽，真的奉送了燕云十六州，还按时纳贡。辽人日思夜想得到的中原，总算有一部分归于自己了。

石敬瑭死后，他的侄子石重贵继位。石重贵不愿意忍辱屈从于辽人，对待辽人态度十分强硬。辽太宗火冒三丈，把后晋灭了。

公元947年，辽太宗进入中原的开封，在开封登基，改国号为“大辽”。辽国正式建立了。此时，中原大地上还有其他政权，辽太宗想要统一中原。不过，由于辽军在中原大肆劫掠，激起了汉人的强烈反抗。他的政策也不得人心，导致起义不断。辽太宗不得不放弃统治中原的梦想，率军北归。半路上，辽太宗身染急病，高烧不退，死在了河北，终年四十六岁。

辽史·世宗本纪

被暗杀的皇帝

东丹王耶律倍在逃往后唐时，没有带王妃和儿子，母子俩留在了辽朝。他的弟弟，也就是辽太宗耶律德光并没有为难母子俩，反而把他的儿子耶律阮照顾得很好。辽太宗攻打中原时，也把耶律阮带在身边。

国宝档案

迦陵频伽形金耳饰

这件辽朝耳饰出土于内蒙古自治区赤峰市，形象十分美丽：迦陵频伽手托莲花，飞在祥云之上，姿态神圣而又婉妙；下面流苏一样的金片显得绰约、生动，寓意圣洁、美好、吉祥、圆满。

耶律阮外表威严，内心宽厚，擅长骑射，乐于施舍，很多人都喜欢他。辽太宗病死的这天，文武官员害怕太皇太后述律平再次导演殉葬或断腕的“恐怖片”，加上又很同情东丹王一家，便暗暗商议，拥立耶律阮为帝。

他们不敢耽搁，第二天，赶紧在辽太宗的灵柩前推举耶律阮为皇帝，是为辽世宗。消息传回辽朝，述律平怒不可遏，派兵去攻打辽世宗，但没能取胜。她不甘心，亲自率军，准备和亲孙子决一死战。

在横河，双方大军对峙。一位大臣苦苦劝说述律平，述律平才承认了辽世宗的皇位。述律平并不甘心让辽世宗一直当皇帝，暗中策划政变。但机事不密，辽世宗得知后，先下手为强，将他祖母逮捕，幽禁起来，给之前深受祖母迫害的人平反，归还他们的家产。

不过，反对力量并没有消失，一些贵族仍在密谋反叛。当辽世宗去攻打后周时，夜饮大醉，被几个首领杀死了。

辽世宗死后，辽穆宗主持国政。

辽穆宗之前，诸位皇帝都没有停止过南伐中原，极大地消损了国力。辽穆宗停止了对外征战。当后周打过来时，他甚至打算把燕云十六州放弃了。

知识宝盒

蜜饯

契丹人生活在茂密的山林中，曾以采摘野果饱腹。为了保存食物，他们会把果子制成蜜饯、果脯。辽朝建立后，这种食俗被保存下来。今天，北京的特产果脯，就与契丹人的“蜜渍山果”一脉相承。

辽穆宗经常酗酒，天亮才睡，中午才醒，长时间不理朝政，被称为“睡王”。他的性情还很暴虐，经常亲手杀人，弄得朝廷动荡，离心离德，经常有大臣叛乱，或者出奔中原。

几个近侍担心被辽穆宗杀死，便联络了厨子，趁着辽穆宗大醉时，把他杀了，时年三十九岁。而此时，宋朝已经建立了。

辽史·圣宗本纪

高梁河之战

辽景宗时，大辽出现了清明景象。这位皇帝勤于政事，重用贤臣，对人宽容。他也不主动南伐中原，甚至还与北宋往来，互贺节日。

然而，北宋想要一统天下，辽还占据着燕云十六州，北宋怎么能容忍呢？

公元976年，宋太宗赵光义打算收复燕云十六州。当时，宋军将士一直在外打仗，疲惫不堪，并没有继续作战的条件，但宋太宗接到密报，说辽景宗体弱多病，由皇后萧绰协助处理军国大事，政局不稳。所以，宋太宗坚持要攻辽。

宋太宗得到的情报是有误的，萧皇后虽然只有二十多岁，但智谋深远，善于倾听别人的意见，在她的主政下，辽不仅没有变弱，反而强盛了。宋军将士一想到要去进攻强敌，就很泄气。但宋太宗一意孤行。宋军没有办法，只得在高梁河（今北京市西直门外）与辽军展开会战。

辽朝大将耶律休哥迂回到宋军后方，与侧翼的辽军形成包夹之势，打败了宋军。宋太宗腿上挨了一箭，从马上掉下来，陷入泥淖中。不得已，他只好爬上一驾驴车，才得以逃脱。

萧太后的本事

辽景宗去世后，长子耶律隆绪即位，即辽圣宗。他的母亲萧绰被尊为皇太后。

萧太后三十岁，辽圣宗十二岁，由萧太后摄政。萧太后重用贤能之人，无论此人是契丹人还是汉人，她都给予尊重。

国宝档案

高翅鎏金银冠

辽景宗和萧太后有一个孙女——陈国公主，十六岁时嫁给了自己的舅舅，十八岁时和舅舅一起神秘死亡，墓中陪葬了大量珍品，包括这件女式高冠。高冠外面鎏金，里面有银片。冠的正面镂刻一个火焰宝珠，左右两侧各有一只飞凤。

历史人物

韩德让

韩德让是汉人，唐朝末年，他的爷爷被掠到契丹为奴，后因才能出众而做官。韩德让自幼受家庭熏陶，智略过人。辽景宗时，韩德让任彰德军节度使等职，辽景宗死后，辅佐萧太后和少年皇帝，升为丞相，成为摄政王，承担起辽国发展的重任。萧太后赐名耶律德昌，七十岁时病逝。

这一连串措施，让少年天子和青年太后的地位稳定了下来。

萧太后推行改革，像中原一样发展农桑，兴修水利，减少赋税，并训练军队，很快，辽朝出现了国势强盛、百姓富裕的景象。

蒸蒸日上的盛景让辽朝侵吞中原的梦想又复活了。萧太后与辽圣宗多次南下，指挥辽军与宋军作战，并多次获胜。

有一年，萧太后与辽圣宗驻军在北京郊野，把宋军打得落花流水。不久，宋军大将杨业被活捉。杨业拒不投降，绝食殉国。萧太后命人割下杨业的头颅，装入匣中，传送边关各地，振作辽军的士气。宋军大受打击，还没有奔赴战场，就失去了信心。

1004年，萧太后和辽圣宗率兵三十万南下，攻打北宋。

北宋大臣寇准等人坚持抗战，还劝说皇帝御驾亲征，在澶州督战。宋军士气大振，与城外的辽军对峙激战。

辽军一路南下，沿途受到宋军层层阻击，不停地打仗，已经非常疲乏。加上军中悍将已经战死，军粮又匮乏，萧太后权衡再三，派人传话给北宋皇帝，表示愿意与宋重修“旧好”。北宋朝廷对辽军深为忌惮，立刻答应了。虽然萧太后是请和的一方，但她并不示弱，反而强硬地要求北宋每年“进贡”给辽绢、银几十万，这就是澶渊之盟。

1009年，萧太后归政于辽圣宗，不久病逝。辽圣宗开始亲政，仍然延续萧太后生前的国策。

成语补给站

孤注一掷

澶渊之盟后，大臣王钦若嫉妒寇准，对皇帝说：“澶渊之盟是城下的盟约，没有什么比这更羞耻的了。这就像赌博的人快把钱输光了，就倾其所有赌最后一把，叫作孤注。皇上就是寇准孤注的赌物，很危险啊。”宋真宗于是冷淡寇准，罢免了寇准的宰相之职。后来人们用“孤注一掷”比喻危急时用尽所有力量做最后一次冒险。

辽史·兴宗本纪

辽与西夏的恩怨情仇

辽兴宗耶律宗真即位后，辽频发内斗，王朝走向了衰败。

辽兴宗为了聚敛财物，还派出重兵威胁宋朝，要求宋朝多给银、绢等物。

宋朝打不过，只好委曲求全地同意了，但提出一个条件，即辽必须制约住西夏。这是因为西夏总是入侵宋朝，宋军也打不过西夏军。

辽兴宗答应了宋朝的条件。早先的时候，辽朝为了用西夏制约宋朝，曾将公主嫁给西夏皇帝李元昊。现在为了与宋巩固关系，辽兴宗决定亲征西夏。

知识宝盒

不可一日无茶

契丹人生活在今天的东北和内蒙古一带，冬天十分寒冷，有饮茶的习惯。宋朝时，辽朝用马、羊和宋朝交换了很多茶叶。无论富贵、贫贱，契丹人不可一日无茶。贵族们喝茶时，有碾茶、煮茶、侍女敬茶等茶道程序。

西夏迫于辽朝强大，向辽兴宗求和。辽兴宗不理，率领十万骑兵渡过黄河，一路狂杀过去。

辽军没有遇到像样的抵抗。直到抵达贺兰山下时，埋伏在此处的西夏军才与辽军正面交战。

辽军的战斗力和西夏军的战斗力差不多，李元昊压力倍增。当他看到辽军的增援不断到来后，心里更加不安稳。他赶紧派出使臣向辽兴宗谢罪请降。

辽兴宗决定见好就收，可是一些大臣不答应，劝辽兴宗一鼓作气，吞并西夏，以免日后再生祸患。

思来想去，辽兴宗采纳了大臣们的建议。于是，辽军再次向西夏军杀去。

李元昊见势不妙，一边撤退，一边烧掉粮草和居所。这种焦土政策，断了辽军的后勤保障。辽朝的十万大军本来要以战养战，这样一来，军粮和马料都成了大问题。

就在辽军发愁的时候，李元昊又发起猛攻，直袭辽军大营。辽军赶紧整军出战，把西夏军打退了。

正当辽军打算乘胜追击的时候，戏剧性的一幕发生了。由于当地荒漠化极为严重，一阵狂风刮起来，霎时间黄沙漫天。辽军没有见过这种阵势，一下子乱了阵脚。西夏军乘机猛攻，前线辽军溃败。

李元昊因为国力大伤，没有冒进，派人向辽兴宗请和，说愿意归还

俘虏。辽兴宗也无力再战，便与西夏讲和了。

辽夏之战时西夏没法再去攻打宋朝，宋朝暂时获得安宁。

1055年，四十岁的辽兴宗病逝。临死前，他召见大儿子，嘱咐他治国的纲要，还把自己养的鹰、鹘都放飞了，钓鱼用具也都烧毁了，示意儿子要用心治国。

然而，辽道宗并不争气，一味奢侈腐败，百姓苦不堪言，国势更加衰落。到了他孙子天祚帝执掌大权时，国家内忧外患更加严重了。

辽史·天祚皇帝本纪

辽是怎样走向终结的？

辽有一些小属国，比如女真族。有一年，天祚帝召集女真族的首领们来朝见。席间，天祚帝喝醉了酒，下令诸位首领为他跳舞。其中一位首领叫完颜阿骨打，他深觉屈辱，不肯跳舞，并在心里埋下了深深的恨意。

此后，对于辽的诏令，完颜阿骨打不再服从，还开始攻打、吞并其他女真部落。之后完颜阿骨打开始攻辽。

国宝档案

辽三彩

受唐三彩的影响，宋瓷有三彩，辽瓷也有三彩，被称为辽三彩。辽三彩是低温下的产物，多用黄、绿、褐三种釉色，有浓郁的逐水草而居的气息。瓷盘多是圆形的，但辽三彩中也有方形的盘子，这是因为契丹人长时间使用木头盘子，木头做成圆的麻烦，因此当他们烧制瓷盘时，仍然沿袭老习惯，也制成方的了。

为了解除女真的威胁，天祚帝御驾亲征，但几乎每次交战都被击败。

完颜阿骨打的势力已经足够强大，他公开称帝，建立金朝，之后再度攻辽。

到了1120年前后，辽已经失去了一半的领土，内部又因为争夺皇位而爆发内乱。

辽的溃败之势难以扭转，天祚帝只好出逃，他的儿子和家人大多被杀或被俘。

1125年，天祚帝经过沙漠，向西逃去。路上只能吞咽冰雪充饥。好不容易逃到山西应州，却被金兵追上俘虏了。绵延了两百多年的辽朝结束了。

说说你的想法

辽朝是天祚帝弄没的吗？

萧太后使辽朝进入鼎盛时期，但天祚帝时，辽朝还是灭亡了。你认为这是天祚帝一个人的责任吗？请你分析一下辽朝灭亡的原因。

辽史·耶律休哥列传

耶律休哥是契丹族，辽朝宗室。少年时，他跟随辽军讨伐其他部落，积累了实战经验。长大后，他智谋高远，料敌如神，深受辽廷倚重。

宋军围困了南京。耶律休哥奉命前去救援。当他赶到高梁河时，与宋军狭路相逢，他兵分两路，打败了宋军。当时他三处负伤，不能骑马，仍坐轻车率军追赶逃走的宋太宗，最终因无法追上才回来。

高梁河大捷后，耶律休哥掌握辽朝兵权，并攻打宋朝。辽军到达满城时，宋军前来请求投降，大将韩匡嗣信以为真，耶律休哥却说："宋军锐气正足，怎会轻易投降？这可能是一个阴谋。"他登高远望，果见宋军疾驰而来。韩匡嗣茫然无措，耶律休哥迅速进击，扭转了局面。战后，耶律休哥被封为北院大王。

之后，耶律休哥又发动了瓦桥官之战、岐沟官之战，大败宋军，被封为宋国王。

宋人畏怯耶律休哥，如果谁家小孩哭闹，就会吓唬说"耶律休哥来了"，孩子就不敢哭了。

宋辽罢兵后，耶律休哥大力减轻百姓的劳役，体恤孤寡老弱，不让士兵随便入侵宋朝，并鼓励农桑，维持了边境的和平稳定。

辽史·萧韩家奴列传

萧韩家奴，字休坚，辽国涅剌部人。他从少年时代就爱学习，长大后，专门去南山读书，满腹经纶，之后，开始出任官职。

萧韩家奴的家中有一头牛，不大好用，一个仆人用高价把它卖掉了。萧韩家奴说："自己得利，让别人受害，我不能这么做。"于是退了钱，领回了牛。

萧韩家奴掌管栗园时，皇帝召见他，随口问道："你在京外做官有特别的见闻吗？"他说："臣只知道炒栗子，如果小的熟了，大的一定是生的；大的熟了，小的一定是焦的。要让大栗子和小栗子都熟，这才尽善尽美。别的我就不知道了。"

他这是借炒栗子之事讽谏朝政，皇帝大笑。

皇帝又问治国之道，萧韩家奴道："我听说唐太宗向群臣询问如何治盗，群臣主张严刑峻法。太宗笑道，盗贼滋生是因为徭役太重，如果我节制一些，天下自然就安静了。"

皇帝于是提拔萧韩家奴为翰林都林牙，作为亲信。萧韩家奴知无不言，即使是说诙谐戏谑之语，也不忘规劝进谏。

一次，萧韩家奴把皇帝大肆出猎导致数十人死亡的事件记在史册上，皇帝命他删去，皇帝出宫后他又记下来。皇帝叹道："史官就该这样啊。"

皇帝让萧韩家奴编修国史，萧韩家奴七十多岁时死于任上。

王朝开场

在长白山和黑龙江流域的深山老林中，活动着一个古老的民族——女真族。五代十国时，女真人还是弱势群体，总是给契丹人跑腿，摘点梨子，剥点兽皮，也要进贡给契丹，女真人敢怒不敢言。

契丹人建立辽朝后，总是与宋朝掐架，在夹缝中生存的女真族迎来了机会，悄悄地强大起来。女真族中有一个较大的部落，为完颜部，完颜部的老大完颜阿骨打是个有仇必报的人。他统一了女真后，建立金朝，开始

金

烈烈女真

了抗辽战争。他像一辆王牌坦克，以惊人的霸气和速度，碾灭了辽朝、北宋，拉开了女真族走向巅峰的序幕。

有了阿骨打这样的楷模，到了金世宗、金章宗时，金朝好像被镶了金边，辉煌无比。但盛极必衰，此后，因为腐败的官员太多，百姓没啥活路，国家走向了衰落。

这时，蒙古人又崛起了，和南宋一起夹攻金朝，昔日赫赫如日的金朝就这样告别了历史的舞台。

金朝一日游

如果回到金朝

金朝人的生活是什么样的呢？当你来到中都（今北京市）时，就能感受到强烈的民族色彩了。

迎面是宏伟壮丽的建筑，仰望那高高的宫殿，汉白玉的台基和栏杆，绿色的琉璃瓦，会让你感觉到强烈的视觉冲击力。这种华丽的风格，奠定了后来的元朝、明朝皇宫的基本风格。

金朝虽然是女真人建立的，但好几任皇帝都崇拜中原的儒学，所以，你还能看到孔庙——会有一种如见老师的亲切感觉哦。

如果你走累了，可以坐下来，做一个踏踏实实的吃货。嗯，是的，金朝人的主菜多是肉类，猪肉、鹿肉、雁肉你都可以尝尝。还有一道硬菜，叫“肉盘子”，就是满满一盘的肥肉切片，有点像现在的蒜泥白肉。但你不见得有机会吃到，因为只有在顶级宴会上才有这道菜。平时，百姓吃得很简单，就是粥饭拌菜肉，偶尔配上点重口味的蘸料，就搞定了。金朝人已经能做馄饨了，但还不普遍。

金朝人的服饰一定会引起你的兴趣，很多男子都戴罗皂巾，穿裤子和长筒皮靴。女子一般穿长衫，还有特殊的款式，像欧洲的带裙撑的裙子。制作时，先用布帛裹上细铁丝，做成裙圈，然后在外面罩上一条单裙。至于穷人，只能穿粗布衣服。

你会惊讶地发现，金朝人衣服的颜色和周围的环境差不多，图案也来自大自然。如果你冬天光临金朝，会看到很多人穿白色，春天则是鲜艳的颜色，衣上绣着鹰捕天鹅、花卉、熊、鹿等纹样。这是因为女真族为游牧民族，以狩猎为生，服装的颜色图案与环境接近的话，可以麻痹猎物、保护自己，堪称保护色。

因为北方很冷，有钱人用貂鼠皮、狐狸皮、羊羔皮等做衣服，穷人就用獐皮、鹿皮、狗皮、猫皮等。还有一些人穿用丝绸、织锦等制作的高级时装。

在金朝旅游还是很方便的，陆路用车，水路用船，你只需备点银子就成了。

金朝直播间

追踪重要历史事件

金史·太祖本纪

女真的命运

很久以前，在东北的黑龙江、松花江、长白山一带，生活着一些女真人。他们势单力薄，经常受到辽人的欺辱。

辽人把女真人视为奴隶，压迫他们，还分化、瓦解他们的力量，让他们无法反抗。他们没有国籍，被称为“生女真”。

稍有实力的女真人，被辽人迁到了辽东半岛等地，由辽朝官员直接控制、管理。这一部分女真人和当地的辽人、汉人一起生活，逐渐融合，被称为“熟女真”。

留在东北老家的生女真有几十个大大小小的部落，其中有一个实力强大，渐渐地脱颖而出，它就是完颜部。

完颜部虽然仍以捕鱼、狩猎为主，但已经学会种植粟、麦等作物，农耕逐渐发展了起来。慢慢地，完颜部还养起了牛羊，畜牧业也开始兴盛。这些习惯了逐水草而居的游牧人过上了较为稳定的生活。

完颜部在肥沃的土地上建造房屋，形成了庞大的部落联盟。当完颜阿骨打成为领袖后，完颜部更加强盛。

当时，辽人不仅要求女真每年进贡大量的珍珠、人参、貂皮、马匹，还要能捕捉天鹅、大雁的海东青。辽人还经常敲诈勒索女真人，侮辱女真女性，这让性情刚烈的阿骨打深恶痛绝，决心摆脱辽朝的统治。

知识宝盒

海东青

契丹人喜欢携带海东青打猎，海东青是一种矛隼（sǔn），体形小，体格壮，喙、爪如铁钩，飞得既快又高，能捕捉天鹅、野鸭、兔、狍等动物，堪称老鹰家族的战斗机。辽朝皇帝每年春天会在松花江一带放海东青捕天鹅，捕到第一只天鹅，摆宴庆贺，就是“头鹅宴”。

金朝和宋朝的夹击

此时的辽朝实力已经不如从前，政治腐败，人心涣散，危机四伏，天祚帝又不思进取，这让阿骨打看到了机会。

阿骨打率领两千五百名女真人，开始了抗辽战争。虽然他的士兵很少，但个个勇猛善战，很快就把辽军打得节节败退。

1115年，完颜阿骨打自称皇帝，定国号为“金”，都城为上京会宁府（今黑龙江省哈尔滨市阿城区）。金朝就这样诞生了，完颜阿骨打就是金太祖。

知识宝盒

猛安谋克

猛安谋克是独具女真特点的军事制度。金太祖完颜阿骨打下令，三百户为一个谋克，十个谋克组成一个猛安，谋克相当于百夫长，猛安相当于千夫长。他们平时射猎，作战时就奔赴战场，战斗力极强。

天祚帝亲自带领二十多万大军打算与金军决一死战。但辽军再次大败。此战过后，辽朝再也没有实力与金朝较量了。

金朝又与宋朝联手，夹攻辽军。辽朝奄然而亡。

国宝档案

双鱼纹铜镜

女真人的发祥地河流众多，他们以渔猎为生，早期以鱼为图腾，对鱼充满了感情，制作了大量双鱼铜镜。这件铜镜的主纹为鲤鱼逐浪嬉戏，寓意吉庆丰收、美满多子。金朝宫廷内的“镜舞”就是舞者拿着鱼纹铜镜起舞。

金史·太宗本纪

灭宋的计谋

金朝本来就有灭宋之意，灭辽不久，就找了个由头，撕破友好的脸皮，开始攻宋了。不过，金军遇到了对手。开封守将李纲智勇双全，忠心耿耿，死守开封。金兵无论怎么进攻，都无法破城。金朝感到很崩溃，只得议和。

和谈让北宋君臣自觉安全了，大为兴奋。而李纲非常担忧，请求皇帝加强军备。朝中一些主和派、投降派进谗言使皇帝认为李纲是危言耸听，还嫌他碍事，把他调离了京城。李纲万般无奈，到了怀州（今河南省沁阳市）前线。但那里的将领受朝廷指挥，不听他的调度，吃了败仗。朝中反对战争的人又开始攻击他，把打败仗的责任推到他的身上。皇帝于是罢了他的官。

金太宗完颜晟听说李纲被罢官了，十分高兴，稍事整顿，又开始进攻宋朝。

形势越来越危急，一些地方军主动赶往开封，想要保卫京城。然而，宋徽宗和宋钦宗父子以及朝中的大臣一心求和，命令军队停止前进。这些军队只好回去了。

知识宝盒

女真文

最初，女真族使用契丹文字，金朝建立后，金太祖下令创制自己的文字，于是，当时的文字学家根据汉文和契丹文创造了女真文。但金朝的官方文字有两种：一种是女真文，另一种是汉文。

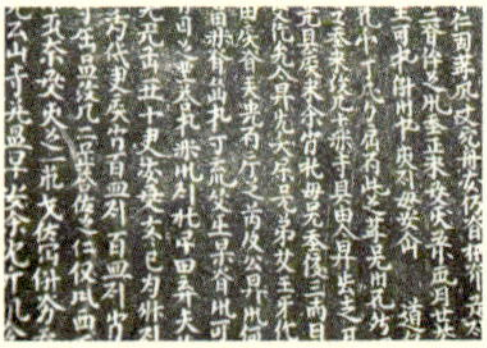

知识宝盒

女真音乐

金朝刚立国时，女真族的乐器只有两种，一种是鼓，另一种是笛，歌咏只有一支曲子《鹧鸪》。侵入宋境后，金军掠走了宋朝教坊的乐工、乐器、乐书，使汉族音乐融入了女真音乐，女真音乐这才丰富起来。

金军顺利渡过黄河，一路杀到开封。守城的士兵被打得七零八落，援军又早已被遣散，金军就这样冲进了开封城。

虽然城破了，但宋军和城中百姓不肯投降，要求抗战，并表示愿意保护皇帝突围。但皇帝既没有勇气抵抗，又担心突围失败，没有答应。

宋钦宗派人去金营求和。金军将领说：“我们不想灭掉宋朝，你回去叫皇帝亲自来议和，我们就退兵。”

宋钦宗毫无办法，只好亲自带着几个大臣赶到金营，向金军将领交了降书。没多久，金军再一次把宋钦宗召唤到金营，然后将他扣押了起来。过了几天，宋钦宗的父亲宋徽宗也被押到金营。两任皇帝都当了俘虏，史称靖康之变，北宋灭亡。

金史·海陵王本纪

完颜亮的大志

靖康之变中，宋徽宗的第九个儿子赵构逃脱了金人的追捕。他在江南称帝，建立南宋，是为宋高宗。

宋高宗对于北伐中原、夺回失地、救回父亲和哥哥并不积极，不仅杀了岳飞等抗金名将，还把韩世忠等名将免了职，一味奉送财物给金朝，以求和平。

知识宝盒

灭宋与诗词

野史记载，完颜亮要攻南宋，是因为看到柳永写的《望海潮·东南形胜》词，对江南“有三秋桂子，十里荷花”非常向往。在侵宋时，完颜亮用雄健笔力表现了灭宋之志：“提兵百万西湖上，立马吴山第一峰。”

好景不长，当完颜亮成为金朝的皇帝后，短暂的和平被打破了。

完颜亮发动宫廷政变，杀死了前任皇帝，自己登上了皇帝宝座，此时他年仅二十七岁。这位年轻的皇帝残暴狂傲，杀人如麻。同时，他也厉行改革，鼓励金人学习汉人的先进文化、技术，还迁都北京，巩固了金王朝的正统性。

完颜亮的志向是统一中国，使“天下一家”。他不理会南宋皇帝进贡财物之举，一面大规模调拨军队，建造战船，一面指责南宋收纳金朝叛徒，招兵买马，对金朝“不诚”，为自己发兵制造借口。

1161年，完颜亮做好准备，带领六十万大军，正式进攻南宋。金军渡过淮河，攻入淮南。镇守此地的宋军将领贪生怕死，还没迎战就已吓得魂飞魄散，逃到了采石（今安徽省马鞍山市一带）。金军锋芒正锐，一路追到了采石。

采石之战

宋高宗得到战报后，非常害怕，派宰相叶义问去江淮慰问。

叶义问也是个胆小鬼，不敢亲自上前线，派同行的中书舍人虞允文去慰问采石的宋军将士。虞允文紧急赶路，在距离采石几公里外就听到阵阵鼓声，他问一个过路人是哪里的鼓声，行人说是金军今日渡江的鼓声。跟随虞允文的人一听，立刻就想回去。虞允文坚决不肯，依旧前往采石。到了采石的江边，虞允文一看，将士们无精打采，人心惶惶，秩序混乱，零零散散地坐于路旁，都在打算怎么逃亡呢。

虞允文大吃一惊，马上把将士们聚集起来，演讲了一番，鼓励大家与金军决战。宋军打起精神来，说："我们吃尽金人的苦，谁不想抵抗？只是一直无人为我们主张。现在我们愿意奋力杀敌。"

有个官员悄悄地对虞允文说："朝廷派你来慰问，不是要你督战。

采石的守将把事情搞糟了，你何必收拾这个烂摊子呢？万一打了败仗，你不是吃力不讨好吗？”

虞允文气愤地说：“这算什么话！国家现在已经到了危急时刻，我怎么能考虑自己的得失，逃避责任！”

虞允文是个书生，从未上过战场，但爱国的责任心使他鼓起勇气面对这个乱糟糟的局面。他让步兵、骑兵都整好队伍，沿着江流布阵，又把停泊在水上的战船分为五队，一队在江中，两队在东西两侧岸边，另外两队藏到山后。

完颜亮以为采石的宋军都已经溃散逃离了，等到了南岸，才猛然发现宋军竟然列阵等待，当地前来观战、助威的百姓绵延了十几里地，不禁万分惊讶，想要退却已经不可能了，只得硬着头皮前进。

几百艘金军战船向南岸驶来，转眼工夫，金兵陆续登岸。虞允文呼

叫将领时俊，让他带着步兵出战。时俊挥舞双刀，奋勇当先冲向敌阵。宋军兵士们顿时士气高涨，拼命冲杀。金兵还从未遭到过这样的抵抗，一时间猝不及防，有些慌乱，转眼就垮下来了。

水上的宋军战船也朝金军的大船冲去。宋军多是踏车海鳅船，又大又灵活，金船比较小，摇摇晃晃，很不稳便，宋船在浪涌中冲击，就像尖刀一样插进金军船队，把金船拦腰撞断。金军一半落水淹死。

这时候，正好有一批宋军从光州（今河南省潢川县）逃回来，经过采石。虞允文赶紧命令他们整理队伍，发给他们战旗和军鼓，让他们在山后挥舞战旗，敲响战鼓，造成一种大批援兵到场的假象。

金军看到对岸山上有无数军旗在摇动，战鼓擂得震天响，顿时丧失了信心，退的退，逃的逃，乱成一团。

金军遭遇了意想不到的惨败。完颜亮见渡江失败，无可奈何，逃往扬州。就在这时，金兵听说朝廷内乱，一些不满完颜亮的大臣，已经拥立完颜雍为皇帝，是为金世宗，于是索性把完颜亮杀死了。

完颜亮死后，金朝把他废为海陵王，后来又废为庶人。金世宗为了稳定当下局势，派人到南宋议和，宋金战争暂时停了下来。

原味典故

宽厚不校

采石之战后，虞允文被升为丞相，御史萧之敏弹劾他，太上皇说：“虞允文在采石苦战时，萧之敏在何处？”宋孝宗便把萧之敏贬出京城。虞允文认为萧之敏为人正直，请他回朝。这就是宽厚不校的典故，“校”是计较的意思。

金史·卫绍王本纪

大金王朝的衰落

金世宗是金朝历史上最朴素的皇帝，他喜欢儒学，提倡中庸治国，他还大力打击贪污行为，救助百姓，争取到了境内女真人和汉人的支持。

金朝因为连年征战，本来已经在走下坡路，金世宗使金朝国力得到了一些恢复。为了表彰金世宗的功绩，《金史》还把他称为“小尧舜”。

金世宗死后，金章宗执政，依旧推行汉文化，不过，他有些过于重视文化，导致其他方面弱化，军事逐渐荒废。当北方蒙古人崛起时，他竟然没有拿得出手的军队了。

之前，蒙古是金的属国，要定期向金朝贡。但大蒙古国建立后，成吉思汗改变了这种局面。金章宗登基的时候，派人去蒙古宣读诏书。成

知识宝盒

乌沙堡

成吉思汗进攻金朝北方的门户乌沙堡，乌沙堡装备有一种先进的守城武器——可由机关触发的连发床弩，有“地上乌沙堡，地下鬼门道”的说法。哲别（蒙古语“神箭手”的意思）令人驱赶几百匹马在前冲锋，马匹触发连弩而死，金军远望，以为死去的是蒙古兵，就在这时，蒙古军冲杀而来，攻取了乌沙堡。

吉思汗问使者："新君为谁？"使者告诉他是金章宗。

成吉思汗轻蔑地说："我以为多么了不起呢，这种昏庸无能的人也配当皇帝？不拜也罢！"

说完骑马扬长而去，只剩下金朝使者干瞪眼。

不过两三年，成吉思汗就带兵南下，大举进攻金朝。金朝无力抗敌，三十万大军死伤大半。金章宗束手无策，与大臣们相对哭泣。

成吉思汗亲自率领大军逼近金朝的中都。此时，防守中都北面的胡沙虎却在游猎。

金章宗又气又急，派人去斥责胡沙虎。胡沙虎恼羞成怒，心想："我打不过蒙古人，还打不过你吗？"于是，他带着军队攻入皇宫，第二天，把金章宗赶出宫。没过多久，就让人用毒酒毒杀了金章宗。

胡沙虎拥立完颜珣为帝，即金宣宗。他又强迫金宣宗把死去的金章宗降为东海郡侯。胡沙虎被暗杀后，金宣宗又把金章宗升为卫王，谥号绍，史书上便称金章宗为卫绍王。

历史人物

元好问

元好问出生在山西，七岁能写诗，被称为神童。他从十六岁开始参加科考，考到三十多岁才考中，授权国史院编修，官至知制诰，生活清苦。蒙古攻灭金朝后，他被囚禁多年，晚年回乡隐居。元好问擅作诗、文、词、曲，被尊为“北方文雄”“一代文宗”，他写的《摸鱼儿·雁丘词》“问世间，情是何物，直教生死相许”一句，脍炙人口。

金史·宣宗本纪

皇帝抛弃了谁？

金宣宗的龙椅还没有坐热，蒙古军就杀过来了。金宣宗没有雄才大略，更没有抵御蒙古军的信心和意志，就把公主嫁给成吉思汗和亲，还献出了大批金箔，才使蒙古军撤去。

但中都以北仍在蒙古军的占领之下，中都随时有被攻破的危险。金宣宗和主张投降的大臣们决定，放弃中都，迁都开封。

得知金宣宗放弃中都的消息后，正在关外奋战的金军将士认为自己已经被抛弃，顿时士气大减。关外陷入混乱。

成吉思汗得知这一消息后，下令再度攻金。

科技发明

天元术

李治是金朝数学家，他用“元”表示未知数，用“太”表示常数，相当于今天的“设某某为x”，然后进行运算，这被称为天元术，就是现代数学中设未知数解方程的方法。欧洲数学家16世纪才掌握这种方法，比我国晚了三百多年。

此时，中都城内的百姓因为被皇帝抛弃，已经心如死灰。因此，蒙古大军迅速占领了中都。

眼见金朝困窘，南宋不再给金朝进贡，开始隔岸观火。

金宣宗大为恼火，悍然攻打南宋，不料却一败涂地。

此时的金朝，遭到了来自好几个方面的痛击，有西夏军的袭扰，有起义军的威胁，有蒙古军的追击，有宋军的攻打。

国宝档案

铜坐龙

金朝人制作的龙是坐着的，非常独特。龙嘴很像鹰嘴的变形，可能与他们崇拜海东青有关。一般的龙都是圆睁眼睛，但铜坐龙的眼睛是凤眼，象征仁慈华贵。鼻子也很特殊，是人的鼻子，鼻孔朝上，显得霸气十足。

金宣宗毫无办法，只好向南宋抛出橄榄枝，请求结盟。此时的南宋已经看清了形势，态度强硬起来，不接受金朝的议和，甚至不许金朝使臣踏入边境。金宣宗恼羞成怒，再度南征，结果损失惨重。金朝进入了灭亡的倒计时。

金朝的最后一丝希望

在内外交困中，金宣宗病死了。

金哀宗即位后，赶紧与南宋、西夏修好，并紧急组建了一支忠孝军，把蒙古军击败了，金朝才有了几分振作之势。

金哀宗拉拢了西夏后，西夏却因为之前屡次打仗而国力衰落，被蒙古吞灭了。大蒙古国越来越强大，成吉思汗死后，他的儿子窝阔台继位，又席卷而来，围攻开封，金哀宗的忠孝军势单力薄，不得不放弃开封。蒙古军得知金哀宗出逃后，一路紧追不舍。金哀宗不愿当亡国之君，紧急把皇位传给一位宗室大将，是为金末帝。

然而，金朝此时已是穷途末路，大势已去，金哀宗百般无法，只得自杀殉国。金末帝还没有享受过当皇帝的一丝好处，就死在了乱军中。金朝灭亡。

说说你的想法

怎么改变女真人的结局？

从完颜阿骨打以二千五百人起兵开始，女真人只用了十二年就灭了辽、北宋。但金朝建立后，他们就抛弃了自己擅长的骑射等长处，直至灭亡。如果他们继续保持自己的长处，你认为他们的结局会改变吗？

金史·完颜宗弼列传

完颜宗弼又叫金兀术（zhú），是金太祖完颜阿骨打的第四个儿子。他幼年的时候，就随从父亲起兵反辽。他的几个兄弟都是重要的将领。他在一群猛将身边长大，也深受影响，长大后，几乎一直在沙场征战。

完颜宗弼为人豪放，胆识过人，善骑射，善用兵。南宋建立后，他率军追杀宋高宗，所过之处，几乎一击即破，逼迫得宋高宗不得不登船逃到海上。

完颜宗弼曾与宋军在黄天荡激战，九死一生，损失惨重，但此后仍是攻宋的骨干。

1130年，完颜宗弼率金军攻打宋境川陕地区。在富平，完颜宗弼军被重重包围，从中午一直战到黄昏，尽管血战甚苦，仍不退却，牵制了宋军的主力，使金军最终打败南宋十八万大军，取得胜利。

完颜宗弼最惧怕的人当数岳飞，他派人送密信给南宋丞相秦桧，要求“必先杀岳飞，方可议和”，使一代爱国名将岳飞冤死。

完颜宗弼出为统帅，入为宰相，一生领导了多次南侵，致使中原和江淮一带生灵涂炭，无辜百姓死伤无数。对于汉人来说，他是一个劲敌；对于女真族来说，他是一位英雄。

王朝开场

在中国的北方，有一群以放牧和打猎为生的蒙古族人。起先，他们在大兴安岭、额尔古纳河一带讨生活。唐朝时，“蒙古”二字出现在史书里，说明他们开始显山露水了。他们意识到世界这么大，应该去看看，于是就迁到蒙古高原，在那里梦想诗和远方了。

蒙古族运气不错，遇到了一位铁血领袖——铁木真。铁木真非常生猛，统一了蒙古各部，建立了大蒙古国，被称为“成吉思汗”。

元

辽阔帝国

成吉思汗堪称战神，指挥蒙古铁骑一路踏上中亚的土地，打到欧洲的伏尔加河流域，但他终究是人，寿命有限。他死后，他的孙子忽必烈也是一位军事强人，抢夺了皇位，改国号为“大元”，正式建立元朝，与此同时，还消灭了南宋。

蒙古国是人类有史以来最大的一个帝国。可惜的是，忽必烈的后代热衷于争夺皇位，疏于管理国家，再加上各地起义此起彼伏，元朝就这样梦一般地消失了。

元朝一日游

如果回到元朝

如果你想去元朝玩一天，你打算去哪个地方呢？

不妨就去元大都吧，也就是今天的北京，那儿可是元朝的首都呢。元朝开挖了大运河，海上航线也很多，陆上、水上有多如繁星的驿站，如果你想以最快的速度抵达元大都，就乘船沿着大运河去吧。

不过，你想进城要花一定时间，因为元大都太繁荣了，从国内和国外来运货的各种车辆数不胜数，光是运送生丝的车每天就有上千辆，你需要排长长的队才能进城。

到了街上，会有外国人与你擦肩而过，他们是来元大都做生意的，也有来进贡的。没准儿你还能和意大利探险家马可·波罗奇迹般地偶遇呢！从高空看元大都，你会感到震惊，因为这个城市四四方方的，就像一个庞大的棋盘。人们往来穿梭在“棋盘”上，像一个个小棋子。你会意识到元朝人很喜欢白色，很多建筑物上都使用了白色的琉璃瓦。

你一定会被元朝人的发型吸引住的，他们大多把额上的头发弄成一个桃子形，剩下的头发编成辫子，再戴上笠帽。

他们喜欢穿“质孙服”，就是一种长袍，上紧下短，腰间还非常有创意地加了很多皱褶。这种服装是为了上下马方便。

元朝人穿戴不喜欢花里胡哨，喜欢穿一色的颜色，比如，如果衣服是白色的，帽子也要是白色，整体效果非常惊艳，也叫“一色服”。

如果你遇到贵族女性，更会惊讶得合不拢嘴，因为她们戴着奇怪的高帽子，叫“罟（gǔ）罟冠”，还穿着宽大的袍子，走路不方便，需要两个侍女在后面帮忙拉袍角。平民女性大多穿襦裙、半臂等。

当你肚子饿了时，你要有个心理准备，因为中原虽然已经是三餐制了，但是多数元朝人还是一日两餐。

元朝直播间

追踪重要历史事件▸

元史·太祖本纪

成吉思汗

铁木真是一支蒙古部落的首领，金朝对蒙古人的残酷统治让他对金朝充满愤恨，他一直想推翻金朝的统治。铁木真刻苦练习骑射，阅读兵书和其他书籍，后来被推举为蒙古乞颜部落的可汗。随后，他展开了一系列战争，逐一征服其他部落，统一了蒙古高原。1206年，铁木真在

知识宝盒

奶粉的雏形

据说，成吉思汗率军攻打花剌子模时，军队在沙漠里行军艰难，食物匮乏，将领慧元命人用锅把牛奶熬成糊状，再晒干制成粉末，堪称最早的奶粉。奶粉给士兵提供了养分，蒙古军也不用牵着奶牛行军了。

斡难河畔建立大蒙古国，成为全蒙古的大汗，被尊称为成吉思汗。

成吉思汗不断地发动对外战争，占领了金朝大片领土，蒙古铁骑甚至打到了遥远的欧洲。在他的一生中，他和他的子孙带领蒙古军东征西讨，使大蒙古国成为世界史上疆域最广阔的国家。就算生命走到尽头，成吉思汗还惦记着战争。他留下遗言："联宋灭金。"他的儿子窝阔台谨遵此言，联合南宋，灭掉了金朝。

元史·世祖本纪

元大都有多繁华

1271年，成吉思汗的后代忽必烈称帝，改国号为元，是为元世祖，成吉思汗被尊为元太祖。

元朝诞生了，但南宋还没灭亡。元世祖忽必烈费了很大力气，付出了死伤无数的代价，才打败了坚持抗战的南宋军民。

南宋虽然灭亡了，但很多南宋遗民仍然忠于故国，不肯承认元朝。不过，历史的车轮仍旧向前滚动着。

元世祖忽必烈的骨髓里还携带着先祖征服四方的基因，刚刚开国，就有了让海外诸国都臣服于元朝的想法，对邻国的战争也由此而发。

1274年，忽必烈派出四千多艘战舰，声势浩大地去攻打日本。结果天有不测风云，舰队遭遇猛烈的飓风，一时间，巨浪滔天，暴雨倾盆，很多战舰沉入海底，元军无功而返。

元朝还曾多次攻打越南、缅甸、爪哇等地，但只有对缅甸的攻打取

胜了。

连年战争需要巨额的军费，元世祖忽必烈为了解决军费问题，委托几位大臣进行金融改革。然而，有的大臣非常贪婪，横征暴敛，一味搜刮，加重了百姓负担。百姓为了国家远征，要打造海船，还要服徭役，

历史人物

郑思肖

郑思肖是南宋人，从小受父亲影响，忠直、清白、重义。他擅长作诗、画兰，权贵向他求画，他不画，权贵威胁他，他怒道："头可断，兰不可画！"元朝灭宋后，郑思肖画兰时不画根和土，寓意国土被掠夺，至死不肯承认元朝。

历史人物

郭守敬

郭守敬是汉人，由爷爷抚养成人，从小喜欢天文、算学，十五六岁时曾用竹篾制出一架观测天文用的浑仪。他曾担任太史令、知太史院事等职，制定了当时世界上最先进的历法，改制发明了十多种天文仪器，包括世界上第一个机械自鸣钟，即元大都大明殿灯漏，由水力驱动报时。

知识宝盒

元曲

元朝重视歌舞戏曲娱乐，把宋、金以来的戏曲升华为元曲。元曲分为散曲和杂剧，散曲是诗歌，杂剧是歌剧。元曲的"代言人"有关汉卿、马致远、白朴等。"枯藤老树昏鸦，小桥流水人家……"（马致远《天净沙·秋思》）就是元曲。

本来就苦不堪言，现在更加凄惨。于是，很多人开始起义。

不过，元大都仍旧非常繁华。

元朝疆域广大，又积极拓展对外关系，促使水陆交通发达，无论是中国商人还是外国商人都往来便利。加上蒙古人受儒家思想影响小，不轻视商业，使商品经济分外繁荣，元大都堪称当时世界的商业中心。

为了适应商品交换，元朝完全用纸币作为流通货币，非常方便，这在世界上可是“头一份”。

在元大都公共街道的两边，有各种各样的商店，摆着琳琅满目的货物。在这里，几乎没有买不到的东西，有米市、面市、果市、菜市、鹅鸭市、羊市、骆驼市、车市、草市、帽市、缎子市、皮帽市、金银珠宝

市、铁器市……各市里穿梭着数不清的蒙古人、色目人、汉人……

意大利探险家马可·波罗记述了他所看到的元大都："凡是世界上最稀奇珍贵的东西，都能在这里找到，特别是印度的商品，如宝石、珍珠、药材、香料……每天用马车和驮马运送生丝到京城的，不下于一千辆次。"

知识宝盒

直线设计

元大都采用直线设计，是一个四方形，像个棋盘。"棋盘"中，等距离地平行排列着很多胡同。所有的街道都是笔直的，一直抵达城根。今天北京城的格局就是由此而来。

元史·仁宗本纪

元仁宗做了什么？

元世祖忽必烈死后，元成宗执政。元成宗喜欢赏赐，出手大方，本来国库就不充实，这下更穷了。

元武宗时，为了摆脱财政危机，印发了很多纸钞，导致纸钞贬值。到了元仁宗时，这位皇帝没有那样做，他非常向往汉文化，受儒家思想影响很深，想要以仁治天下。

他很少滥杀无辜，这对于彪悍勇猛的蒙古人来说，确实难得一见。元仁宗恢复了科举制度，通过考试，公平地选拔人才。

元仁宗还下令，将儒家经典翻译成蒙古文，让蒙古人、色目人学习。他重用很多汉人为官，提高了汉人的地位。但改革触犯了蒙古贵族的利益，最终失败了。

历史人物

汪大渊

汪大渊是元朝的航海家，二十岁左右的时候，从泉州港出发，到达非洲索马里、莫桑比克等地，几年后第二次出海，到达澳大利亚等地，著有《岛夷志略》，涉及二百多个国家和地区，对世界地理做出了巨大贡献，被称为“东方的马可·波罗”。

科技发明

《王祯农书》

王祯是元朝农学家、农业机械学家，曾在安徽和江西担任地方官，为百姓做了不少好事。他还写了一本《王祯农书》，囊括了农作物从播种到收获的各种方法，还画出两百多张“农器图谱”，涉及一百多种农具，别开生面。

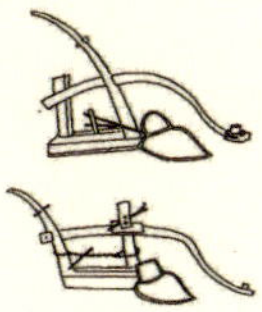

元史·英宗本纪

南坡暗杀

元仁宗死后，十七岁的皇帝元英宗即位，元英宗比他父亲元仁宗的汉化程度更深。

他放手推行新政：大量起用汉人，不分几等人，只要是人才就有升迁的机会；实行“助役法”，从地主那里收取费用，补贴农民。元英宗继续清除权臣铁木迭儿的势力，不过，由于受牵连的人很多，再加上汉化损害了蒙古贵族的利益，一场针对元英宗的暗杀行动开始酝酿。

1323年夏天，元英宗在从上都回到大都的途中在南坡店歇脚。夜里，铁木迭儿的义子闯进元英宗的住宿地，杀害了元英宗，史称“南坡之变”。此后，元朝更加衰败了。

元史·顺帝本纪

退出中原的时刻

元惠宗时，元朝已经岌岌可危，加上黄河连年泛滥，朝野一片混乱。丞相脱脱派工部尚书去治理黄河。这位尚书大人强征了十五万百姓，逼迫他们在烈日暴雨下日夜干活儿，监工们还经常扣发口粮，百姓无力干活儿，怨声载道。

河北农民韩山童组织了白莲教，发动了起义。他们以头上裹着红巾作为起义军的标志，被称为红巾军。脱脱派军队镇压起义，韩山童被杀，元军获胜。

然而，义军并未消亡，相反越来越壮大，出现了张士诚、郭子兴、朱元璋等重要将领。脱脱则遭人陷害，被罢了官。

朱元璋的武装集团声势浩大，在占据了江南后，开始向元大都挺进。元惠宗起先还在观望，当他得知朱元璋的军队攻克了通州后，才趁夜逃走了。

元惠宗退入大漠后，意志消沉，没几年就病死了。此时，明朝已经建立两年左右，明太祖朱元璋觉得元惠宗“知顺天命，退避而去”，于是给了他“顺帝”的尊号，他因此也被称为元顺帝。

说说你的想法

和平年代为什么还要军训？

蒙古骑兵曾经勇猛无比，一直打到欧洲，后来却变得不堪一击，是因为日子好了以后懈怠了训练吗？你认为和平年代还需要军事训练吗？

元史·耶律楚材列传

耶律楚材是辽太祖耶律阿保机的九世孙，从小学习汉人的书籍，年纪轻轻就博通天文地理、数学、医学。

耶律楚材起初在金国任职，成吉思汗攻打金国时，听说他满腹学识，便向他询问治国大计，之后为他的才能所折服，将他留在身边。

有个善于造弓的西夏人名叫常八斤，看到耶律楚材受到器重，很不高兴，自负地说："现在正是用兵的时候，读书人有什么用？"

耶律楚材说："造弓要用匠人，治理天下难道不用'治天下匠'吗？"

成吉思汗听到了，对儿子窝阔台说："这个人是老天赐给我家的，以后国家大事要交给他去治理。"

成吉思汗死后，窝阔台为大汗，重用耶律楚材。耶律楚材进行了一系列改革：省刑罚、薄赋敛、劝农桑、设科举、创学校、尚名节……创举颇多，使社会渐渐安定。

耶律楚材辅佐成吉思汗和窝阔台近三十年，不愧为"治天下匠"。

不过，窝阔台死后，乃马真皇后掌控朝政，耶律楚材因为直言得罪了皇后的宠臣，备受排挤，后悲愤而死，被称为"砥柱中流断，藏舟半夜移"。

元史·脱脱列传

脱脱是蒙古蔑儿乞部人，出生在贵族之家，被养在朝廷重臣、他的伯父——伯颜的家里。他从小学习儒家文化，擅长书法、绘画，他画的竹子很有风姿。他还很有武力，少年时就能挽弓一石。

脱脱十五岁时，入宫当侍卫官，后来又担任亲军都指挥使、御史大夫等职。

元顺帝时，脱脱的伯父伯颜为丞相，独揽大权，倒行逆施，使皇帝非常不满。脱脱非常焦虑，担心伯颜有杀身之祸，自己也会受到牵连，加上伯颜排斥、打击汉人，他便站到元顺帝一边，大义灭亲，设计帮元顺帝夺回了兵权，使伯颜离开了京城。

脱脱被任命为丞相，开始改革，史称“脱脱更化”。他恢复了被伯颜废除的科举制，平反了冤狱，为农民减负，鼓励言论自由，劝谏皇帝读书、节俭，被称为“贤相”。

脱脱患病后，回家休养，当他再度回朝时，朝廷的腐败已经不可挽救，加之天灾频繁，黄河泛滥，饥民和流民纷纷起来反抗，而朝廷上下还在争权夺利……

脱脱努力改变这种状况，却遭到陷害，被流放到云南。接着，有人假传圣旨，命他饮毒酒而死。脱脱死时年仅四十二岁。

少年读史

第五册

小二十四史

《明史》附《清史稿》

主编
北大著名教授 谢冕
著名文艺评论家 解玺璋
文小通 编著

文化发展出版社
Cultural Development Press
·北京·

图书在版编目（CIP）数据

少年读史 ：小二十四史 / 谢冕，解玺璋主编 ；文小通编著. — 北京 ：文化发展出版社，2024.5
ISBN 978-7-5142-4335-2

Ⅰ. ①少… Ⅱ. ①谢… ②解… ③文… Ⅲ. ①二十四史－少年读物 Ⅳ. ①K204.1-49

中国国家版本馆CIP数据核字(2024)第080728号

少年读史：小二十四史

主　　编：谢　冕　解玺璋
编　　著：文小通

出 版 人：宋　娜　　策划编辑：鲍志娇
责任编辑：肖润征　　责任校对：岳智勇
责任印制：杨　骏　　封面设计：李果果
出版发行：文化发展出版社（北京市翠微路2号 邮编：100036）
网　　址：www.wenhuafazhan.com
经　　销：全国新华书店
印　　刷：天津裕同印刷有限公司

开　　本：880mm × 1230mm　1/32
字　　数：700千字
印　　张：26.25
版　　次：2024年5月第1版
印　　次：2024年5月第1次印刷

定　　价：239.00元（全5册）
I S B N：978-7-5142-4335-2

◆ 如有印装质量问题，请电话联系：010-68567015

前　言

如果中国史学是一棵大树的话，那么“二十四史”就是这棵大树的主干。在浩如烟海的史籍中，“二十四史”被称为“正史”。

“二十四史”史料丰富，记载翔实，是研究中国历史的首选书。从司马迁编著的《史记》到张廷玉等人编著的《明史》，共24部，3213卷，大约4700万字，是世界图书史上独一无二的巨著。

“二十四史”记录了从上古时代到明朝灭亡数千年的历史，本书又附了民国初期北洋政府设馆编著的《清史稿》部分内容，以便中小学生能够更全面地了解我们国家的历史。

那么，中小学生为什么要读史呢？

鲁迅先生曾说：“历史上写着中国的灵魂，指示着民族的未来。”通过阅读史书，小读者可以知道在自己出生之前中国都发生了什么事情，那些事情为什么和自己相关，从而体会到人生的方向和意义，使自己能够增智慧、明是非、知未来，指引自己成为更优秀的人。

为了让小读者轻松愉悦地阅读“二十四史”和《清史稿》，我们从“二十四史”和《清史稿》中精选了一些具有代表性的人物和事件，浓缩了原著精华，制作出这套《少年读史：小二十四史》，把满满的“干货”奉献给孩子们。

艰深晦涩的史书不适合孩子们畅快阅读，因此，本套书使用了适合孩子们的语言，融入了文学渲染，使史实记载焕发出活泼的生命力，可以提高小读者们的阅读兴趣。

书中还加入了科技发明、文物宝藏、成语典故等方面的知识链接，并配以400多张插图，为小读者们营造出一个绚丽多彩的历史空间。

目录

明
繁华如梦

附 清 古典帝国

王朝开场

农民大叔朱元璋建立明朝后，第三位皇帝朱棣迁都北京，又一个黄金时代来临了。

农业仍在挑大梁，手工业与商业也铆足了劲儿往前冲，一些地方甚至出现了资本主义的萌芽。科技大发展，火器世界无敌，造船术世界第一，《本草纲目》《天工开物》等专著惊艳亮相。四大名著中有三本(《西游记》《水浒传》《三国演义》)都出于明朝。

明

繁华如梦

遗憾的是，土木堡之变后，明朝由盛转衰。虽然后来的万历皇帝和内阁首辅张居正力挽狂澜，末代皇帝崇祯努力把自己逼成了“拼命三郎”，但终究大势已去，明朝灭亡。

明朝是一个有气节的王朝，哪怕是不敬业的皇帝也都有底线，决不和亲、决不称臣、决不赔款、决不割地！文臣武将、平民百姓大都有气节，哪怕兵临城下，哪怕血腥屠杀，也决不投降。清朝建立后，“反清复明”的口号几乎一直贯穿到清朝终结……

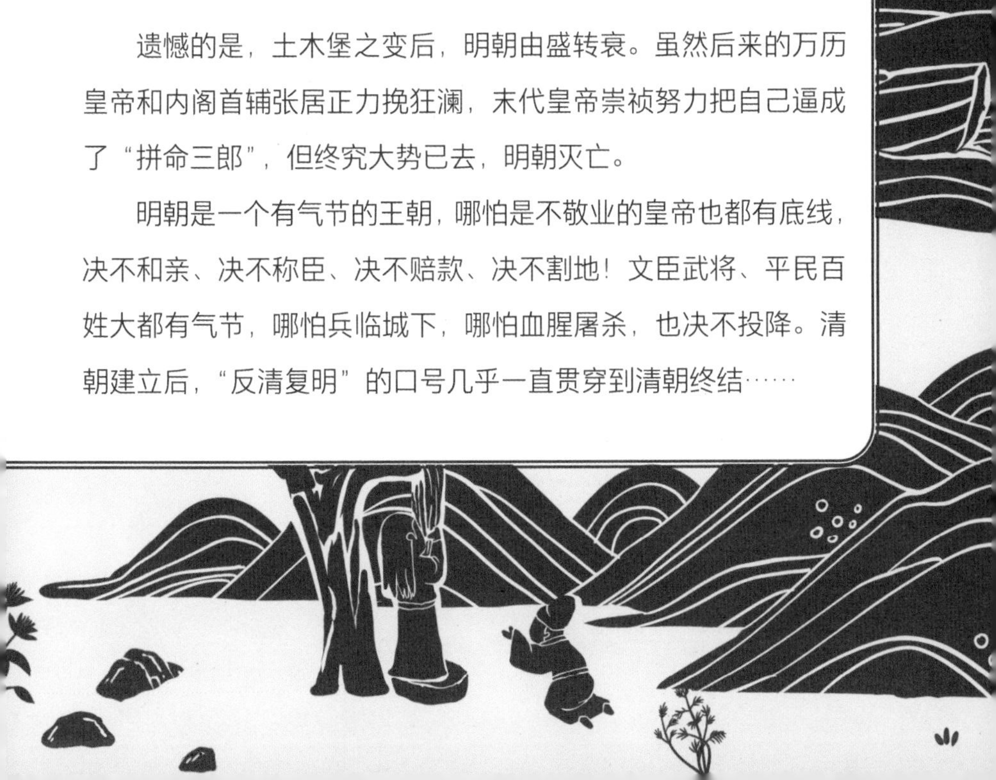

明朝一日游

如果回到明朝

明朝的北京城宏伟壮丽，最里面是宫城，也就是紫禁城，"深藏"着片片宫殿群。宫城外面是皇城，点缀着汉白玉石桥、华表、石狮等。皇城外面就是京城啦！如果你到明朝来旅游，可以沿着中轴线游览，欣赏高高的红墙、瑰丽的琉璃瓦、神奇的木构架、如云出岫的斗拱……想一想我们后世的建筑，基本沿用了明朝的宫殿建筑和城市规划，你一定会感到很神奇。

明朝染织业空前繁荣，还引进了"西洋布""高丽布"等国际面料，服饰绚丽多彩。当你四处游览时，与你擦肩而过的人流中，有穿圆领袍、戴乌纱帽的官员，有穿直裰、戴头巾的书生，有穿短衣、戴小帽或网巾的平民，还有穿百褶裙或凤尾裙并在额头系一条"遮眉勒"的女子。

此外，你还会看到前所未有的"立领"衣服，用各种零碎布料拼接

成的百衲衣（水田衣），以及半个西瓜似的六瓣帽，这就是清朝瓜皮小帽的前身哟。

你可能对吃什么更感兴趣，"舌尖上的明朝"一定不会让你失望的。你可以尝尝荷包饭，就是把香米与鱼肉用荷叶包裹蒸熟，荷香四溢；火肉（火腿）、鱼生（生鱼片）也很美味。如果正值农历二月二，你就有幸能吃到时令小吃"熏虫"。熏虫就是把黍面枣糕煎着吃，或把面糊摊成煎饼。如果你碰巧赶上桂花开，还可以吃到用桂花和面制成的饼呢。

当你渴了的时候，明朝人用梅子、盐和紫苏制成的梅子粉，用冰凉的井水冲泡后，就成了你急需的"梅酱"冷饮啦。

明朝人的出行可比前朝方便多了，他们还鼓捣出了"改装车"。他们不喜欢封闭式的车厢，便在车厢上设计了车门，这样一来，人们上下车就方便多了，也很通风，堪称长途商旅的"商务用车"。

有一种"夜航船"很受欢迎。如果你也感兴趣，可以一登夜航船，欣赏水上夜景。你还可以在夜航船上读一读明朝文学家张岱写的《夜航船》。

明朝直播间

追踪重要历史事件▶

明史·太祖本纪

和尚当皇帝

1328年，濠州（今安徽省凤阳县）一个贫苦的朱姓农民之家降生了一个男孩，他在家族兄弟里排行第八，因此起名朱重八。

朱重八从小就给大户人家放牛，干过很多粗活儿。但由于他是家里的幼子，又聪明伶俐，父母曾把他送到私塾读了几个月的书，他因此认识了几百个字。元顺帝时，有一年，淮北地区发生了一场严重的旱灾，蝗灾和瘟疫交替而至。

谁知灾情越来越严重，皇觉寺收不到租米，和尚们也没饭吃了。朱重八便被打发出去做了游方僧，过着流浪讨饭的生活。三年后，他又回到了皇觉寺。几年后，红巾军起义爆发了。不久，濠州就被红巾军占领了，义军首领名叫郭子兴。郭子兴原本是定远（今安徽省定远县）的一个财主，因为经常受到官吏的敲诈勒索，愤懑不平，便揭竿起义，带着几千人打进了濠州城。城外的百姓纷纷进城投奔郭子兴，郭子兴的队伍逐渐壮大。

朱重八也是投奔大军中的一员。他早就听说关于红巾军造反的消息，现在城里果真来了起义军，于是朱重八决定还俗从军，开始戎马生涯。进了军营，朱重八很快表现出异于常人的才能。他英勇善战、略通文墨，还很有计谋，屡立战功。郭子兴十分赏识他，把他提拔为小军官，还把义女马氏嫁给了他。

皇觉寺的和尚成了元帅的女婿，地位大不相同。这时候的朱重八有了一个正式的名字——朱元璋。

历史人物

孝慈高皇后马氏

马氏善于作诗绘画，有知史之智，性格坚毅，无论面对什么急事，都从容自若，从不疾言厉色。她嫁给朱元璋后，追随丈夫南征北战，亲手为将士们缝衣做鞋，把自己的财物犒赏给将士们。朱元璋称帝后，册封马氏为皇后。马皇后依旧勤劳俭朴，并经常劝勉朱元璋减免刑罚。马皇后五十一岁病逝，此后，朱元璋未再立皇后。

原味典故

露马脚

明朝时，很多女性都要缠足，但马皇后没有缠足，与其他缠足女性相比，她有一双“大脚”。传说有一次马皇后乘轿外出，遭遇大风，轿帘被吹起来，路人刚好看到了马皇后搁在踏板上的大脚。“露马脚”这个词由此流传开来。后来，人们用“露马脚”比喻不光彩的事遭到曝光。

当时，濠州的红巾军里共有五位元帅。其他四个人和郭子兴生有嫌隙，趁着郭子兴外出时将他抓住，捆绑起来。幸亏朱元璋得到消息，将郭子兴救了出来。

朱元璋见几位元帅如此暴横无理、胸襟狭窄，起义军也不像自己想象中的那么大义凛然，而是充满了明争暗斗，不禁心灰意冷，觉得他们成不了什么大气候，于是交出自己的兵力，回到家乡自立门户。

朱元璋和自己少年时的伙伴徐达、汤和等人一起，重新招兵买马，很快得到了大批生力军。

朱元璋带着自己训练出来的队伍，连续打下了滁州、和州。没多久，郭子兴和他的儿子相继死去，朱元璋便成了起义军的领袖，独掌兵权。

朱元璋带着队伍一路向南发展。他先是攻下了南京，占据了重要的根据地，又在鄱阳湖灭掉了另一位义军领袖陈友谅，接着又灭掉了割据势力张士诚。经过十几年的征战，朱元璋稳固地占据了长江流域。

1368年，朱元璋在应天（今江苏省南京市）称帝，史称明太祖，国号为“明”。他没有耽于享乐，而是继续统一战争，就在这一年秋天，他的军队攻破了元朝的都城——大都（今北京市），元朝就此灭亡。

成语补给站

八面威风

元朝末年，朱元璋攻打元顺帝时，节节取胜。他与大将徐达穿着便服乘船渡江。船夫认出了朱元璋，不禁喊起号子：“圣天子六龙护驾，大将军八面威风。”朱元璋非常高兴，称帝后重赏了船夫。成语“八面威风”形容人各方面都很威风，有气势。

洪武盛世

明太祖朱元璋出身农家，受过穷，挨过饿，懂得农民生活的艰难，因此很注重让百姓休养生息。他还极力倡导勤俭节约，而且以身作则。他经常吃蔬菜和豆腐，还命人在宫中开垦出一片荒地种菜，供自己和皇后吃。按照惯例，皇帝使用的车、器具等物品应该用黄金装饰，他全部以铜代替。在修建宫殿时，他只求坚固耐用，不求奇巧华丽，并让人在墙壁上画了许多和节俭相关的历史故事，时刻提醒自己。

朱元璋称得上中国历史上的劳模皇帝之一，从登基开始，他几乎没有休息过一天。据史书记载，他曾在短短八天之内，审批奏札一千六百六十件，处理国事三千三百九十一件，平均每天批阅奏札二百多件，处理国事四百多件。

不过，朱元璋对官员的管理却严厉得令人胆寒。他十分强硬，要求御史监督高级官员，并定期考核中下级官员，称职者升，不称职者降，品德卑劣者则被罢职。

经过一番治理，原本疲敝破败的江山，慢慢显现出生机勃勃的景象。

中国最后一位丞相

明太祖朱元璋有一位丞相，名叫胡惟庸。胡惟庸是开国功臣，任劳任怨，但他也培植自己的势力，拼命打击不依附自己的人。

刘基也是明朝的开国功臣，为朱元璋立下过汗马功劳，但他与胡惟庸不睦，一直得不到重用。刘基告老还乡时，对朱元璋说胡惟庸不适合当丞相。胡惟庸听说后深深记恨。据说刘基生病时，胡惟庸带御医前去看病送药，结果刘基服药后，很快就死了。

让朱元璋极不舒服的是，胡惟庸独断专行，许多生杀大事也不向朱元璋请示，自己随意处理。这让朱元璋有一种大权旁落的感觉。

有一年，胡惟庸说自己家的井里涌出了甘甜的泉水，请朱元璋前来观赏。朱元璋答应了，他走到西华门时，太监云奇突然拉住缰绳，着急地用手指着胡惟庸的家。朱元璋立刻回宫，登上宫城瞭望，发现胡惟庸

家的上空尘土飞扬，藏有士兵。朱元璋怒不可遏，以谋逆之罪处死了胡惟庸。

知识宝盒

《大明律》

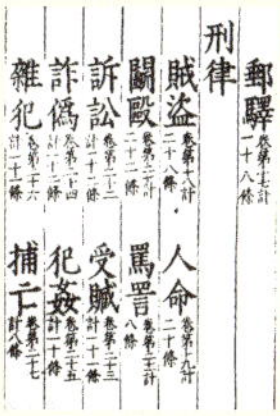

《大明律》是明太祖朱元璋下令制定的法令条例。在量刑上，罪轻者更轻，罪重者更重。在刑罚上，以笞、杖、徒、流、死为五刑（正刑），此外还有绞、迁徙、充军、枷号、刺字、凌迟、枭首、戮尸等。《大明律》之外也有酷法，其中锦衣卫的诏狱就有大量惨烈的杀人手段。

这还没完，开国功臣李善长也受到了株连，因为是他推荐胡惟庸做的丞相，平日里，他与胡惟庸又往来密切。朱元璋指责李善长，知道胡惟庸谋逆却不举报，狐疑观望，心怀二意，大逆不道，于是把他和其家卷七十多人都杀了。其他和胡惟庸有往来的名臣大将等也被牵连在内，一共有三万多人被处死。

这一场血腥骇人的事件，一直进行了十年左右，史称“胡惟庸案”。但据历史学家考证发现，历史上并没有太监云奇这个人，更没有他阻止朱元璋去胡家这件事，这件大案可能就是朱元璋因猜忌功臣而自导自演出来的。

后来，朱元璋废除了“丞相”这个职位，胡惟庸成为中国历史上最后一位丞相，他被动地影响了中国历史的发展。

神秘的锦衣卫

胡惟庸死后，明太祖朱元璋设立了一个叫“锦衣卫”的特务机构，专门监视大臣们的活动。锦衣卫的权力凌驾于大臣之上，大臣们在外面或者家里有什么动静，锦衣卫会直接上报给皇帝。

作为皇帝的私人秘密警察部队，锦衣卫是一个军事机构，负责皇帝的安保，还有巡察、缉捕、审问等，后来又拥有了专门的监狱——诏

知识宝盒

飞鱼服

锦衣卫的前身是亲军都尉府，掌管侍卫和仪仗，所以锦衣卫的“制服”非常华美，为“鹅帽锦衣”——用鹅毛装饰的帽子，亮丽的锦绣之衣。当皇帝祭祀或巡游时，锦衣卫校尉要穿飞鱼服，佩绣春刀。飞鱼服是仅次于蟒袍的隆重礼服，绣春刀虽然短小，但只有皇帝御赐方可佩戴。飞鱼是一种近似龙头、鱼身，有翅膀和四爪的虚构形象。

狱，它可以自行逮捕、刑讯、处决犯人，不必经过司法机构和正常司法程序。锦衣卫下设镇抚司，锦衣卫的首领称为指挥使。

锦衣卫究竟有多恐怖呢？据说有一天，大臣钱宰在家中随口吟了一首打油诗：“四鼓咚咚起着衣，午门朝见尚嫌迟。何时得遂田园乐，睡到人间饭熟时。”钱宰每天四更就要起床去午门朝见，身体有点儿吃不消，于是他一时兴起，表达了对告老还乡的向往。谁知，第二天上朝时，朱元璋对钱宰说：“诗写得不错啊！不过我并没有嫌你迟到，把‘嫌’字改成‘忧’字更好。”钱宰听闻大惊失色，连忙磕头请罪。类似的事例还有很多，大臣们都提心吊胆，人人自危。

捕鱼儿海之战

朱元璋在整理内政的同时，一直没有忘记消灭残余的元朝势力。元朝皇室成员逃到大漠深处后，建立了一个延续元朝的新政权，称为北元。

1387年，明太祖朱元璋命开国功臣蓝玉为大将军，率十五万大军出塞，想将其一网打尽。

蓝玉受命后，率领大军出发了。然而进入大漠后，明军找不到水源，饥渴难耐，军中有些骚乱。幸亏军队中有一些归顺的蒙古军官，他们凭借多年来的塞外生活经验，找到了泉水，平息了骚乱。

在大漠中行军十分艰险，大军克服了重重困难，艰难行进半年左右，抵达了一个叫百眼泉的地方，那里距离捕鱼儿海（今贝尔湖的古名）大约四十里地，根据情报，北元朝廷就在那里。可是，明军却突然间侦察不到北元军的踪迹了。蓝玉非常惊讶，难道是北元军察觉到了什么蛛丝马迹躲藏起来了？

由于大漠环境非常恶劣，天气越来越冷，军需补给也越来越困难，光是十五万人马的吃喝就够令人头疼的了，更别说还要保证士气与作战能力了，蓝玉和很多高级将领都有退兵之意。这时，大将王弼对蓝玉说：“十五万大军已经深入腹地，如果不明不白地班师，怎么向皇上交

代呢？”蓝玉改变了主意，决定坚守原地，继续搜索。为了避免打草惊蛇，蓝玉让将士们挖洞煮饭，以免浓烟上升被北元军看到。明军连夜搜索，黎明时分，搜索到了捕鱼儿海的南岸。此地空空荡荡，没有人烟。大军停下来休息、饮马。

历史人物

王弼

王弼是安徽人，元朝末年，他发动乡邻依山结寨，反抗腐朽统治，后来投奔朱元璋，依靠英勇奋战，成为明朝的开国功臣，任大都督府佥事，封定远侯。朱元璋杀死蓝玉后，王弼惶恐忧伤，想联合朋友寻找出路，被锦衣卫侦知，朱元璋赐死了他。也有人说他是自尽而死。

知识宝盒

《白猿献三光图》

《白猿献三光图》也叫《白猿经》，是世界上最早的云图集，用来看云测天，明清时很流行。此图现存一百三十二幅，与天气变化相联系，很多与现代气象学原理一致，基本可以预报天气。

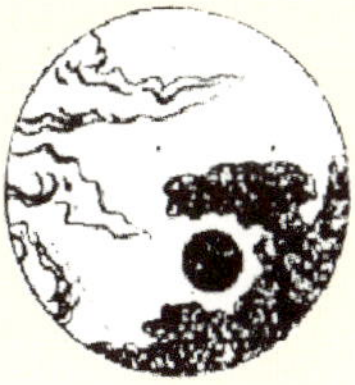

事情终于有了转机。不久巡逻的骑兵向蓝玉报告，北元朝廷驻扎在捕鱼儿海东北八十多里的地方。蓝玉决定发动突袭。他命令王弼为先锋，率领一部分士兵直扑过去。

北元朝廷已经知道明军进入大漠，但他们认为明军不熟悉地形，很难找到水源，又是浩浩荡荡的远征军，粮食供给困难，不会这么快到来，因此防备松弛。

就在这时，捕鱼儿海恰好刮起了沙尘暴。一时间黄沙漫天，白天就像傍晚一样昏暗。本来北元士兵已经不如百年前的先辈们那样勇猛了，再加上碰到恶劣的天气，更加懈怠，纷纷溜进营帐躲避。

明军则在沙尘暴的掩护下，神不知鬼不觉地悄悄靠近，发起了突然袭击。北元军猝不及防，来不及列阵，就在混乱中死了几千人。在短短的时间里，北元朝廷遭到了毁灭性的打击。明军俘虏了北元皇室成员几千人，士兵和百姓七万多人，还有十多万牛羊、战马、骆驼，以及几千辆车等。自此，北元朝廷退出了历史舞台，幸存的残部四分五裂，已无力威胁明王朝。朱元璋大喜过望，将蓝玉比成汉朝名将卫青、唐朝名将李靖，晋升他为凉国公。

此后，蓝玉多次统领大军出征，数次立功，朱元璋对他的礼遇更高了。蓝玉渐渐骄横起来，就算侍奉皇帝酒宴，他也口出狂言，他的义子、奴仆们还乘势横行。朱元璋多次责备蓝玉，蓝玉都没有改过。朱元璋开始冷落蓝玉，不再采纳他的建议，蓝玉快快不乐，内心郁闷。

公1393年，锦衣卫上报朱元璋，蓝玉准备谋反。朱元璋下令逮捕了蓝玉，下狱处死。有大约一万五千人受到株连被杀，史称“蓝玉案”。

“空印案”之谜

明朝有一个规定，每年年底都要核对各地的土地、人口、赋税等数字。这些数字需要一层层上报给布政司，布政司再上报给户部。户部与布政司、府、县的数字完全一致，才算结清。如果有一项对不上，整个账册都要被驳回，需要重新填报，再一层层地上报。

明太祖朱元璋在位时，国都定在南京，全国各地的官员都要去南

京送账册。当时上缴的税款是粮食，在长途运输时难免出现损耗，常常与账册上的数目对不上。如果返回重报的话，远地的官员要往返几千里，需要大半年的时间。为此，有人想了一个方法：去南京时，带上空白账纸，由本地政府先盖官印，等到南京，再按照户部的实际数字抄一遍。

这种“空印”能节省大量的时间。可是，锦衣卫发现了加盖空印的事，报告给了朱元璋。朱元璋大怒，认为这会打开贪污的大门，也认为官员们擅自做主，挑战了自己的权威。“官官勾结，欺骗皇帝，大逆不道！”他严惩涉案官员，一共有几百位官员被杀，朝野一片惊惶。

知识宝盒

大明通行宝钞

明太祖朱元璋在位时，中书省造了“大明通行宝钞”。这是明朝官方发行的唯一纸币，也是世界上票幅面积最大的钞票，为33.8厘米×22厘米。钞票用桑皮纸制成，四边有龙纹、海水纹，底端还写着“伪造者斩”的字样，以警告印制假钞的人。

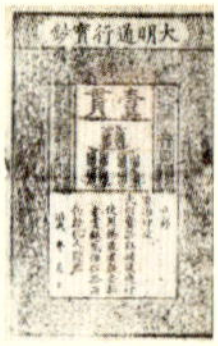

知识宝盒

骑缝印

骑缝印就是在盖一份有许多页的文件时，把文件每一页的边缝都连在一起盖章。每一页的纸缝上都有印痕，但都不完整，所有纸页上的印痕合在一起后，又能还原成一个印章，以防假冒，或被人换掉。明朝官印中常用“印缝”之法。

明史·恭闵帝本纪

年轻天子的大动作

建文帝朱允炆从小聪明好学，温纯仁厚。他还是皇太孙时，就提出了减免刑罚的建议，修改了《大明律》中七十多条过分严苛的律令，得到了官民的爱戴。他继承皇位后，立刻赦免了很多有罪之人，免除了百姓拖欠的赋税，令官府收养孤儿、老人和残疾人。

二十一岁的建文帝重农桑、兴学校，施政宽仁。他也重用宽仁之人，把齐泰、黄子澄、方孝孺三位文臣作为心腹大臣。

建文帝还有一个计划，那就是削藩。

朱元璋生前曾把儿子们（建文帝的叔叔们）分封各地，作为藩王，其中秦王、晋王、燕王等九位藩王驻守边塞，他们的护卫甲士有上万人。时为皇太孙的朱允炆担心诸王拥兵自重，当时就想削弱藩王的权力。朱元璋说：“诸王可以守卫边境，留给你安宁。”朱允炆说：“如果诸王不安分，谁去抵御呢？”朱元璋沉默了，但仍然不主张削藩。现在，朱元璋不在了，建文帝朱允炆即位，再也没有谁能阻挡他削藩的行动了。1399年，燕王朱棣派长史葛诚入朝奏事。建文帝问了许多关于燕王府的事，葛诚都如实做了回答。于是建文帝让葛诚返回北平燕王府，准备削藩时作为内应。

葛诚回到燕王府后心里惊惶，神色不对，引起了朱棣的怀疑。为了一探虚实，朱棣决定亲自前往南京。他自恃皇叔的身份，径直走皇道入宫，而且登阶不拜。大臣弹劾他不敬，建文帝都以“骨肉至亲”谅解了，但朱棣还是察觉到了建文帝对自己的戒心。

建文帝和大臣齐泰、黄子澄商议之后，开始正式削藩，很快废除了五位藩王。实力最强的燕王朱棣见此情景，赶紧偷偷备战。他假装生病，

使建文帝放回了身在南京的第三子，之后他又以下属被朝廷处死为借口，开始装疯卖傻。他成天胡言乱语，还在北平城里乱窜，饿了就抢别人的酒饭吃，困了就躺在地上昏睡。

建文帝相信燕王是真的疯了，但齐泰和黄子澄却心存怀疑，派人前往燕王府打听真相。燕王府的长史葛诚已经归附建文帝，便说出了燕王装病的真相。于是建文帝下了一道密诏，令北平的两位将领包围了燕王府。然而当他们入府后，立刻中了埋伏，被朱棣活捉，之后连同葛诚一起，都被杀死。当天夜里，朱棣挥兵而出，很快控制了整个北平城。

1399年七月，燕王朱棣正式起兵，攻向南京。

朱棣为自己的叛乱找的理由是：帮助皇帝铲除身边的奸臣齐泰和黄子澄，因为这两个人公然削藩，违背了太祖（朱元璋）的初衷。而自己是太祖皇帝和马皇后所生的最年长且健在的儿子，对于清君侧责无旁贷。同时，他指天誓日地否认自己对帝位感兴趣，自己的目标也不是建文帝。然而，这终究是叔叔和侄子兵戎相见，建文帝把皇叔朱棣废为庶人，下令讨伐朱棣。长达四年的“靖难之役”就这样开始了。

明史·成祖本纪

靖难之役：从北平打到南京

本来，燕王只占据北平（今北京市），势力弱小，朝廷大军的优势是压倒性的，但由于朱元璋在世时大肆杀戮功臣名将，朝廷没有像样的

朱高炽

将领可用，而燕军长期驻扎边塞，经常跟随朱棣出塞击敌，极为生猛彪悍，也熟悉战法，擅设伏兵，因而刚刚开战，朝廷大军就败了。

朝廷大军想要攻取北平城，燕王朱棣的长子朱高炽留守北平城，他带领燕军拼死守卫，连城中的女性都跑上城头往下扔瓦投石，朝廷大军几次进攻，都被击退。城内的军民还趁着天寒地冻，深夜往城墙上泼水，使城墙结冰，令朝廷大军无法攀城进攻。

科技发明

炸炮

炸炮用生铁铸成，里面是空的，放入火药，穿上火线，埋入地下，只要敌人走过，踏动发机，就会起震，火焰冲天。这是真正意义上用机械发火装置的地雷，也是世界上最早的压发地雷。

1400年，白沟河之战爆发，朝廷派出了六十万大军。这一次，朝廷大军也开始设伏，并埋下“炸炮”，使燕军损失惨重。燕军撤退时，朱棣亲自率军殿后，但月黑风高，他迷了路，不知往哪里走。于是他下了马，趴在地上，仔细辨别河流的走向，最终才分清方向，回到自己的营地。

第二天，双方决战。朱棣亲冒矢石，率军攻打。双方混战，朱棣一连换了三匹马，射光了三筒箭，宝剑也被砍断，就在危急时刻，忽然刮起一股旋风，把朝廷大军的帅旗刮断了，朝廷大军认为是不祥之兆，顿时乱成一团。主帅也分外惊惶，扔下六十万大军自己逃走了。朱棣趁机放火猛攻，大获全胜。

短短几个月的时间，朝廷大军一败再败。燕军势头更猛，不久围困了济南城。

当时，守卫济南城的是右参政铁铉、盛庸。朱棣用箭将一封信射入城内，劝二人投降。二人拒绝。

燕军挖开河堤，放水淹城。铁铉想出一计，派千人假装投降，引诱朱棣进城。朱棣信以为真，高兴地骑马进城，到城门口时，城门的铁板突然落下，砸了过来。但铁板提前落下了，只打中了朱棣的马头。朱棣没有受伤，他大惊失色，急忙换马跑了回去。

朱棣恼羞成怒，之后一连疯狂攻城三个月。但铁铉、盛庸誓死守城，朱棣猛攻不下，便命人使用大炮攻城。

铁铉无法抵抗，便写了一些木牌挂在城头，木牌上写着“高皇帝神牌”几个字。“高皇帝”就是朱棣的父亲朱元璋，朱棣看了，不敢再打，

停止了炮击。朱棣撤回北平不久，再度南下。燕军抵达山东时，遇到守将盛庸。朱棣再次劝降，盛庸再次拒绝。盛庸决定在东昌（今山东省聊城市）与燕军决战，朱棣到达东昌后，盛庸故意打开阵口，引诱朱棣进入，后朱棣在部下的苦救下才逃离战场。

在东昌之战中，朱棣多次陷入险境，但建文帝曾经传旨，“毋使朕有杀叔父名”，将士们都不敢伤害朱棣，又难以活捉，只得随他去了。但东昌之战终究是朝廷大军的第一场大捷。燕军再次出师时，探知盛庸驻扎在夹河（今河北省衡水市境内）。因为建文帝下令不准伤害朱棣，于是，朱棣亲自率领几个轻骑兵，大摇大摆地去侦察盛庸的阵地。盛庸眼睁睁地看着，无可奈何。

侦察阵地后，朱棣率兵进攻盛庸的兵阵，但无法攻入。大战持续到夜里，双方才罢兵。朱棣带着十多个人，竟然就在盛庸营地的旁边露宿。清晨，朱棣一觉醒来，发现对方把自己团团包围了。但他并不惊慌，反正他们不能杀自己，于是，他从容地骑上马，穿过盛庸军，扬长而去。盛庸军愕然，不敢射箭。

双方再次会战后，突然刮起了狂风，尘埃四起，遮天蔽日。盛庸军处于顶风的位置，无法作战。燕军顺风，呐喊大呼，打败了盛庸军。夹河之战结束。

接着是藁（gǎo）城会战。朝廷大军用火枪和弓弩把燕军打得伤亡惨重，但由于禁杀令，朱棣一点儿事都没有。在激战中，狂风又起，朝廷大军败退。

历史人物

道衍和尚

姚广孝出生在今江苏省，年轻时出家为僧，法名道衍。姚广孝结识燕王朱棣后，成为朱棣的谋士。靖难之役时，姚广孝作为主要策划者，帮助朱棣以北京一地敌全国兵马，使其顺利称帝。之后，姚广孝负责迁都北京之事，担任《永乐大典》最高编纂官，被称为“黑衣宰相”，晚年，又担起维护佛教之任。他以文臣身份入明朝祖庙，为明朝唯一之人。

国宝档案

永乐大钟

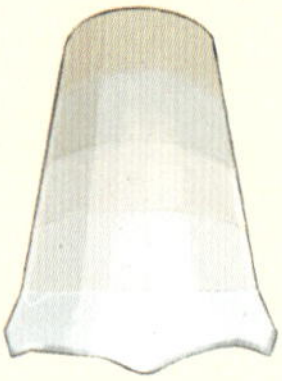

明成祖朱棣迁都北京后，为宣扬“壮举”，令人铸了一口大钟。此钟高6.75米，外径3.3米，重约46.5吨，是中国最大的青铜钟。钟上铸有22.7万字，音色优雅，钟的悬挂符合力学原理，依靠一根一米长的铜穿钉，承受几十吨的剪应力，创造了世界铸造史上的奇迹。

燕军先后几次得到大风相助，朱棣认为上天在助他取胜。燕军继续南下，沿途郡县大多望风而降。燕军围攻灵璧。燕军的进攻信号是三声炮响，而朝廷大军突围出逃的信号也是三声炮响。燕军炮响时，朝廷大军以为是自己队伍的信号，顿时夺路而逃。燕军立即进攻，大获全胜。灵璧之战就这样结束了，燕军彻底击溃了朝廷大军的主力。1402年七月十三日，燕军抵达都城南京。守卫南京城金川门的守将开门迎降，靖难之役就此终结。

东厂因何诞生

燕王朱棣进入南京城时，皇宫中火光冲天，建文帝朱允炆不见了。

有人说，建文帝已经在宫中自焚而死；有人说，建文帝从地道逃出，已经落发为僧；还有人说，建文帝逃到了东南亚，郑和下西洋的目的之一就是寻找他的下落。不管怎么说，建文帝是真的失踪了，他的去向成了一桩千古悬案。

1402年七月，朱棣在南京即皇帝位，史称明成祖，年号永乐。

朱棣是篡位当上的皇帝，而建文帝却是正式传位的皇帝，因此朱棣开始屠杀反对自己的人，以巩固帝位。大学者方孝孺及亲人八百多人被杀，他的学生也都殉难。黄子澄、齐泰也被杀死、灭族。被抄家、流放的人不计其数。

死守济南的兵部尚书铁铉仍不肯投降。铁铉性情刚决，文武双全，朱元璋在世时，曾赐“鼎石”二字赞美他。朱棣极力劝降铁铉，铁铉宁死不降。朱棣下令攻城，铁铉寡不敌众，城池被破。朱棣又使出伏兵计，活捉了铁铉。铁铉见到朱棣，大骂不绝，立而不跪。朱棣恼羞成怒，铁铉被凌迟处死，年仅三十七岁。朱棣虽然痛恨铁铉，但也明白铁铉的忠义，时常对群臣感叹并称赞他。

大将盛庸没有拒降，但他归附朱棣后颇受排挤，只好辞去官职。但即使身为布衣，还是被诬陷心怀二意，盛庸在无奈中选择了自杀。

朱棣不信任大臣们，为了更严密地监察他们，朱棣恢复了锦衣卫（明太祖朱元璋创立锦衣卫后，发现锦衣卫胡作非为，后期便废除了这个机构）。

知识宝盒

天坛

天坛是中国最大的祭坛建筑群，始建于明朝永乐年间，是明清两代皇帝祭天、祈祷丰收的地方。天坛的建筑群布局奇特而严谨，还有运用声学原理建造的回音壁、三音石、对话石等。如果两个人贴着回音壁的墙站立，哪怕相隔一二百米，声音很低很低，对方也能听得很清楚。

朱棣觉得光有锦衣卫不够，还想另外设立一个特务组织，东厂就此诞生了。东厂的全称是东缉事厂，是一个特权监察机构、特务机关、秘密警察机关。让谁当首领呢?

朱棣思索再三，想到自己在起兵时，一些太监和和尚出过很大的力（如太监郑和、和尚道衍），他觉得太监很可靠，另外太监身处皇宫之中，可随时联系。于是，他不顾朱元璋留下的太监不得干政的禁令，提拔太监当了东厂的首领。

东厂不仅监视大臣们，还监视锦衣卫，权力在锦衣卫之上，只对皇帝负责，可以不经过司法机关批准，随意监视、跟踪、拘捕臣民，太监干政的局面就此拉开了序幕。

明朝大航海

为了安抚百姓，明成祖朱棣大赦天下，除了犯谋反，谋杀祖父母、父母等重罪外，其余的全部赦免。他又减免赋税，帮助流离失所的人回到家乡安居，并开设学校。对于归隐山林的贤士，他派人虚心求访，量才而用。同时他宣扬儒家思想，用科举考试鼓励寒门子弟，使饱经涂炭的明王朝渐渐安定繁荣起来。

国家富强，疆域辽阔，有了“远迈汉唐”的气象。明成祖决定派遣使团出海，与西洋各国进行贸易往来，同时宣扬国威。有人认为，此举也为寻找神秘失踪的建文帝。但是由谁来带领这支航海队伍呢？

明成祖想到了跟随自己多年的太监郑和。郑和原本姓马，小名三保，很小的时候就在朱棣身边做侍童，深得信赖。在靖难之役中，他立下了不小的战功，被朱棣赐姓“郑”，改名郑和，掌管内宫太监。郑和对朱棣忠心耿耿，又文武双全，明成祖认为郑和就是最佳人选。

郑和接受任务后，组成了一个阵容强大的使团，人数近三万，除了各级官员和将士，还有水手、航海技工、医生、翻译等。

船队中的船只是当时世界上最先进的，船体为鱼鳞式结构，紧密严实，不易漏水。船为水密隔舱，即使一个或几个舱室进水了，也不会波及其他舱室，即使洪涛接天、巨浪如山，大船仍能“昼夜星驰”。

航行时，郑和使用了指南针和过洋牵星术，这是当时世界上最先进的航海导航技术。白天，船队按照约定，悬挂、挥舞各色旗带，组成旗

国宝档案

大报恩寺琉璃构件

明成祖朱棣为了纪念母亲，曾在南京建大报恩寺琉璃塔，这件砖雕白象就是琉璃塔拱门上的构件。白象卷鼻长牙，背着莲座而行，釉色鲜艳。在佛教中，白象是护法神的坐骑。

语，传递信息；夜里，船队挂上灯笼，进行联络。当海上起雾或者下起大雨时，船队就用敲锣、吹喇叭和螺号来联系。

第一次远航，船队最先到达了占城国（今越南南部）。接着郑和又访问了爪哇、苏门答腊、锡兰（今斯里兰卡）等国家和地区。不过当船队经过马六甲海峡时，却遇到了大麻烦。

有一伙海盗在海上横行霸道，抢劫过往的商船。他们听说郑和船队将带着大批宝物经过时，便想乘机偷袭。有一个当地人得知了海盗的计划，偷偷派人告知了郑和。郑和提前做好了迎战的准备。海盗们夜里行动时，见郑和船队毫无动静，以为没有防范，就直接冲了进去，结果正好进入郑和设下的伏击圈。郑和命人发射火炮，霎时，周围的大战船都围了过来，火把也燃烧起来，将海面照得透亮。海盗船被大船紧紧包围，不能动弹。不到一个小时，海盗就被全部歼灭，海盗头目也被活捉。

第一次远航胜利结束后，明成祖朱棣大悦，此后又先后命郑和远航了五次，一共到过三十多个国家和地区，最远到达东非。

知识宝盒

麒麟和长颈鹿

当郑和下西洋返回时，很多国家都派出使者随船队来华，向明成祖朱棣进贡礼物，明成祖也回赐很多礼物。有一年，榜葛剌国进贡了一只麒麟（有学者考证为长颈鹿），引起举国欢腾。学者沈度绘了一幅《麒麟图》，此后，历史上留下多个摹本，都脱胎于这幅图。

郑和

郑和每到一个地方，都会向当地的国王诵读皇帝的诏书，表达友好交往的愿望，并赠送珍贵的礼物。当地人大都友好接待。郑和每次回国时，都会有许多外国使团，随同船队一道来访中国。他们带来当地的特产和珍禽异兽，如胡椒、硫黄、宝石、金钱豹、狮子、鸵鸟等。

郑和下西洋向世界展示了大明帝国的强大，也开拓了海外贸易，早于欧洲大航海时代，创造了世界航海史的奇迹。

一个鞑靼，一个瓦剌

明太祖朱元璋在位时，曾消灭北元朝廷，但仍有蒙古残余势力退守关外。当时燕王朱棣驻守边境，多次与之交战，仍未能使其臣服。朱棣称帝后，蒙古残余势力已经分裂成鞑靼（dá dá）、瓦剌（là）、兀良哈等部，仍然威胁着边境的安全。

朱棣打算暂且安抚鞑靼和瓦剌，他派出使者前往鞑靼，想要双方和好，自己为“中国”之主，可汗为大漠之主，彼此互不侵犯。

谁知鞑靼可汗不同意，还杀害了使者。消息传到朱棣耳中，朱棣勃然大怒，下令十万大军讨伐鞑靼。明军一路行进，来到一个叫胪朐河的地方时，抓到一个间谍，间谍提供了假情报。明军贸然进攻，结果正好中计，遭到鞑靼的伏击，全军覆没。

朱棣听闻战报火冒三丈，亲自带领五十万大军，深入漠北。鞑靼抵挡不住，明军大获全胜，鞑靼不得不归附明王朝。

然而，蒙古残余势力分裂出的另一大势力——瓦剌部也很强大。瓦剌占据了西北通道，想要控制鞑靼。朱棣又亲征瓦剌。这一次，明军仍然是五十万人，瓦剌只有大约三万人，然而明军却打得异常艰苦，最后虽然取胜，却是惨胜。此后，朱棣又三次亲征漠北，仍未彻底得胜。

紫禁城问世了

明成祖朱棣虽然身在南京，但心一直在北平。北平是他起家的地方，是自己的根据地，而南京是建文帝执掌天下的地方，他心里始终不大安稳。另外瓦剌和鞑靼位于漠北，距北平近，距南京远。因而，他一直想把都城迁到北平。他先把北平改为北京，命人准备迁都事宜。

二十多万工匠和难以计数的军队被调遣到北京，进行皇宫修建。花费了几年时间，宫城（紫禁城）和皇城（包括祭坛和官署）基本建成。其中，紫禁城为皇宫，分为前朝和后朝。前朝有奉天殿、华盖殿、谨身殿，后朝有乾清宫、保宁宫。六座大殿位于全城的中轴线上，布局严整。

城砖与墙砖都不是寻常之物，而是在山东日夜烧制而成，然后一块块运到北京的。大殿内铺地的砖则烧制于苏州。做砖坯的土是具有黏性的细土，深灰色，还要用很细的筛子筛去杂质，再加水压实，烧一百三十天。每一块砖都是一样的大小，铺在地上几乎没有缝隙。之后浸上桐油，平整如镜，光彩照人，被称为金砖。

历史人物

蒯（kuǎi）祥

蒯祥是苏州人，父亲蒯富为总管皇宫建筑的“木工首”。蒯祥从小随父学艺，参加或主持多项皇室工程，天安门城楼就是他设计的。他只略加计算，就能画出设计图，施工完成后，尺寸与设计图样不差分毫。明成祖朱棣赞他为“蒯鲁班”，将其提拔为工部左侍郎，升官后他依旧谦逊俭朴，后来主动辞官隐退。

宫中所需的材料来自全国各地，有的是百年以上的珍贵木材，比如金丝楠木。匠人们在南方精心挑选金丝楠木，然后抛入大运河，让木头顺着水流一路漂到北京，足足用了两三年的时间才把木头运到。

国宝档案

九龙壁

九龙壁是一种影壁，位于紫禁城宁寿宫皇极门外，长29.47米，高3.59米，重300多吨，由琉璃制成。壁上九龙为高浮雕，最高处凸出壁面20厘米，似要破壁而出，立体感极强。古人认为九是极数，五是居中之数，“九五”之尊为天子之尊。壁上的270个分块，也是九五的倍数。

朱棣非常满意，于1421年正式迁都北京，南京作为副都。

然而入住紫禁城四年后，1424年冬，鞑靼再次入侵，明成祖朱棣

国宝档案

宣德炉

宣德炉是中国历史上第一次用黄铜铸成的香炉，由明宣宗朱瞻基参与设计、监造。宣德炉放在火上烧久了，光色灿烂多变，即使扔到污泥中，擦掉泥污，也宝光如初。宣德炉开了后世铜炉的先河，见证了明王朝的全盛时代。

御驾亲征，返回时，于半路突然驾崩。之后的皇帝明仁宗和明宣宗父子格外关心百姓，勤于政事，使国家更加繁荣，史称“仁宣之治”。

明史·英宗本纪

太皇太后张氏

明宣宗朱瞻基驾崩后，太子朱祁镇尚未即位，宫中便起了谣言，说新皇帝是明宣宗的弟弟。朱祁镇刚刚九岁，惊惶迷茫，不知该怎么办。

这时，他的奶奶太皇太后张氏站了出来，召集大臣们到乾清宫，指着他流泪道：“这就是新天子啊。”大臣们听了，赶紧高呼“万岁”，流言就这样平息了。朱祁镇顺利继位，史称明英宗。

由于皇帝年幼，大臣们请太皇太后张氏垂帘听政，太皇太后拒绝说：“不要破坏了祖宗之法，只要勉励皇上向先贤学习，重用得力的辅佐大臣就可以了。”虽然太皇太后仍旧掌握国事，她极为自律，从不徇私。她自家的人，哪怕学识渊博、才能卓著，她也不予重用。

太皇太后重用“三杨”（杨士奇、杨荣、杨溥），使得朝野清明，国家安定，经济繁盛，欣欣向荣。

宫里有个太监，名叫王振，本来是一个落第的秀才，当过私塾先生，做过教官，后来入宫当了太监。由于他有文采，聪明狡黠，善于察言观色，很快受到重用，专门服侍幼小的朱祁镇。朱祁镇当上皇帝后，他伺候左右，教小皇帝怎么面对大臣、怎么说话等，生活上也照顾得无微不至，小皇帝对他极为依赖。明太祖朱元璋开创明朝时，为了防止太监专权，曾悬挂一块铁牌，上有“内臣不得干预政事，犯者斩”的字样。太皇太后牢记祖训，当她觉察到王振干涉朝政过多时，立刻担心起来。一日，太皇太后把王振叫来，厉声喝道：“你侍候皇上不循规矩，应当赐死！”一旁的女官们个个带刀，立刻把刀架在了王振的脖子上。王振跪在地上，吓得不停颤抖。明英宗见自己最宠信的人有了危险，连忙跪下，苦苦求情。几位大臣也都跪下，太皇太后这才饶了王振。

知识宝盒

为一球子

《罪惟录》中记载，太监王振曾正言劝谏明英宗朱祁镇。一次，王振见明英宗与人击球，便说：“先皇帝为一球子，几误天下，陛下复蹈其好，如社稷何？”明英宗很惭愧。“先皇帝”是指明宣宗朱瞻基，他因为酷爱蹴球而轻视军政，导致明军战斗力低下。

太皇太后张氏
明英宗
王振

她严厉警告王振："你们这种人自古多误国事，皇上年幼，哪里懂得这些！现在皇上和大臣为你讲情，暂且饶你这一回，日后再犯，一定不饶！你记住了吗？"

此后，太皇太后经常派人去内阁询问政事，一旦发现王振独断专行，不汇报内阁的情况，立刻叫来责骂训斥。王振小心翼翼，不敢过分嚣张，一直没能真正干政。

然而不过几年时间，太皇太后就驾崩了，"三杨"也去世了，王振开始大张旗鼓地专权干政，大明王朝一个离谱的大危机就要到来了。

知识宝盒

司礼监

明朝宫廷里有二十四个太监衙门，其中最重要的是司礼监。皇帝的裁决意见，要由司礼监用红笔批写在奏章上，这称为"批红"。奏章"批红"后交给内阁，内阁才能颁布。也就是说，司礼监太监就是皇帝的代言人。

一个兴风作浪的太监

明英宗朱祁镇把王振提拔为司礼监掌印太监，宫里所有的太监，包括东厂，都归王振管理，奏章也由王振批阅。

王振把明太祖挂在宫门前那块"内臣不得干预政事，犯者斩"的铁牌子摘下来，又大兴土木，为自己修建了豪华府邸。

王振权倾朝野。顺从、巴结他的人，就会得到提拔和晋升；违背、忤逆他的人，则会受到严惩和贬黜。

一日，翰林侍讲刘球提出，皇帝应该自己处理政务，不能让权力下移。王振看到了刘球的建议，勃然大怒，立刻把刘球抓进监狱，毒刑拷打，并将其残忍杀害。

国子监祭酒李时勉从不给王振送礼，王振便说李时勉折了国子监古树的树枝，是大不敬，给李时勉戴上重枷，在烈日下示众。示众了三天，一千多名学生上书请求释放，有的学生还想代替老师受刑。王振自己心虚，也怕出事，正好有人向明英宗的生母孙太后求情，孙太后告诉了明英宗，而明英宗压根儿不知道这件事，王振有了压力，赶紧放了李时勉。

对于王振的所作所为，明英宗大多赞同，即使偶尔有不赞同的，也表示能够理解。为了表示对王振的尊重，他不叫王振的名字，而叫他“先生”。大臣们见皇帝如此，也都望风而拜，一些人甚至称年轻的王振为“干爹”。

成语补给站

两袖清风

明朝太监王振以权谋私，大收贿赂。巡抚于谦进京奏事，同僚劝他给王振送礼，以免遭到迫害。于谦表示自己带东西了，举起两袖说："带有清风！"后世便用"两袖清风"比喻为官清廉，也用于形容穷困。后来于谦被王振诬陷，抓进大牢，山西、河南的官民纷纷请愿，事情闹大，于谦才免于一死。

离奇的"土木堡之变"

每一年，蒙古瓦剌部都向明王朝献马朝贡，明王朝则回赐更多的财物。

按照规定，瓦剌朝贡的使者要少于五十人，但瓦剌想要得到朝廷回赐更多的物品，竟然把使者增加到了两千多人。以前，王振为了得到瓦剌的贿赂，不加制止，后来不知王振有了什么想法，突然实事求是了，不仅减少了回赐，还把马价削减了。

瓦剌因没有得到满足，发起四路大军攻击明王朝。瓦剌首领也先亲自率领一支精锐，进攻山西大同。

明军抵挡不住，十万火急地向朝廷求援。王振对"蛮夷"瓦剌有些瞧不起，以为只要明英宗御驾亲征，就能把瓦剌兵吓跑。这样一来，不仅明英宗能够青史留名，自己也成了功臣。于是，他极力怂恿明英宗亲征。

此时明英宗二十二岁，还是一个热血青年，也梦想着自己能像祖辈那样深入漠北，大显身手。因此，他一听王振的建议，立刻摩拳擦掌地同意了，宣布两天后就开拔。

御驾亲征岂能等同儿戏？大臣们知道后都极力反对，说军备不足，不宜草率亲征。吏部尚书王直说：“虽是秋天，但暑热未退，酷热难当，青草却不足，水源也不足，战马的饮食得不到保证。况且皇上在路上，四方有了急报，怎么能马上找到皇上呢？奔赴战场，有很多不测之祸，难保没有危险。”

但明英宗只听王振的话，大臣的话一句也听不进去。王振和明英宗急三火四地在两天之内凑了二十万大军，号称五十万，胡乱配些粮草和武器，就朝大同方向出发了。随行的还有英国公张辅，兵部尚书邝埜（kuàng yě），户部尚书王佐，内阁大学士曹鼐、张益等一百多位文武官员，但明英宗不准他们参与军政事务，把军政大权都交给了王振。

正值秋雨时节，阴雨连绵，道路泥泞不堪，行军十分困难。将士们的铠甲里面都是湿的，人人怨声载道，脾气暴躁。粮草和装备也不齐全，没走几天，就缺吃少喝了。大军狼狈不堪，士气低落，还没到达大同，已经军心动摇。

一路上，不断有人死亡，尸体塞满道路。随行的大臣感觉事态严重，再次请求明英宗回京。王振听到后恼怒不已，把劝阻最厉害的兵部尚书邝埜、户部尚书王佐罚跪在草地里，跪到天黑才准起来。

瓦剌的首领也先探知明英宗来战场了，立刻假装退却，引诱明军进入大同。明英宗进入大同后，听说瓦剌军队正在北撤，王振以为瓦剌害怕了，便继续向北挺进。邝埜等人感觉不妙，因为一路上没有遇到一个瓦剌骑兵，未动一箭，显得不合常理，他们怕中了瓦剌的埋伏，再次请求回京，王振却训斥了他们。

镇守大同的太监是王振的心腹，这位心腹告诉王振，几日来，明军连连惨败，如果继续北进，正中瓦剌之计。王振这才害怕起来，急忙传令，退兵回京。

退兵之事应该越快越好，但王振却不合时宜地动起了小心思：这里离自己的家乡蔚州（今河北省张家口市蔚县）不远，如果让皇帝经过那里，自己就可以在父老乡亲们面前显显威风了。

历史人物

邝埜

邝埜是湖南人，曾任监察御史、兵部尚书等职。有一次，他给父亲寄去一件衣服，父亲回信责备他："你掌管法律，应洗雪冤案，从哪里得到这衣服，来玷污我！"邝埜持信跪读，哭着接受教诲。邝埜一生宽和，不伤民生，救人无数，还完善了明王朝的制度。在土木堡之战中，邝埜惨死于乱军之中。

于是王振下令，取道蔚州。几十万大军呼啦呼啦向蔚州奔去。

赶了大约四十里路，王振突然想到，这么多兵马经过蔚州，一定会践踏毁坏他家乡的庄稼，那样反而会遭诟病了。

于是他又匆匆忙忙下令：改道向东，向宣府（今河北省宣化区）方向行进。

一来二去折腾了很久，明军像没头苍蝇一样窜来窜去，十分混乱。

瓦刺首领也先知道明军不战而逃，派骑兵在后面紧追不舍。

大同参将郭登和大学士曹鼐等人对王振说："从这里到紫荆关只有大约四十里，应该从紫荆关回京，不应取道宣府，免得被瓦剌大军追上。"

王振不听，坚持折向宣府。明军迂回奔走，疲惫不堪，数日才抵达宣府。然而瓦刺军已经追了上来。明英宗急忙派人断后，掩护自己撤退。断后的人都战死在沙场上。明英宗又派成国公朱勇等人带着三万骑兵阻击，朱勇等人冒险拦截，被瓦剌重重包围，寡不敌众，全军覆没。

明英宗退到了土木堡（今河北省怀来县东南），距离怀来城只有二十里左右，众人建议入城，但王振的一千多辆辎重军车还没到达，他惦记自己搜刮来的东西，说什么也不肯入城，让大家在土木堡宿营。

兵部尚书邝埜请求王振，让明英宗先行一步，骑快马进入居庸关，以保证安全，同时派精锐军拦截瓦剌。王振却毫不理会。

邝埜无可奈何，急得如热锅上的蚂蚁，干脆一个人闯入明英宗的居处，请求明英宗速行。王振气得大骂："你这个腐儒，怎么懂兵家之事，再胡言乱语，必死无疑！"他让士兵把邝埜硬拖了出去。

在惊慌混乱中，一夜就这样过去了。次日清晨，明英宗正想行进，猛然发现一切都晚了，土木堡已经被瓦剌军围住了。

土木堡地势很高，附近没有水源，南面大约十五里的地方有一条河，已经被瓦剌军控制。明军几十万人就这样被围困了两天，没有水喝，个个焦躁不安，骂不绝口。王振让他们挖井，挖了两丈多深，也见不到水。将士们急得团团转，军心涣散如沙。

历史人物

绰罗斯·也先

也先是蒙古族人，他的父亲是瓦剌首领脱欢。也先继位后，向东征服女真，势力抵达朝鲜。在土木堡之战中，也先活捉了明英宗朱祁镇，并包围北京，差点儿终结了明王朝。在也先的统治下，瓦剌达到极盛。不过，也有人不满也先，把他暗杀了，瓦剌从此走向衰落。

瓦剌军知道明军饥渴至极，打算引诱明军出了堡垒，一举消灭。也先派人去见王振，假装和谈，以麻痹明军，使明军松懈。王振不知是计，大喜过望，立刻就答应了。也先继续迷惑王振，假装撤退，故意让出土木堡南面的河流，暗中则埋伏得密不透风。

王振见瓦剌军后撤了，以为瓦剌是在显示议和的真诚，立刻下令把营地移到靠近河流的地方。饥渴难忍的将士们一听，立刻蜂拥一样奔向河边，很多人连武器和铠甲都扔到了一边，完全没有一丝戒备。

就在明军争相乱跑的时候，忽见瓦剌骑兵从四面包围过来。明军猝不及防，几乎来不及抵抗，就四散溃败了。在很短的时间内，明军死伤无数，尸横遍野。明英宗望着眼前的一切，恍然如梦。他眼见不可能突围而出，干脆下了马，向南而坐。几个瓦剌兵冲上来，其中一个想要剥取明英宗的衣甲，但猛然注意到，此人的衣甲与众不同，料到可能是个大人物，便推拥着他去见也先的弟弟。

也先的弟弟盘问明英宗，明英宗不答，而是从容地反问道：“你是谁？是也先吗？”也先的弟弟见他器宇不凡，口气逼人，赶紧报告给也先。也先派人去辨认，才知道俘虏了皇帝。对于也先来说，俘虏了皇帝，是一件不能再大的喜事了。可是既然捉了来，是留着还是杀掉呢？这又让也先忧心不已。

也先的弟弟认为，皇帝终究不是普通人，最好留着，用他要挟、操纵明王朝，索要更多的财物。也先觉得这个主意不错，便没有杀掉明英宗。

北京保卫战

土木堡的战况传到了北京，留守官员们都不敢相信，在大殿上痛哭失声。明英宗的生母孙太后命令英宗的弟弟朱祁钰监国。

此时，也先已经挟持着明英宗杀向了北京。大臣们又急又乱，有人想用财物赎回皇帝；有人主张将都城迁到南方，以免被连锅端。一时间出逃南迁的提议占了上风。

就在这风雨飘摇的时刻，兵部侍郎于谦厉声说：“提议南迁的人应该杀头！京师是王朝根本，岂能随便动？”于谦拒绝逃跑，坚持抵抗，保卫京师，得到了一些重臣的支持。他被升为兵部尚书，开始布防。

精锐部队已经在土木堡失陷，京城只剩下几万疲惫的士兵。于谦请调了各地的备操军、备倭军、运粮军，鼓励大家同仇敌忾，一起御敌。武器不够用了，于谦又招募民兵，制造器械盔甲。储存在通州的粮食，也都领取过来，避免留给也先。整个朝廷都依赖于谦一个人。

也先攻破了紫荆关，逼近紫禁城。也先以明英宗为人质，跟明王朝谈判，提出各种要求。于谦锵然表示“社稷为重君为轻”，都拒绝了。

知识宝盒

社稷为重，君为轻

《孟子》中有一句话：“民为贵，社稷次之，君为轻。”意思是百姓最重要，国家其次，君主为轻。后世常化用这句话，以表示君主和社稷都可以更换，唯有百姓不可更换。明臣于谦在抗击瓦剌首领也先时，也曾说过此类话。图为于谦像。

于谦等人拥立朱祁钰为皇帝，史称明代宗，把明英宗尊为太上皇，并传令将领们，就算瓦剌用太上皇的名义提出要求，也不必理睬。

也先恼羞成怒，他原打算以明英宗为筹码，趁乱拿下整个明王朝，没想到碰到于谦，一点儿便宜都没占到。瓦剌军开始猛攻京城九门。然而，于谦已经命人在九门外摆开了阵势，他自己则列阵德胜门外。也先懊恼不已，原以为京城虚弱不堪，没想到却严阵以待，无隙可入。

也先派骑兵窥察德胜门，于谦派出神机营，在空屋里设伏。然后，于谦让几个骑兵引诱也先骑兵，等也先的骑兵一靠近，神机营便发射火药武器，伏兵也奋勇杀出来，打了一个大胜仗。

也先的弟弟被炮打死，也先率瓦剌军转移到西直门，要求和于谦谈判，被于谦拒绝。也先挥兵作战，又被明军打败，就这样煎熬了五天。

也先意识到，有于谦在，自己不可能达到目的，新皇帝已经就职，被俘虏的明英宗失去了价值。听说各地勤王的军队马上就要抵达北京城，他担心归路被截断，便挟持明英宗撤退了。

于谦令明军追击，一直追到居庸关才回来。至此，北京保卫战以明王朝大胜告终。

明英宗被带入大漠，拘留了一年时间。也先没得到什么好处，还要伺候这位太上皇吃喝，他只好派人去紫禁城，让明朝廷把太上皇接回去，自己得一点儿犒赏。

也先想“退货”，可现任皇帝明代宗却不想接收。因为如果他把哥哥明英宗接回来，那么，他要不要把皇位还给哥哥呢？

知识宝盒

神机营

神机营是明朝京城禁卫军中三大营之一，始建于明成祖朱棣时期。明世宗时，北有鞑靼，南有倭寇，内忧外患严重，推动了火器的发展。神机营是一支专门掌管火器的特殊部队，开启了世界火器部队的先河。

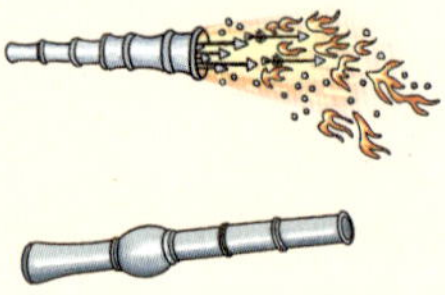

国宝档案

景泰蓝

景泰蓝的正名是“铜胎掐丝珐琅”，是用软软的扁铜丝掐成花纹焊在铜胎上，再填充珐琅质色釉，莹润鲜艳，由于盛行于明代宗景泰年间，被称为景泰蓝。有人认为它是本土发明，也有人说它是元朝西征时从阿拉伯一带传入的。

明代宗很不高兴，对大臣们抱怨：“朕本来不想当皇帝，是你们当时硬要朕当的。”

于谦劝说道：“帝位已定，不会再有更改，不过该接太上皇还是要接的。”

明代宗听了，回转了脸色，说：“那就听你的。”

在于谦的坚持下，羁留塞北一年的明英宗最终被接了回来。

明英宗从大漠出发后坐在轿子里，由两位骑兵陪伴，悄无声息地进入了安定门。

接下来的历史就很微妙了，史书很含糊地一带而过，不知明英宗、明代宗两位兄弟是否见面，只知道一件事——明英宗被软禁起来了。

惊心动魄的夺门之变

明英宗被弟弟明代宗软禁在南宫，锦衣卫日夜监视、管控。门被大锁锁上了，锁孔还被灌了铅，无法打开。食物每天从一个小洞里递进去。南宫附近的树木也被砍光，防止有人藏匿其中，联络明英宗。

和明英宗一起被关押的，还有明英宗的皇后钱氏。当明英宗滞留大漠时，钱皇后日夜哀泣求告，一只眼睛已经哭瞎。她想到明英宗处于苦寒之地，自己不忍吃饱睡暖，衣食极尽俭朴，也睡卧地上，一条腿因此残疾。被关入南宫后，衣食不足，钱皇后自己缝缝补补，做些女红，托人带出去变卖，以补家用。

夫妻二人相依为命，在惊恐不安中苦苦熬了七年。

本来明代宗的才干和勤政程度要比明英宗好很多，他不把皇位还给哥哥也说得过去，将来可以把皇位传给哥哥的儿子，不过当了几年皇帝后，他的心思发生了变化，废掉了太子（明英宗之子），而将自己的儿子立为太子。但新太子没过多久就病逝了。

景泰八年（1457），明代宗也患了病，卧床不起。朝廷上顿时纷乱起来，江山不能无主，由谁来接掌皇位呢？

武清侯石亨、左副都御史徐有贞、太监曹吉祥等人开始密谋，决定接回太上皇，让明英宗继续当皇帝。

一日黎明时分，石亨、徐有贞带着大约一千人，趁着天还没亮就控制了长安门、东华门，然后冲到了南宫。他们费了很大的劲儿才把南宫的大门撞开，明英宗听到动静，拿着灯烛起来，惊问来人。一行人当即跪倒，说道："请陛下登位。"

明英宗被扶上了皇舆，一行人飞快地赶往奉天殿，以便赶上早朝。到了殿旁，一位守卫不知是怎么回事，大声喝止。一行人顿时有些不知所措。这时，明英宗说了一句："朕太上皇帝也。"守卫非常惊讶、迷茫，只得后退了。

此时已是早朝时分，大臣们五更以前就在午门外的朝房等待了。忽然间，宫中钟鼓齐鸣，宫门大开，有人大声宣布，太上皇归来。

大臣们万分震惊，目瞪口呆，却又无从选择，在徐有贞等人的催促下入宫拜贺。明英宗就这样再次坐上了龙椅，这就是夺门之变。

戏剧性的一生

明英宗复位的当天，兵部尚书于谦就被抓进了大牢。嫉恨于谦的大臣说，于谦置皇帝于不顾，应该处死。

明英宗十分犹豫，如果没有于谦，瓦剌可能占据北京城，明王朝也许就终结了。再说，如果没有于谦，他也很难从大漠回到京城。

徐有贞说："不杀于谦，皇上复位无名。"几位大臣也极力劝说，明英宗最终同意了，后以谋逆罪杀害了于谦，还抄了家。明英宗把弟弟明代宗软禁在西苑，没多久，明代宗病逝，终年三十岁。明英宗似乎还不解气，给了弟弟一个恶谥——戾。对于王振，明英宗并不怨恨，反而十分怀念。他为王振正名，用香木雕刻了王振之像，还为王振建了祠。

在饱经磨难后，他的性情发生了很大的变化。他开始关心、同情百姓，还废除了宫妃殉葬制度，对于钱皇后，他也始终不离不弃。

有大臣提议废后，因为钱皇后残疾，且没有儿子，有失王朝体面。

明英宗勃然大怒，贬斥了大臣。几年后，明英宗患病，便口授遗诏，要求太子必须尊重孝顺钱皇后，并拉着顾命大臣的手反复叮咛：“钱皇后千秋万岁后，与朕同葬。”大臣忍不住落泪，把这句话写在了遗诏上。

然而太子并非钱皇后所生，钱皇后最终未能与明英宗合葬。

历史人物

袁彬

袁彬之父为锦衣卫校尉，因病辞官后，袁彬接班。土木堡之变时，许多人抛下皇帝逃命，唯袁彬几人寸步不离。袁彬与瓦剌交涉一切事务，并照顾明英宗的生活，冬天把衣服解开为明英宗暖脚，转移时背着明英宗而行，反复开导明英宗低落的情绪。明英宗复位后，让袁彬掌管锦衣卫。后明英宗宠信门达，门达陷害袁彬，袁彬被勒令回家。明英宗死后，袁彬又被召回锦衣卫，他将护驾经过写成《北征事迹》，后被收入《四库全书》。

明史·宪宗本纪

短命的西厂

朱见深是明英宗的周贵妃所生，十八岁即位，史称明宪宗。明宪宗一当上皇帝，就给于谦平了反，深得臣民之心。锦衣卫指挥使门达骄纵横行，明宪宗把门达关进了监狱。

明代宗在位时，曾幽禁明宪宗的父亲明英宗，还把他的太子之位废掉。有大臣提起这件事，明宪宗说："事情已经过去，朕不在意，更何况这些事也不是臣下该议论的。"明宪宗不仅不记仇，还以德报怨，恢复了明代宗的帝号，重修了明代宗的陵墓，令朝野上下称颂不绝。本来土木堡之变后，大明王朝开始由盛转衰，现在朝政清明、人才济济，又有了新气象。

随着时间的推移，明宪宗渐渐发生了变化。1477年，明宪宗设置西厂特务机构。

西厂的提督是太监汪直，十五六岁。他极速扩展西厂的特务网，使西厂的特务比东厂多出一倍，东厂的太监头目也得听命于他。特务们的侦察不再局限于都城，而是遍及全国各地。

特务机构的壮大，使本属于厮役的旗尉都敢肆意凌辱大臣，汪直甚至将几位举足轻重的大臣关进了监狱。大学士商辂等人弹劾汪直，请求废除西厂，明宪宗同意了，但不久又恢复了。

西厂风头独大，汪直气焰熏天。一天，一个俳优给明宪宗表演节目，好像喝醉了，正在撒酒疯。配角说："皇上来了。"他毫不理睬。配

科技发明

水箱放水实验

明朝官员徐有贞在山东治理泛滥的黄河时，想要多开支河，疏导河水，很多人都反对，皇帝也迟疑不决。于是徐有贞做了一个实验：在两个相同的水壶中盛满相同质量的水，然后在一个水壶上开一个大孔，在另一个水壶上开五个小孔，五个小孔的面积之和等于大孔的面积。结果，开有五个小孔的水壶最先放完水。这就是水力学上的水箱放水实验，四百多年后法国和美国的科学家才做这个实验。

角又说："汪太监来了。"他立刻躲了起来。接着，他又扮演汪直，操着两柄钺说："我带兵全靠这二钺。"配角问："你的钺是什么钺呀？"他说："王越、陈钺。"明宪宗看了大笑，但心里似乎有所省悟，因为王越和陈钺虽为大臣，却是汪直的心腹。过了一段时间，鞑靼入侵，明宪宗让汪直监军，兵部尚书王越提督军务，去抵御鞑靼。汪直等人昼伏夜行，趁着鞑靼毫无觉察时进行掩杀，取得胜利。此后，汪直多次战胜鞑靼。不过，明宪宗并没有召汪直回京，而是让汪直在大同当镇守太监，后来又调去南京。史书上渐渐地没有了汪直的名字，西厂也被废除了。

奇特的感情经历

明宪宗耽溺后宫，经常不召见大臣，处理政事时，往往通过太监。但他很幸运，重用的两位太监一个叫怀恩，一个叫覃吉，都很正直。

土木堡之变以前，明宪宗身为太子，过着无忧无虑的生活。土木堡之变后，他的父亲明英宗被软禁南宫，他也被废了太子之位。当时他只有四五岁，随时可能被杀。他担惊受怕，导致说话出现障碍，落下口吃的毛病。

历史人物

商辂（lù）

商辂是杭州人，从小才思过人，为明朝近三百年科考中第二个"三元及第（省试、会试、殿试都是第一名）"。商辂刚正宽厚，果断从容，极有操守，对讽刺、诋毁他的大臣从不计较，也不攀附权贵，万贵妃让他写颂语，他毅然拒绝。

在这险恶的环境中，太监怀恩总是暗中保护他。怀恩廉洁不贪，威信很高，使宫里的人不敢过于欺辱朱见深。还有一个人也在险象环生中保护着朱见深，那就是宫女万氏。万氏四岁入宫，长大后在东宫服侍朱见深，相当于保姆。在朱见深陷入黑暗的日子里，万氏不离左右，像母亲一样照顾他、安慰他，朱见深对她产生了非同寻常的感情。

朱见深十八岁即位时，万氏已经三十五岁，但他依旧眷恋万氏，对吴皇后十分冷淡。万氏仗着明宪宗的宠爱，在吴皇后面前也很倨傲。吴皇后无法忍耐，杖责万氏。明宪宗火冒三丈，废掉了她的皇后之位，此时，她当皇后还不到一个月。

有一次，明宪宗告诉太后，想立万氏为皇后。太后坚决不同意，将妃子王氏册立为皇后。王皇后又忧又怕，不敢与万氏争锋，处处小心忍让，任由万氏主掌后宫。

万氏三十八岁时，生下儿子，明宪宗大喜过望，封她为贵妃，宠爱更甚。然而不到一年，皇子就夭折了。

万贵妃五十七岁时病死，明宪宗万分伤感，为她罢朝七日，并哀叹道："万侍长去了，我亦将去矣。"明宪宗因此郁郁寡欢，没几个月就驾崩了。

知识宝盒

《明宪宗元宵行乐图》

这幅画绘于明宪宗朱见深去世前两年，反映了元宵节时明宪宗在内廷行乐的场面。图中模仿民间习俗，张灯结彩，有花灯，有杂剧，有杂技百戏，有货郎和小推车，还有放爆竹的，充满欢愉气息，但皇帝却显得很孤独。

明史·孝宗本纪

吃百家饭的皇子

明宪宗在世时，与万贵妃亲厚。然而有一次，明宪宗邂逅了管理内库的宫女纪氏，纪氏知书达礼，美貌可人，反应聪敏，明宪宗临幸了她。一夜过后，纪氏有了身孕。消息传到万贵妃耳中，她命人给纪氏堕胎。但纪氏人际关系好，派去的人不忍下手，回报万贵妃并无身孕，只是腹内生了个瘤子。万贵妃便把纪氏打入了冷宫。

纪氏在冷宫偷偷地生下一个儿子。万贵妃万分惊怒，让太监张敏淹死皇子，张敏冒死把婴儿藏起来，用米粉喂养。被废掉的吴皇后也帮助养育。太监怀恩和宫女们都齐心保护婴儿，万贵妃多次搜查，都没搜到。就这样，婴儿吃百家饭长到六岁。

一日，张敏为明宪宗梳头，明宪宗唉声叹气地说："朕眼看老了，却连个儿子都没有。"张敏立刻跪倒，说："皇上有儿子。"明宪宗十分震惊，张敏便把真相一五一十地讲了一遍。明宪宗由惊转喜，令人去接皇子。当他看到堂堂皇子因为长期藏匿胎发都拖到了地面，身体瘦弱不堪时，忍不住泪流满面。

明宪宗召集群臣，说出了真相，又立皇子为太子，这就是朱祐樘（chēng）。纪氏被接出冷宫，封为淑妃，但很快就暴亡了，张敏也自杀了。显然这都是万贵妃暗中迫害的，但明宪宗丝毫没有责怪。

明宪宗的母亲周太后担心万贵妃害死太子朱祐樘，便把孙子抱养在自己的仁寿宫。一日，万贵妃请朱祐樘去玩。周太后对朱祐樘说："孙儿去了不要吃东西。"朱祐樘到了之后，万贵妃给他东西吃，朱祐樘说："已饱。"万贵妃说："那就喝点儿汤。"朱祐樘说："怕有毒。"万贵妃恼怒道："才几岁就这样，长大了还不吃了我？"

国宝档案

嵌宝石桃形金杯

桃形金杯出土于北京万通墓。万贵是明宪宗朱见深的宠妃万贵妃的父亲，生前威震朝野，死后陪葬品丰富。此杯似剖开的半个桃子，杯柄是桃枝和桃叶，最奇特的是杯中和柄部还镶嵌着红宝石和蓝宝石，构思巧妙，制作考究，富丽奢华。

万贵妃撺掇明宪宗废掉朱祐樘的太子位，时间长了，明宪宗有些动摇。太监怀恩苦苦劝说，被贬出了宫。时值泰山地震，钦天监的人说是因为东宫太子可能蒙难而出现的，明宪宗这才打消了废掉太子的念头。

明宪宗死后，十八岁的皇太子朱祐樘继位，这就是明孝宗。明孝宗在面对万贵妃的事情时，选择了极为无私的宽恕，因为他认为不这样做会违背父亲的意愿。

力挽狂澜的皇帝

明孝宗在私人恩怨上表现出了超人的胸怀与气度，在朝政上也表现出了力挽狂澜的姿态。虽然幼年不见天日的生活让他的身体孱弱多病，他却勤于政事，坚持每天早朝，还开了午朝，使大臣有更多的机会与皇帝一起工作。

为了做到心中有数，他把四品以上大臣的名字贴在文华殿，平时熟记，随时掌握大臣们的表现，以免受到蒙蔽。

每天，他都批阅奏章到很晚，从来不让太监代批。一日，仁寿宫起火，救火忙乱了一夜，他也一夜没睡，故无法上朝，还特地派人去向大臣们请假。

明孝宗能够推心置腹待人，从不惩罚大臣，君臣亲密，有如家人。当大臣夜间出宫回家时，他还派士兵执灯护送。能这样做的皇帝是罕见的。

明孝宗没有取消东厂和锦衣卫，但管束特别严格，东厂和锦衣卫再不敢放任自流，几任锦衣卫指挥使都能公正执法，用刑也不严酷，这在明史中也很少见。

在明孝宗的感召下，一批廉洁勤奋的贤臣涌现出来，大明王朝焕发出了新的光彩。明孝宗还是皇帝中少有的持身高洁的一位，身边只有张皇后一人，没有贵妃、妃、嫔等，像平常百姓一样过着一夫一妻的生活。

然而，身体虚弱的明孝宗积劳成疾，三十六岁便英年早逝了。

科技发明

牙刷

南宋已经有牙刷，是一种竹柄牙刷。不过一些国际学者认为，世界上第一把牙刷是明孝宗朱祐樘发明的，这种牙刷就是把短硬的猪鬃插进一支骨制把手上。

明史·武宗本纪

不靠谱的天子

明武宗朱厚照十五岁时继承皇位，开始了一段极为离谱的皇帝生涯。刚上任几个月，大臣张懋就直接在奏章上揭皇帝的短：“皇上自登基以来，天下臣民扬着脖子期待皇上治理，皇上却每天游玩骑射，带着一群小侍从出宫，除了玩就是玩，大臣们非常惊惧。”

明武宗一点儿不惊惧，但他也不生气，照玩不误。

大臣们又批评他不好好学习，刚坐下没读几页书，又想着去玩。顾命大臣甚至写下一个单子，要求明武宗不能一个人骑马跑出宫，不能随意划船，不能有事没事就带着鹰犬去弹射……明武宗答应了，但并不照做。

在大太监刘瑾的引导下，明武宗玩得越来越离谱。他在宫中模仿民间的街市，建造了很多店铺，让太监和宫女扮演店主、百姓，自己扮演富商，假装逛街、购物、讨价还价。他还让宫女扮演歌伎，自己去听曲消费，使宫中乱七八糟、乌烟瘴气。好在勤勉的明孝宗留下了一个刚正廉洁的大臣班子，这些人万分焦急，不顾生命危险，联名请求严惩以刘瑾为首的太监集团。明武宗终究年少，看到如此声势浩大的进谏，吓了一跳，决定听从大臣的建议。可是，刘瑾跑到他跟前一跪，哀哀切切地一哭诉，他一心软，又转过头来严惩大臣。内阁成员以离职威胁他，他高兴地批准了。

历史人物

杨廷和

杨廷和生于四川，十九岁时考中进士，入翰林院。他性格沉稳，写出的文章明白畅达。明武宗朱厚照在位时，杨廷和为首辅，革除了很多弊政，也触犯了权贵的利益。有人想在入朝时行刺他，但他毫不畏惧，出入如常。明武宗生肖属猪，下令全国禁食猪肉，但自己仍吃，杨廷和极力反对，使皇帝废除了这个规定。杨廷和死后多年，国库中的积蓄仍然丰厚。

神秘的豹房

太监刘瑾更加嚣张跋扈，为了控制明武宗朱厚照，他建立了豹房。豹房相当于一个离宫，里面不仅养着豹子、老虎、狮子、鹰隼等动物，更有二百多间房住着乐户、美女等，此外还有校场、佛寺等场所。

豹房里有很多密室，就像迷宫一样，明武宗非常喜欢。加上在豹房可以恣意玩耍，明武宗嬉戏在豹房，乐不思蜀，干脆搬出了紫禁城，住到豹房去了。豹房成了皇帝生活、理政的中心场所，明武宗更加宠信刘瑾，刘瑾权倾朝野，渐渐掌握了批阅奏章等大权，更加肆意横行。

明武宗当了九年皇帝的时候，赶上元宵节，紫禁城按照惯例放烟花，不小心失火，乾清宫被笼罩在熊熊火光之中。乾清宫是象征皇权和帝王尊严的地方，可明武宗远远地望着，却说：“好一棚大烟火啊。”

明武宗虽然荒唐，但处事刚毅果断。当有人向他具体揭露刘瑾的罪状时，他非常吃惊，毫不迟疑地下令抓捕刘瑾，还亲自去抄家，查出很多违禁物品。最惊心的是，刘瑾之前见他时拿着的扇子中竟然藏着匕首。明武宗大怒，以谋反罪将刘瑾凌迟处死。

知识宝盒

内行厂

锦衣卫负责侦察臣民，东厂负责侦察臣民和锦衣卫。正德年间，西厂复开，西厂有时还监视东厂。司礼监太监刘瑾建内行厂，监视臣民和其他三个特务机构，权势最大，用刑最酷烈，残害了很多忠良。刘瑾死后，内行厂、西厂均被裁撤。

皇帝的家在哪里？

刘瑾死了，江彬又来了。江彬本来是一个边境将领，在作战时曾中三箭，其中一箭射在脸上，但他毫无惧意，拔箭又战。他能谈兵法，明武宗朱厚照很赏识他，把他留在了豹房。

一日，明武宗在豹房戏耍老虎，老虎突然暴躁地扑过来，明武宗急忙呼叫锦衣卫指挥使钱宁，但钱宁畏惧，不敢上前。生死关头，江彬冲了过来，制服了老虎。明武宗还在逞能，“我自己就可以，哪用你”，心里却更加倚重江彬了。

早先，江彬和钱宁一起恃宠干预朝政，当江彬的风头盖过钱宁后，江彬担心钱宁暗害自己，就向明武宗吹嘘边境的军队英武善战，引诱皇帝把边军与京军互调，以保护自己的安全，巩固自己的地位。

根据明朝祖制，边军和京军是不准互调的。因为边军彪悍，可以防

钱宁
江彬
明武宗

止蒙古人入侵。但明武宗不顾大臣们反对，还是令边军入京，由江彬等人统率。江彬还鼓动明武宗去边境游玩。明武宗尚武，想像祖辈那样立下赫赫战功，于是奔向了宣府。大臣们拼命追赶，好歹把他追了回来。

不久后，明武宗为了甩开大臣，改成夜里出发了。终于来到宣府，明武宗建了“镇国府”，给自己改名朱寿，封自己为“镇国公”，还让兵部存档，让户部给他发军饷。自古以来，没有哪个皇帝自降身份，还自己向自己称臣的，明武宗却这样做了。

明武宗非常喜欢镇国府，称之为“家里”。他还把豹房的珍宝、美女运来，似乎想常驻边境。为了防止大臣们打扰他，他下令一个大臣都不许来，豹房的人可以随时来。大臣们束手无策，只能凭他去了。

知识宝盒

疍户采珠

明朝时，一些散居在广东、福建等沿海地带，没有户籍的“水上居民”，被称为疍（dàn）户。他们以船为家，以捕鱼、采珠为生。明王朝经常驱逐疍户入海采集珍珠。疍人采珠时，要用长绳系在腰上，然后拿着篮筐深潜到海底，捡拾珠蚌，再摇动绳子，示意留在船上的人拉绳子，把自己拖上去。这样采珠非常危险，经常有人“气迫”而死，更有人葬身鱼腹。

应州大捷

1517年，蒙古鞑靼部侵犯边境，大肆抢劫。明武宗朱厚照兴奋不已，急忙回京布置，打算御驾亲征。

当初，明武宗的太爷爷明英宗御驾亲征，在土木堡被活捉，使明朝差点儿亡国。现在听说明武宗也要亲征，大臣们连规劝带教训，甚至威胁，千方百计想阻止他，但他压根儿不听。

到了应州，战斗很激烈，明军一度被鞑靼分割、包围。明武宗见状，带着一支精锐冲过去援救，使明军解了围。双方共大战了百余次，其间，明武宗与士兵们同吃同住，还亲手杀了一个敌人，振奋了明军的士气。最后，鞑靼退去，明军获胜，史称“应州大捷”。明武宗非常得意，加封自己为威武大将军。

1518年，明武宗又下旨，封自己为太师，位居内阁大学士之首。如此一来，他就成了自己手下最具勇力的武官和最具权威的文官。

1519年，明武宗给自己下令，以“威武大将军”的身份南巡。大臣们集体反对，实在拦阻不住，就在午门“跪谏”。明武宗不甘示弱，对“跪谏”的一百多位大臣施以廷杖，其中有十一人因伤势过重而死。

这个结果大概也不是明武宗所能预料到的，之后，南巡就暂缓了。

离谱的平乱行动

1519年，宁王朱宸濠趁着明武宗荒于政事，在江西发动叛乱。照理，皇帝听到这种消息应该勃然大怒，而明武宗听到消息后却分外开心，因为他又可以御驾亲征了，顺便还能南巡。

为了防止大臣们劝谏，他提前下旨：“再言之，极刑。”大臣们已经领教过了，再加上这么多年已经被他闹腾得精疲力竭，索性随他去了。

明武宗从北京出发后，怀里还揣着一个美人的信物——簪子。结果骑马过卢沟桥时，簪子被颠掉了。他干脆停军，仔细搜索了三天也没有找到，这才再次开拔，出征就像儿戏一样。

几天后，大军才走到河北涿州，却得到一个消息——南赣巡抚王守仁已经平定了叛乱。对于明军来说，这是一个再好不过的消息了。但对于明武宗来说，这是一个再坏不过的消息。叛贼都被活捉了，自己还亲征什么？！王守仁真是一点儿也不体察圣意呀。

明武宗心里简直烦透了。不过，他耍起了鬼聪明，藏起了捷报，假装叛乱仍在，让大军继续赶路。等大军到达扬州后，明武宗终于停了下来，在江南足足玩闹了八个多月。

历史人物

王守仁

王守仁字伯安，号阳明，浙江人，从小志存高远。太监刘瑾乱政时，逮捕了很多大臣，王守仁上书去救，被贬贵州龙场。路上，刘瑾派人追杀他，他伪造跳水自尽逃过一劫。在龙场当驿丞时，王守仁教化当地人，并在龙场"悟道"，有了"知行合一"的哲学观。刘瑾死后，王守仁任南京鸿胪卿、都察院左佥都御史等职，平定多起叛乱，后病逝于船中。临终时，弟子问他有何遗言，他说："此心光明，亦复何言。"

王守仁在六个月前就把叛贼押到了南京，等待皇帝行受俘礼。可是，他无数次上书，明武宗都不准。怎么回事？王守仁苦思冥想，终于体察到了圣意。他重新上书，说依靠威武大将军朱寿的指挥和谋略，叛乱已平定。结果，明武宗立刻就准了。

既然已经受俘，大军就该返京了。明武宗勉勉强强同意了。走了一阵子，他突发奇想：把叛贼放回去再作乱，自己再亲手捉回来。

大臣们如五雷轰顶，连劝谏的话都说不出来了。好在明武宗还想着游玩，之后就把叛贼忘了。一路上登山游水，到达清江浦时，明武宗见江水甚美，立刻想做一个渔夫，驾着小船捕鱼玩耍去了，结果不慎跌进水里。明武宗不懂游泳，胡乱挣扎，侍从赶忙跳入水中，才把他救出来。明武宗惶恐惊悸，加上秋凉袭人，一下就病倒了。冬天时，一行人才回到北京豹房，没多久明武宗就病重了。弥留之际，他对司礼监太监说："把朕的意思禀告太后，天下事重，要和阁臣审慎处理。以前都是朕误了事。"说完，他就驾崩了，终年三十一岁。

明史·世宗本纪

想"隐居"深宫的皇帝

明武宗朱厚照死后，因为没有儿子，他的堂弟朱厚熜（cōng）被推举为皇位继承人，史称明世宗。

明世宗年纪不大，却很有主见，而且总是很强势地坚持自己的意见。他一继位，就清除了一些弊政，诛杀了祸乱朝政的江彬等人，并重新录用之前被排挤走的忠直之臣，还释放了皇家圈养的珍禽异兽，下令任何人都不准再进献。

关于太监，明世宗十分警惕。为了避免太监涉政的乱象再次出现，他的管理非常严格，极大地削减了司礼监的权力。

政治清明，国民相安无事，明世宗渐渐失去了进取精神，开始迷信长生不老之术，每天给方士、道士们花的钱数不胜数。有一年，一个方士把自己炼造的一百多件白金器具献给明世宗，说以此盛放食物，能请来神仙，还神秘地叮嘱明世宗，要住在深宫里，不能与外人接触。

明世宗十分兴奋，便告诉大臣们，自己要退隐一两年。朝廷上下万分惊愕，无人敢说一句话。最终，太仆卿杨最忍不住了，说道："神仙是住在山中修炼的，哪里有住在奢华宫殿，身穿华服，吃着美食，却能在大白天飞上天的呢？"明世宗恼羞成怒，立刻命人把杨最抓住，重施杖刑。结果杖刑还没结束，杨最就惨死了。不久方士的骗术被识破，明世宗这才放弃了"隐居"深宫的想法。

历史人物

朱载堉

朱载堉出生在河南，为明太祖朱元璋的八世孙，父亲为郑恭王。十五岁时，他父亲被囚禁，他悲愤不平，筑土屋在王宫外，独处十九年，等父亲被赦免才入宫生活。他拒绝继承父亲的王位，潜心研究天文、算术、音律等学问，呕心沥血完成《乐律全书》《算学新说》等著作，发明了十二平均律（应用于交响乐队和键盘乐器，钢琴根据十二平均律定音），被中外学者誉为"东方文艺复兴式的圣人"。

宫女们的暗杀行动

1542年，皇宫里发生了一件令人惊骇的大案——深夜时分，几个宫女凑在一起用绳子勒住明世宗，想要杀死他。

是什么原因让宫女们如此铤而走险呢？

原来，明世宗为了长生不老，“吸风饮露”成仙，召了很多十三四岁的女子入宫，为他在御花园内不眠不休地采集甘露。为了用少女的血液炼制长生不老的丹药，他还规定宫女们只能吃桑叶、喝露水。宫女们因采集甘露而疲惫不堪，还有不少人受伤，再加上进食受限，遭受的折磨可想而知。

不堪忍受的宫女们走投无路，便暗地里商议，找个时机杀死皇帝。于是一天深夜，以杨金英为首的十几名宫女趁着明世宗还在熟睡，用事先准备好的布蒙住了他的脸，用绳子套住他的脖子，想要勒死他。

可能是太紧张了，宫女们在慌乱中将绳子打成了死结，折腾半天也没把皇帝勒死。明世宗醒了过来，挣扎呼叫。一个叫张金莲的宫女害怕起来，跑到皇后那里去自首了。皇后急忙赶到，把绳子解开，救了明世宗，同时令太监抓捕宫女。

明世宗缓过劲儿来，下令刑部和锦衣卫，把杨金英等十六名宫女带到街头，凌迟处死。此事发生在壬寅年，被称为“壬寅宫变”。

此后，明世宗不敢再住在寝宫里，搬到了西苑的万寿宫。他更加笃信祈祷祭仙，自己穿戴道教衣冠，让后妃也都穿戴“羽衣黄冠”，天天诵法念咒。

知识宝盒

霜眉

明皇室爱猫，明宣宗朱瞻基绘有《唐苑嬉春图》。明世宗朱厚熜时，宫中养了一只卷毛猫，毛色微青，双眉雪白，名叫“霜眉”。明世宗出行时，霜眉充当前导；明世宗睡觉时，霜眉在身边陪伴。霜眉死后，明世宗很伤心，命群臣写祭文，礼侍学士袁炜写了“化狮成龙”等字样，明世宗把袁炜提拔为礼部尚书，进入了内阁。

特种兵一样的倭寇

明世宗时期，南方的海盗倭寇威胁着明王朝。

倭寇的战斗力远远超过了明军。1555年，来自日本的五十三个倭寇从浙江绍兴登陆后，遇到小县城就攻打，遇到官兵就搏杀。明军向他们射箭，但这些倭寇几乎个个能伸手接飞箭，就像特种部队一样。

横行了八十多天，倭寇逼近南京城。南京举城鼎沸，南京兵部尚书张时彻急忙下令关闭城门，并让军民一起守城。倭寇只有五十三人，明军是倭寇的二十倍，却躲在城内，不敢出去。倭寇攻城两天，未能攻下，却杀了上千士兵，从容离开，明军不敢追击。

倭寇抵达无锡，几千明军在陆地和太湖边埋伏起来。由于倭寇一昼夜间狂奔了一百八十多里地，非常劳累，明军擒杀了二十七人，取得胜利。

剩下的倭寇躲进一间民舍，明军不敢进去，开始用火攻。倭寇跑出来，躲藏到田禾间。一位明军将领看到田里“草露微动”，就让大家齐喊：“贼人躲在田里！”倭寇一听，四散惊逃，最终全部被擒杀。

科技发明

水底龙王炮

这是一种水雷，也是世界上最早的漂雷，外壳用熟铁制成，里面装着火药，药信上插着香。为防止火药受潮，水雷放在牛泡中，向外通一根羊肠，肠内用铁丝撑开，放在一个小木筏上。羊肠的另一头连接一个羽翎小筏子，使空气流通，香不会熄灭，香燃尽时就会爆炸。水雷上坠着石头，决定入水的深浅。明军抗击东南沿海的倭寇时，常在夜里顺流放出水雷，并根据与敌船的距离和水流速度确定香的长短，以预定爆炸时间。

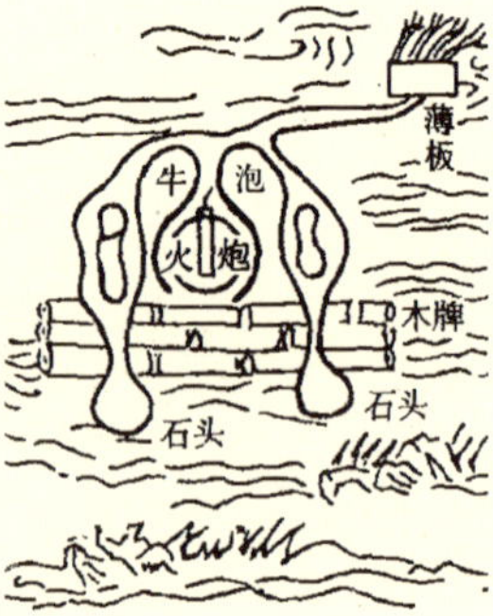

东南沿海始终海患不绝，当地官军大多不敢进攻，于是朝廷派俞大猷（yóu）和戚继光前去抗倭。

俞大猷投入战斗后发现，倭寇虽然是从海上来的，却不擅长海战，而擅长陆战，于是他迅速招募训练了一支水师，并用水密隔舱的福船在海上攻击倭寇。他用大船打小船、大铳（chòng）打小铳的战术，有力地打击了倭寇。

戚继光是山东人，他来到浙江后，发现这里的人比较剽悍，于是招募了三千人，组成一支精锐的部队。

沿海的山陵沼泽很多，道路崎岖难走，倭寇喜欢埋伏各处，以便短兵搏击。戚继光注意到了这一点，创造了一种新的战斗队形——鸳鸯阵，就是与倭寇作战时好像是结伴而行的鸳鸯。阵中有人拿长牌和藤牌，掩护后队，并与倭寇近战；有人拿着狼筅（xiǎn），用来刺敌；有人拿着长枪，照应拿盾牌和狼筅的人；还有人拿着短刀，用来劈杀。

科技发明

狼筅

戚继光抗倭时，发现明军惧怕倭刀，便把当地的毛竹削尖，装上枪头，但留下四周尖锐的枝刺，灌入桐油，敷上毒药，此为狼筅。倭刀虽然锋利，却砍不断软枝，狼筅上的枝刺不仅能攻敌，还能掩护自己，被称为“刺倭利器”。

戚继光发现，明军所用的刀总是被倭寇的刀砍断，于是他仔细研究了倭刀，然后吸收倭刀的长处，改良了中国军刀。

他还发现，鸟铳虽然打得准，但杀伤力弱；佛郎机虽然杀伤力大，但非常笨重。于是经过一番仔细研究，他发明创造了“虎蹲炮”，就是射击时像猛虎蹲坐的火炮，比鸟铳杀伤力大，比佛郎机轻，容易随军携带。

就这样，俞大猷带着他的“俞家军”，戚继光带着他的“戚家军”，水陆配合，扫平了猖獗多年的倭寇。俞大猷和戚继光被并称为“俞龙

俞
俞大猷

倭寇

倭寇

虎蹲炮
戚家军
鸳鸯阵
戚
戚
戚
狼筅

戚虎”。

海瑞的遭遇

明世宗常年服用含有砒霜、水银、雄黄、朱砂的丹药，身体每况愈下。

户部主事海瑞上书，严厉批评他妄想长生，没有一点儿父子之情、君臣之情、夫妇之情，说天下早就不知道还有皇上这个人了，又说如果皇上能幡然悔悟，振作起来，天下就不愁不治。

明世宗看了奏疏，愤怒下令：“马上把海瑞抓起来，别让他跑了！”

司礼监掌印太监黄锦正好在旁边，说道：“这个人一向痴傻，听说他写奏疏时知道自己犯了死罪，已经买了一口棺材，仆人也都放走了，他不会逃的。”

明世宗听了，默然无语。过了一会儿，他又去读海瑞写的奏疏，一

日中反复读了很多次，叹息了很多次，把奏疏留在了宫里。他说："这个人可与比干相比，可朕不是商纣王。"

1566年秋，明世宗生病，心情郁闷，对大臣说："海瑞说得都对。朕确实不自谨，导致身体多病。如果朕能在偏殿议政，岂能受这个人责备辱骂呢？"他下令把海瑞关进锦衣卫的诏狱。一位大臣请求释放海瑞，他勃然大怒，让锦衣卫打了这位大臣一百大棒，关进诏狱，昼夜用刑。不过两三个月的时间，正值严冬，明世宗驾崩。明穆宗朱载坖执政后，把海瑞等人又放了出来。

明史·神宗本纪

世间再无张居正

明穆宗朱载坖继位后，开始施行新政，并宣布解除海禁，允许民间商人出海贸易，也允许外国商人进入中国通商，史称"隆庆开关"。

明穆宗只当了六年皇帝，就传出了他病危的消息。卧床之际，明穆宗召内阁大学士高拱、张居正、高仪入宫。

在寝宫东偏室里，明穆宗坐在榻上，帘后坐着皇后陈氏、贵妃李氏，十岁的太子朱翊（yì）钧站在榻边。

明穆宗命三位大学士为顾命大臣，并挣扎着握住高拱的手说："以天下累先生。"之后，三位大学士掩泪而出。

几天后，三十六岁的明穆宗轰然驾崩，太子朱翊钧即皇帝位，史书

科技发明

种痘法

“天花”又叫痘疮，东汉时，古人已经记载此病。唐朝时已有对天花传染的记载。明朝时，人痘接种术被发明。具体方法是：用棉花蘸取痘疮浆液，放入接种儿童的鼻孔中；或把痘痂磨碎，用银管吹入儿童鼻中；或将患病儿童的内衣脱下，给健康儿童穿上，使之感染，产生抗体，预防天花。清康熙年间，俄罗斯派留学生来中国学习接种天花。18世纪时，英国人贞纳受我国人痘接种法的启发，试种牛痘，使人痘接种法渐渐被取代。

上称为明神宗。三位辅政大臣中，高仪身体病弱，不久后就回归故里了，只剩下高拱和张居正。

高拱很有才能，也能埋头苦干，但他恃才傲物，盛气凌人，性格又急躁，总是瞪大眼睛恶声对人，很多人与他不和。有的大臣忍无可忍时，竟然挥拳打高拱，结果可想而知，被高拱逐出了京城。

高拱一向与司礼监秉笔太监兼掌印太监冯保有嫌隙，在明神宗登基大典上，冯保一直站在御座旁，高拱眼见冯保权力大增，马上发动百官对抗冯保，想把冯保赶走。然而，冯保管过东厂，又满腹学识，文化素养很高，还是一位书法家、音乐家，更是一位政治家，与李贵妃（明神宗生母）关系密切，是明神宗的“大伴”，非普通之辈。

冯保暗中与张居正结盟。经过一番谋划，张居正让冯保去见李太后（原李贵妃）和陈太后（原陈皇后），说高拱打算立藩王为帝，又说高拱曾在内阁放话，“十岁孩子，如何做人主！”

李太后是明神宗的生母，听了这话大惊失色。陈太后虽然不是小皇帝的生母，但自己没有儿子，李太后一向对她恭敬友爱，她的余生也要依赖小皇帝，因此也大惊失色。李太后和陈太后开始秘密召人商议，想要处置高拱，让张居正把持大局。

对策很快商定，早朝时分，一位太监在群臣面前宣读了一份圣旨："今有大学士高拱专权擅政，把朝廷威福都强夺自专，通不许皇帝主管。不知他要何为？我母子三人惊惧不宁。高拱着回籍闲住，不许停留！"

高拱听了，面如死灰，汗如雨下，伏在地上不能起来。张居正几步赶过来，把他扶了起来。

冯保还想把高拱置于死地，几位大臣全力相救，张居正也说了几句好话，高拱才免于一死，回了家乡。

张居正成为内阁首辅，与冯保内外配合，大刀阔斧地实施改革。吏治方面，他对四品以上官员实行考核，凡昏官与庸官一律裁汰，即使万里之外，都肃然有序。军事方面，他重用戚继光等将领。政治方面，他

推行“一条鞭法”等制度，使国家余粮、余钱无数。经过大约十年的努力，大明王朝又出现了复苏的迹象，史称“万历中兴”。1582年，张居正劳累而死。

张居正一生，为大明王朝鞠躬尽瘁，但他总揽军国大权，使慢慢长大的明神宗感觉到自己失位了。张居正刚死，明神宗就给他治罪，抄他的家，他生前任用的一些官员也被免职，甚至处死。

配合张居正改革的太监冯保，虽然是明神宗的“大伴”，但以前对他管束太严，连张居正送给他的白莲花、白燕也不让玩，只让他学习。明神宗有一次喝醉了酒，调戏宫女，冯保告诉太后，太后差点儿废掉他的皇位，罚他在慈宁宫跪了六个小时。平时，明神宗想惩罚谁，如果冯保不开口，竟然没人敢执行。于是，明神宗亲政后，就把冯保逐出京城，发配到南京孝陵种菜去了。

知识宝盒

《闽中海错疏》

这是中国最早的海洋生物志，作者是明朝人屠本畯（jùn）。屠本畯一生鄙视名利，勤学不辍。他说，自己把书作为饱腹的饮食、睡觉的枕席、排遣愁苦的音乐。他在福建居留时，经过实际考察和研究，写出《闽中海错疏》。书中记载了二百多种水生生物，有一些是之前不曾记载过的，如“海胆”，过去被认为来自日本，其实是日本引自此书。

罢工的皇帝

明神宗朱翊钧终止了张居正的改革措施，这使刚有转机的大明王朝又开始走下坡路。

1592年，宁夏发生兵变。同年，日本权臣丰臣秀吉等人带兵攻占朝鲜，朝鲜请求明朝支援。1596年，西南播州发生叛乱。明神宗不得不分别在东北、西北、西南展开军事行动，被称为“万历三大征”。

三次战争历时十多年，虽然明军获胜，却大大损耗了国力，明王朝更加衰败了。1617年，东北女真族崛起，女真首领努尔哈赤反叛明朝。两年后，努尔哈赤在萨尔浒之战中大败明军，明军从此不敢主动攻打努尔哈赤，而是转为战略防御。

在此期间，国本之争一直没有停息过。明神宗的皇后没有生育儿子，皇长子朱常洛是一位宫女所生，明神宗不喜欢母子俩，想要立郑贵妃的儿子，即皇三子朱常洵为太子。但是大臣们不答应，因为明太祖朱元璋曾规定：“有嫡立嫡，无嫡立长。”只有立皇长子朱常洛为太子才符

合正统。君臣互不相让，争吵了十几年。

明神宗对大臣不满，以不上朝作为报复，只在深宫中处理一些要事，大臣们很少看到他。由于明神宗不理朝政，缺官现象十分严重，北京和南京缺三位尚书，十位侍郎，各地缺三位巡抚，二十五位知府，六十六位布政使、按察使等，不过，大臣们恪尽职守，使朝政正常运转。

科技发明

珠算

程大位出身于商人世家，从小对书法和数学感兴趣，长大后为经商方便，发明了珠算，被誉为“珠算之父”。他晚年著有数学专著《直指算法统宗》。明朝末年，这本书被译成日文，开了日本“和算”的先河。他还发明“丈量步车”，被视为世界第一卷尺，他也被誉为“卷尺之父”。

知识宝盒

《本草纲目》

李时珍14岁中秀才，23岁随父学医，后被荐入太医院，一年后便辞职回乡。他一边行医，一边外出考察，花费30多年写成192万字的医药学巨著《本草纲目》。书中收药草1892种，注明了药草的形态、炮制方法等。他还把曼陀罗花和其他药草混合，制成麻沸散，可用于外科手术麻醉。

明神宗“旷工”三十多年，由于他的年号为万历，史称“万历怠政”。

直到1601年，明神宗才立皇长子朱常洛为太子，立皇三子朱常洵为福王，但事情并未结束。

神秘的梃（tǐng）击案

太子朱常洛住在慈庆宫，1615年的一个傍晚，一个叫张差的人拿着木棍闯进慈庆宫，想要杀死太子。张差一路冲过来，打伤了很多人，幸亏太子内侍韩本用赶过来，捉住了张差。

明神宗知道后，令人审问。张差说自己是来京城告状的，因为走错了路，误入皇宫，有两个男人给了他一根枣木棍。至于他为什么闯入东宫杀人，他说可能犯了迷糊，自己也不太清楚。

审问者认为张差是疯癫之人，但刑部提牢主王之寀（cǎi）觉得张差不像疯子。明神宗下令再审，结果张差供出，他是受了太监庞保、刘

成的指使。这两位太监是郑贵妃的内侍，于是大臣们怀疑郑贵妃是幕后主使。朝野一片哗然，郑贵妃惶惶不安，向皇上哭诉自己是被冤枉的。明神宗不想牵涉到郑贵妃，便不再深究此案。太子朱常洛只好表态："张差一人服罪即可，不必株连他人。"

明神宗很满意，不久秘密处死了那两个太监。梃击案就这样不了了之了。

国宝档案

九龙九凤冠

此冠嵌有未经过加工的天然红宝石115块，珍珠4414颗，使用了复杂的点翠工艺，翠鸟的蓝羽永不褪色。它的主人是明孝端皇后。孝端皇后王氏端庄持重，从不争宠，能隐忍郑贵妃的专横毒辣，得到了太后和大臣们的支持，所以正位中宫几十年。她多次保护皇长子朱常洛，使他免遭郑贵妃毒手。

国宝档案

十二龙九凤冠

此冠有宝石121块，珍珠3588颗，小红宝石18块，龙、凤口衔珠串，奢华而典雅。它的主人是明孝靖皇后。孝靖皇后为王姓，原为慈宁宫宫女，有一年被明神宗宠幸，生下皇长子朱常洛，受封恭妃。明神宗宠爱郑贵妃，王恭妃饱受郑贵妃摧残，在幽禁中哭瞎双眼，悲愤而终。因朱常洛早亡，王恭妃之孙即位后，追尊她为皇后，补充了十二龙九凤冠等随葬品。

明史·光宗本纪

扑朔迷离的红丸案

明神宗朱翊钧驾崩后，皇长子朱常洛登基，即明光宗。奇异的是，在登基大典上，明光宗行走、仪态都很正常，没有病态，但不过十天的时间，他就生病卧床了。有人说，郑贵太妃献给皇帝八位侍姬，所以皇帝才身体病弱的。还有人说，明光宗病后，郑贵太妃派自己的亲信，即司礼监秉笔太监崔文升献上“通利药”（大黄），皇帝在一昼夜中连泻几十次，虚弱到了衰竭状态。很多大臣质疑崔文升不懂医药，明光宗下令把崔文升逐出皇宫。又有人说，鸿胪寺丞李可灼把仙丹献给明光宗，那是一种红色药丸。明光宗中午吃了一粒，感觉暖润舒畅，傍晚又想吃。御医们坚决反对，明光宗还是吃了一粒。没过多久，明光宗驾崩，在位只有一个月。大臣们议论纷纷，认为皇帝死于那两粒红丸。

历史人物

徐光启

徐光启出生在上海，是明朝数学家、天文学家、农学家。虽然身为文渊阁大学士、内阁次辅，但他仍挤出时间进行科学研究。他拜意大利学者利玛窦为师，与利玛窦一起翻译了《几何原本》，中文“几何”一词第一次作为数学专业名词出现。现在上海的“徐家汇”，即因他而得名。

明史·熹宗本纪

惊心动魄的移宫案

明光宗朱常洛生前当太子时，宠爱一位姓李的选侍，选侍是等级较低的妃子。宫中还有一位王才人，生下了皇子朱由校，地位比李选侍高，但不如李选侍受宠，被李选侍凌辱致死。朱由校幼年失母，被交给李选侍照管。李选侍为了控制朱由校，与朱由校同住一宫，日日侮辱虐待他，导致他日夜哭泣，十分害怕李选侍。明光宗执政后，让李选侍移居乾清宫，太子朱由校仍被要求同居一宫。明光宗想封李选侍为皇贵妃，李选侍不满意，要求封皇后，没想到明光宗很快就病逝了。

历史人物

徐霞客

徐霞客是江苏人，少年时立下“大丈夫当朝碧海而暮苍梧”的旅行大志。二十二岁时，徐霞客正式出游考察。在此后的三十多年中，他主要依靠步行，走遍了大半个中国。由于考察之地大多人迹罕至，他多次遭遇生命危险。但无论多么艰辛，他每日都坚持记录考察结果。徐霞客五十四岁时在云南考察，“两足俱废”，被云南地方官护送回家，不久病逝，留下一部《徐霞客游记》。此书为系统考察中国地貌地质的开山之作，也是一部优美的文学作品。

明光宗死后，李选侍控制了乾清宫，想要挟持太子朱由校，让自己当皇太后。杨涟、刘一燝等大臣来到乾清宫，请求见皇太子朱由校，商谈即位之事，李选侍让自己的亲信太监们挡在门前，不让群臣进宫。

兵部右给事中杨涟厉声呵斥："你们这些奴才干什么？想造反吗？"听到这话，太监们才让开。

李选侍强迫太子朱由校藏在房里，不准出去。一直默默保护他的伴读太监王安走进房内，哄李选侍说："太子出去一下，马上就回来。"李选侍犹犹豫豫，最后同意了。

王安带着太子朱由校一阵疾走，但刚到宫门口，李选侍已经反悔，令几个太监追了上来，要把太子带回去。几个太监蜂拥而上，拉住了朱由校，十六岁的朱由校吓得瑟瑟发抖。王安想救太子出来，紧紧拉着太子。就在这紧急时刻，大臣杨涟冲过来，将李选侍派来的太监斥退了。

群臣簇拥在太子朱由校周围，保护他离开乾清宫，一路速行来到文华殿，接受礼拜。礼拜后，群臣不敢让太子回乾清宫，便安排他住在太子宫中，由太监王安严密保护。

李选侍无法挟持太子，便提出要求，凡是大臣的奏章要由她先看，之后再交给太子。大臣们拒绝了，要求她移出乾清宫。

李选侍不肯移居，又要求封自己为皇太后，然后再让太子即位。大臣们再次拒绝。李选侍让人去叫太子朱由校，企图通过他来压制群臣。李选侍派出的太监被杨涟拦住。杨涟说："殿下在东宫时是皇太子，现在是皇帝，选侍有什么资格召见皇帝？你去传话，将来算账时，即使不能把选侍怎么样，你也在劫难逃。"太监听了，只得转身回去了。

眼看就要在乾清宫举行登基大典了，李选侍仍不移宫。于是群臣聚集在乾清宫门外，催促她移出。王安则在乾清宫内驱逐她。最终，李选侍离开了乾清宫，移居到了仁寿宫内的哕（huì）鸾宫。太子朱由校这才举行了即位大典。

干木匠活儿的天子

明熹宗朱由校在成为皇帝之前，因为不受爷爷明神宗的喜爱，虽然身为皇孙，却过得十分凄惨，衣食简陋，饱受歧视，没有机会读书。他每天的生活就是捡拾一些小木棍、小木块搭搭建建，像小木匠似的制造各种玩意儿。在这种环境中，乳母客氏极尽所能地照顾他，让他在凄风苦雨中感受到一抹温暖。

明熹宗即位后，封客氏为奉圣夫人。按照明朝律制，女婢、乳母等人只能住西二所，但明熹宗却让客氏住进咸安宫，每天清晨到乾清宫照顾他的起居饮食。客氏与太监魏忠贤勾结，魏忠贤也得到重用。

王安是宫中权力最大的太监，为人正直，魏忠贤和客氏心有忌惮，

便密谋害死王安。魏忠贤唆使一位大臣抨击王安，使王安被发配到南海子。魏忠贤又让南海子的提督杀了王安。这位提督不给王安食物，王安只能刨挖篱笆下的萝卜充饥。三天后，提督见王安没被饿死，便直接杀了他。王安死后，客氏请求明熹宗提拔魏忠贤，魏忠贤便成了宫中权力最大的太监。

魏忠贤并不满意，还想掌握朝政，便想尽办法让明熹宗沉湎玩乐。他见明熹宗喜爱木工活儿，就为他制作各种工具提供各种便利。然后，他趁明熹宗干木工活儿时去奏事。明熹宗正在兴头上，不愿听军国大事，便推说自己知道了，你们看着办就行。如此一来，魏忠贤便有了矫诏擅权的机会，能够决策国家大事了。

魏忠贤大力结交朝臣，迫害反对自己的人，控制着东厂和锦衣卫，形成了强大的势力集团，从内阁到六部再到地方，都在他的控制之下。

明熹宗纵容客氏和魏忠贤胡作非为，不加规制。很多时候，他甚至不知道二人做了什么，也不知道大臣们的情况。大臣杨涟因为弹劾魏忠贤，被诬陷受贿，几番严刑拷打，最终惨死在狱中，明熹宗一点儿都不知道。明王朝迎来了最严重的宦官专权时期，到了岌岌可危的状态。

知识宝盒

木匠皇帝

明熹宗朱由校酷爱建筑，曾制作了很多奇巧的娱乐工具。比如，用缸盛满水，缸下钻孔，形成水喷，喷水处放许多小木球，可盘旋不停。他制作的袖珍版的亭台楼阁中，木人能走路，木鸟能鸣叫。

宁远大捷

在辽东，女真人建立的后金势力已经崛起。首领努尔哈赤开始猛烈进攻明朝边境，一路杀来，所向披靡，直逼山海关，极大地威胁着京城的安全。

明熹宗急召大臣议政，一些人主张在关外抗敌，大多数人却主张放弃关外的土地，退守山海关。商议许久，没有定论。

兵部主事袁崇焕紧急奔到关外，仔细考察了一番。几天后，他回到北京，对明熹宗和其他大臣说："给我兵马钱粮，我可以保卫京师。"

朝廷正在进退难定之时，便接受了袁崇焕的自荐，派他到关外监督军事。袁崇焕连夜出发，赶到宁远（今辽宁省兴城市）前屯。守屯的明军见兵部主事亲临前线，都佩服他的胆量，并服从他的指挥。

袁崇焕带领明军修筑防守工事，加高城墙，修筑炮台，制造火器，储备粮食，训练士兵……他又在蓟辽督师孙承宗的支持下，收复了锦州、松山等城池。

就这样，关外的敌我形势有了很大的改观。

科技发明

《武备志》

《武备志》是明朝的军事百科全书，仅收录的兵器就达600种，其中火器180多种，是中国古代兵书中收录兵器最多的书。此书编纂者茅元仪博览群书，胸怀韬略，因努尔哈赤攻明，便在焦急忧愤中发奋写成《武备志》，之后奔赴战场，但受到权臣嫉恨而被解职，最终悲愤纵酒而死。

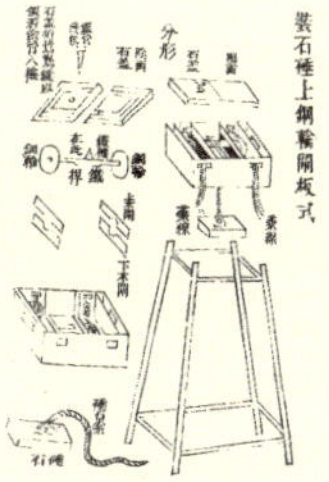

然而，孙承宗却遭到了魏忠贤的排挤。魏忠贤和他的党羽在明熹宗面前说孙承宗的坏话，孙承宗被迫离职。负责辽东军事的人换成了魏忠贤的爪牙、兵部尚书高第。

高第昏庸无能，一上任就要求军民全部撤进山海关。袁崇焕坚决反对，说："我们好不容易在关外站稳了脚跟，宁可战死在这里，也不能轻易放弃！"

高第一意孤行，他见袁崇焕不撤兵，就将其他地方的军队都撤走。由于撤军匆忙，关外的粮食和装备也丢得精光。此时宁远城只剩下一万多名将士和百姓。努尔哈赤得到情报后，以为战机来了，便亲率十多万大军，直扑宁远。

袁崇焕做好了殉国的准备，写了一份誓死抗金的血书，激励将士们保卫宁远，与城共存亡！袁崇焕的精神感动了军民，大家都决定死守宁远城。

二十几天后，努尔哈赤的大军来到宁远城下，在城门外架起长梯，攀爬攻城。明军万弩齐发，射死无数敌兵。

努尔哈赤命士兵搬来撞车，把城墙撞倒了一角。紧急关头，袁崇焕下令动用西洋巨炮，向努尔哈赤军开炮。努尔哈赤的阵营大乱，士兵们被炸得血肉横飞，不得不暂时撤退。

第二天，努尔哈赤再次发起进攻。袁崇焕临危不惧，站在城楼上冷静观察战场形势。等到努尔哈赤大军快冲到城墙下的时候，袁崇焕一声令下，明军立刻发射大炮。努尔哈赤军又一次遭受重创，努尔哈赤也受了伤，不得不下令撤军。

宁远大捷鼓舞人心，朝野一片振奋。不久努尔哈赤去世，其子皇太极成为后金的大汗。

明史·庄烈帝本纪

少年皇帝的烂摊子

1627年，明熹宗朱由校带着客氏、魏忠贤等人在西苑游船上戏耍，结果一阵大风吹来，船被掀翻，明熹宗差点儿被淹死。此后明熹宗的身体每况愈下，很快卧床不起。

因为没有儿子，明熹宗便召五弟朱由检来见，命他继承皇位。十七岁的朱由检由此成了明朝最后一代皇帝，史称明思宗，因年号为崇祯，也被称为崇祯皇帝。

崇祯皇帝即位后，先把客氏赶出皇宫，然后搜集魏忠贤的罪证，贬谪了魏忠贤。魏忠贤自知罪恶深重，在前往贬所的路上悬梁自尽。

崇祯皇帝虽然年少，却是明朝历史上非常罕见的勤政之君。白天，他在文华殿接见大臣，批阅奏章；晚上，他在乾清宫看公文，有时甚至连续几昼夜不休息。有一次在拜见太妃时，他竟然坐着睡着了。

然而，大明王朝已经病入膏肓，无论他如何励精图治，都无济于事了。

旱灾时常发生，飞蝗遮天蔽日，饿死的百姓不计其数。陕西一带闹大饥荒，百姓争抢着去吃山上的蓬草。蓬草吃光，他们又去剥树皮吃，树皮剥光了，他们又去吃观音土，很多人腹胀而死。

大鼠疫也暴发了，这种烈性传染病造成了大量百姓死亡，社会一片恓惶、动荡。

到处都是盗匪和流民，各地不断爆发起义，北方的皇太极又不断入侵，崇祯皇帝焦头烂额，不得不两线作战。由于财政早就入不敷出，军费不足，明军内部还发生了哗变。大明王朝处于风雨飘摇中。

知识宝盒

《天工开物》

《天工开物》是明朝科学家宋应星写的综合性科学技术著作，也是世界上第一部关于农业和手工业生产的综合性著作。书中有123幅插图，记载了如纺织、制盐、榨油等生产技术和筒车、风车等生产工具的制作，共计130多项，外国学者把它称为“中国17世纪的工艺百科全书”。

皇太极的反间计

1629年，皇太极率领几十万大军直扑北京。镇守宁远的兵部尚书袁崇焕急忙亲率九千骑兵，日夜兼程，赶回北京。

崇祯皇帝朱由检得到消息后，让袁崇焕入城休整。袁崇焕说兵马长途奔波，疲惫不堪，会影响作战，于是驻军城外。

袁崇焕在广渠门列阵。皇太极有二十万大军，但久攻不下。双方几番血战，最终皇太极撤退。明军追击，又用火炮轰打金营，解除了京都之围。

皇太极眼见无法战胜袁崇焕，便使出反间计——命令手下故意在两个被俘的明朝太监面前闲聊，说袁崇焕和自己秘密约定，袁崇焕率兵解救北京是一个假象，其实是来接应自己的，不然二十万大军怎么可能败给九千人。随后皇太极故意放跑这两个太监，让他们回去向崇祯皇帝“揭发”袁崇焕。

之前，崇祯皇帝召袁崇焕进城休整却被袁崇焕拒绝时，就对其有所猜疑，现在便认定了袁崇焕是一个叛徒。

崇祯皇帝下令将袁崇焕逮捕入狱，后来又将袁崇焕凌迟处死，并抄没其家产，而袁崇焕并无家产。皇太极的拦路虎没有了，大明王朝最坚固的屏障也荡然无存了。皇太极的势力越来越大。1636年，皇太极在盛京（今辽宁省沈阳市）称帝，国号为大清。清朝建立后，清太宗皇太极继续进攻明朝。松山、锦州等地先后被皇太极攻下，明王朝最后的防线只剩下了山海关。

历史人物

方以智

方以智为明末官员，崇祯皇帝自杀殉国后，方以智被俘，经严刑拷打，两髁见骨，仍不投降。侥幸逃亡后，又被清兵活捉，清兵将领钦佩他的气节，将他释放。后出家为僧，病死舟中。方以智生前著有《物理小识》，主要记叙了物理学、医学、哲学、地理学等领域的知识。其中关于光的色散、反射、折射，声音的发生、传播、反射、共鸣等知识的记述，领先于时代。

老槐树上的悲歌

此时，农民军起义已经十多年了。崇祯皇帝召保定巡抚徐标入京，徐标说：“我从江淮而来，几千里地荡然一空。有城池的地方，也只剩下四周的围墙，到处都是丛生的野草，听不见鸡鸣狗叫，看不见一个耕田的人，这个样子皇上将如何治理天下呢？”崇祯皇帝听了，忍不住潸然泪下。

在农民起义军中，李自成领导的队伍声势颇大。1644年，李自成起义军攻入了北京城。太监急忙报告崇祯皇帝，崇祯皇帝叹道：“苦了我百姓！”凌晨，崇祯皇帝与几十名太监骑马出东华门，被义军的乱箭阻挡，无法出去，便跑到齐化门（今朝阳门），守门的成国公朱纯臣拒不开门，又跑到安定门，守军已经逃散，大门深锁，用利斧也劈不开，只好又返回皇宫。

天快亮了，崇祯皇帝鸣钟召集百官，没有一人前来。崇祯皇帝心如死灰，在太监王承恩的陪伴下来到煤山，吊死在一棵歪斜的老槐树上，时年三十四岁。之后，王承恩也吊死在旁边的海棠树上，以身殉国。

崇祯皇帝自尽前，在蓝色袍服上写下遗书，其中一句是：“任贼分裂朕尸，勿伤百姓一人。”崇祯皇帝自尽的消息传到山海关，山海关守

将吴三桂震惊而迷茫，身为明朝守将，却没有了主子，明朝也灭亡了，自己是为谁守关呢？

这时进入紫禁城的李自成派人带着礼物和亲笔信到了山海关，来招降吴三桂。吴三桂同意了，带着守军前往紫禁城朝见李自成。然而，一路上吴三桂再三衡量，觉得向李自成投降不如向清朝投降更有利。于是，他改变主意，带兵返回，重夺山海关，然后派人向清朝投降，表示愿意献关。

清廷收到吴三桂的投降信，命大军从山海关入关。李自成派军攻打山海关，吴三桂与清军一起打败李自成。李自成仓促撤出北京，最终死于湖北。

历史人物

郑成功

1645年，清军攻入江南，南安侯郑芝龙投降，他的儿子郑成功不降，在厦门建水师抗清。厦门狭小，郑成功把目光投向台湾。台湾正被荷兰人控制，郑成功率领舰队浴血奋战，收复了被荷兰盘踞三十八年的台湾。

说说你的想法

你能为明朝的皇帝们画肖像吗？

你喜欢明朝吗？明朝的皇帝们非常有特点，你能为每一位皇帝画一幅肖像，再写上你对他们的看法和希望吗？

明史·徐达列传

徐达是安徽人，出身农民之家，从小练武，性情刚毅，和朱元璋是好朋友。

元朝末年，朝廷腐败，朱元璋投身起义军，徐达也跟随朱元璋开始了戎马生涯。徐达一上战场，勇不可当，于是朱元璋对他委以重任。

陈友谅是朱元璋的劲敌，1363年，双方在鄱阳湖激战。陈友谅有六十万大军，几十艘巨舰，朱元璋只有二十万人，无一艘大船。徐达一马当先，率领将士击溃陈友谅的前锋部队，缴获巨舰一艘。当徐达的战船被火烧后，他扑灭大火，继续作战。朱元璋派人救援，全军士气磅礴，最终大获全胜。

之后，徐达又去攻打朱元璋的另一劲敌张士诚。他日夜炮轰敌城，城中缺粮，军民吃枯草、老鼠充饥。他又令人架云梯登城，与张士诚军展开巷战，张士诚最终自缢而死。

1367年，征虏大将军徐达北伐元朝，第二年攻克北京通州，包围了元大都，元朝灭亡。

明朝建立后，徐达多数时间驻守北京，因患上背疽而亡。朱元璋把他列为开国第一功臣，追封中山王，赞道：“破虏平蛮功贯古今人第一，出将入相才兼文武世无双”。

明史·宋濂列传

宋濂是浙江人，幼时身体不好，经常眩晕，多亏祖母和母亲细心照料，他才顺利度过童年。宋濂聪明灵透，记忆力远超他人，被称为神童。他酷爱学习，一生都保持刻苦的精神。

宋濂长大后，正值元朝末年，各地起义不断，起义军首领朱元璋召他为儿子朱标讲学。朱元璋建立明朝后，又令他修《元史》，任他为翰林院学士。

宋濂的散文写得好，文风淳厚雍容，被誉为“一代之宗”。

宋濂升任太子赞善大夫时，朱元璋还让他给大臣们讲学。

宋濂为人质朴、谨慎，处事严密，在宫中说的话绝不外泄，平日说话也实事求是。一次，宋濂在家宴请客人，朱元璋派人侦察，次日问他昨日待客情形，他都据实而答。朱元璋笑道：“你没有骗我。”

有大臣指出朱元璋的错误，朱元璋大怒。宋濂说：“他是对皇上尽忠啊。”朱元璋说：“如果没有景濂（宋濂字景濂），朕几乎错怪进谏的人。”

宋濂一生清廉，宁愿忍受饥饿而死，也不贪利而活。但丞相胡惟庸被治罪时，牵连到他，马皇后和太子朱标力保他，朱元璋才免他一死，把他流放到四川，后于途中病逝。

明史·方孝孺列传

方孝孺出生在浙江，年幼时聪明伶俐、机警敏捷，大眼睛炯炯有神，每天读书超过一寸厚，被称为“小韩愈”。

方孝孺长大后，跟随大学者宋濂学习，宋濂的弟子中没有一人能超过他。

建文帝朱允炆即位后，任方孝孺为翰林侍讲、侍讲学士等职。皇帝喜爱读书，遇到疑难处就向他请教，还向他询问国家大事。当燕王朱棣叛乱时，朝廷的诏令、檄文都出自他之手。

1402年，朱棣攻破都城南京，建文帝不知所终，方孝孺被抓入狱。朱棣的谋士姚广孝曾说：“即使占领了南京，方孝孺也不会投降，但不要杀他。杀了方孝孺，天下的读书种子就灭绝了。”朱棣牢记这句话，把方孝孺放归家中。

然而方孝孺对建文帝不仅有君臣之情，更有知己之情，他怀念建文帝，常常在家戴孝痛哭。朱棣非常生气，强迫他为自己写即位诏书。方孝孺说：“死就死了吧，诏书我绝不能起草。”

朱棣说：“你不怕灭九族吗？”方孝孺说：“灭我十族又如何！”朱棣大怒，将四十六岁的方孝孺凌迟处死，又杀死了方孝孺八百多位亲友。

明史·解缙列传

解缙生于江西书香门第，七岁能诗文。据说，乡里的显贵见他穿着绿袄，便奚落他："井里蛤蟆穿绿袄。"解缙见那人穿着红袍，便回道："锅中螃蟹着红袍。"

解缙考中进士后，任翰林学士，明太祖朱元璋很器重他。

解缙才高，好直言，因指责玩忽职守的大臣被人衔恨，遭到诬告。朱元璋也认为他缺乏涵养，需修身养性，解缙只好回了老家。八年间，他校改《元史》，补写《宋书》，删定《礼记》。

明成祖朱棣在位时，解缙任翰林侍读，随后参与机务，又总裁了《太祖实录》《列女传》，主编了《永乐大典》。

解缙三十五岁时，升为翰林学士兼右春坊大学士，为内阁首辅，这是他一生中最春风得意的时刻。然而朱棣想立二皇子为太子，他坚持立大皇子，并指出二皇子不遵礼法之处，朱棣很不高兴。二皇子诬陷他泄露"禁中语"，嫉恨他的大臣又诬陷他不公正，私见储君，于是朱棣让锦衣卫把他抓捕入狱。

一日，朱棣见到锦衣卫都指挥佥事纪纲，说："解缙还在吗？"纪纲会意，回诏狱后，灌醉解缙，把他拖到雪中埋起来。

解缙就这样死了，时年四十七岁。

明史·杨士奇列传

杨士奇是江西人，一岁时父亲死了，母亲改嫁到罗姓人家。罗家祭祖时，幼年杨士奇用泥土做像，祭祀杨氏祖先。罗家觉得他有志气，便不让他改姓罗了。

杨士奇长大后，以教书为生，后来被推荐入朝。杨士奇为官谨慎，举止恭敬，对答机敏，有真知灼见。明成祖朱棣让他进入内阁，参与机务，辅佐太子朱高炽监国。

他辅佐过明仁宗朱高炽后，又辅佐明宣宗朱瞻基。当时，内阁中有杨士奇、杨荣、杨溥三人。杨荣曾多次随军出征，接受过边疆赠送的马。明宣宗以此事问杨士奇，杨士奇说："杨荣通晓边疆事务，我们都不如他，皇上不要在乎此等小错。"明宣宗笑道："杨荣曾揭你的短，你还替他说话？"杨士奇说："望皇上能像容我一样容杨荣。"杨荣听说后，非常惭愧，从此与杨士奇相处甚欢。

明宣宗驾崩后，九岁的明英宗即位，朝政由太皇太后张氏负责。张太后信任"三杨"，压制想要干政的太监王振，使朝政清明。

杨士奇的儿子犯了杀人罪，于是杨士奇辞官。明英宗安慰他，他十分感恩，老泪纵横，不久忧虑而死。

明史·汤显祖列传

汤显祖出生在江西书香世家，受到家庭熏陶，他从小就勤奋好学。

汤显祖考中进士后，先在北京任职，第二年被调到南京，任太常寺博士。南京是文人荟萃之地，汤显祖经常和他们切磋诗文，探究戏曲，读书度日。有人问他："博士为什么这么爱读书？"他说："我读书不问博士不博士。"

汤显祖喜欢戏剧创作，主张创新，不随波逐流，被称为"狂奴"。

在仕途上，汤显祖拒绝与昏君佞臣同流合污。他任礼部祠祭司主事时，揭露了一些贪赃枉法的大臣，还抨击了明神宗的不当行为，被贬到了雷州半岛。

一年后，汤显祖被命去浙江当知县。他劝农桑，修书院，去除杀戮，不让囚犯戴枷锁，甚至释放囚犯回家过年，元宵节逛街观灯。虽然当地被他治理得安乐祥和，但私放囚犯还是让他受到了弹劾。

汤显祖内心愤懑、不屑，主动递交辞呈，也不等批准就扬长而去。等到吏部和都察院以"浮躁"为由给他免职处分时，他已经回老家待了三年。

汤显祖一生淡泊守贫、蔑视权贵，不惧得罪人，坚定地追求个性自由。他创作的戏剧《牡丹亭》就蕴含着这种思想，剧中的杜丽娘、柳梦梅备受人们喜爱。

柳梦梅
杜丽娘
汤显祖

明史·秦良玉列传

秦良玉生于重庆，虽为女子，风姿娴雅，却擅长骑射，有胆有智，还会作文章。秦良玉十几岁时，嫁给马千乘。马千乘是汉朝伏波将军马援的后裔，任石柱宣抚使，也就是土司。朝廷命马千乘平定叛乱时，秦良玉也随军参战，立下了显赫战功。

1613年，马千乘被一个太监诬告入狱，冤死狱中。由于他的儿子年幼，宣抚使的职位由秦良玉接替。

后金入侵时，朝廷令秦良玉出兵救援。秦良玉亲率将士杀向山海关，所过之处，秋毫无犯。

1622年，永宁土司叛乱，包围成都。各地土司都按兵不动，只有秦良玉击鼓西征，解了成都之围。

1630年，皇太极指挥清军攻向北京。秦良玉奉诏勤王，拿出家资作为军费。崇祯皇帝为她赋诗四首。

张献忠起义军攻打重庆，秦良玉与儿子马祥麟前后夹击，打败张献忠。几年后，张献忠卷土重来，攻向成都。秦良玉前往救援，终因寡不敌众被击溃。秦良玉说："我一个妇人，受国恩二十年，到现在这种地步，定然与贼势不两立！"于是，她驻守石柱。张献忠四处招降土司，却不敢来石柱。秦良玉被加封太子太保、忠贞侯、四川招讨使等职，七十五岁时病逝。

秦
秦良玉
张献忠

明史·唐寅列传

唐寅是苏州人，字伯虎，父亲经营一家酒馆，家境富裕。他从小学习诗歌、绘画，才情出众。

唐寅二十四五岁时，父亲去世，后母亲、妻子、儿子、妹妹在一两年间相继去世，家道中落。唐寅备受打击，二十六岁时就有了白发。

唐寅平日放浪形骸，参加科举考试时也时常纵酒。他的朋友祝允明劝他不要太张狂，文徵明也写信给他，说："我父亲说你有才情，但过于轻浮，恐怕会一事无成。"唐寅没有听从。

唐寅进京参加会试时，主考官是程敏政、李东阳，二人都是饱学之士，出题很难，只有唐寅和徐经答得恰如其分，且文辞优雅。于是，有人便传说徐经贿赂了考官，考官泄题给他，他才答出来的。唐寅也被牵连进去。事情闹得沸沸扬扬，朝廷只好命锦衣卫审讯，结果查无实据，但还是把徐经、唐寅罢黜为县衙小吏。

唐寅坚决不做小吏，在愤懑、郁闷和消极中回到家中，以卖文卖画为生。

有一年，宁王朱宸濠召唐寅，唐寅应召后，发现宁王有僭越行为。他担心宁王谋反，只好装疯，被宁王放了回来。几年后，宁王果然叛乱，唐寅逃过一劫，后病逝家中。

明史·史可法列传

史可法出生在河南，小时候家境贫寒，但他仍苦学不懈，很有抱负。

史可法二十六岁考中进士，先后任西安府推官、户部云南司主事，镇压农民起义。

当时，全国各地都有起义队伍，其中一支由李自成率领。史可法听说李自成攻进北京后，赶紧率军进京勤王，但刚走到半路，就得到崇祯皇帝自缢殉国的消息，他不禁痛哭失声，以头撞柱，血一直流到脚上。

一些大臣坚持拥立福王朱由崧为帝，史可法觉得福王缺点太多，但木已成舟。福王即位后，朝廷动荡，大臣各有心思，史可法受到排挤，自请离朝，改任兵部尚书、武英殿大学士。

清兵南下，一路攻城略地。于是史可法进入扬州，抵抗清兵进攻。

清军主将多铎派人劝降，多尔衮也致书诱降，都被史可法拒绝。他说："我为朝廷大臣，岂肯偷生为万世罪人。城存与存，城亡与亡。我头可断，而态不可屈。我意已决，即碎尸万段，甘之如饴，但扬州百万生灵，不可杀戮。"

城破之后，史可法被杀，终年四十五岁。清军并未放过扬州百姓，反而因为百姓顽强反抗而屠城数日。

王朝开场

清朝是满族人建立的，所有的皇帝都姓爱新觉罗。努尔哈赤豁出老命给清朝打好地基后，皇太极、多尔衮等人又九死一生地苦打一通，总算给清王朝挣下了一份像样的“家业”。虽说接下来的顺治皇帝因为失恋总闹着出家，但总体上还算敬业。到康熙皇帝时，更加了不得，他幼时擒鳌拜，老了打沙俄，干啥像啥。雍正皇帝也很靠谱，这位“工作狂”没日没夜地加班，偶尔度个假都

清

古典帝国

很自责。乾隆皇帝爱旅游，也爱工作，上了六十年的班还不想退休。“康乾盛世”持续了一百多年，国力甚至超过了汉唐。

然而，盛世局面下却隐藏着危机，政治腐败、社会矛盾似野草一样滋生，朝廷上下不知他们心中的“天朝上国”已经一去不复返了。在西方，工业革命兴起，科技正在改变世界，列强用坚船利炮打开了国门……清政府发起自救运动，然而几番波折，几番风雨，近三百年的王朝最终走向了灭亡。

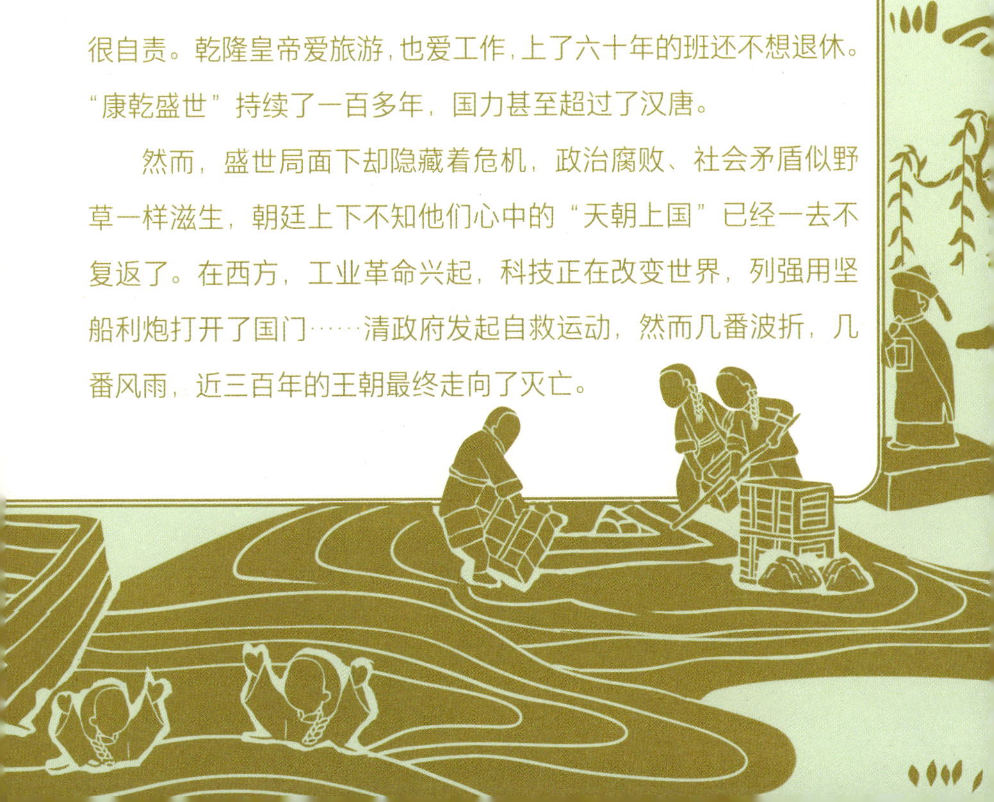

清朝一日游

如果回到清朝

如果你生活在清朝的首都北京，你会惊讶地看到，男人们竟然都梳着一种发型：前面剃光了，后面梳着一个长辫子。这是满族发式，是清王朝为了强化满人对汉人的统治而强迫男人们这样梳头发的。

清廷还下令男人们都穿长袍马褂，这也是满族的特色服饰。至于女性，清廷没有严格规定她们的穿戴，有的穿马蹄袖箭衣，有的穿小袖衣和长裙，有的披云肩，令人眼花缭乱。

当然啦，满族女性梳的旗髻（两把头）也许更能吸引你的注意力，毕竟这种发型经常在电视里出现嘛。

如果你只想着吃，那么你就敞开了肚子吃吧。猪肉、鸡肉、鸭肉、鹅肉等都能为你解馋。如果你想吃得清淡些，那么洋柿子（西红柿）、西葫芦、生菜、菜花、草莓等都从外国传入了，不过，有些清朝人还不接受这些蔬果，有人还把西红柿当成观赏植物，所以餐桌上很难见到。

你也许没法儿靠它们解腻。

吃饱喝足后，你可以穿行在一条条胡同间，欣赏北京特有的四合院建筑。四合院就是院子的四面都建有房间，像“口”字形的是一进院落；像“日”字形的是二进院落；像“目”字形的是三进院落……真的是“庭院深深深几许”呢。

门窗也不要错过哦！清朝的门窗上，棂格奇巧，有井式的、柳条式的、花朵式的……还有两种图案叠加所形成的复杂格子，绮丽多姿。

满人善骑射，皇帝担心他们忘了本民族的优良传统，规定除亲王、郡王与一品文职可以乘轿外，其余的满族大臣都要骑马。汉族的武臣也必须骑马——武将不骑马，如何带兵卫国？

所以，当看到一些官员喊着“驾驾驾”从你身边经过，前往紫禁城上班时，你可不要惊讶哟！

大清直播间

追踪重要历史事件

清史稿·太祖本纪

从十三副甲胄崛起

努尔哈赤出生在赫图阿拉（今辽宁省新宾满族自治县），他的祖父和父亲都是女真首领。不幸的是，他十岁时，母亲去世了，继母对他很刻薄。

努尔哈赤十九岁时，不得不选择分家生活，只得到很少的家产。为了活下去，他只好挖人参、采蘑菇、摘松子和榛子去卖。

抚顺有马市，努尔哈赤常去抚顺和汉人、蒙古人交易。其间他学会了蒙古语，也会说几句汉语。

努尔哈赤二十五岁时，迎来了人生中又一个灾难。他的祖父和父亲去劝降背叛明朝的亲戚时，被明军误杀。努尔哈赤接到噩耗后，用祖父和父亲留下的十三副甲胄（zhòu）起兵，开始反抗明朝的统治。

朝廷下令归还了努尔哈赤祖父和父亲的遗体，封他为龙虎将军。努尔哈赤重整旧部，开始了统一女真的战争。

努尔哈赤的“七大恨”

努尔哈赤于1616年建立后金，之后，他把矛头对准明王朝。他“告天”誓师，宣读对明朝的“七大恨”檄文，向朝廷发起了进攻。

1618年，努尔哈赤攻占了抚顺等地。朝廷大惊之下，派兵部左侍郎杨镐为辽东经略。杨镐坐镇沈阳，兵分几路围剿努尔哈赤。

努尔哈赤探知情报后，说道：“凭你几路来，我只一路去。”他认为，明军的南路军、北路军山道遥远、险峻，无法快速到来，自己可以集中兵力攻打首先到来的西路军，这就是“我只一路去”。

国宝档案

金累丝嵌松石坛城

坛城的梵文音译是“曼荼罗”或“曼陀罗”，也就是表现诸神的坛场和宫殿，一般为几何图形。这件清朝坛城使用了金累丝工艺，外围为火焰墙、金刚墙，中心为经阁、本尊，精细奢华。经阁上有很多伞幢，好像在随风而动。

明军的西路军行军速度快，便孤立了出来。努尔哈赤亲自率兵进攻，西路军全军覆没。

之后，努尔哈赤又集中兵力消灭了明北路军。

明南路军还在崎岖的山路上挺进，压根儿不知道西路军和北路军已经战败。努尔哈赤让一些士兵假冒明军，传递假情报，使南路军加快行军速度。于是南路军轻装急进，结果遇到埋伏惨败。

在沈阳坐镇的杨镐手中有一支机动兵力，对几路明军没有策应。等他接到战败的消息后，才慌忙令这支军队返回。但明军撤退时，已经被努尔哈赤的哨探发现，他们在山上拼命鸣螺，发出冲击信号。明军以为努尔哈赤的主力军来了，吓得四散溃逃，很多人互相践踏而死。

努尔哈赤一鼓作气又夺取了开原、铁岭，明王朝在辽东的屏障被击溃了。

1625年，努尔哈赤已经占据沈阳，并把沈阳作为都城。

第二年，努尔哈赤攻向北京城，不料在宁远城受挫，被袁崇焕所伤，不久病逝，终年六十八岁。

知识宝盒

萨尔浒之战

1619年，明朝与后金在萨尔浒（今辽宁抚顺大伙房水库附近）交战。后金以少胜多，明军共损失4.5万余人，失去骡马2.8万余匹，损失火器2万余支，主帅杨镐后被处死。此战是明清战争史上一个重要转折点，明王朝从此陷入被动。

清史稿·太宗本纪

一生不曾通过山海关

努尔哈赤因宁远之战失败抑郁而终，他的儿子皇太极被拥立为大汗。

皇太极废除了“女真”的族名，改为“满洲”（意为吉祥平安的土地），满族由此而来。

皇太极和努尔哈赤一样有吞并明朝的野心，继续发动进攻，但仍然攻不下袁崇焕守卫的宁远城，只得撤兵。

1628年，皇太极带着弟弟多尔衮和多铎去攻打察哈尔部，获得无数的人畜，巩固了自己对归服的蒙古诸部的统治。皇太极的大敌仍然是袁崇焕，他使用反间计，使袁崇焕被朝廷杀死，这让他长长地舒了一口气。

他大力发展农耕，鼓励臣民学习汉族文化。他不再像父亲努尔哈赤那样屠杀文人，而是鼓励通过考试录用人才，以免因不读书而误事。

1636年，皇太极称帝，国号为“大清”，正式建立清朝，史称清太宗。

为了进入紫禁城，皇太极决定先攻下锦州，之后再攻山海关，然后入关，成为全天下的主人。他制订了长期围困锦州的计划，命令清兵攻下锦州城的外围据点，然后在周围安营扎寨，断绝城外的支援。

崇祯皇帝万分焦虑，急忙从抗击起义军的西线战场上把洪承畴（chóu）调来，让他任蓟辽总督，赶去辽东。皇太极得知消息后，急忙亲率大军从沈阳赶来，切断了明军的粮道。

锦州被围困了好几个月，城中的粮食都被吃完了，明军无力迎战。洪承畴誓要决一死战，被清军所俘。皇太极欣赏洪承畴是个难得的人才，派很多人去劝降。洪承畴绝食抗议，拒不投降。

成语补给站

见风使舵

清朝时，有御史弹劾浙江刘中丞，皇帝派钦差大臣去调查。钦差大臣到浙江后，想收取贿赂，便让学生去见刘中丞的属下，索要200万两银子。属下报告给刘中丞，刘中丞说可“见风使舵”，意思是看势头或别人的眼色行事。

知识宝盒

八旗

八旗起源于满洲（女真）人的狩猎组织，由努尔哈赤确立正黄旗、正白旗、正红旗、正蓝旗、镶黄旗、镶白旗、镶红旗、镶蓝旗，平时皆民，战时皆兵。皇太极时，有八旗满洲、八旗蒙古、八旗汉军。起初，正黄旗、镶黄旗由皇帝统领，睿亲王多尔衮死后，他所辖的正白旗也归皇帝统领。图为正红旗甲胄。

皇太极仍不放弃，特命范文程去试着劝降。

范文程出生在辽东，努尔哈赤攻下抚顺时，他主动归降努尔哈赤。洪承畴一见到他就骂他不顾礼义廉耻、认贼作父。范文程装作没听到，和洪承畴谈论古今。就在这时，房梁上落下来一些灰尘，掉在洪承畴的衣服上，洪承畴下意识地把灰尘轻轻擦去。范文程留意到这一细节，便告辞出来，回奏皇太极："洪承畴对衣服都如此爱惜，也一定很爱惜自己的命。"

皇太极接受了范文程的意见。一次，皇太极见洪承畴衣服单薄，立即脱下身上的貂裘披在洪承畴身上。洪承畴慢慢被感动了，明朝皇帝虽然对他不错，但从来没有如此关心过自己。于是，洪承畴归降了皇太极。

下一个目标就是攻克山海关了。然而，皇太极几次出兵都无法通过山海关。

1643年，皇太极的入关之梦还未实现，就猝死在沈阳，终年五十二岁。

清史稿·世祖本纪

想逃离红尘的皇帝

清太宗皇太极死后，他的儿子福临继位为帝，史称清世祖。因年号为顺治，他也被称为顺治皇帝。

1644年，清兵在驻守山海关的明将吴三桂的帮助下顺利入关，并占领北京。不久，顺治皇帝从沈阳迁都北京。

此时顺治皇帝只有六岁，不能主政，由睿亲王多尔衮辅政。多尔衮独揽朝政，让小皇帝心里很不满。

七年后，摄政王多尔衮在打猎时跌伤，不久死去，顺治皇帝就此摆脱了傀儡身份。他一亲政，就剥夺了多尔衮的封号，掘其墓地。

顺治皇帝很想有一番作为，他严禁太监干政，重视汉人的才干，下令改变只有满臣才能够奏事的局面，允许汉臣入内奏事。然而这个举措遭到了满族统治阶层的反对。

1657年，年轻的顺治皇帝开始接触僧人，信仰佛教。

两年后，玉林通琇禅师从江南来京，顺治皇帝立刻召见，并自称弟子，请求禅师给他起法名。玉林通琇不肯，顺治皇帝强令他起，他只好写了几个字，顺治皇帝从中挑了一个“痴”字，法名“行痴”。

顺治皇帝有一位董鄂妃，敏慧端庄，精通史书，善解人意，深受宠爱，顺治皇帝晋升她为皇贵妃时，甚至想用皇后的规格礼仪。董鄂妃生下皇子后，顺治皇帝颁诏天下“此乃朕第一子”，其实这是他的第四个

知识宝盒

起居注

起居注是记录皇帝言行的册子，好像日记本一样。负责记录的官员随侍皇帝身边，无论是皇帝的私生活，还是祭天活动，甚至连向太后问安，都要记下。汉朝以后，几乎每代皇帝都有起居注，但因为不外传，故流传下来的很少。

儿子，他说“第一子”含有册封太子的意思。不过，这个孩子刚出生几个月就夭折了。董鄂妃本来就体弱多病，失子之痛让她很快香消玉殒了。

顺治皇帝大为悲痛，加上复杂的政事也困扰着他，他更寄情于佛法，想要出家为僧。

此时，玉林通琇已经回山，顺治皇帝命玉林通琇的徒弟行森为他剃度，成了光头天子。当玉林通琇再次奉诏来京时，得知徒弟已经为皇帝剃发，顿时勃然大怒，命人堆柴，准备烧死行森。

玉林通琇对顺治皇帝说：“按照尘世之法，皇上应该坐在皇位上，上安圣母之心，下使百姓安乐；按照出世之法，皇上也应该坐在皇位上，对内安佛法，对外护佛法。”

在玉林通琇的劝导下，顺治皇帝暂时罢了出家的念头，行森也免于被烧死。

1661年，顺治皇帝染上天花，在高烧中离世，终年二十四岁。其遗诏中立年仅八岁的皇三子爱新觉罗·玄烨为皇太子，继帝位，是为清圣祖，也就是康熙皇帝。

清史稿·圣祖本纪

智擒鳌拜

康熙皇帝八岁失去父亲，十岁又失去生母，所幸他的奶奶孝庄太皇太后在辅佐了他父亲之后，又耐心地辅佐他，让他有了依靠和主心骨。

康熙皇帝的顾命大臣中，最有权势的是鳌拜。鳌拜早年跟随皇太极

原味典故

鳌拜大不敬

《南亭笔记》记载：康熙皇帝召鳌拜入南书房，鳌拜到来后，内侍把折足的椅子给鳌拜坐，另一内侍扶着椅子站在鳌拜身后。赐给鳌拜的茶碗极烫，鳌拜拿不住，茶碗跌到地上，扶椅的内侍乘势把鳌拜推倒。康熙皇帝顿时大叫：“鳌拜大不敬！”健童们便捉住了鳌拜。

南征北战，立下赫赫战功，是开国元勋，有“满洲第一勇士”之称。成为顾命大臣后，鳌拜小心谨慎，但不过几年，他就暴露出骄横和专权的野心。

康熙十四岁正式亲政，鳌拜独揽政权，严重威胁到了皇权。康熙皇帝心思缜密，不动声色，只是组织了一群少年侍卫在宫中作“布库”之戏。鳌拜觉得男孩天性爱摔跤搏斗，没有格外留意。

1669年的一天，鳌拜入宫没一会儿，就被少年们扑倒了，并在他猝不及防的瞬间将他捆绑了起来。康熙皇帝就这样擒获了鳌拜，并迅速逮捕了鳌拜的党羽，夺回了朝政实权。此事让群臣对康熙皇帝刮目相看，但康熙皇帝并未骄傲自大，还是和以前一样好学不倦，经常读书到深夜。有一次，因为苦读过度，他甚至咳了血，但仍坚持不懈，让大臣们分外敬服。

三藩之乱

当年，吴三桂打开山海关，清兵才得以入关。事后，清廷封吴三桂为平西王，管理云南、贵州等地。除了吴三桂，南方还有两位藩王——平南王尚可喜，靖南王耿仲明。这三者被称为“三藩”。

三藩各有自己的军队，俨然国中之国。康熙皇帝急于解决三藩的问题，正好平南王尚可喜年纪大了，想念东北老家，不想再待在广州，想让儿子接替自己的位子。康熙皇帝开心地批准了尚可喜回故乡的请求，但没有同意让他的儿子承袭王位，尚可喜就这样丢了兵权。

吴三桂和耿精忠（耿仲明的孙子）听说后，十分生气。他们知道皇帝是在打压他们，但他们认为，康熙皇帝年龄小，还不能应付复杂的形势。于是，他们决定试探一下小皇帝。两个人便假意递上奏折，请求告老还乡，以此威胁康熙皇帝。

康熙皇帝将计就计，同意了他们的请求。吴三桂大怒，联合另两个藩王，起兵抗清。吴三桂挥军北进，先后占领了湖南、四川等地。

康熙皇帝方寸不乱，一边集中兵力攻打吴三桂，一边恢复了耿、尚两人的爵位。耿、尚两人只满足于做藩王，皇帝这样一安抚，两人就归降了。

耿、尚两人为了将功折罪，转过头去攻打吴三桂。吴三桂被孤立起来，干脆自立为帝，但他只做了五个月皇帝就死了。清军杀入云南，平定了吴三桂的残余势力。

这时的康熙皇帝刚刚二十八岁，成功地稳定了自己的统治。

第一个国际条约

清兵入关后，沙俄曾多次入侵中国黑龙江流域，并占据了雅克萨。雅克萨位于今天的黑龙江附近，在满语中，意思是“涮塌了的河湾子”。沙俄侵略军在雅克萨四处掠夺，残害百姓。

朝廷令沙俄军撤离，沙俄军不理，还窜到瑷珲（黑龙江省黑河市爱辉区）劫掠。康熙皇帝派都统彭春前往瑷珲。彭春率领陆军、水军来到雅克萨，警告沙俄军退出。沙俄军不听，反而不断增援雅克萨。彭春只好下令战斗。

彭春采取了“声东击西”的战术，他在城南安排了部分士兵，让士兵们在城南的小土山上往城里放弩箭。沙俄军见箭雨从城南扑来，以为清兵要从城南进攻，就把主力调往城南。这时，炮火突然从城北响起，熊熊大火燃烧起来。沙俄军这才意识到上当了。可是，城北的沙俄军所剩无几，眼见清军攻势甚猛，沙俄军只好投降了。

康熙皇帝令沙俄军撤回本国，没有继续追杀。彭春接管雅克萨后，重新安排士兵驻守，就回到了附近的瑷珲。然而，沙俄军听说彭春撤出，便偷袭雅克萨，重新占领了此地。康熙皇帝决定彻底消灭沙俄侵略军。清军再次发起炮攻。沙俄军几次出城反扑，都被打了回去。经过激战，沙俄军伤亡惨重。沙俄政府慌忙派使者赶去北京，请求谈判。康熙皇帝同意了，下令停止攻城，允许沙俄军撤到尼布楚（今俄罗斯涅尔琴斯克）。就这样，双方在尼布楚进行了和谈，签订了《尼布楚条约》。

成语补给站

簠簋（fǔ guǐ）之风

这个成语是指官员贪污受贿的风气。康熙年间，考中进士的赵仑去江南担任督学。他想改变当时的簠簋之风，决定从自身做起，便在过长江时，在船上击楫发誓："如果我贪一毫之私，就不能活着回江北。"他立下誓言后，一生清廉，从未改变。

知识宝盒

金鸡纳霜

康熙皇帝信服中药，也不排斥西药。他四十岁时患上疟疾，耶稣会士进献金鸡纳霜（奎宁），治好了他的病。金鸡纳霜由金鸡纳树的树皮研磨而成，是西药。后来，大臣曹寅（曹雪芹的爷爷）也患上疟疾，康熙皇帝还赐金鸡纳霜给他，只是药还没送到，曹寅就已病逝。

儿子多的烦恼

康熙皇帝在位六十一年，花费了近二十年时间治理黄河，使黄河两岸的百姓能够安居乐业。

为了恢复农业发展，康熙皇帝鼓励农民开荒，并给予奖励，可以三年不纳税。他还下了一道"盛世滋生人丁，永不加赋"的圣旨，意思是以康熙五十年（1711年）的人口为标准，以后新增的人口都不用再缴纳人头税了。在历史上，他是第一个敢于这么做的皇帝。

康熙皇帝创造了盛世局面，但他的"家事"却令他头疼不已。他很早就立了太子，后期不满意，又废掉太子，想另立皇储。阿哥们蠢蠢欲

动，都想争得太子之位。康熙皇帝共有三十五个儿子，其中有九个参与了储位之争，他们明争暗斗、拉帮结派，史称“九子夺嫡”。

康熙皇帝恼怒之下干脆不立太子。直到他驾崩后，大臣宣读遗诏，才知道康熙皇帝选了皇四子胤禛（yìn zhēn）为继任者。胤禛即位后，改年号为雍正，史称清世宗。

知识宝盒

《康熙字典》

《康熙字典》由陈廷敬、张玉书等三十多位学者编撰，花费了六年时间，共收录 47035 个汉字，采用了部首分类法，是中国第一部以字典命名的汉字辞书。

清史稿·世宗本纪

阿哥们的结局

雍正皇帝一坐上龙椅，就开始排除异己，巩固皇位。昔日和他一起争夺皇位的兄弟们，都被他归入了“异己”的范围内。

八阿哥胤禩（sì）和九阿哥胤禟被削宗籍，圈禁起来，雍正皇帝还给八阿哥改名为“阿其那”（大概是狗的意思），给九阿哥改名为“塞思黑”（大概是猪的意思）。两位阿哥被囚禁至死。十阿哥胤䄉（é）、十四阿哥胤禵（tí）、三阿哥胤祉（zhǐ）也都被圈禁，十二阿哥胤祹（táo）被降了爵位。

为了防止“九子夺嫡”的现象再度出现，雍正皇帝发明了秘密立储制度，就是把写有继承人的两道密诏，一道放在乾清宫的“正大光明”牌匾后，另一道随身携带，免得皇子们不择手段地争抢皇位。

皇宫里的工作狂

雍正皇帝勤于政事，几乎全年都在工作，就像一个不知疲倦的机器。他只在自己生日那天才会休息。

雍正皇帝改革了很多制度，要求官员们以民为主，让百姓富裕起来。他要求臣民务实，实事求是，脚踏实地。

他并不是说说而已，而是要求严格，雷厉风行，这种作风让官员们不敢放纵。

雍正皇帝在宫里设立了军机处，协助他处理军务。军机处设有军机大臣，由他自己选定。军机大臣草拟的文书，不必经过内阁，可以直接发给有关官员。就这样，雍正皇帝把军机大权完全掌握在了自己的手中。

雍正皇帝还采用了密折制度。密折就是秘密的奏折，上面有皇帝用朱笔做的批示。密折一般装在一个密匣里，匣上有锁，钥匙只有雍正皇帝和拿匣子的人才有。密折是雍正皇帝监视百官的“小帮手”，各级官员可直接向皇帝弹劾不法分子。雍正皇帝对密折所做的朱批，有的一本正经，有的嬉笑怒骂。例如，“朕大笑惊讶览之”“朕笑得了不得”等。

为了控制臣民的思想，雍正皇帝曾大兴“文字狱”，制造了一些冤案，令人胆寒。

雍正皇帝怕热，喜欢待在凉爽的圆明园。1735年，雍正皇帝驾崩于圆明园。

清史稿·高宗本纪

土尔扈特部的回归

雍正皇帝去世后，大臣们根据他生前立下的秘密立储方法，打开了密诏，宣布皇四子弘历继位，这就是清高宗乾隆皇帝。

成语补给站

黄狸黑狸，得鼠者雄

清朝时期，一个姓徐的文人自称能为人驱鬼。一日，一个大臣请他赴宴，酒足饭饱，已经入夜，忽来一个兽头人身的怪物，舔食剩饭。徐姓文人吓得拼命狂叫，恰好吓跑怪物。于是人们感叹："黄狸黑狸，得鼠者雄。"狸是野猫、山猫的意思。这个成语比喻不论使用什么办法，只要能取得好结果就行。

乾隆皇帝主张施政"宽严相济"，对百姓施行仁政，对官员宽容开明。当他注意到粮价上涨后，便让农民种植高产作物，还减免税收，很快创造了繁盛的局面。

蒙古准噶尔部一直不服从清廷统治，康熙时期，清军与准噶尔就有过三次大规模的战争，雍正时期也发生过两次战争。到了乾隆时期，准噶尔部又发动了叛乱。

乾隆皇帝本不想兵戎相见，便派出使者去劝降。没想到使者被杀。

乾隆皇帝大怒，发兵征讨准噶尔部，以武力平定了叛乱。

1771年，朝廷突然接到急报，有一支近二十万的大军正往新疆的伊犁赶来。

满朝上下一片震惊，这是何方大军？是想攻占伊犁吗？其实，这支大军是蒙古土尔扈特部，他们是来归顺朝廷的。

大臣们纷纷反对，因为土尔扈特部有一个叫舍楞的人，他曾经支持准噶尔反清，现在又跑来归顺，让大臣们怀疑他另有目的。

乾隆皇帝一时也很迷茫，便派大臣前往伊犁一探究竟。

一百多年前，土尔扈特部和准噶尔部不和，土尔扈特部便往西部迁徙，在伏尔加河下游定居。俄国女皇叶卡捷琳娜二世时期，这位女皇把伏尔加河流域归为自己的统辖范围，经常调用土尔扈特人去打仗。土尔扈特部不堪忍受，于是烧掉营帐，离开了这个悲伤的地方。女皇派兵阻截，土尔扈特部伤亡惨重，但回归故土的愿望一直支撑他们抵达新疆伊犁。

乾隆皇帝了解情况后，马上安抚、接纳了土尔扈特部。对于曾经反

土尔扈特部

清的舍楞，乾隆皇帝念他是东归的先遣大将军，封他做了郡王，显示了大清王朝的包容大度。

办“大事”的太上皇

乾隆皇帝创造了大清王朝的全盛景象，但他在中年以后，渐渐地好大喜功，追求奢侈，使王朝由盛转衰。乾隆皇帝不仅大兴土木，六下江南游玩，耗费了大量的国力，还惹得权贵们纷纷效仿。他过于宠信大臣和珅，给了和珅专权的机会，贪赃枉法、层层腐败的现象开始四处滋生。到了乾隆皇帝晚年，农民起义已经此起彼伏。

国宝档案

乾隆粉彩九桃瓶

口小，肚大如球，像是从天上降下来似的，故名天球瓶。桃被古人视为吉祥之物，传说吃桃可以延年益寿，桃木可以驱鬼；“九”在古代是阳数，被视为至尊之数。把九桃绘到天球瓶上，寓意长寿、平安。这件天球瓶艳丽富贵，有极强的装饰性。

1796年，乾隆皇帝举行退位大典，自己做了太上皇，把皇位传给第十五个儿子颙琰（yóng yǎn），即嘉庆皇帝。然而，乾隆皇帝仍住在养心殿，在那里主持政事，他自己也说：“大事还是我来办。”至于嘉庆皇帝，只能住在皇子所居的毓庆宫。直到三年后，乾隆皇帝八十九岁，在养心殿溘然长逝，嘉庆皇帝才真正掌握了皇权。

国宝档案

乾隆各种釉彩大瓶

此器由督陶官唐英奉命烧制，他考察了各种瓷窑，经过无数次试验，才烧制成功。从上到下所施的釉、彩，足有十七层，集高温釉、低温釉、釉上彩、釉下彩于一身，被称为“瓷母”，是古代制瓷工艺的巅峰之作。

清史稿·仁宗本纪

爬墙的教徒们

乾隆皇帝长逝了，留给嘉庆皇帝一个危机四伏、弊端丛生的烂摊子。嘉庆皇帝勉励自己勤奋、革新，打出“维新”的旗号，诛杀了和珅等奸臣，褒奖正直的官员，要求广开言路、关心民情、勤俭朴素，还结束了惨烈的“文字狱”。

嘉庆皇帝试图扭转倾颓的国势，不遗余力地做着努力。然而起义的烈火仍然不时蔓延，光是镇压白莲教起义就花费了七八年时间、大约二亿两军费。

1813年，天理教起义，教徒竟然进入了紫禁城。守卫皇宫的清军侍卫们，在上书房读书的皇子们，宫中诸王和大臣们，一时惊慌失措，错愕无策。正当几个天理教教徒从门外诸廊爬皇宫大内的高墙时，三十一岁的皇次子旻（mín）宁镇定下来，让太监取来鸟枪，冲出书房，去阻挡教徒们。这时，两名天理教教徒已经爬上养心门的墙头，正准备往养心殿冲过来。旻宁站在养心殿的台阶下，举起鸟枪，打死了一个人，再发一枪，又打死了一个人。其他教徒一看，不敢继续攀墙了。此前，旻宁已经派人把情况飞报给还在京外的嘉庆皇帝，命各路官军入宫“捕贼”。他还亲自率兵巡查，并加强警卫。由于天理教人少，清兵占据优势，最终平定了起义。

成语补给站

声势熏灼

清嘉庆皇帝继位后，认为大臣和珅并非一无是处，任职三十年中做了很多实事，但和珅过于贪婪专权，不得不下令赐死。嘉庆皇帝下诏说和珅“声势熏灼”，意思是声威气势逼人。

清史稿·宣宗本纪

鸦片引发的战争

嘉庆皇帝执政时，西方工业革命正在兴起。英国是第一个开始工业革命的国家。英国人把机器纺织的布匹等物销售给中国，但让他们没想到的是，中国百姓对他们的产品不感兴趣。为了赚到中国人的银子，英国人想到了一个卑鄙的方法，就是向中国走私鸦片。嘉庆皇帝得知国内流入了大量鸦片，大吃一惊，万分愤怒，下令严禁鸦片，使英国人的企图落空。

嘉庆皇帝死后，由旻宁继任皇位，即清宣宗道光皇帝。

林则徐

道光皇帝依旧禁绝鸦片，但英国人的商船仍然驶入了中国海域，越来越多的中国人因为吸食鸦片而倾家荡产，失去生命。

道光皇帝认为英国挑起事端，派人前去斥责。英国人不仅不收敛，反而在率领军舰炮击广东虎门，坚持向中国人倾销鸦片。道光皇帝任命林则徐为钦差大臣，前往广东查禁鸦片。林则徐来到广州后，限定鸦片烟商在三天之内交出鸦片。之后，林则徐将收缴来的鸦片在虎门海滩当众销毁。这是中国历史上规模最大、数量最多的一次销毒。

英国人恼羞成怒，开始攻打清王朝。由于鸦片是这场战争的导火索，故此战就叫鸦片战争。刚开战时，清廷盲目自信，认为英军不堪一击。等到英军快打到北京时，他们才认清现实。道光皇帝连忙贬黜了林则徐，派人与英军和谈。英国代表提出，清廷要赔偿大量钱财，还要割让土地，才能和谈。道光皇帝担心此举载入史册，便没有答应。于是，英军再一次出兵，清军再次大败，道光皇帝最终接受英国的条件议和。双方签下中英《南京条约》，中国沦为半殖民地半封建社会。法国、美国也趁机强迫清政府开辟通商口岸。就在这些列强纷纷侵扰中国的时候，道光皇帝郁郁而终了。

清史稿·文宗本纪

出逃热河

清文宗咸丰皇帝奕訢（zhǔ）即位后，英法等国提出多开放通商口岸的要求，被咸丰皇帝拒绝了。于是英、法两国对清廷宣战，这就是“第二次鸦片战争”。

英国率先攻占了广州，不久，英国联合法国，以及美、俄等国公使，来到天津大沽口，威胁清廷修改和约。英法舰队攻陷了大沽炮台，进逼天津。咸丰皇帝怒不可遏，却毫无办法，只能同意修改和约。

1859年，英、法两国再次入侵，攻占了天津，随即向北京进军。咸丰皇帝正在圆明园，听闻消息后，以“木兰秋狝（xiǎn）”为名，仓皇逃往热河（今河北省承德市）。

1860年，英法联军直扑圆明园，黄昏时分，侵略军闯入圆明园大宫门。第二天，法国官兵接到上级命令：“先取在艺术和考古上最有价值的物品。”

于是，法国官兵开始疯狂抢劫园中珍宝。当时，圆明园中仅欧式钟表就有四百多件。之后，英法联军又开始放火，焚烧圆明园。

洗劫两天后，英法联军向城内挺进，最终与留守的恭亲王奕䜣（xīn）签订了丧权辱国的条约。1861年，咸丰皇帝在承德避暑山庄驾崩。

知识宝盒

木兰秋狝

“木兰”为满语，汉语之意为“哨鹿”，即捕鹿。由于捕猎一般在七八月进行，所以又叫“秋狝”。清朝皇帝每年秋天都到木兰围场巡视、习武、狩猎，并演练骑射。清廷还在北京至木兰围场的路上设了许多行宫，热河行宫（承德避暑山庄）就是其中之一。

清史稿·穆宗本纪

洋务运动

咸丰皇帝去世后，六岁的同治皇帝载淳坐上了龙椅，是为清穆宗。

咸丰皇帝曾命八个顾命大臣辅佐儿子，但同治皇帝的生母慈禧太后为了攫取最高权力，迅速捕杀或废黜了他们。慈禧太后由此垂帘听政。为了抵御外侮，朝廷决定“师夷长技以制夷”，提倡学习西方的先进技术，这就是洋务运动，代表人物有恭亲王奕䜣，大臣李鸿章、曾国藩、左宗棠、张之洞等。

他们创办了江南机器制造总局、金陵制造局、福州船政局、天津机

知识宝盒

太平天国起义

鸦片战争后，爆发了由洪秀全领导的太平天国起义。起义持续了14年，扩展到17个省，从咸丰年间开始，直到同治时期才结束，加速了清王朝的覆灭。

器局等，造出了大炮、枪械、弹药、水雷、蒸汽轮船等。一批军事学校也问世了，除了传授军事知识，还传播西方科学文化知识。此外，还出现了外国语学校。1872年，有三十名幼童被送到美国留学，史称“幼童出洋”。这些人留学归国后，已是青年，成为中国政界、军界、学界、工商界等方面的骨干。

历史人物

瓜尔佳·荣禄

荣禄是满洲正白旗人，曾任内务府大臣。同治皇帝曾让人拿着自己批写的字条去内务府领500两银子买木瓜吃。荣禄驳回了皇帝的要求：“各宫所需木瓜有专门供给，没必要花这钱。”荣禄受慈禧太后信任，为军机大臣，在戊戌变法等重要事件中言行表现复杂，是一个有争议的人物。荣禄死后厚葬，墓中有鼻烟壶、饰物等精巧玉器。

知识宝盒

补子

补子简称“补”，也叫“胸背”“官补”，是明清官服胸前或后背上织缀的织物。文官官服的补子用禽鸟为图案，象征贤德儒雅；武官官服的补子用猛兽为图案，象征勇武威仪。清朝补子约30厘米见方，虽然不大，却是身份、等级的标志。

不过，洋务运动遭到了顽固派的抵制。比如，顽固派觉得火车冒黑烟，还发出隆隆的响声，就像可怕的怪物。他们还觉得火车会吵到皇陵的祖先，影响龙脉，所以不准火车运行。他们只允许马、驴子等牲畜拖拉煤车，于是出现了“马拉铁路”的笑话。

洋务运动虽然取得了很多成果，但还是失败了。

1874年，同治皇帝去世，终年十九岁。

清史稿·德宗本纪

中日甲午战争

同治皇帝去世时，没有留下子嗣。慈禧太后为了继续把持朝政，把四岁的载湉（tián）过继为自己的儿子，继任皇帝，也就是光绪皇帝。

1883年，法军肆意入侵，挑起了中法战争。朝廷令李鸿章部署海防，击败了法军。然而第二年，法国舰队又挑起马尾海战，清军惨败。

光绪皇帝二十四岁时，日军又席卷而来。清廷在开展洋务运动时，日本也在进行大刀阔斧的改革，史称“明治维新”。通过这次改革，日本实力大增，一心想扩张领土。日本把目光投向朝鲜，打算趁朝鲜内乱，占领朝鲜。朝鲜是清朝的附属国，朝鲜国王紧急向清廷求救，于是朝廷派军进入朝鲜。

由于清廷腐败，军费不足，北洋海军自建立后，再也没有增添过舰只，装备火力弱、射速慢、航速慢，日军很快在朝鲜半岛海面袭击了清舰。光绪皇帝得到战报后，坚决反对议和，毅然对日宣战。但清军节节败退。

日本舰队和北洋舰队在黄海海域决战。双方各舰百炮齐放，硝烟弥漫，海水沸腾。

起初，北洋舰队重创了一些日本军舰。不过，日军也击中了北洋舰队的主力舰，清将丁汝昌被烧伤。清军士兵要把丁汝昌抬入内舱，被丁汝昌拒绝。他坚持坐在甲板上督战，发誓与战舰共存亡。后来，日本舰队绕到北洋舰队背后，北洋舰队腹背受敌，伤亡惨重。历时五个多小时的黄海海战就此结束，日本夺取了黄海的制海权。之后，日军发起辽东战役，占领了旅顺（今辽宁省大连市境内）等地。旅顺军港被称为“远东第一军港”。

北洋舰队的基地威海卫与旅顺隔海相望，日军又去攻打威海卫。北洋舰队孤立无援，困守刘公岛一个多月，抵挡住了日本舰队七次猛烈的进攻。然而，援兵不至，北洋舰队最终全军覆没，丁汝昌自杀殉国。

1895年，日本要求签订《马关条约》。光绪皇帝见和约割地太多，拒绝签字。慈禧太后要求他必须签字，他顿足流泪，被迫签了字，中国的辽东半岛、台湾岛及其附属岛屿和澎湖列岛，都割给了日本。俄、法、德三国不想让日本独占好处，借高利贷给清政府，让清政府用3000万两白银赎回了辽东半岛。这场大战发生在1894年，为农历甲午年，史称中日甲午战争。

成语补给站

天下兴亡，匹夫有责

顾炎武是明末清初思想家，曾参加抗清战争。他一生坚守民族气节，不肯降清，在《日知录》中写道："保天下者，匹夫之贱与有责焉耳矣。"清光绪年间，梁启超据此写出"天下兴亡，匹夫有责"之句，意思是每个人都有保卫国家的责任。

知识宝盒

公车上书

公车原指给去京应试的举人提供的皇车，后指举人进京应试，或入京请愿、上书。1895 年春，签订《马关条约》的消息传到北京，引起参加科举考试的举人们的激愤之情。4 月 22 日，康有为写《上今上皇帝书》，得到 1200 多位举人的响应。虽然上书未被采用，但唤醒和激励了更多的人救亡图存。

戊戌变法

就在光绪皇帝沉浸在战败的伤痛、内疚和屈辱中时，他收到了康有为等爱国人士要求拒和的上书。这份上书详细陈述了自强救国的内容。

1898 年，光绪皇帝任用康有为等人正式开始改革，史称"戊戌变法"。

变法期间，光绪皇帝先后发布了上百条诏令，主要内容有开办实业、编练新军、实行君主立宪制等。然而改革遭到了保守派抵制。比如君主立宪制，慈禧太后就很反感，她觉得光绪皇帝表面上是要把权力交给议会，实际上是想把权力从自己手中抢走。慈禧太后坚决反对变法，她下令逮捕康有为等维新派人士。康有为在前一天逃离北京，谭嗣同、刘光第等“六君子”被杀。

光绪皇帝被慈禧太后囚禁在中南海瀛台涵元殿。历时103天的变法失败了，史称“百日维新”。

八个国家的强盗们

1900年，英国、美国、法国、德国、俄国、日本、意大利和奥匈帝国八国联军侵华，慈禧太后想借助义和团的“神术”抗击联军。光绪

知识宝盒

义和团

晚清时，山东、直隶一带的义和拳、民间秘密结社、练拳习武的组织聚集在一起，形成义和团。义和团成员朴素爱国，英勇抵抗八国联军的侵略，同时由于“反洋”，也破坏了铁路、电灯等科技成果。

皇帝反对宣战，理由是联军的力量远远大过日本，连日本都无法战胜，何谈战胜联军。但一些大臣希望依靠神术报仇雪耻。于是，慈禧太后决定宣战。事实证明，神术毫无用处。不久，八国联军攻破北京城，慈禧太后带着光绪皇帝仓皇逃往西安。

八国联军进入北京后，杀人放火，奸淫抢掠，无恶不作。从紫禁城、中南海、颐和园中偷窃和抢掠的珍宝不计其数，圆明园再遭涂炭。慈禧太后西逃时，留下大臣李鸿章与列强和谈，签订了丧权辱国的《辛丑条约》。

条约要求清廷赔偿四亿五千万两白银。当时，清朝有四亿五千万人口，这意味着每个中国人都要交一两白银的“罚金”，联军借此惩罚所有的中国人。赔偿不能一次性支付，必须分三十九年还清，这样他们就能另外获得五亿三千万两白银的利息，这笔庞大的赔款也叫“庚子赔款”。

《辛丑条约》签订后，全国上下民怨沸腾。慈禧太后返京后，为挽回民心，振作国势，下令实行新政。

新政相当于戊戌变法的升级版，编练“新军”是主要内容之一。袁世凯得到了慈禧太后的信任，掌握了练兵处的实权。

光绪皇帝回京后，不再被囚于瀛台，但仍处于慈禧太后的控制下。他犹如木偶一般，临朝听政时不发一言。每天，他用大量时间钻研各国法律，虽然内心仍期望一雪国耻，但又自知无能为力。

光绪皇帝三十八岁时抱病而亡，第二天，慈禧太后也病逝了。光绪帝病重时，慈禧下令将溥仪抱到宫中养育。溥仪是光绪皇帝的侄子，即位后年号为宣统。

清史稿·宣统本纪

辛亥革命

溥仪即位时只有三岁，由隆裕太后和父亲载沣摄政。1911年，辛亥革命爆发，同盟会的革命党人发动起义，占领了武昌。武昌起义在全国燃起燎原烈火，短短的两个月左右，就有十五个省宣布脱离清政府而独立。辛亥革命后，国号被改为中华民国，孙中山被推举为临时大总统。此时，在北方，袁世凯逼迫溥仪的父亲载沣辞去摄政王的职务，自己总揽大权。他见民国政府成立了，便发兵攻打。

知识宝盒

同盟会

清代甲午年间，一个叫孙中山的年轻人写下一份改革主张，呈给大臣李鸿章。李鸿章忙于公务，并未在意，孙中山便开始自己宣传救国方法。1905年，他在东京一所民宅中创建中国同盟会，提出“驱除鞑虏，恢复中华，创立民国，平均地权”的纲领，这个纲领后来被解释为“三民主义”。

孙中山为了保住得之不易的起义成果，告诉袁世凯，如果袁世凯能让皇帝退位，推翻腐朽的清政府，他就把大总统的位置让给袁世凯。袁世凯答应了。袁世凯逼迫溥仪退位，清室可暂居宫中，仍用皇帝尊号，每年提供四百万两白银的费用。于是六岁的溥仪退位，清朝灭亡。

溥仪十二岁时，忠于清朝的军阀张勋发动兵变，率兵入京，与康有为一起拥立溥仪又坐上了龙椅。但没过几天，张勋就被击败逃走，溥仪第二次退位。溥仪十八岁时，军阀冯玉祥入京，令溥仪离宫。至此，紫禁城中再也没有皇帝了。

说说你的想法

你能为慈禧太后做一个人生总结吗？

有人说，如果没有慈禧太后，清朝的寿命将缩短几十年；也有人说，慈禧太后夺权手段残忍，对外国列强不能遏制，使清朝无药可救。你是怎么看待的呢？请为她做个总结吧。

清史稿·孝庄文皇后传

1613年的科尔沁大草原上，科尔沁贝勒博尔济吉特·布和有了一个女儿，取名布木布泰。布木布泰十三岁时，被护送到沈阳，嫁给后金汗王努尔哈赤之子皇太极。

皇太极创立清朝后，布木布泰受封庄妃，地位普通。她不争不怨，日读史书，沉着稳重。皇太极驾崩后，布木布泰的儿子福临继位，是为顺治皇帝，她为皇太后。顺治皇帝六岁登基，布木布泰辅政，她拥有远见卓识，且宽容大度，维持团结，使朝政稳定发展。

顺治皇帝死后，布木布泰又辅佐八岁的孙子康熙皇帝。康熙皇帝受她影响，酷爱读书。一日，布木布泰问皇帝，身为天子有何心愿。康熙皇帝说："唯愿天下义安，生民乐业，共享太平之福而已。"布木布泰听后十分欣慰。

布木布泰贵为太皇太后，生活却很俭朴。康熙皇帝平定三藩时，她把省下的银两拿出来犒赏士兵。碰到灾荒年，她又把积蓄拿出来救济百姓。

1688年，布木布泰病逝，康熙皇帝回忆奶奶三十多年呕心沥血的教诲才使他有所成就，不禁涕泪交加。他给奶奶追加了尊崇的谥号，简称孝庄文皇后。

孝庄文皇后是一位了不起的政治家，她培养了两代皇帝，却没有垂帘听政，史上罕见。

孝庄文皇后
康熙帝

清史稿·多尔衮列传

多尔衮出生在赫图阿拉，是后金汗王努尔哈赤第十四子，八岁时就和哥哥们一起参与国政。

几年后，努尔哈赤病逝，母亲阿巴亥被逼殉葬。多尔衮万分悲痛，但没有自暴自弃，而是跟随哥哥皇太极四处出征，年纪轻轻就立下了显赫战功，成为正白旗旗主。皇太极建立清朝后，封他为和硕睿亲王。

每次作战，多尔衮都一马当先。在锦州之战中，多尔衮在南北炮火的夹击中几乎身亡，但下次作战时仍冲锋在前。

多尔衮很有政治头脑。他指挥清军入关后，严禁士兵抢掠，还给上吊殉国的明朝崇祯皇帝发丧，博得许多汉族人的好感。之后，他又恭敬地迎接顺治小皇帝赴京登基，顺治皇帝下令为他建碑，“永垂功名于万世”。

多尔衮凌驾于诸王之上，权势越来越大，经常不通报皇帝就擅自下旨，在朝上任人唯亲，任意罢免和提升官员，引起了顺治皇帝的不满。

多尔衮三十九岁时，在一次行猎中坠马跌伤，突然去世。顺治皇帝哀悼过后，就掘了他的坟墓，抄了他的家，严惩他的大逆之罪。

清史稿·张廷玉列传

张廷玉是北京人，生于富贵之门，从小过着锦衣玉食的生活。他喜欢读书，一心想成为国家栋梁。

张廷玉考中进士时，他父亲张英为首辅，几年后归乡。他留在朝中，先任翰林院检讨，后入值南书房。每天，他早上七时入，晚上九时出，兢兢业业，一丝不苟。康熙皇帝器重他，出巡时经常让他随行。

张廷玉有学问，气度好，善应对，在担任刑部右侍郎时，表现出了卓越的政治才干。雍正皇帝执政时，便把他作为主要的辅佐大臣。

1729年，雍正皇帝设立军机处，军机处的主要制度都由张廷玉筹划。他不仅典掌军机，还兼理吏部和户部要职，位极人臣。

雍正皇帝病危时，指定张廷玉等人为顾命大臣，张廷玉又开始辅佐乾隆皇帝。

乾隆皇帝每次出巡，都留张廷玉在京总理事务，晚上让他睡在紫禁城，朝中选拔人才等事都由他来决策。

然而，张廷玉已经年逾古稀，脾气变得固执，容易激动，这让乾隆皇帝对他渐渐产生了嫌隙。最终，乾隆皇帝剥夺了他的官爵，还让他把御赐之物全部归还。

张廷玉晚景凄凉，八十四岁时死于家中。

清史稿·林则徐列传

林则徐出生在福建，父亲是私塾先生，母亲出身书香门第。但家道中落，常常连饭都吃不饱，母亲日夜剪纸贴补家用。他家氛围温馨，邻居们常常能听到从他家传出的欢笑声。

二十六岁时，林则徐赴京赶考，中榜后，步入仕途。

林则徐在翰林院度过七年时光，之后又任江南道监察御史、江苏按察使、江苏巡抚等职。他采取兴利除弊、利用便民的措施，处理了清朝极为棘手的钱漕、灾赈、水利、盐政等问题，被百姓称为“青天”。

林则徐清廉公正，操守高洁，稍有闲暇就读书。他懂英文，翻译了很多外国书刊，传播西方文化和科学，被称为“睁眼看世界第一人”。

当他五十多岁时，道光皇帝让他去禁绝鸦片，他用雷厉风行的手段创造了虎门销烟的壮举。不过，当清军败退，英军要求惩办林则徐时，皇帝就把他贬去了新疆伊犁。

林则徐来到边疆后，“西域遍行三万里”，仔细勘察边境，指出沙俄对中国的威胁，成为近代“防塞论”的先驱。他还带领百姓兴修水利，推广坎儿井和纺车。

五年后，朝廷重新起用林则徐，但不久他就去世了。

清史稿·曾国藩列传

曾国藩出生于湖南一个地主家庭，自幼勤奋好学，二十七岁中进士，入翰林院。

当时，太平天国起义已经如火如荼，尽管清政府从全国各地调军对付太平军，但清军不堪一击。清政府多次呼吁民间的地主武装一起遏制太平军，曾国藩积极响应，建立了一支地方团练，称为湘军，成为镇压太平天国运动的主力军。

经过多年鏖战，曾国藩带领湘军攻下南京，太平天国灭亡。

洋务运动兴起时，曾国藩成为洋务派的重要成员。在他的倡议下，清政府建造了第一艘轮船，建立了第一所兵工学堂，印刷翻译了第一批西方书籍，安排了第一批赴美留学生。他成为中国近代化建设的开拓者之一。

曾国藩酷爱学习，他的大儿子喜欢社会学，二儿子酷爱数学，他自己虽然一窍不通，但总是努力跟着学。在他三十多年的仕途生涯中，写了近一千五百封家书，包括修身养性、为人处世、交友识人、持家教子等方面内容，历代流传。

1872年3月12日，曾国藩午后散步，突发脚麻，儿子扶他回屋坐下，不到一小时就离世了。他一生曾任内阁学士、两江总督、直隶总督、武英殿大学士等职。